헌법과 선거관리기구

헌법과 선거관리기구

성승환 지음

경인문화사

머 리 말

　대한민국 선거관리위원회는 과거 선거사무를 담당하였던 내무부에 대한 불신에서 출발합니다. 선거관리위원회는 '3·15 부정선거'에 대한 반성적 차원에서 1960년 제3차 개정헌법에 등장합니다. 지난 제18대 대통령선거에서도 국가정보원 등의 선거개입 또는 정치개입이 이슈가 되었듯이 어떠한 기관이 어떻게 선거를 관리하는지의 문제는 실무상·이론상으로 중요합니다.

　이 책은 선거관리, 선거관리기구에 관한 법학적 연구가 부족하다는 문제의식에서 비롯된 것입니다. 선거의 의미와 기능을 살리기 위해서는 경쟁적 선거가 실시되어야 하고, 선거의 기능이 활성화되어야 책임정치가 구현되며 민주정치가 실현됩니다. 선거관리란 선거과정을 관리하고 운영하는 작용으로서 기능적 권력분립을 토대로 이해될 필요가 있습니다.

　그러한 견지에서 행정부의 선거 개입을 방지하기 위해 행정부로부터 독립된 선거관리기구를 설치하는 추세가 있다는 인식을 기초로 선거관리기구와 행정부의 관계를 중심으로 정부형, 독립형, 혼합형의 선거관리기구 모델을 설정합니다. 헌법이론에서 도출된 여러 가설들을 세우며 가설들을 검증하기 위해 15개국 선거관리기구들에 관하여 비교법적 연구를 합니다.

　비교법적 연구 결과 몇 가지 원칙이 도출됩니다. 첫째, 대통령제 국가들은 독립형 모델을 선택하는 경향이 있다는 점입니다. 둘째, 선거관리기구 모델과 연방국가 또는 단일국가의 국가형태 사이에는 상관성을 찾기는 어렵다는 점입니다. 셋째, 선거관리를 선거실시와 선거감독으로 나눈다면, 고도의 정책적 판단과 엄격한 중립성이 요구되는 것은 후자이고 이를 독립된 위원회에 맡긴다는 점입니다. 넷째, 특정한 선거관리기구 모델을 선택하는 것이 민주적 선거의 필요충분적 요소는 아니라는 점과 민주정치 발달 수준에 따라 선거관리기구 모델 선택에 차이가 있다는 점입니다.

대한민국의 선거관리위원회는 헌법에 근거를 둔 필수기관이고 합의제에 기초한 기구구성이며 방대한 사무기구를 가집니다. 법조인이 다수 위원을 맡고 있고, 현직 대법관이 중앙선거관리위원회 위원장을 겸임합니다. 선거관리위원회는 전국적인 조직이며 상근직원의 수는 증가하고 있습니다. 선거관리위원회는 선거관리 사무뿐만 아니라 국민투표관리, 정당·정치자금 사무 등 업무영역을 넓히고 있습니다.

선거관리는 선거가 기능을 발휘하도록 하는 작용이므로 규제 위주보다는 선거의 자유를 폭넓게 보장하는 방향으로 전환될 필요가 있습니다. 중앙선거관리위원회 구성에 있어 위원회의 활성화와 실질적 중립성 보장을 위해 여·야 3인씩 관여하고 중립위원 3인을 두는 것이 필요합니다. 사무기구의 효율화가 요청됩니다. 한국의 정부형태가 대통령제이므로 독립형 모델이 체계에 부합합니다. 선거실시는 지방조직이, 선거감독은 중앙조직이 담당하도록 하는 것도 개선방안입니다.

이 책은 이론적 고찰을 한 후 이를 한국의 현실에 대입하여 선거관리위원회제도에 대해 검토하는 내용입니다. 본 연구가 향후 헌법 개정 과정에서 선거관리 및 선거관리위원회에 관한 좌표정립에 도움이 되길 희망합니다. 장차 후속 연구들이 이어지길 기대하며, 저 역시 그러한 역할에 동참하고 싶습니다.

마지막으로 이 책을 출간하면서 저의 지도교수님이신 성낙인 총장님, 논문심사 과정에서 많은 가르침을 주신 정종섭 장관님, 송석윤 교수님, 이효원 교수님, 전종익 교수님, 그리고 홍익대학교 음선필 교수님께 진심으로 감사드립니다. 아울러 이 책의 집필에 아낌없는 성원을 주신 부모님, 동생들, 사랑하는 아내와 아들 대연이에게 감사드립니다.

차 례

머리말

제1장 서론

제2장 민주적 선거와 선거관리

제3장 선거관리기구의 비교·검토

제5장 결 론

제1장
서 론

제1절 연구의 목적

대한민국헌법은 '선거관리'라는 제목으로 별도로 제7장을 두고 있고 선거관리위원회와 선거관리에 관하여 정하고 있다. 이는 대한민국헌법을 특징짓는 중요한 요소이다. 선거관리기구를 헌법에 근거한 기구로 설정한 것은 드문 입법례이다. 1963년 1월 선거관리위원회가 설립된 이후 50년이 되었다. 선거관리위원회의 역사는 '조직 및 권한 확대의 발전사'라고 요약된다. 헌법, 선거관리위원회법, 공직선거법 등은 선거관리위원회에 여러 권한들을 추가하였다. 선거관리위원회의 위상 변화는 과천시의 독립 청사, 선거연수원 개원 등 조직, 예산규모 면에서도 나타났다. 중앙선거관리위원회는 캄보디아, 몽골 등 후발 민주주의 국가에 선거관리의 기법을 전수하고 있기도 하다.

대한민국 선거관리위원회는 선거사무를 담당하였던 내무부에 대한 불신에서 출발한다. 선거관리위원회는 '3·15 부정선거'라는 역사적 과오에 대한 반성 차원에서 제3차 개정헌법에 등장했다. 정부수립 이후 60년 남짓 기간 동안 우리는 전국적 규모의 선거로 19차례의 의회 선거와 18차례의 대통령 선거를 경험하였다. 국민투표를 6차례 치렀다. 1987년 이후 평화적 정권교체도 2차례 있다. 지방자치단체장 및 지방의원의 선거, 교육감 및 교육위원의 선거, 재·보궐선거 등까지 합치면 가히 '선거의 일상화 시대'에 살고 있다고 말해도 과언이 아니다. 선거 또는 국민투표의 횟수로만 본다면 적지 않은 경험을 쌓아왔다.

2013년을 기준 이코노미스트 인텔리전스 유닛은 대한민국을 '완전한 민주주의(Full democracies)' 그룹에 속한다고 평가했다. 우리나라는 민주화 지수 순위에서 전체 167개국 중 21위이다.[1] 선거의 일상화 시대, 민주적 선거의 성숙도를 감안하면, 선거관리위원회를 헌법기관으로 정한 것이 역사적 소명을 다한 것은 아닌지에 관한 검토가 필요하다. 선거실시를 본래 사무로 하는 선거관리위원회가 그 밖의 사무로 계속해서 역할을 확대하는 것은 새로운 규제기관을 생성하는 것은 아닌가에 관하여 점검이 있어야 한다.

정치학, 행정학 등 분야에서 선거관리와 선거관리기구에 대한 연구가 행해지고 있지만, 그에 관한 문헌은 적다. 헌법학에서의 선거관리 분야에 대한 연구도 미진한 상황이다. 지금까지 이루어진 선거관리, 선거관리기구 분야에 관한 헌법학 연구도 헌법 등 기존 법제의 해석에 관한 '도그매틱 논증'에 치중하고 있다. 국내 문헌자료를 살펴본 결과, 선거관리기구에 대한 법학 분야의 연구는 거의 없는 것으로 파악된다. 공직선거법 등 정치관계법에 관한 방대한 연구실적과 달리 선거관리기구에 관한 연구논문은 단지 몇 개만 발견되고 법학 박사·석사 학위논문은 찾을 수 없었다. 선거행정에 관한 문제를 다루는 문헌자료도 매우 부족한 실정이다.

'선거관리(Electoral Management)'란 선거과정을 관리하거나 운영하는 활동을 말한다. 대한민국의 선거관리위원회를 비롯한 '선거관리기구(選擧管理機構)'는 영어로 'Electoral Management Body'이다. '선거관리기구'라는 사회현상을 이해·설명·예측하기 위해서는 이론정립이 요구된다. 선거관리기구 제도의 이해·설명 및 예측을 위한 이론을 정립하는 것이 연구의 목적이다.

민주적 선거, 선거관리의 개념과 성격, 선거관리기구를 파악하고 선거관리기구에 대한 비교·검토를 한 다음 대한민국의 선거관리위원회에 대해 고찰하고 개선방안을 연구하는 것이 이 책의 전체적인 순서이다. 이 책에서

---

1) 2012년 8.13점 20위였다. 2013년에는 8.06점이고 순위가 1계단 하락하였다.

의 쟁점은 크게 세 가지로 나뉘는바, 이하에서 구성순서에 따라 차례로 살펴본다.

첫째, '민주적 선거와 선거관리'를 주제로 이론적 고찰을 한다. '선거관리'라는 개념의 구성요소는 '선거'와 '관리'이다. 먼저 '선거'와 관련하여 민주주의 관점에서 선거의 의미와 기능, 경쟁적 선거의 의미, 선거의 자유와 공정 등이 문제된다. 다음으로 '관리'와 관련하여 권력분립의 관점에서 국가작용으로서 선거관리, 선거관리와 선거관리기구 사이의 관계, 우리나라의 헌법사와 헌정사에서 관련 논의가 어떻게 진행되었고 거기에서 노정되는 문제점은 무엇인지 등을 검토한다.

둘째, '선거관리기구'에 관하여 입법례를 비교·검토한다. 비교헌법학 관점에서 선거관리기구 제도는 민주주의 국가 수만큼 많다고 한다. 앞의 장의 이론적 고찰을 통해 도출된 가설을 바탕으로 선거관리기구 모델을 구성한다. 선거관리기구 모델을 근거로 각국의 선거관리기구에 관한 입법례 및 그 운영상황을 비교·검토하는 과정을 통해 가설의 타당성을 검증하기 위해서이다. 이를 토대로 선거관리기구에 관한 원칙을 발견한다. 다음 장에서 논의할 선거관리위원회의 문제점 분석 및 발전방향 모색에 관한 좌표를 제시하는 것이 본 장의 목표이다.

셋째, 대한민국 선거관리위원회의 현황을 파악하고 발전방향을 논의한다. 앞서 가설의 검증에서 발견된 원칙을 바탕으로 선거관리위원회의 제도 개선 관점을 제시하고 그 지위, 조직과 권한을 검토한 후 그 개선방안을 모색한다. 현행 제도의 문제를 찾고 문제의 해결방안을 찾아보는 것이다. 선거관리기구 제도가 어떠한 방향으로 개선되어 나갈지 등에 관한 방향을 설정하고 개선의 가능성을 타진하는 것이 본 장의 주요 내용이다.

넷째, '결론'이다. 이 책의 결론 부분은 위의 세 가지 쟁점들에 관하여 논의된 내용을 요약·정리하고, 이에 덧붙여 본 연구에서 얻은 교훈이 무엇인지를 점검하는 순으로 구성된다.

제2절 연구의 범위와 방법

I. 연구의 범위

첫째, 이 책은 최상급 선거관리기구를 중심적인 연구대상으로 한다. 헌법은 중앙선거관리위원회에 관하여 규율하고 있으며 각급 선거관리위원회에 관하여는 법률로 정하도록 설정한다. 헌법학적 측면에서 중요성이 있고 연구대상으로 삼을만한 것은 최상급 선거관리기구이다. 최상급 선거관리기구가 주된 연구대상이지만, 하위 선거관리기구는 관련 부분에서 필요한 정도로 연구한다.

둘째, 선거관리기구는 선거뿐만 아니라 국민투표를 관장하고 정당, 정치자금에 관한 사무도 담당한다. 오늘날 국민의 직접 참정의 욕구가 커지고 있기도 하다. 이 책은 가설 설정, 가설 검증을 통한 연구를 시도한다. 그러한 연구과정에서 주요 조건을 중심으로 선거관리기구 모델이 설정되어야 한다. 이 책은 선거관리기구의 여러 기능들 중 전통적이고 본질적인 기능인 '선거관리'를 위주로 고찰한다.

셋째, 이 책은 선진 민주주의 국가뿐만 아니라 민주적 선거의 과도기에 있는 국가도 비교법학 연구대상으로 삼는다. 선진국은 선거제도가 안정화 단계에 있어서 선거관리나 선거관리기구의 문제를 심각하게 다루고 있지 않다. 선진국들만 분석하는 것은 후발 민주주의 국가들에서 발전적으로 논의되는 것을 다루지 못하는 한계가 있다. 이 책은 선진국(스웨덴, 영국, 미국, 오스트레일리아, 캐나다, 일본, 스페인, 프랑스)과 함께 신생 독립국이나 민주화 과도기에 있는 7개 국가(인도, 멕시코, 필리핀, 터키, 보스니아·헤르체고비나, 러시아, 짐바브웨)를 포함한 15개 국가를 비교법학 연구대상으로 한다.

넷째, 이 책에서의 제도에 대한 문제의식 및 개선방안에 관한 논의의 중심은 '선거관리'라는 작용과 '선거관리기구'라는 주체에 있다. 그간 선거법 등 정치관계법의 해석 및 선거과정에서 이루어지는 각종 활동에 대한 규제의 타당성 등에 관한 연구는 행하여졌다. 선거법 등 정치관계법 문제는 선거관리와 불가분의 관계에 있으므로 논의과정에서 필요하다면 다룰 수밖에 없지만, 이 책은 선거관리 및 선거관리기구 분야에 대한 연구가 '불모지'라고 일컬어질 만큼 상대적으로 소홀히 취급받았다는 문제의식에서 출발하여 그에 관하여 중점적으로 연구한다.

II. 연구의 방법

1. 민주적 선거와 선거관리

선거관리기구를 검토하기에 앞서 선거의 의미와 기능, 선거관리의 개념과 법적 성격에 관한 고찰이 필요하다. 이와 관련하여 선거의 의미에 관한 기존 연구 성과를 분석하고 논의하는 헌법이론 및 헌법해석론에 대한 문헌·분석적 방법을 동원한다. 선거의 의미와 기능을 파악하기 위하여 사회과학, 특히 정치학에서의 학문적 성과를 활용하는 학제 간 연구방법이 활용된다.

선거는 헌법학 외에 정치학에서 정치제도론과 정치과정론 분야에서 심도 있게 다루고 있는 연구대상이기도 하다. 정치학의 연구방법에는 법적·

제도적 연구방법(정태적 연구방법)과 정치과정의 사회학적·심리학적 접근에 의한 연구방법(동태적 연구방법)이 있다. 이 책은 정태적 연구방법이 중심이고 동태적 연구방법은 관련된 주제에서 필요한 경우 시도하는 방식을 택한다.

선거관리 및 선거관리기구의 연구에서 권력분립이론에 관한 문헌·분석적 방법을 활용한다. 선거관리기구의 구성과 운영의 원리를 파악할 필요가 있다. 한국 선거관리기구의 변천에 대한 연구 부분에서는 헌정사적·헌법사적인 연구방법을 사용한다. 편년체적인 헌정사 연구가 아닌 선거관리기구에 관한 이론을 기초로 재해석하고 비판적으로 고찰하는 연구를 시도한다.

2. 선거관리기구의 비교·검토

'선거관리기구'라는 제도를 구성하고 운영하는 원칙을 찾고자 한다. 이를 위하여 앞서 '민주적 선거와 선거관리'에서 이론적 논의의 결과 도출된 가설을 바탕으로 선거관리기구 모델을 설정하고 이를 외국의 법제를 통해 비교·검토하는 비교법학 방법론이 동원된다. 비교법학 연구에서 모델을 활용하는 것은 불규칙적인 것으로 보이는 현상을 불변의 규칙성의 결과인 것으로 입증할 수 있는 방식으로 해독하기 위해서이다.[2]

선거관리기구 모델별로 어떠한 장점·단점이 있는지를 실제 운영의 차원에서 검토할 필요가 있다. 선거관리기구에 관한 모델 설정은 쟁점이 되는 문제를 단순화하고 폐쇄적 체계로 다룰 수 있다는 가정에 기초하여 행하는 것이다. 사실로부터의 이론 귀납, 이론에서 연역된 가설의 설정, 각국의 선거관리기구의 실제를 통한 가설의 검증, 이론(원칙)의 정립 순으로 연구과정이 진행된다.[3] 연구과정을 도해하면, 아래와 같다.

---

2) 앤드루 세이어(이기홍 역), 사회과학방법론, 한울아카데미, 2006, 267면.

〈그림 1〉 선거관리기구 모델을 활용한 연구과정

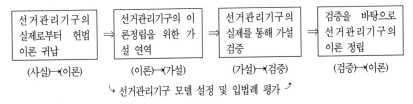

선거관리기구의 실제로부터 헌법 이론 귀납	⇒	선거관리기구의 이론정립을 위한 가설 연역	⇒	선거관리기구의 실제를 통해 가설 검증	⇒	검증을 바탕으로 선거관리기구의 이론 정립
(사실)→(이론)		(이론)→(가설)		(가설)→(검증)		(검증)→(이론)

↳ 선거관리기구 모델 설정 및 입법례 평가 ↗

선거관리기구에 관한 연구는 사회과학의 하나이다. 사회과학에서는 '비교연구' 방법이 많이 행해진다. 실험에 의해 가설을 검증하는 자연과학과 달리 사회과학에서는 '평가'가 중요하다.4) 외국법제 및 그 운용실례는 중요한 참고사항이다. 이를 위하여 국내·외의 문헌을 분석하고 각국 선거관리기구의 홈페이지 등 각종 인터넷 사이트를 검색하는 조사방법을 동원한다.

여기에서 외국의 제도 및 운영현황을 살펴보는 비교법학 방법론을 사용한다. 각국에서 나타나는 공통적인 지향점을 찾을 수 있을 것이고, 각 제도의 장점과 단점을 비교할 수 있다. 외국의 입법례, 판례, 운영 모습 등을 참조함으로써 선거관리기구 제도의 발전방향에 관하여 시사점을 얻을 수 있다.

3. 선거관리위원회의 현황과 발전방향

앞선 장들에서 고찰한 헌법이론, 선거관리기구 원리, 비교법학 연구에서 도출된 원칙 등을 바탕으로 우리나라 선거관리위원회 제도의 현황을 점검하고 발전방향을 찾고자 한다. 총론적인 논의로서 선거관리위원회에 관한

---

3) 한국사회과학연구협의회(김광웅 외 21), 사회과학방법론, 박영사, 1983, 64~65면.
4) 앤드루 세이어(이기홍 역), 앞의 책, 298면.

제도개선의 관점을 정한 다음 각론으로 들어가 선거관리위원회의 위상, 구성, 조직, 권한 등 선거관리기구 제도와 관련하여 문제점을 지적하고 그에 대한 개선방안을 제시해보겠다.

본 장에서 규범적 연구방법에 입각한 헌법, 선거관리위원회법 등에 대한 해석이 이루어질 필요가 있다. 헌법재판소의 결정례, 법원의 판결 등도 본 장에서의 연구대상이다. 이 부분 과제와 관련하여 법령, 판례 등에 대한 연구가 필요하다. 중앙선거관리위원회와 함께 일하면서 처리한 소송사건 및 자문의견서, 선거관리위원회 소속 직원들이 지적하는 선거관리위원회의 현황 등에 대한 인식과 경험담에 대한 분석도 연구방법이 될 수 있다.

이론 고찰, 비교법학 연구 등을 토대로 선거관리위원회 제도의 여러 문제점들을 지적하고, 그에 대한 해결책을 찾는 것을 중심으로 논의한다. 법적 당위성, 효율성 및 경제성 측면에서 선거관리위원회 제도가 어떻게 개선되어야 하는지, 개선 가능성은 어떠한지에 관하여 논하기 위하여 법정책적 연구방법이 필요하다. 현행법에 대한 해석론만으로 해결되지 않는 문제에 대해서는 입법론적 해결 방안을 찾고 입법적 해결의 가능성을 타진해본다.

제2장
민주적 선거와 선거관리

제1절 민주적 선거

I. 선거의 의미와 기능

1. 선거의 의미와 법적 성격

선거의 의미는 법학적으로 보는 경우와 정치학적으로 보는 경우에 있어서 차이가 있다. 법학적으로 선거는 다수인의 집합적 의사에 의해 특정한 지위에 취임할 사람이나 그 후보자를 결정하는 행위인 데 비해 정치학적으로 선거는 '민의표현'의 한 방법으로 국민이 어떠한 정치를 원하고 어떤 정부를 선택하느냐를 정당 또는 특정 후보자에게 투표함으로써 의사를 표명하는 것이라고 정의된다.[1]

선거는 '임명'이나 '추첨'과 구별된다. 국가기관의 선임이 단독적 기관에 의해 하향식으로 행해지는 것을 '임명'이라고 부르는 데 반해, 상향식의 다수의사의 표명이나 협력의 결과로 행해지는 것을 '선거'라고 부른다.[2] 선거는 선거인의 의식적인 의사표명으로 대표자가 결정되지만, '추첨'은 무작위로 대표자가 결정되는 점에서 다르다. 선거는 단순한 지명행위로서, 특정의 공무수행기능만 맡기는 '위임'과는 구별된다.[3] 선거는 혈통에 의한

---

1) 정요섭, 선거론, 박영사, 1965, 51~52면.
2) 문홍주·이상규, 축조 신선거법해설, 법문사, 1963, 11면; 김철수, 헌법학신론(제20 전정신판), 박영사, 2010, 209면.
3) 권영성, 헌법학원론(개정판), 법문사, 2010, 201면.

권력의 '세습'과는 명백히 차이가 있다.

선거인은 전체로서 선거인단을 구성하고 이 합의체에 의하여 공무원을 선출한다. 선거는 개개 선거인단 구성분자의 '개별적 투표행위'를 가리키는 것은 아니다.[4] 선거는 '다수인의 합성행위'로서 '집합적인 합성행위'의 법적 성격을 가진다.

2. 선거의 기능 개관

선거에 따라 국민의 대표자가 구성되고 국민의 대표자에 의해 국가정책이 결정되고 집행된다.[5] 국민의 대표자가 내린 정책결정은 전체 국민에 대해 영향을 미치게 된다. 선거의 기능은 어떻게 하면 '민주적 정당성'을 바탕으로 '좋은 대표자'를 선출하느냐에 달려 있다.[6]

그렇다면, 어떤 대표자가 좋은 대표자인지가 문제된다. 공동체의 존속과 번영을 이끌 수 있는 유능한 인물이 좋은 대표자라고 볼 수도 있고 선택한 사람의 입장 또는 처지를 제대로 대변하는 사람이 좋은 대표자라고 볼 수도 있다. 미국에서 연방주의자와 반연방주의자 사이에 의견대립은 바로 여기에 있었다.

선거구가 크다면 개별이익보다는 공동체의 장기적 안목에서 전체이익을 위해 의사결정을 하는 것이 중요하다고 보겠으나, 선거구가 작다면 대표자와 유권자는 가까운 거리에 있으며 통치자와 피치자 사이의 유사성과 동일성에 충실한 대표관계가 필요하다고 볼 수 있다. 선거구의 규모, 선거의 종류, 대표자의 임기 등과 같은 변수를 어떻게 설정하느냐에 따라 대표관계

---

4) 김철수, 앞의 책, 209~210면.
5) 전종익, "위헌심판의 심사기준-선거운동과 표현의 자유를 중심으로-", 법학 제18권 제1호, 서울대학교 법학연구소, 2010. 5., 255면.
6) 성낙인, 선거법론, 법문사, 1998, 3면.

의 성격에 변화가 생긴다.

선거의 기능에 관한 국내의 학설을 살펴보면, 김철수 교수는 ① 대표자의 결정, ② 대표자를 교체시킴으로써 입법부의 쇄신을 기하고 민의에 의한 정치를 가능하게 하는 것, ③ 민의에 반하는 지배를 배제하여 혁명을 예방하는 것을 든다.[7] 정종섭 교수는 선거의 기능을 대표자의 선발, 민주적 정당성의 부여, 국민의 정치참여 실현으로 본다.[8] 정요섭 교수는 선거의 기능은 지도자의 선출과 국가권력의 정당성의 기초로 작용하는 것이라고 주장한다.[9]

권영성 교수는 선거가 ⓐ 국가기관(대의기관)을 구성하는 기능, ⓑ 국가권력에 대하여 민주적 정당성을 부여하는 기능, ⓒ 국민의 참정권을 현실화하는 기능, ⓓ 통치기관에 신탁을 부여하는 기능, ⓔ 국가기관을 정치적으로 통제하는 기능, ⓕ 선거인이 주권자의식을 가지고 선거권을 행사한다면 대표자의 교체를 할 수 있어 집행부와 입법부의 쇄신을 기하고 민의에 의한 정치를 가능케 하며 폭력혁명이나 쿠데타 등 헌정중단을 예방하는 기능을 수행한다고 본다.[10]

허영 교수는 선거의 기능은 정치체제에 따라 상이할 뿐만 아니라 자유민주주의 정치체제에서도 동일한 기능을 하는 것은 아니라고 보면서, '경쟁적 선거'의 경우 민주주의를 어떻게 이해하느냐에 따라 선거의 기능에 대한 평가가 다를 수 있다고 주장한다. 선거의 기능을 '무기속 자유위임'을 하는 것이라고 보면 '신임의 요소'를 강조하는 입장이고, '통치기능을 수행할 대의기관을 구성'하는 것이라고 보면 '대의의 요소'를 중요시한 입장이며, '정부에 대한 통제'라고 보면 '국민에 의한 통치'를 강조하는 입장이다. 이들 기능은 선거가 행해지는 역사적 상황에 따라 그 기능의 정도와 진지

---

7) 김철수, 앞의 책, 210면.
8) 정종섭, 헌법과 정치제도, 박영사, 2010, 292면.
9) 정요섭, 앞의 책, 15~16면.
10) 권영성, 앞의 책, 201~202면.

성에 차이가 있다.[11]

선거의 기능들 중에서 어느 것이 강조되고 발휘되는지는 사회구조, 정치체제, 정당관계 등에 따라 다르다. 선거는 크게는 지배체제를 형성·유지하는 기능과 지배체제를 통제하고 그에 대하여 변동을 야기하는 기능을 가지고 있다고 볼 수 있다.

3. 선거의 기능에 관한 구체적 고찰

(1) 탁월한 통치자 선출 기능

선거는 대표자를 선출하는 기능을 한다. 선거는 공직을 두고 경쟁하는 장을 마련하여 거기에서 후보자와 국민이 의사소통을 하게 하거나 후보자들이 능력과 공약에 관하여 토론하게 한다. 후보자가 국민에 의해 검증을 받도록 하는 것은 자질이 있는 후보자가 선출되도록 하는 기능을 수행한다. 선거과정을 통해 통치기능을 수행할 수 있는 대표자가 걸러진다. 선거는 국민이 대표자를 뽑는다는 점에서 치자와 피치자를 구분 짓는 결과를 초래한다.[12]

선거는 당초부터 시민들 가운데에서 탁월한 능력을 갖춘 인물을 대표로 선택하는 의미를 가졌었다. 국민의 대표자로서 국가의사를 결정하고 집행할 권한을 가지기에 적합한 사람을 정확하게 골라 정하여 공무를 담당하게 것은 매우 중요하다. 이는 공동체의 운명을 결정하는 일이기 때문이다. 고대 아테네에서 집정관, 군사령관 같은 공동체의 운명을 책임지는 관직은 추첨이 아니라 선거로 정해졌었다.

---

11) 허영, 헌법이론과 헌법(신5판), 박영사, 2011, 855~856면.
12) 권영설, 헌법이론과 헌법담론, 법문사, 2006, 378면.

탁월성을 갖춘 인물을 선출하는 것은 민주주의의 동일성 요청과는 거리가 있다. 하지만, 이는 공동체 전체를 향하여 일반적이고 지속적으로 영향을 미칠 수 있는 정치적 의사결정을 담당하는 지도자를 선택하는 소중한 기능이다. 그런데, 조직은 규모가 커질수록 능률적으로 기능해야 한다는 효율성과 분업의 원칙에 따라 규모가 커질수록 과두제적인 성격을 가지게 된다. 국가 공동체의 경우에도 마찬가지이다.13)

이 같이 선거는 통치를 수행하는 대표기관을 구성하는 기능을 수행한다. 그러나 국민의 의사와 지나치게 괴리된 인물이 선출되고 특권 엘리트의 지배가 계속 이어지는 것은 공동체의 통합과 장기적 번영이라는 관점에서 바람직하지 못한 측면이 있기도 하다. 선출된 대표자는 국민의 입장을 이해하고 이를 대변하여 통치에 반영한다기보다는 지배체제의 유지만을 목적으로 할 수 있다. 그리고 그러한 지배가 계속될수록 지배의 교체가 힘들어질 것이다.

(2) 안정적 지배질서 유지 기능

근대 대표제의 주요 특징은, 선거는 유권자가 대표자를 선출하는 의미로 이해되고, 의원은 누구의 구속도 받지 않는 자유로우며 이성적인 명망가를 의미하며 누구의 지시나 명령에도 구속되지 않은 채 오로지 국민 전체를 대표한다는 것이다.14) 선출된 대표는 그가 제시했던 정책·공약에도 구속

---

13) 로베르트 미헬스는 다수가 소수의 지배에 복종하게 되는 것, '과두제의 철칙(das eherne Gesetz des Oligarchie)'이 적용될 수밖에 없다는 현상은 '역사의 냉혹한 숙명(ein grausame Fatalität der Geschichte)'이라고 말하였다[Robert Michels, *Zur Soziologie des Parteiwesens in der modernen Demokratie : Untersuchungen über die oligarchischen Tendenzen des Gruppenlebens*, W. Klinkhardt(Leipzig), 1911, S. 479, S. 493].

14) 김문현, "현대 민주국가에 있어서의 선거의 의미와 과제", 공법연구 제28집 제4호 제1권, 한국공법학회, 2000. 9., 59면.

되지 않고 선출한 사람의 의지와 상관없이 활동할 수 있으며 다음 선거에서 심판을 받을 수 있다는 정치적 책임만을 진다는 것이다.

여기에서의 의원은 자신을 선출해준 개인이나 지방만을 대표하는 것이 아니라 법정 자유대표로서 전체 국민을 대표한다는 기초를 가지고 있다.[15] 선거의 이러한 기능은 선거제도 자체가 무기속 위임과 필연적인 관련성을 갖기 때문은 아니다. 선출된 공직자의 무기속 위임과 임기가 보장됨에 따라 안정적 지배질서를 유지하는 것이다. 이는 선거 자체가 가진 속성이 아니라 정책을 결정하는 자와 선출하는 자 사이의 분리와 무기속 위임의 근대 대표제를 받아들인 결과에 따라 나타난 기능이다.

선출된 국민의 대표자는 그 임기 내에 국민과 무기속 위임의 관계에 있다. 정당을 중심으로 선거경쟁이 이루어지는 현대에 이르러서도 여전히 이러한 특징이 유지되고 있다. 무기속 위임의 장점은 대표자가 일단 선출된 이상 안정적으로 통치해나갈 수 있는 점이다. 대표자가 인민의 가변적이고 부분적인 의사에 기속되지 않고 거시적·장기적 식견에 바탕을 두어 정책을 추진할 수 있다는 것의 긍정적인 측면은 부정될 수 없다.

선거의 계획, 준비와 실시는 단기에 많은 인력이 동원되고 시간적·물질적으로 엄청난 지출을 초래하는 활동이어서 자주 치러지기 힘든 성격이 있다. 선거가 가지는 이러한 속성과 선거권자가 대표자에 대해 일단 신임을 부여하였다는 자기 구속적 의미로부터 간접적으로 일정 기간 동안 지배질서가 확보된다고 볼 수 있겠다. 하지만, 국민투표, 국민(주민)소환, 주민소송 등 직접 민주주의 제도[16]가 활성화된다면 선거의 이러한 기능은 약화

---

15) 이용필, "선거의 기원과 발전", 선거관리 제31권, 중앙선거관리위원회, 1985, 12면.
16) 막스 베버(M. Weber)가 직접민주주의의 특징으로 생각한 관례와 제도는, 공적 권위에 대한 항시적 해임, 공직의 교체, 추첨에 의한 공직자의 선발, 구속적 위임이다 [Max Weber(edited by Guenther Roth and Claus Wittich ; translators), *Economy and society : an outline of interpretive sociology*, University of California Press (Berkeley), 1978, p. 289].

될 것이다.[17)]

(3) 통치권에 대한 민주적 정당성 부여 기능

정치란, 크게 두 가지 요소로 구성되는데, 첫째, 인간집단을 위한 결정을 내린다는 것, 둘째, 한 인간이나 인간집단이 다른 인간이나 다른 인간집단의 행위에 영향을 미치는 권력을 사용한다는 것이다.[18)] 권력을 사용할 수 있는 원천은 '권위'에 있다. 인간이나 인간집단이 어떤 결정을 실현시킬 수 있고 그 결정이 준수되어야 한다는 합의가 있다면 권위가 있게 된다.

선거는 권위에 대해 민주적 정당성을 부여한다. 정치권력은 선거를 통해 민중적 지지기반을 확보할 수 있다. 선거를 통해 피통치자는 통치자에게 신임을 결집시킨다. 정치과정을 '투입(개인, 단체 등의 정부에 대한 요구, 지지나 불만의 의사표시, input)'과 '산출(정부의 정책, output)'로 나누면, 선거는 투입과정의 중요 장치이며, 민주적 정치과정에서 투입은 정부에 대한 지지나 통제의 형태로 이루어진다.

정부는 선거를 통하여 정통성을 인정받게 되어 효과적으로 통치를 수행할 수 있게 된다. 선거를 통해 정치권력을 행사하는 기관 구성은 민주적 정당성이 뒷받침되고 통치권자는 권위를 가지게 된다. 선거는 통치권에 대해 민주적 정당성을 부여하는 수단이다. 선거는 통치자가 피통치자로부터 신임을 얻고 통치기능을 수행할 수 있게 하는 기능을 한다.

---

17) 버나드 마넹(곽준혁 역), 선거는 민주적인가-현대 대의 민주주의 원칙에 대한 비판적 고찰, 후마니타스, 2011, 208면.
18) 필립스 쉬블리(김계동 역), 정치학개론 : 권력과 선택, 명인문화사, 2008, 4~6면, 13~16면, 197~199면.

(4) 국민의 정부에 대한 통제 기능

민주주의 개념에서 추론된 핵심 요소인 인민의 통제와 정치적 평등이 선거과정을 통해서 구체화되는 점에 주목할 필요가 있다.[19] 민주적 정당성 부여 기능은 임기제도와 결부되어 선거로 하여금 민주적 정당성 철회가 임기 말의 공직자에 대한 심판 내지 통제의 기능을 수행할 수 있도록 한다.

종신직 선거제도에서는 통치자가 일단 당선되기만 하면, 투표자는 통치자의 행동에 대해 영향을 줄 수 없다.[20] 선거의 정치적 통제 기능은 임기제와 결합되어 발휘되는 것이다. 선출직 공직자의 임기 말에 치러지는 선거는 대표자의 입장에서 다시 선출되지 않는 것은 '해임'을 의미한다. 이로써 선거는 심판기능을 수행할 수 있게 된다.

선거의 통제 기능은 '주기적으로 갱신되어야 하는 정당성'에 있는 것이다.[21] 선거는 현역의원 입장에서는 그가 행한 정치활동에 대한 평가를 받음으로써 재신임 여부가 결정된다는 심판 기능이 있고, 비현역의원 입장에서는 의원자격 유무를 평가받는다는 심사 기능이 있으며, 후보자를 공천하여 선거에 참여한 정당의 입장에서는 정당의 정치활동(정책, 선거공약, 실적 등)에 대한 평가 기능이 있다.[22]

(5) 국민의 간접적 정책 선택 기능

선거는 여러 정당, 후보자, 공약 등의 대안을 놓고 유권자에게 선택할 수 있는 기회를 제공한다.[23] 선거과정에서 후보자와 정당은 당선 이후 추진할

---

19) 음선필, "선거의 완전성", 홍익법학 제15권 제3호, 2014, 109면.
20) 버나드 마넹(곽준혁 역), 앞의 책, 218~219면.
21) 크리스티안 스타크, "국회의원선거와 정치개혁 : 한국과 독일을 중심으로", 한국공법학회 주최 2000년도 한·독국제학술대회, 한국공법학회, 2000, 21면.
22) 최종두, 민주정치와 선거론, 태창문화사, 1985, 58면.

정책을 공약의 형식으로 유권자에 제시한다. 선거과정에서 정당과 후보자는 가치나 이익을 두고 경쟁한다. 유권자는 후보자들 가운데에서 선택함으로써 간접적으로 후보자가 장차 추진할 정책을 선택한다.

선거 시점에 정당은 쟁점에 관해 서로 다른 입장을 취할 수 있다. 이 때 선거는 사회적 대립이 있는 쟁점을 해결하는 데 도움을 준다. 오늘날 선거는 유권자가 후보자나 정당이 표방하는 정책에 대해 투표하는 경향을 띤다.24) 선출된 대표자가 소속 정당의 강령과 선거에서 제시한 공약을 실천하는 경우 대표자의 정책결정은 정당의 강령과 공약에 사실상 기속되게 된다.

'매니페스토(manifesto)'란, 구체적인 예산과 추진 일정을 갖춘 선거 공약, 다시 말하면 선거와 관련하여 유권자에 대한 계약으로서 공약, 목표와 이행 가능성, 예산 확보의 근거 등을 구체적으로 제시한 공약을 말한다. 후보자의 선택뿐만 아니라 그 후보자가 공약을 이행한다는 신뢰가 정치문화 속에 자리 잡히면 민주주의에 근접한 선거가 치러지게 된다.

(6) 국민의 정치적 기본권 실현 기능

선거는 대표제에서 국민이 정책결정에 참가하는 가장 기본적인 행위이며 주권행사의 구체적인 방법이라고 할 수 있다.25) 선거과정에서 후보자는 입후보하여 당선되기 위해 선거운동을 하고 유권자는 국민의 대표자로 누가 적합한지에 관하여 알아보고 투표함으로써 정치참여가 이루어진다. 선거쟁점에 관한 토론과 후보자에 대한 검증이 제대로 이루어지면 정치적 기본권을 실현하는 선거의 기능은 활성화된다.

---

23) 김광수, 선거와 선거제도, 박영사, 1997, 20면.
24) 김문현, "현대 민주국가에 있어서의 선거의 의미와 과제", 59면.
25) 헌법재판소, 선거운동의 자유와 선거의 공정성, 2011, 7면.

선거과정에서 정치적·사회적 모든 쟁점과 과제에 관해 국민은 의사를 표현하고 토론과 논쟁을 거쳐 의견을 수렴하고 방향을 선택함으로써 정치적 기본권을 행사하게 된다. 선거는 국민의 정치참여의 '중앙통로'이다. 선거기간에 중요한 정치적인 현안에 대한 활발한 논의가 이루어지기 때문에 선거는 부수적으로 민주시민의 정치교육이 행해지게 하는 기능을 한다.26)

민주정치는 개인에게 가능한 한 많은 자유를 인정하는 것이고 타인의 자유를 방해하지 않는다면 믿는 바를 표현할 수 있게끔 하는 것이다.27) "민주정치는 국민이 정치과정에 참여하는 기회가 폭넓게 보장될 것을 요구하므로 국민의 주권행사 내지 참정권행사의 의미를 지니는 선거과정에 대한 참여행위는 원칙적으로 자유롭게 행하여질 수 있도록 최대한 보장되어야 한다."는 것이 헌법재판소의 입장이다.28)

(7) 혁명·쿠데타 예방 및 국민통합 기능

정치변동의 양식은 크게 보아 기존의 정치체제 내에서 점진적으로 변화하는 것과 기존의 정치체제를 해체하면서 급격하게 변화하는 것으로 구분되는데, 후자에 해당하는 양식이 '혁명'이다.29) 혁명은 특정한 사회의 정치조직, 권력관계, 신분 및 계층구조, 계급관계, 지배이념 등이 근본적이고 급격하게 폭력적으로 변혁되는 과정이라고 정의될 수 있다.30)

폭력을 수반한 급격한 정치변동이라 하더라도 단지 권력담당자의 정권이 교체되거나 정부형태가 변동하는 것만을 두고는 혁명이라고 부르지 않는다.31) 폭력을 통해 정권교체만 이루어지는 현상을 두고 '쿠데타(coup

---

26) 김광수, 앞의 책, 22면.
27) 정요섭, 앞의 책, 28면.
28) 헌재 2006. 7. 27. 2004헌마215 결정, 판례집 18-2, 204~205면.
29) 이정식 외 15, 정치학, 대왕사, 1999, 677면.
30) 찰머스 존슨(진덕규 역), 혁명과 사회체계, 학문과 사상사, 1982, 5면.

d'état)'라고 칭하고 있다. 쿠데타도 국가구조를 변화시키기는 하나, 계급구조·사회구조적 모순이나 갈등의 해소에는 크게 기여하지 못한다.

　주기적인 선거는 국민이 국가 및 국민대표자와 소통하는 자리이다. 선거과정에서 국민은 의사를 개진할 수 있는 기회를 가진다. 선거는 여러 정치적 갈등을 규정된 절차 안에서 평화적으로 해결한다. 선거는 그 사회의 인정된 절차와 확립된 경기의 규칙에 의하여 사회변동을 이룩한다. 이로써 선거는 민의에 상반되는 정부의 지배를 저지할 수 있다.

　정당 조직과 선거과정, 의회의 의사결정에서 모두 '토론에 의한 정치'가 이루어진다. 통합성을 만들어내는 것이 의회의 역할이다. 의회는 전체의 일반 이성에서 기인하는 공공선에 의해 이끌어지는 전체를 위해 같은 목적을 갖는 동일한 국가의 심의단체이다. 선거는 공동체의 불만과 갈등을 해소하여 혁명이나 쿠데타를 예방한다.[32]

　선거는 사회적 다원주의를 통합하며 정치적 실천력을 갖춘 공동의사를 형성하기도 한다. 선거는 서로 다른 사회적·문화적 집단들에게 하나의 정치적 대표기관을 제공하거나 다수형성을 통하여 정치적 분열을 극복하는 기능을 가진다.[33] 즉, 이질성이 높은 사회에서 선거는 서로 다른 사회·문화 집단들에게 각기 정치적 대표성을 부여하는 동시에 다수의 형성을 통해 사회적 분화를 정치적 중재를 통해 통합하는 기능을 담당한다.

---

31) 이정식 외 15, 앞의 책, 678면.
32) 헌법재판소, 앞의 책, 10면.
33) 디터 놀렌(신두철 역), 선거법과 정당제도, 엠애드, 2004, 22면, 24면.

4. 기능의 충돌과 조화

(1) 선거제도의 기능 변화

선거제도를 실시한 초기에는 선거를 하나의 공무로 인식하는 입장이 우세하였고, 유산·시민계급에게만 선거권을 부여하거나 선거권에 차등을 두는 제한·차등선거가 보통이었다. 근대 대표제에서 선거는 의원의 능력과 자격을 바탕으로 한 인물선거를 의미하였고 유권자가 그 대표자를 선임하는 행위로 이해될 뿐 권한의 위임이나 기관관계와 같은 법적 관계는 성립되지 않는 것으로 여겨졌다.34)

정당국가에 이르러 선거는 후보자의 명망, 능력, 자격 등 개인적인 요소 못지않게 정당이나 정당의 정강, 정책 등을 선택하는 성격을 가지게 되었다. 선거는 '정부를 선택하기 위한 국민투표 의미'를 가지게 된다.35) 시민의식의 성장과 민주주의 사상의 확산에 따라 선거를 하나의 시민적 권리로 인식하는 것이 우세하게 되었고 점차 보통·평등·직접·비밀·자유선거 원칙을 받아들인 제도가 광범위하게 수용되었다.36)

일정한 재산을 가진 일정한 나이의 성인남성에게만 인정되던 선거권을 확대하는 과정에서 선거의 민주주의적 기능이 강조되고 있다. 보통선거권의 확립은 노동자 계급의 성장에 따른 격렬한 계급투쟁의 전개와 밀접하게 관련된다. 노동자 계급의 보통선거권의 획득은 종래의 유산·시민계급으로 구성된 선거인단의 동질성을 크게 훼손시켰고, 노동자 계급의 의회진출은 대의기구로서의 의회를 정당정치의 장으로 변질시켰다.37)

---

34) 김문현, "현대 민주국가에 있어서의 선거의 의미와 과제", 59면, 63면.
35) 정병욱, 선거법, 박영사, 2000, 5면.
36) 모리스 뒤베르제는 자유주의적 부르주아의 소원과 국민주권론 사이의 결합을 의미하는 국민대표 개념은 대중민주주의와 정당국가에서 상당 부분 변질되었다고 지적한다[모리스 뒤베르제(김병규 역), 정치제도와 헌법 1, 삼영사, 1980, 72면].

 종래의 대의정치는 개별적인 소수의견이 의회에서의 토의 과정을 통해 단순한 수학적 다수의 의미를 초월한 질적 다수의사를 형성한다는 식의 다수결의 원리에 의해 운영되었다. 그러나 보통선거권이 확대된 현대에는 통치권에 민주적 정당성을 부여한다는 의미가 부각된다.[38) 그에 따라 선거는 대표자를 선출하는 기능 외에도 민의에 의한 정치를 가능하게 하는 기능을 수행하게 된다.

 그런데, 오늘날에는 정당국가 현상에 대한 비판과 동요도 나타나고 있다. 이는 정당의 정치적 부패, 정당의 과두제적 운영, 정당의 국가·사회적 문제에 대한 대응능력 부족, 정치적 이해관계에 따른 이합집산, 당리당략에 집착한 정당 운영 등에서 기인한다.[39) 참여민주주의와 관련된 국민의 이니셔티브 증대에 따라 정치 환경은 정당의 역할을 축소시키고 있고 선거에서 시민단체 등의 참여가 확대되고 있다.[40)

(2) 선거제도의 다양한 변용 가능성

 다수가 지배해야 한다는 이념과 소수가 지배한다는 실제 사이에는 모순이 있다. 대표성을 띤 대표기관을 구성하는 문제와 강하고 안정된 대표기관의 문제 사이에 충돌이 발생한다. 이에 관하여 새뮤얼 비어는 "대의정부는 '대표'해야 할 뿐만 아니라 동시에 '통치'해야 한다."고 표현한다.[41)

 선거의 기능은 사회구조, 정치체제와 정당제도에 따라 달라진다. 선거의 기능은 연관되어 있으며 혼재되어 나타났다. 선거의 기능 중에서 어떤 것

---

37) 김광수, 앞의 책, 23~24면.
38) 정종섭, 헌법연구 1(제3판), 박영사, 2004, 255~260면.
39) 김문현, "현대 민주국가에 있어서의 선거의 의미와 과제", 59면.
40) 김문현, "정당국가현상과 대표제 민주주의", 공법연구 제24집 제4호, 한국공법학회, 1996, 111~114면.
41) Samuel Beer, "The Roots of New Labour : Liberalism Rediscovered", *The Economist Vol. 7*, 1998. 2., p. 25.

을 강조할 것인지는 시대마다, 국가마다 다르다. 의원내각제는 대표기관의 구성을 강조하는 데 비해,42) 대통령제는 안정적 지배질서의 유지를 강조한다. 의회는 높은 대표성을 가진 시스템이고 집행부는 인구 다수에 의해 부여된 국가 목적을 달성하는 시스템이므로 의회선거와 대통령선거는 선거의 기능 중 다른 측면에 중점을 둔다.

선거의 기능들은 서로 연관되어 있으며 역사적으로 뒤섞여 나타났다. 각 정치체제의 고유한 선거기능을 산출시키는 주요 변수들은 정치체제가 안고 있는 사회적·제도적·정치적 조건들이다. 모든 시민이 동등한 선거권과 피선거권을 가진다는 점과 임기 말 대표가 다시 선출되지 않는 것이 해임을 뜻하는 점에서는 선거가 민주주의적이지만, 선거가 가지는 선출의 개념에 내포된 '탁월성의 요청' 및 무기속 위임으로 인한 지배체제의 형성·유지의 측면은 간과될 수 없다.

선거제도는 그것이 운용되고 있는 정치체제에 영향을 미치기도 한다.43) 선거가 가지는 기능이 한 가지밖에 없다고 볼 수는 없다. 선거는 여러 가지 기능들을 수행한다. 시대에 따라 대표의 형성, 신임의 전달, 정치적 통제와 같은 기능은 정도와 혼합관계가 다르게 나타났다.

리처드 카츠는 '민주주의와 선거'에서 제시한 14개의 민주주의 모형들이 여러 선거제도들과 조화되는지에 관하여 검토한 결과 모든 기준들에 들어맞고 극히 민주적인 선거제도는 존재하지 않는다고 결론을 내렸다.44) 선거제도의 주요 요소인 당선결정 방식, 선거구 크기, 기표방식에 따라 선거제도는 다양하게 변용될 수 있다. 정치권력이 민주주의에 가깝게 형성되고

---

42) 음선필, "한국 민주주의의 발전과 선거제도", 사회과학연구 제10권 제2호, 순천향 대학교 교수학습개발센터, 2004, 478면.

43) 데이비드 파렐(전용주 역), 선거제도의 이해, 한울 아카데미, 2012, 241~242면, 267~268면.

44) Richard S. Katz, Democracy and Elections, Oxford University Press (Oxford), 1997, pp. 191~194.

작동되느냐는 선거제도를 어떻게 설정하느냐와 밀접하게 관련된다.[45]

(3) 민주적 선거제도의 설정과 운영

민주적 통치의 정당성은 세 가지 차원에서 확보된다. 첫째, 정치적 결정에 의해 영향을 받는 사람들이 자신들에게 영향을 주는 결정 또는 자신을 대신해 결정하는 사람의 선택에 직접 참여하여야 한다. 보통선거권이 확립된 상황에서 두터운 위임은 투표율을 높이는 것에서 시작된다. 둘째, '선택의 질'이 높아야 한다. 선거의 결과가 단순한 표 계산에 그치지 않고 사회적 문제, 대안, 해법에 관한 정보가 충분히 제공되고 논의가 활발히 진행된 후에 만들어져야 한다. 셋째, 참여자가 결과에 승복하도록 하여야 한다. 선거에서 패배한 사람이 결과를 받아들이는 것은 절차적 민주주의 지속의 결정적인 조건이다. 이는 선거경쟁의 공정성에서 비롯된다.[46]

선거를 "실제로 자기들이 결정을 한 것이었다."고 생각하게 하는 것만을 목표로 하는 '심리적 착취'의 기회로 변하게 해버렸다는 지적[47]이 있다. 선거제도의 설정에 있어 정치세력 사이의 역학관계 및 협상결과에 따라 영향을 받는 측면이 부인될 수 없다. 정치권력의 민주화는 선거제도에 대해 변화를 초래할 뿐만 아니라 선거제도에 기인하기도 하며, 양자는 병행한다고 볼 수 있다.[48]

선거는 일방적 지배가 유지되는 것을 막는다. 선거에서 이루어진 사회적 합의는 다음 선거에서 바뀔 수도 있다는 점에서 '상대적'이며 '잠재적'인

---

45) 이에 관하여는 졸고, "민주주의와 선거 : 민주주의와 대표제의 개념을 중심으로", 선거연구(제5호), 중앙선거관리위원회, 2014, 107~108면.

46) Adam Przeworski, "Why Do Political Parties Obey Results of Election", *José Mariá Maravall eds Democracy and the Role of Law*, Cambridge University Press(Cambridge), 2003, pp. 114~145.

47) 정요섭, 앞의 책, 55면.

48) 음선필, "한국 민주주의의 발전과 선거제도", 478면.

것이다. 선거는 사회변화에 부응하는 정치적 의사의 형성, 형성된 의사의
관철에 대한 정당성 부여, 권력에 대한 통제의 기능을 수행한다.

참여와 선거경쟁을 중심으로 민주주의를 보는 것은 현실적이면서도 민
주주의가 작용하기 위한 중요한 조건이다. 왜냐하면, 절차적 민주주의는 정
치적 결정의 과정 및 결과에서 권위주의에서와는 다른 중요한 의미를 가져
올 뿐 아니라 참여민주주의 또는 사회민주주의도 가능하게 하는 조건이 된
다는 측면에서 그 불완전성을 이유로 부정되기보다는 양질의 민주주의를
향한 출발점으로 이해되기 때문이다.[49)]

국민의 정치적 무관심이 확대되고 관료에 의한 정책결정 및 집행이 주도
되고 있는 현대국가에서 민주주의의 이상과 현실 사이의 괴리는 더욱 커질
수 있다. 국민의 무관심과 금권, 관권 등의 개입으로 선거의 공정성이 상실
된 경우 선거는 지배를 정당화하는 도구로 전락할 수 있다. 민주주의의 이
상과 현실 사이의 불일치를 최소에 그치게 하고 현실을 이상에 근접시키기
위한 노력이 필요하다.

선거와 다음 선거의 사이에는 언론·출판, 집회·시위, 청원 등에 의하여
끊임없는 정치적 의사표시를 행함으로써 다수의 힘을 반영시킨다는 민주
주의의 이념과 소수지배라는 현실 사이의 모순을 줄여나가야 한다. 국민이
정치적 관심을 가지고 적극적으로 발언하는 곳에서는 소수지배의 현실도
민주주의의 이상에 접근해가지 않을 수 없다.

민주주의에 부합하는 선거의 기능을 확대하는 방안으로는 보통·평등·직
접·비밀·자유선거 원칙의 완전한 실현, 선거과정에서 금권·관권·폭력 등
의 개입을 차단하는 것, 선출된 대표의 임기를 단기로 하고 연임을 제한하
는 것, 현직공무원의 피선거권을 제한하는 것, 현직공무원직과 선출직 간의

---

49) Evelyne Huber, Dietrich Rueschemyer and John D. Stephens, "The Paradoxes of
   Comtemporary Democracy : Formal, Participatory and Social Democracy",
   Comparative Politics Vol. 29, No. 3, City University of New York(New York),
   1997. 4., pp. 323~342.

겸직을 금지하는 것, 선거비용을 최소화하는 것 등을 드는 견해가 있다.[50]

II. 선거의 자유와 공정

1. 문제점

선거는 유권자가 그 대표자를 선임하는 행위로서 국민에 의한 대표자의 선출, 지속 가능한 정부와 의회의 구성, 대표자에 대한 민주적 정당성 부여, 정부에 대한 국민의 통제 기능 등을 수행한다. 선거과정에서 다양한 정치적 견해와 이해관계가 가장 치열하게 그리고 집중적으로 주장되고 경쟁한다.[51]

선거는 정치체제, 정당관계, 사회구조 등에 따라 다양한 의미와 기능을 가질 수 있다는 점에 관하여 살펴보았다. 선거제도의 설정과 운영의 방식에 따라 민주주의에 근접할 수도 있고 그렇지 못할 수도 있다. 경쟁적 선거는 선택 가능성과 선거의 자유가 보장되어야 한다. 선거제도가 민주주의에 근접할 수 있게 하는 선거원칙이 바로 '선거의 자유'이다.

이하에서 먼저 선거의 기능이 발휘되는 선거라고 할 수 있는 경쟁적 선거에 관해 살펴본다. 다음으로 경쟁적 선거의 요건인 선거의 자유를 검토하고자 한다. 그리고 선거의 공정에 관하여 논의한 후 선거의 자유와 선거의 공정 사이의 관계에 관하여 연구하고자 한다.

---

50) 자크 랑시에르(허경 역), 민주주의는 왜 증오의 대상인가, 인간사랑, 2011, 155면.
51) 정태호, "선거관리위원회의 선거운동에 관한 행정지도와 기본권구제 : 헌재 2008. 1. 17. 2007헌마700 결정의 중앙선거관리위원회 선거법준수촉구조치의 공권력성 인정의 함의 분석을 중심으로", 헌법학연구 제17권 제2호, 한국헌법학회, 2011. 6., 107면.

2. 경쟁적 선거

(1) 개념

'경쟁적 선거(kompetitive Wahlen)'란 선거에서 '선택 가능성'과 '선거의 자유'가 법적 권리와 제도로서 보장되는 선거이다. 이에 관하여 디터 놀렌은 고유한 의미의 선거는 '선택 가능성(Auswahlmöglichkeit)' 및 '선거의 자유(Wahlfreiheit)'가 있어야 한다고 주장한다.52)

선거에서 '선택 가능성'이란 유권자에게 선택의 기회가 있어야 한다는 것이고, '선거의 자유'란 유권자, 후보자, 정당 등의 선거에의 참여와 선택이 자유롭게 이루어져야 한다는 것이다. 이로써 선거상의 활동은 '공중의 항구적이며 직접적인 통제' 하에 놓이게 된다.53)

(2) 비경쟁적 선거·반경쟁적 선거

그에 비해, '비경쟁적 선거(nicht-kompetitive Wahlen)'라 함은 선거에서의 선택 가능성과 선거의 자유가 원천적으로 보장되지 않는 선거를 말하며, '반경쟁적 선거(semi-kompetitive Wahlen)'는 두 가지 조건이 완전히 폐지되지는 않았지만 일정한 제한이 존재하는 선거를 의미한다.54)

선거를 경쟁의 강도에 따라 구분함으로써 선거로부터 정치체제의 구조적 이면을 알 수 있는데, 그에 의하면 경쟁적 선거는 '민주주의 체제'로, 반경쟁적 선거는 '독재주의(권위주의) 체제'로, 비경쟁적 선거는 '전체주의 체제'로 각각 연결된다고 볼 수 있다.55)

---

52) 디터 놀렌(신두철 역), 앞의 책, 15~16면.
53) 모리스 뒤베르제(김병규 역), 앞의 책, 120면.
54) 디터 놀렌(신두철 역), 앞의 책, 15~16면.
55) 디터 놀렌(신두철 역), 앞의 책, 17~21면.

(3) 경쟁적 선거의 필요성

경쟁적 선거를 보장하는 것은 민주적 선거를 위한 것이다. 건전한 민주주의에서 선거는 피통치자에게 책임을 지는 정부를 만든다. 선거경쟁이 실질적으로 이루어져 누구에게든 승리의 불확실성이 존재하여야 민주주의의 요체인 '교체'56)가 가능하고 후보자는 당선을 위해 노력할 것이며, 결과적으로 '책임정치'가 실현된다. 민주화의 관건은 선거경쟁에서의 승리에 대한 불확실성을 제도화하는 것에 달려 있다고 볼 수 있다.

경쟁적 선거는 '시민들이 그의 대표자를 자유롭게 선택할 것, 시민들은 그들의 지지를 추구하는 후보자들 가운데에서 선택할 수 있을 것, 공무원들은 명시된 임기 이후에도 지위를 유지하려면 다시 선출되어야 할 것'이라는 전제에서 가능하다.57) 경쟁적 선거는 공직을 염원하는 사람들 사이에 승리에 대한 불확실성을 증진시킴으로써 그들의 시민에 대한 '반응성'을 높인다.58)

이번 선거에서 패한 정치세력은 동일한 제도에 따라 다음 선거에서는 자신이 승리할 수 있다고 기대할 수 있어야 이번 결과에 승복하려 할 것이다. 이번 선거에서 승리한 세력도 다음 선거에서 패배할 수 있다고 생각하여야 패배한 소수를 존중하는 '제한된 다수의 지배'가 실현될 것이다.59) 민주주의의 종적 구조는 자유롭고 반복적이며 경쟁적인 선거에 달려 있다고 말해도 과언이 아니다.60)

---

56) "민주주의의 꽃은 평화적 정권교체에 있다."[성낙인, 헌법학(제13판), 법문사, 2013, 892면].

57) Valerie Bunce, "Ingredients of a Resilient Democracy", *More Than Elections How Democracy Transfer Power*, eJournal USA(Washington D.C.), 2010, p. 8.

58) "Competitive elections promote uncertainty among political aspirants and thus encourage their responsiveness to citizens."(*Ibid.*, p. 9).

59) 서울대학교 정치학과 교수 공저, 정치학의 이해, 박영사, 2003, 316~317면.

60) 지오반니 사르토리(이행 역), 민주주의 이론의 재조명 I, 인간사랑, 1990, 190면.

(4) 경쟁적 선거의 확보방안

카를 뢰벤슈타인은, 국민이 자기를 대표할 후보자와 정당을 선택하는 선거에서 국민의 의사가 그대로 정직하게 선거 결과로 나타날 수 있는 선거절차가 마련되고 보장되지 못한다면 '주권적인 권력주체로서 국민'이라는 개념은 한낱 공허한 환상에 지나지 않을 뿐만 아니라 정치질서를 오도하는 불필요한 가설에 지나지 않는다고 단언하였다.61)

제한적 다원주의, 무력한 이익집단, 협소화된 공공성 및 형식적 경선이 가지는 정치적·사회적 공허함을 간과해서는 아니 된다.62) 단순한 선거의 실시만으로는 민주정치의 수호자가 되지는 못하며, 예민하고 비판적인 여론의 유지·발전을 위한 제반 조건들을 충족하여야 한다. 그래서 경쟁적 선거는 민주주의의 최소한의 조건이라고 볼 수 있다.

허영 교수는, 진정으로 경쟁적이고 민주적인 선거가 되기 위해서는, 단지 '선택 가능성'과 '선거의 자유'가 보장되는 것만으로 부족하다고 보며, 선거 절차의 모든 과정, 즉 선거권·피선거권의 결정, 선거구 분할, 후보자의 추천·결정, 선거운동, 투표·개표와 합산, 득표수에 상응한 의석 배분, 선거에 관한 각종 쟁송 등에서 국가권력이 절대적으로 정치적인 중립을 지킴으로써 모든 선거참여자와 정당에게 균등한 지위와 기회가 보장되어야 한다고 주장한다.63)

---

61) Karl Loewenstein, *Verfassungerecht und Verfassungspraxis der Vereinigten Staaten*, Springer(Berlin), 1959, S. 274.
62) 디터 놀렌(신두철 역), 앞의 책, 17면.
63) 허영, 앞의 책, 855면, 859~860면.

3. 선거의 자유

(1) 자유선거 원칙의 의의

'자유선거의 원칙'이란 국민의 주권행사이자 참정권행사의 의미를 가지는 선거과정에의 참여행위는 원칙적으로 자유롭게 행하여질 수 있도록 최대한 보장되어야 한다는 선거의 원칙을 의미한다. 국민 다수에 의한 통치의 정당화를 위해서는 무엇보다도 그 정당화 과정이 자유로워야 하고 국민은 복수의 정치집단 또는 정치노선 중에서 자유롭게 선택할 수 있어야 한다.[64]

자유선거는 투표자들이 그 자신의 의견과 감정에 입각해서 동의를 표시하기 위한 균등한 기회를 가지는 선거이다.[65] 자유선거는 모든 선거인들이 자유롭게 어떠한 강제도 허용되지 않는 분위기 속에서 선거권을 행사하는 것을 의미한다. '법을 통한 민주주의 유럽위원회[European Commission for Democracy through Law, Venice Commission(베니스 위원회)]'가 제시하는 선거에 관한 원칙(보통·평등·자유·비밀·직접선거, 선거의 빈도) 중에는 '자유로운 선거(free suffrage)'가 있다.[66]

법을 통한 민주주의 유럽위원회는 자유로운 선거에 두 가지 내용이 있다고 보는데, 여기에는 '투표자의 의견형성의 자유', '투표자의 소망을 표현할 자유와 선거부정을 방지하는 조치'가 있다. 국가는 선거의 중립성을 지켜야 하며, 어떠한 선거부정도 방지하고 응징하여야 한다. 위 위원회는 자유로운 선거의 한 내용으로 '선거부정의 방지'를 든다.[67]

---

64) 계희열, 헌법학(상)(제2보정판), 박영사, 2002, 229면.

65) William James Millar Mackenzie, *Free elections : an elementary textbook*, George Allen and Unwin(London), 1958, p. 159.

66) http://www.venice.coe.int/webforms/documents/CDL-STD(2003)034-e.aspx(2013. 7. 11. 최종 방문).

(2) 헌법적 근거

헌법은 제41조 및 제67조에서 '국민의 보통·평등·직접·비밀선거'를 실시한다고 규정하여 이들이 선거제도에서 준수하여야 하는 원칙이라고 선언하고 있다. 자유선거의 원칙은 헌법에 명문의 규정은 없지만 민주적 선거제도에 내재하는 선거원칙으로서 국민주권원리, 의회민주주의와 참정권에 관한 헌법규정에서 그 근거를 찾을 수 있다.[68]

자유선거의 원칙은 선거의 전 과정에 요구되는 선거권자의 의사형성의 자유와 의사실현의 자유를 말하고, 구체적으로 투표의 자유, 입후보의 자유, 나아가 선거운동의 자유를 뜻한다.[69] 자유선거의 원칙은 선거과정에서 모든 유권자, 후보자 또는 정당이 평등한 기회를 가질 것을 요구하기 때문에 평등원칙의 적용례라고도 볼 수 있다.[70]

(3) 자유선거 원칙에 관한 국제법적 고찰

'세계인권선언'에 따르면, 모든 사람은 자국의 통치에 참여할 권리와 자국의 공무에 접근할 권리를 가지고(제21조 제1항, 제2항), 모든 사람은 인종 등에 따른 차별 없이 이와 같은 권리를 누릴 자격이 있다(제2조). 모든 사람이 자국의 통치에 참여하는 방법에는 직접 참여하는 것과 자유롭게 선출된 대표를 통하여 하는 것이 있다(제21조 제1항). 세계인권선언은 직접 통치에 참여하는 것을 자국 통치에 참여하는 한 가지 방법으로 보며, 선출된 대표를 통하여 통치에 참여하는 것을 인정하되, 이때에는 대표자가 자

---

67) http://www.venice.coe.int/webforms/documents/CDL-STD(2003)034-e.aspx(2013. 7. 11. 최종 방문).
68) 헌재 1994. 7. 29. 93헌가4 등 결정, 판례집 6-2, 28면.
69) 헌재 1994. 7. 29. 93헌가4 등 결정, 판례집 6-2, 28면; 정병욱, 앞의 책, 5면.
70) 조재현, "자유선거의 원칙", 공법연구 제30권 제4호, 한국공법학회, 2002, 98면.

유롭게 선출되는 것이 중요함을 강조한다.

'시민적 및 정치적 권리에 관한 국제규약 제25조'에서도 세계인권선언과 유사한 내용을 담고 있다. "모든 시민은 제2조에 규정하는 어떠한 차별이나 또는 불합리한 제한도 받지 아니하고 다음 권리 및 기회를 가진다. (a) 직접 또는 자유로이 선출한 대표자를 통하여 정치에 참여하는 것, (b) 보통, 평등 선거권에 따라 비밀투표에 의하여 행해지고, 선거인의 의사의 자유로운 표명을 보장하는 진정한 정기적 선거에서 투표하거나 피선되는 것, (c) 일반적인 평등 조건하에 자국의 공무에 취임하는 것"이라고 위 조항은 규정한다.

1991년 12월 17일 국제연합 제75차 총회에서 정기적이고 진정한 선거의 원칙을 효율적으로 향상시키기 위한 결의를 하였다.[71] 국제연합총회는 위 결의에서 세계인권선언 제21조를 재확인하고, 시민적 및 정치적 권리에 관한 국제규약 제2조, 제25조를 언급한다. 국제연합총회는 모든 국가와 그 인민에게 동등하게 적합한 단일한 정치제도나 선거방법이 있는 것은 아님을 인정하면서 국제연합의 차원에서 민주주의 과도기에 있는 국가들을 포함하여 몇몇 소속 국가들에 대하여 자문서비스와 기술적 도움을 제공하기로 결의하였다.

(4) 자유선거의 필요성

선거의 자유는 경쟁적 선거의 한 요소이다. 선거의 자유가 충분하게 확보된다면 선거에서의 경쟁이 치열해질 것이고 그 결과 민주적 선거에 근접할 것이다. 선거는 국민의 자유로운 의사결정과 후보자의 공정한 경쟁을

---

71) 국제연합총회결의문
   www.un.org/ga/search/view_doc.asp?symbol=A/RES/46/137&Lang=E&Area=
   RESOLUTION(2013. 3. 10. 최종 방문).

통해 훌륭한 대표자가 선출되는 것을 이상으로 한다. 민주적 선거를 위해
서는 무엇보다도 선거의 자유를 보장하는 것이 중요하다.

지오반니 사르토리는 '통치행위를 하는 데모스'를 발견하는 것은 '선거
때'이고 민주적 과정은 선거와 선출 안에 있다고 주장한다. 그는 선거와 여
론은 자유로워야 하며 부자유스러운 선거와 부자유스러운 여론은 아무것
도 표현하지 않는 것이라고 말한다.[72] 선거가 국민에 의한 대표기관의 구
성과 정치적 통제가 되기 위해서는 국민의 의사가 선거과정에서 굴절 없이
반영될 수 있어야 한다.

민주주의의 기초는 '토론에 의한 정부'라고 볼 수 있다. 선거는 국민의
다수자가 지도자들을 제재하고 통제하는 제도적 장치라는 의미에서 체제
의 방어벽이며 보증수단이다. 이러한 보증을 완전무결한 것으로 만들기 위
해 선거는 자유로워야 하고, 유권자들은 선거과정에서 충분한 정보를 얻을
수 있어야 하며, 자유롭고 자율적인 여론의 형성을 보장할 필요가 있다.

4. 선거의 공정

(1) 의의

공정성의 사전적 의미는 '공평하고 올바른 성질'이다. 공정성은 균형성,
객관성, 중립성, 정확성의 특징을 가진다. 선거에서의 공정성은 선거과정에
서 정치경쟁의 공정성을 뜻한다.[73] 공정한 선거는 평등선거의 다른 표현으
로서 현역 의원과 원외 정치인, 정당소속후보와 무소속후보, 기성정당 소속
후보와 신생정당 소속 후보 등 사이의 '기회의 균등'을 의미한다.[74]

---

72) 지오반니 사르토리(이행 역), 앞의 책, 127~128면.
73) 음선필, "한국 지방선거에서의 공정선거 확보방안", 유럽헌법연구 제7호, 유럽헌법
    학회, 2010. 6., 108면, 112면, 143면.

선거과정에서 다양한 입장 또는 이해관계가 표출된다. 선거는 국가권력을 담당하는 주체를 결정하는 절차이다. 선거제도의 구성과 선거절차 운용에 있어 정당, 후보자 및 지지자의 이해관계가 다른 어떤 영역에서보다도 첨예한 대립을 보인다. 그에 따라 선거제도의 공정한 설계와 운용이 강하게 요청된다.75)

선거에서 경쟁을 하는 후보자 또는 정당 사이의 경쟁에 관한 기회를 균등하게 보장하는 것은 중요한 '공정'이다. 헌법 제116조에서 직접적으로 '선거운동의 기회균등'을 규정하고 있다. 대법원은 '선거운동의 기회균등 보장'의 원칙에 입각하여 공정한 선거를 도모한다고 판시한 바 있다.76) 이를 위해서 후보자나 정당 사이에 기회를 균등하게 부여할 필요가 있다.

(2) 필요성

민주화 과정에 있는 국가들에서 집권세력에 의해 선거과정이 조작되거나 조작되었다고 믿는 것은 선거의 문제점으로 등장한다.77) 관권, 금권, 폭력 등이 선거에 개입하고 선거의 공정성이 상실된 경우 선거는 지배자의 지배를 정당화하는 도구로 전락한다. 국민이 이러한 점에 대해 무관심하면 문제는 보다 심각해질 것이다.

선거는 정부로 하여금 피통치자에 대해 책임을 지도록 하고 정치권력의 평화적 교체를 가능하게 하는 두 가지 필수적인 기능을 수행한다. 이들 두 효과는 민주주의를 강화한다. 건전한 민주주의에서 시민들은 정부를 정치

---

74) 송석윤, 헌법과 정치, 경인문화사, 2007, 194면.
75) 계희열, 앞의 책, 297면.
76) 대법원 2005. 9. 15. 선고 2005도40 판결.
77) Robert Alan Pastor, "The Role of Electoral Administration in Democratic Transitions : Implications for Policy and Research", *Democratization Vol. 6 No. 4*, Frank Cass(London), 1999, p. 11.

를 수행하는 '수단'이라고 보게 된다. 선거는 규칙적으로 실시되고 자유롭고 공정할 때에 이러한 임무를 다할 것이다.[78]

선거의 공정성 확보는 민주주의의 토대이다. 선거가 공정하게 실시되지 않으면 선거는 그 의미와 기능을 상실한다. 대표자는 국민 모두가 승복할 수 있는 공정한 선거로써 선출되어야 한다.[79] 선거의 기능은 선거에서 국민의 의사가 제대로 반영된다는 전제 하에서 발휘된다. 선거에서 국민의 주권적 의사의 왜곡과 굴절이 없는 반영이 이루어지기 위해서는 무엇보다도 선거가 공정해야 한다.

선거에서 선택과정의 판단자료가 부족할수록 기성 정치인과 주요 정당에게 유리할 것이다. 선거의 공정성을 확보하기 위해 정치자금의 공정하고 투명한 조달과 배분이 이루어져야 하며, 정·경·관의 유착을 끊어야 한다.[80] 선거관리는 선거를 통한 정당 등 정치세력 간의 자유로운 경쟁이 가능하게 해야 한다.[81]

여기서 '공명선거'가 선거의 본질을 구성하는 원리는 아니라는 점에 유념하여야 한다. 민주적 선거의 본질은 국민이 그 대표자를 선출하는 과정에서 민의가 제대로 반영되도록 하는 것이다.[82] 선거의 공정은 어디까지나 이를 위한 수단적 의미이다. 즉, 선거의 공정은 선거가 민의를 반영하는 기능을 수행하도록 하는 도구로서의 의미를 가진다고 볼 수 있다.

---

78) Valerie Bunce, *op. cit.*, p. 9. "Elections will only produce accountability when they are regularly held and when they are free and fair."
79) 최종두, 앞의 책, 35면.
80) 성낙인, 선거법론, 319면.
81) 복수정당제의 존재야말로 인민의 최소한도의 자유를 지키는 균형의 원인이라는 모리스 뒤베르제의 지적이 있다. 그는 정당이 없는 체제는 출생, 부, 지위에 의해 선발된 지배 엘리트(ruling elites)의 영속성을 지킨다고 말한다[모리스 뒤베르제(백상건 역), "현대 민주정치에서의 정당의 구실", 선거관리 제5권 제1호, 중앙선거관리위원회, 1972. 6., 126면].
82) 송석윤, "선거운동 규제입법의 연원 : 1925년 일본 보통선거법의 성립과 한국 분단 체계에의 유입", 법학 제46권 제4호, 서울대학교 법학연구소, 2005, 50면.

(3) 선거운동의 기회균등

헌법 제116조 제1항에서 "선거운동은 각급 선거관리위원회의 관리 하에 법률이 정하는 범위 안에서 하되, 균등한 기회가 보장되어야 한다."고 규정하여 선거운동의 기회균등을 명시적으로 선언하고 있다. 선거의 공정성과 관련하여 중요한 요소가 되는 것은 헌법에서 밝히고 있는 '균등한 기회의 보장'이다.[83]

선거의 자유를 지나치게 규제하는 입장은 기존의 지배질서를 고착화하고 기회에서의 차이를 가져온다. 수범자가 준수하기 불가능한 치밀한 규제망을 설정하고 규제권한의 발동 여하에 따라 규제가 결정되며 규제가 정치에서의 퇴출을 의미한다면 문제가 있다.

선거에서의 기회균등은 선거의 기능 실현을 위한 중요한 요건이다. 선거에서의 기회균등은 후보자 또는 정당으로 하여금 공정하게 경쟁하도록 하여 국민의 대표자로서 역할을 수행할 수 있는 자질과 능력을 갖춘 우수한 인물이 선출되게 한다. 이는 유권자의 입장에서 올바른 정보의 제공, 올바른 검증과 판단이 이루어지도록 하며 민주적 정당성의 부여를 실질적인 것으로 만든다.

(4) 선거의 자유와의 관계

1) 문제점

헌법재판소는 선거의 자유와 공정이 보완적 관계에 있다고 보기도 하고, 선거의 평온과 공정을 위하여 선거의 자유를 제한할 수 있다고 보기도 한다. 일부 헌법재판소 결정례는 선거의 공정과 선거의 자유를 대립되는 가치로 보면서 양자의 형량을 시도하기도 한다. 헌법재판소는 '진정한 의미

---

83) 한수웅, 헌법학(제2판), 법문사, 2012, 1255면.

의 선거의 자유'와 '그렇지 못한 선거의 자유'를 구분하는 입장을 보이기도
한다.

자유선거 원칙을 보통·평등·직접·비밀선거 원칙의 전제로 보는 견해가
있다.[84] 선거의 자유와 공정을 충돌되는 가치로 보고 가치의 형량을 하는
것이 타당한지, 선거의 공정성 확보를 기본권 보장 측면에서 볼 수 없는지,
선거의 자유와 공정이 조화를 이룰 수 있는지 등이 문제된다.

2) 헌법재판소의 입장

헌법재판소는 "대의민주제를 채택하고 있는 민주국가에 있어서 공직자
의 선거는 주권자인 국민이 그 주권을 행사하는 행위이므로 국민이 선거에
참여하여 그 의사를 표현할 기회와 자유는 최대한 보장되어야 한다. 그러
나 한편, 민주적 의회정치의 기초인 선거는 동시에 공정하게 행하여지지
않으면 아니된다. 금권·관권 등으로 인한 타락선거를 막고 아무런 제한 없
는 과열된 선거운동으로 인하여 발생할 사회경제적 손실과 부작용을 최소
화하며 국민의 진정한 의사를 제대로 반영하기 위하여는 우선 선거의 공정
이 보장되어야 한다. 선거의 공정 없이는 진정한 의미에서의 선거의 자유
도 보장되지 아니한다는 것은 엄연한 역사적 사실이다."[85]고 본다.

공직선거법 제93조 제1항 등 위헌확인 사건[86]에서, 헌법재판소의 다수
의견은 인터넷상 정치적 표현 내지 선거운동을 금지함으로써 얻어지는 선
거의 공정성은 명백하거나 구체적이지 못한 반면 인터넷을 이용한 의사소
통이 보편화되고 각종 선거가 빈번한 현실에서 선거일 전 180일부터 선거
일까지 장기간 동안 인터넷상 정치적 표현의 자유 내지 선거운동의 자유를
전면적으로 제한함으로써 생기는 불이익 내지 피해는 매우 크므로 법익균

---

84) 조재현, 앞의 논문, 97~99면, 116면.
85) 헌재 1995. 5. 25. 95헌마105 결정, 판례집 7-1, 835면.
86) 헌재 2011. 12. 29. 2007헌마1001 등 결정, 판례집 23-2하, 739면 이하.

형성을 갖추지 못하였다고 판단하였다. 위 결정의 반대의견은 위 법률조항은 선거의 자유와 공정의 보장을 도모하려는 정당한 입법목적을 가지고 있고 선거의 평온과 공정성을 확보하려는 공익에 비하여 표현행위를 하지 못함으로써 입게 되는 불이익은 그다지 크지 않다고 보았다.

위 2007헌마1001 결정의 다수의견은 선거의 공정성과 정치적 표현의 자유 내지 선거운동의 자유를 대립되는 관계로 보는 데 반해, 반대의견은 선거의 자유와 선거의 공정의 보장을 공직선거법 제93조 제1항이 추구하는 입법목적이고 공익인 선거의 평온과 공정성이 사익인 표현행위를 하지 못함으로써 입게 되는 불이익보다 크다고 보아 법익균형성을 충족한다는 입장이다. 반대의견은 선거의 자유와 공정이 대립적이지 않은 관계이고 선거의 공정성과 평온을 함께 추구되는 가치로 본다.

3) 선거운동의 규제에 관한 입법형성권

공직선거법 제58조 제2항은 "누구든지 자유롭게 선거운동을 할 수 있다. 그러나 이 법 또는 다른 법률의 규정에 의하여 금지 또는 제한되는 경우에는 그러하지 아니하다."고 규정하고 있다. 선거운동의 자유에 대한 제한의 범위 및 그 위헌 여부 판단에 관해 자유를 강조하는 입장과 공정에 근거한 제한에 비중을 두는 입장이 대립된다.

선거규제에 관한 입법형성권은 다른 입법 분야보다 헌법에 의하여 더 강하게 제한을 받는다는 견해가 있는데, 그 논거로 누구든지 자기 일에 관하여 재판관이 될 수 없다는 자연적 정의의 법칙에 의하여 입법자는 스스로 법적 지위에 관계가 있는 한 원칙적으로 공정성을 의심받는다는 점을 든다.[87]

반면에 선거운동의 자유가 인정된다 하더라도 선거제도의 본질적 역할

---

87) 이성환, "선거관계법에 대한 헌법재판소 결정의 문제점", 헌법실무연구 제1권, 박영사, 2000, 324면.

과 기능, 선거권자의 선거권 행사를 침해하지 않는 한도 내에서 인정된다
고 할 것이고 그 제한에 대한 위헌판단은 입법형성의 여지가 상당히 광범
위하므로 어떠한 선거운동을 허용할 것인지는 입법자가 판단하여 결정할
성질의 것이라는 견해가 있다.[88]

선거는 선거권자의 입장에서는 후보자의 인물, 정견 등에 관한 정보를
제공받는 자리이고, 후보자 입장에서는 자신을 알릴 수 있고 지지를 호소
할 수 있는 기회이므로, 선거운동의 자유는 최대한 보장되어야 한다. 선거
운동에 대한 과도한 제한은 정치적 기득권자에게는 유리하고 도전자에게
는 불리하게 작용한다. 선거인의 선택이 합리적으로 이루어지기 위하여 과
열선거에 대한 일정한 규제가 가해져야 하나, 이는 필요 최소한에 그쳐야
한다.[89]

표현의 자유, 참정권 같은 중요한 기본권이 관계되는 경우 엄격심사를
적용하여야 하나, 그 밖의 경우 헌법 제41조 제3항, 제67조 제5항에서 입
법형성권을 인정하고 제116조 제1항은 균등한 기회 보장을 별도의 헌법적
가치를 제시하는 점[90] 등을 감안하면 완화된 심사가 이루어져야 한다. 선
거의 공정성 또한 국민의 기본권 보장과 직결되는 가치이기 때문이다.

선거에서의 기회균등을 보장하는 것은 후보자가 선거에서 공정하게 경
쟁하고 유권자가 진정으로 원하는 후보자를 선택하는 데에 기여한다. 정치
관계법을 해석하고 판단함에 있어서 주요 정당과 기성 정치인에게 유리한
것은 아닌지, 소수정당 소속, 무소속 정치인 또는 정치신인의 참여를 제약
하는지, 기본권의 실현에 장애를 초래하고 평등원칙에 위배되는 것은 아닌
지의 관점에서 접근이 필요하다.

---

88) 정종섭, "단체의 선거운동 제한의 위헌여부-공직선거및선거부정방지법 제87조를
    중심으로-", 헌법판례연구 2, 박영사, 2000, 281~286면.
89) 양건, "선거과정에서의 국민 참여의 확대", 공법연구 제20집, 한국공법학회, 1992,
    21면.
90) 전종익, 앞의 논문, 267면.

4) 선거의 자유와 공정의 조화

헌법재판소가 선거운동의 자유를 제한하는 법률에 대해 원칙적으로 엄격한 심사기준에 의하는 입장을 취하나 실질적으로는 심사를 상당 정도로 완화하여 심사의 일관성을 유지하지 못한다는 비판이 제기된다.[91] 앞서 살펴본 바와 같이 헌법재판소는 선거의 공정과 선거의 자유가 상충되는 가치인지, 아니면 함께 추구될 수 있는 가치인지의 문제에 관하여 혼란스러운 입장을 보여준다.

헌법재판소는 93헌가4 등 결정에서 "선거에 있어 자유와 공정은 반드시 상충관계에 있는 것만이 아니라 서로 보완하는 기능도 함께 가지고 있기 때문에 더욱 그러하다. 국민 일반의 선거에 관한 자유로운 의견교환과 토론의 기회가 폭 넓게 보장될 때 오히려 금권 및 관권의 개입여지가 상대적으로 적어져 공명선거가 이룩될 수 있는 것이다. 선거의 공정을 이루기 위한 선거규제의 요체는 선거운동 그 자체를 제한하는 데 있는 것이 아니라 선거자금의 규제, 금권 및 관권의 개입차단, 언로의 개방을 통한 흑색선전·허위사실 유포의 차단, 후보자간의 무기대등의 확보 등에 있는 것이다."고 보았다.[92]

"돈은 묶고 말은 푼다."는 원칙이 있다. 관권이나 금권이 개입할 소지가 있는 선거운동에 대해서는 규제가 강화되어야 할 것이나, 그 밖의 선거운동의 자유는 보장되어야 한다. 선거의 과열을 막고 공정한 선거를 확보하는 방법으로 선거비용에 대한 규제방법이 있음에도 불구하고 선거운동을 광범위하게 제한하는 것은 방법의 적절성과 피해의 최소성에 위배된다.[93]

"선거에 관한 각종 입법은 선거의 자유와 공정의 두 이념이 적절히 조화

---

91) 전종익, 앞의 논문, 264~266면.

92) 헌재 1994. 7. 29. 93헌가4 결정, 판례집 6-2, 38면.

93) 정만희, "선거제도에 관한 헌법재판소 판례의 평가", 공법학연구 제7권 제1호, 한국비교공법학회, 2006, 19면.

되도록 형성되어야 할 것이나, 선거운동을 어느 정도로 허용하고 어느 정도로 제한하는 것이 적절한 조화인가에 관하여 모든 국가, 모든 사회에 공통적으로 타당한 절대적인 기준은 있을 수 없고, 각 나라마다의 사정 즉 그 나라의 역사와 정치문화, 선거풍토와 선거문화의 수준, 민주시민의식의 성숙정도 등 제반사정에 따라 달라질 수밖에 없다. 일반적으로 말하면, 민주주의가 정치문화에 확고한 뿌리를 내리고 공명선거가 잘 보장되어 있는 정치선진국에서는 선거운동의 자유를 보다 많이 허용하여도 좋을 것이나, 민주주의의 역사가 짧고 그것이 정치문화에 확고한 뿌리를 박지 못한 채 자유롭고 공명한 선거의 경험보다는 부정·타락선거의 경험이 많은 정치후진국에서는 선거의 공정성의 확보가 정치, 사회적으로 더 절실한 요청이라 할 수 있을 것"94)이라는 헌법재판소 결정례는 자유와 공정을 상충되는 관계로 보면서 그 관계가 정치문화의 발전정도에 따라 바뀔 수 있다는 입장이다.

헌법재판소는 93헌가4 결정 등에서 진정한 의미의 선거의 자유는 선거의 공정 속에서 보장되는 점을 인정한다. 여기서 선거에 대한 간섭이 없는 것이 공정한 선거라고 정의된다. 금권, 관권 등이 개입된 부정·타락선거는 진정한 의미의 자유선거가 될 수 없다. 법을 통한 민주주의 유럽위원회가 자유로운 선거의 내용으로 선거부정의 방지를 제시한 것도 같은 맥락에서 이해할 수 있다. 선거에 관한 자유로운 의견교환과 토론기회가 폭넓게 보장되면 금권·관권의 개입 여지가 상대적으로 적어지고 공정한 선거가 이룩될 것이다.

자유가 보장되지 않는 선거는 공정하다고 볼 수 없으며, 공정한 경쟁이 보장되지 않는 선거는 자유롭다고 볼 수도 없다.95) 선거의 영역은 일종의

---

94) 헌재 1995. 5. 25. 95헌마105 결정, 판례집 7-1, 836면.
95) 이철호, "선거관리위원회의 위상과 과제", 선거연구(창간호), 중앙선거관리위원회, 2010, 5면.

'정치적 공론장'이다. 정치적 공론장의 철학적·이념적 기초는 '사상의 자유 시장론'에 따른 정치적 표현의 자유이다. 국민의 참여공간인 선거의 의미, 표현의 자유 등에 비추어 사회영역의 자정메커니즘이 정치적 공론장에서 제대로 작동하지 아니할 때에만 국가가 개입하는 것이 타당하다.

선거의 공정이 확보될 때 선거가 국민의 자유로운 의사와 민주적 절차에 의해 이루어진다. 선거의 자유 보장은 선거의 공정성을 확보하는 효과적인 수단이다. 부정하고 타락한 방법이 아니면 선거에서 정치적 의사표현은 다양하고 활발할수록 선거의 공정에 기여하고 민주주의의 발전과 정착에 유리하다.[96] 선거의 자유와 공정은 상충관계에 있지 않으며 상호 보완하여 민주정치 발전을 향한 선순환 과정으로 나아갈 수 있다.

5. 선거의 평온

헌법재판소는 선거의 공정과 '선거의 평온'을 선거관리의 목적으로 양립시킨다. 그러나 선거의 평온을 선거관리가 추구할 공익으로 보는 것은 부당하다. 후보자들이나 정당들에게 경쟁의 기회는 균등해야 하나, 그것을 위하여 선거에서 평온이 추구되어야 한다고 볼 수 없다. 조용하고 평안한 것을 뜻하는 '평온'은 정치적 공론장인 선거과정의 속성과 부합되지 않는다. 선거의 평온이 선거관리가 추구하는 목적인지의 문제는 단순히 선거관리의 편의성 측면보다는 민주정치 발전을 위해 선거의 기능을 활성화한다는 측면에서 접근될 필요가 있다.

선거에서 인지도가 있는 후보자와 그렇지 못한 후보자 사이에 격차를 줄이는 방안은 후보자와 유권자의 소통기회 확대이다. 유권자는 후보자를 검증하고 판단함에 있어 충분한 정보를 제공받아야 한다. 선거에서의 자유를

---

96) 송석윤, 앞의 책, 194면.

축소시키는 방향으로 나갈수록 민주주의의 이상과 멀어진다. 선거에서 주
권자의 합리적 선택이 이루어지게 해야 한다. 민주주의란 평등한 인간들이
모인 시끌벅적한 혼란 속에서 권력이 정당성을 찾아야 한다는 것을 뜻한
다. 민주주의 이상에 가까워지기 위해서는 공공 문제에 관한 국민의 적극
적인 참여가 요청된다. 선거의 평온을 소란스러운 소통보다 중요시하는 태
도는 수긍할 수 없다.[97]

선거의 평온을 공익으로 인정하는 입장은 도덕적 자율성을 전제로 하는
인간존엄에 기초한 자유와 평등을 기본권으로 인정하고, 정치적 표현의 자
유, 선거권 등의 기본권을 보장하는 헌법과 조화되기 어렵다. 선거권자는
후보자의 자질, 정책 등에 관한 충분한 정보를 바탕으로 이해하고 판단하
여 투표에 참여하여야 한다.[98] 선거과정에서 정치적 기본권의 최대한 실현
을 위해 선거는 평온을 추구해서는 아니 된다.

Ⅲ. 선거관리의 필요성

1. 민주화 과도기의 선거실시

선거는 짧은 시간에 밀도 있게 정치적으로 민감한 환경에서 수행되어야
하는 활동이다. 선거를 실시하는 기술적 요소들은 대부분의 가난한 국가들
에서 갖추기 어려운 사항이다.[99] 최근 독립한 국가나 권위주의에서 민주주
의로 전환을 시작한 국가들에서 선거를 제대로 실시하는 것은 어렵다. 이

---

97) 윤영미, "선거의 공정성에 관한 검토 : 공직선거법 제93조 제1항 문서 등 배부 금
    지규정에 대한 과도한 광범성 법리에 따른 위헌성 검토를 중심으로", 헌법학연구
    제16권 제3호, 한국헌법학회, 2010. 9., 591~592면.
98) 성낙인, 공직선거법과 선거방송심의, 나남, 2007, 29면.
99) Robert Alan Pastor, *op. cit.*, p. 8.

들 국가에서의 민주화 과정은 순조롭지 못하고 많은 경우 정상적인 선거과 정에서 이탈하기도 한다.

정부가 정당한 문제제기에 응하지 않은 채 선거를 계속 조작하면 야당 지도자들은 변화로 가는 유일한 길은 '폭력'이라고 결론을 내린다. 모든 세 력들이 공정하다고 받아들이는 선거를 치르는 데 실패하는 것은 민주화로 의 이행을 원천적으로 막고 반복적인 실패는 폭력과 만성적 불안정성으로 이끈다. 민주화의 실패 원인은 집권세력이 권력을 포기하지 않는 것, 세력 이 약화된 야당이 자유로운 선거가 이루어지지 않는다고 판단하여 보이콧 하거나 항의하는 것, 선거관리기구가 편파적이거나 특정 정당, 보통은 집권 정당에게 치우친다고 폭넓게 인정되는 것, 민주적 정치문화가 결핍된 것이 제시된다. 대부분의 경우 이들 원인은 중첩된다.[100]

2. 선거에서의 정치적 중립성

(1) 공무원의 정치적 중립의무

헌법재판소는, 선거에서 공무원의 정치적 중립의무는 공무원의 지위를 규정하는 헌법 제7조 제1항, 자유선거원칙을 규정하는 제41조 제1항, 제67 조 제1항 및 정당의 기회균등을 보장하는 제116조 제1항으로부터 나오는 헌법적 요청으로 본다.[101] 이는 자유선거원칙이 공무원의 정치적 중립의무 의 근거 중 하나라는 입장이다.

"헌법 제41조 제1항 및 제67조 제1항은 각 국회의원선거 및 대통령선거 와 관련하여 선거의 원칙을 규정하면서 자유선거원칙을 명시적으로 언급

---

100) *Ibid.*, p. 2.
101) 헌재 2004. 5. 14. 2004헌나1 결정, 판례집 16-1, 634~635면.

하고 있지 않으나, 선거가 국민의 정치적 의사를 제대로 반영하기 위해서는, 유권자가 자유롭고 개방적인 의사형성 과정에서 외부로부터의 부당한 영향력의 행사 없이 자신의 판단을 형성하고 결정을 내릴 수 있어야 한다. 따라서 자유선거원칙은 선출된 국가기관에 민주적 정당성을 부여하기 위한 기본적 전제조건으로서 선거의 기본원칙에 포함되는 것이다. 자유선거원칙이란, 유권자의 투표행위가 국가나 사회로부터의 강제나 부당한 압력의 행사 없이 이루어져야 한다는 것뿐만 아니라, 유권자가 자유롭고 공개적인 의사형성과정에서 자신의 판단과 결정을 내릴 수 있어야 한다는 것을 의미한다. 이러한 자유선거원칙은 국가기관에 대해서는, 특정 정당이나 후보자와 일체감을 가지고 선거에서 국가기관의 지위에서 그들을 지지하거나 반대하는 것을 금지하는 '공무원의 중립의무'를 의미한다."고 2004헌나1에서 헌법재판소는 설시하였다.

(2) 선거의 공정성과 정치적 중립성의 관계

앤서니 다운스는 모든 정부가 정치적 지배의 극대화를 기도하고 있다는 가정 위에서 '합리주의적 모델'을 정립한다. 이 모델에 따르면, 정부의 제1차적인 목표는 '재선'에 있다. 정부는 정치적 지지가 극대화되기를 바라고 가장 많은 표를 얻고자 여러 야당들과 함께 경쟁한다. 다운스는 "불확실성이 정당들로 하여금 집권을 위한 투쟁의 무기로 이데올로기를 개발하게 만든다."고 말한다.102)

다운스의 모델에 의하면, 정부는 재선을 목표로 하며 유권자에게 관심이 있다. 여기서 선거관리를 정부에 맡길 경우 공정한 임무 수행을 기대할 수 없다는 결론이 도출된다. 어디까지나 이는 이론에 불과하고 선거 및 정부

---

102) 이용필, "민주정치에 있어서 선거·정당 그리고 정부", 선거관리 제32권, 중앙선거관리위원회, 1986. 10., 23~27면.

와 정당 사이의 관계를 한 가지 측면에서 바라본 것이기는 하지만, 선거관리를 어떠한 작용으로 볼 것인지, 나아가 선거관리기구 모델을 어떻게 설정할 것인지에 관한 참신한 아이디어를 제공한다.

정치와 행정은 관련이 있고 고도의 행정영역, 관료제의 상층부로 가면 갈수록 밀접한 관련이 있다. '정치 없는 행정'은 '눈'이 없는 것과 같고 '행정 없는 정치'는 '수족'이 없는 것과 같다고 한다. 행정은 정치에 대해 봉사하는 지위에 있다.103) 행정은 전문적 기술이기도 하여 고유한 법칙성이 있다. 행정이 정치에 의하여 침범된다면 행정의 고유한 기능은 파괴된다.

선거의 관리와 관련된 일련의 업무는 집행작용이다. 그런데, 집행부의 최상층이 선거에서 이해당사자가 되는 경우 선거의 중립성 및 공정성에 시비가 일게 된다. 선거관리의 정치적 중립성은 권력의 선거개입을 금지하려는 데에 그 취지가 있다. 선거의 공정은 관권 등 정치권력의 선거개입을 금지하여 정치적 중립성을 확보하고 나아가 금권, 폭력 등 모든 권력이 선거에 개입하는 것을 금지하는 것이다. '선거와 국민투표의 정치적 중립성을 비롯한 공정성의 확보'가 선거관리가 추구하는 목적이다. 정치적 중립성은 공정성의 내용 중의 하나이다. 선거관리의 목적은 정치적 중립성을 포함한 선거와 국민투표의 '공정성' 확보이다.

3. 민주적 선거를 위한 선거관리

(1) 선거제도 정착을 위한 선거관리의 기능

선거관리의 목적을 '민주적 통치의 정당성'를 높이고 '참여의 평등성'을 보장하는 것으로 보고 선거관리는 선거를 완성시키는 과정이라고 보는 견

---

103) 정요섭, 앞의 책, 344면.

해가 있다.104) 일각에서는 독립적이고 공정하며 권위적이고 유능한 선거위
원회는 큰 역량을 확보하여 모든 정당들과 국제 공동체에 의해 공정하고
자유롭다고 평가받는 선거를 치러낼 가능성이 크다고 주장되기도 한다.105)

1985년부터 1994년까지 개발도상국에서 처음으로 실시되었거나 민주화
과정에서 치러진 선거 50개 중 23개가 실패하였다. 실패한 선거 중 단 3개
가 독립된 선거위원회가 관리한 것이다. 성공적으로 치러진 선거 23개 중
에서 12개를 독립된 선거위원회가 관리하였고, 11개는 완전히 독립되지 못
한 선거위원회가 관리한 것이라는 자료를 근거로 독립된 선거위원회의 우
수성을 강조하기도 한다.106)

선거관리는 세 가지 기능을 수행한다. 첫째, 신뢰성이 있는 선거가 실시
될 수 있게 하는 실질적인 틀을 정립한다. 둘째, 선거과정에서 선거참여자
의 활동을 감시하고 잘못을 확인하는 감독기능을 수행한다. 셋째, 민주시민
에 대해 정치교육을 하는 기능을 수행한다.107)

(2) 선거의 자유와 공정을 위한 선거관리

헌법 제114조 제1항은, 선거관리위원회는 선거와 국민투표의 '공정한'
관리 및 정당에 관한 사무를 처리하기 위하여 둔다고 규정한다. 선거관리
위원회법 제1조는 "이 법은 선거와 국민투표의 '공정한' 관리 및 정당에
관한 사무를 관장하는"이라고 규정한다. 선거와 국민투표는 '공정한'으로

---

104) 홍재우, "민주주의와 선거관리 : 원칙과 평가-제5회 전국동시지방선거를 중심으
　　로-", 의정연구 제16권 제3호 통권 제31호, 한국의회발전연구회, 2010. 12., 131면.
105) Robert Alan Pastor, *op. cit.*, pp. 17~18.
106) David P. Berger, *Why Do Some Founding Elections Succeed and Ohters Fail?*,
　　Political Science Department Emory University(Atlanta), 1998.
107) Sarah Birch, "Electoral Management Bodies and the Electoral Integrity : Evidence
　　from Eastern Europe and the Former Soviet Union", *Project on Electral
　　Malpractice in New and Semi-Democracies Working Paper* No. 2, p. 3.

수식된다. 이는 선거와 국민투표의 공정성은 민주정치의 발달에 중요한 의미를 가지기 때문이다.

선거와 국민투표는 후보자나 정당 간에, 찬성과 반대 간에, 가치 또는 이해관계 간에 극명한 대립이 나타나는 경쟁의 장이다. 선거관리의 주된 목적은 선거와 국민투표의 공정성 확보에 있다. 선거관리는 '선거의 자유'를 목표로 하지는 않는다. 선거에서 자유가 원칙이고 선거규제는 예외이다. 선거과정에 대한 선거관리기구의 규제가 없는 곳은 자유이다. 선거를 그 의미와 기능에 맞게 운영하는 것은 선거제도 못지않게 중요하다.

선거법위반 등 불법을 저지르지 않는 것이 공정의 최소한이다. '공정성'을 불법이 없는 것이라고 정의하는 것은 공정성을 소극적으로 서술한 것이다. 선거의 객관성·공정성·형평성 담보는 민주주의를 위한 기본적 요건이다.108) 선거의 공정성을 통해 선거에서 후보자 간의 기회균등이 확보된다. 선거의 공정의 적극적인 의미는 선거의 자유를 실질적으로 보장하는 기회의 균등에 있다.109)

선거관리의 목적을 공정한 경쟁적 선거가 이루어짐으로써 보통·평등·직접·비밀선거 원칙이 지켜지도록 능동적·적극적으로 국가 활동을 형성해가는 것으로 보는 견해가 있다.110) 선거가 정치체제를 민주주의에 다가갈 수 있게 하는 수단인 점을 감안하면, 선거관리는 '선거가 주권적 정당성을 부여하는 과정'이 되도록 하는 것111)을 목적으로 삼아야 할 것이다.

---

108) 중앙선거관리위원회, 선거관리위원회의 헌법상 지위와 권한에 관한 연구 : 헌법 제7장 선거관리에 관한 개정을 중심으로, 2009, 8면.
109) 졸고, "선거쟁점 관련 찬·반활동에 대한 선거관리위원회의 규제", 선거연구 창간호, 중앙선거관리위원회, 2010, 122면.
110) 이철호, 앞의 논문, 17면.
111) 성낙인, 프랑스헌법학, 법문사, 1995, 241면 이하.

제2절 선거관리의 개념과 성격

I. 선거관리의 개념

1. 문제점

선거과정을 관리하거나 운영하는 활동을 '선거관리(electoral management)' 또는 '선거행정(electoral administration)'이라고 부른다. '선거행정'에서의 '행정(administration)'의 의미는 다양하게 해석할 수 있다. 행정법학적 관점에서 행정에 관하여는 입법·사법을 제외한 모든 국가 활동을 의미한다는 견해, 국가목적의 적극적·구체적인 실현을 뜻한다는 견해 등이 있다.112)

선거와 관련된 각종 활동은 국가가 관장하는 경우가 많지만, 정당, 시민단체나 유권자 등이 참여할 여지가 있는 영역인 점, 선거사무의 담당기구를 전통적인 행정부로부터 독립된 기구를 설립하는 추세가 있다는 점 등을 고려하면, 국가나 행정부가 주도하는 의미로 해석될 수 있는 'administration'보다는 민간을 포함한 다양한 주체의 활동을 포섭할 수 있는 'management'를 사용하는 것이 타당하다.113)

이와 같이 '선거관리'라는 명칭부터가 정책적 방향성을 담고 있다고 보

---

112) 유훈, 행정학원론(제6정판), 법문사, 1997, 37~41면.
113) 대한민국헌법, International IDEA의 핸드북을 비롯한 대부분 문헌 자료들을 살펴
    보면, 'administration'이 아니라 'management'를 사용하고 있다.

인다. 선거를 단순하게 감독하는 것이냐, 선거과정을 전반적으로 직접 담당하는 것이냐는 용어의 사용에서부터 특정 의미로 인도하는 의도가 들어 있다고 보이기 때문이다. 선거관리의 범위가 어디까지인지, 선거관리의 핵심요소는 무엇인지, 선거관리는 어떤 방식으로 이루어져야 하는지 등에 관하여는 국가마다 차이가 있다.

주의할 사항은 여기서의 선거관리에 관한 논의는 대한민국의 선거관리위원회가 담당하고 있는 역할에 한정하여 보는 것은 아니라는 점이다. 본절에서는 그보다 폭넓은 관점에서 일반적 개념의 선거관리에 관하여 연구한다.

2. 선거관리의 요소

(1) 선거관리의 요소에 관한 입장차

선거관리의 범위는 선거의 개념에서 출발하여 선거과정을 살펴봄으로써 연역적으로 확정될 수도 있으며, 그와 반대로 각 나라마다 선거관리기구가 처리하는 업무를 살펴봄으로써 귀납적으로 도출될 수도 있다.

전자의 예는 미국 연방선거위원회(Federal Election Commission, FEC)가 1988년에 발행한 미국 내 각 주의 선거제도를 토대로 정리한 '밸럿 어세스(Ballot Access)', 후자의 예는 '에이스 프로젝트(Ace Project)'가 정리한 '선거관리(Election Management)'가 있다.[114) 밸럿 어세스가 선거과정을 단계별로 통찰하여 선거관리를 정리한 것이라면, 에이스 프로젝트는 각국 선거관리기구가 담당하는 사무를 비교·검토하여 선거관리의 핵심요소를 추출한 것이다.

---

114) 중앙선거관리위원회, 각국의 선거관리기관, 2003, 1~3면.

(2) 밸럿 어세스에 따른 선거과정

밸럿 어세스에 따르면, 국민의 대표를 선출하기 위해서는 그 과정을 규율하기 위한 기본원칙을 정하고(선거법 제정), 순수한 비례대표제를 채택하는 경우를 제외하고 대표자를 선출하기 위한 지역적 단위인 선거구를 획정하며(선거구 획정), 선출하고자 하는 자의 범위 및 선거권이 있는 자의 범위를 확정하고(후보자 및 유권자 등록), 선거권이 있는 자가 그 선호를 표시하며(투표관리) 그 결과를 확인함으로써(개표관리) 당선인을 결정하는(당선인결정) 과정을 거친다.

그 밖에 국민투표의 관리, 유권자 계도 등과 선거에 참여하여 정권을 획득함을 목적으로 하는 정당 등록에 관한 사무 및 선거비용·정치자금에 관한 규제사무도 선거관리의 사무에 포함된다고 볼 수 있다. 이 중에서 집행에 속하는 작용이 선거관리가 된다. 여기에 선거과정에서의 위법행위를 처벌하는 등의 선거쟁송이 반드시 수반되는 것은 아니나 수반될 경우도 있으므로 선거쟁송까지 추가하여 선거과정을 도해하면, 아래와 같다.

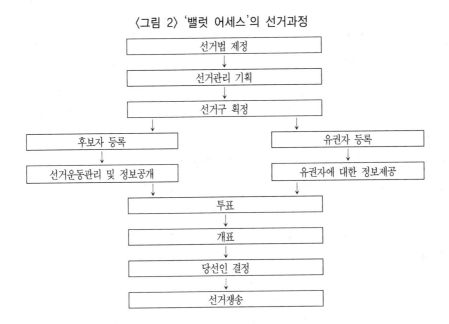

〈그림 2〉 '밸럿 어세스'의 선거과정

(3) 에이스 프로젝트에 따른 선거관리의 핵심요소

에이스 프로젝트에 따르면, 선거관리기구는 선거 시행 및 국민투표·국민발안·국민소환 등 직접민주주의적 제도의 시행을 위한 핵심적 요소들의 일부 또는 전부를 관리하는 것을 유일한 목적으로 하면서 그에 대하여 법적으로 책임을 지는 조직이나 기구이다. 선거관리기구가 처리하는 업무에서 도출되는 핵심적 요소에는 '① 투표권자 결정, ② 선거참여자 추천을 받고 확인하는 것, ③ 여론조사, ④ 개표(counting the votes), ⑤ 계표(tabulating the votes)'가 있다.[115] 선거관리기구는 선거관리의 핵심요소들을 담당해야

---

115) Alan Wall et al., *lectoral Management Design : The International IDEA Hand-book*, The International Institute for Democracy and Electoral Assistance (Stokholm), 2006, p. 5.

한다.

각국의 선거관리기구가 실제로 담당하는 사무를 토대로 선거관리의 범위를 도출하는 에이스 프로젝트에 의하면, 선거관리의 핵심요소는 선거실시에 필수적으로 수반되는 각종 작용들 중에서 집행작용이라고 볼 수 있다.

3. 선거관리의 분류

(1) 선거관리의 방식에 따른 분류

선거관리기구가 선거관리의 핵심요소들을 어떠한 방식으로 담당하는지가 문제된다. 선거관리의 방식은 두 가지이다. 첫째, '선거를 실제로 수행하는 것'이고, 둘째, '감독', '정보전달' 및 '정책조언'이다.116) 이는 선거관리기구가 '직접 선거를 실시'하는지, 다른 기관의 선거실시를 '감독'하는지에 따른 분류이다.117)

선거를 실제로 주관하고 상시적으로 기능하는 데에는 '독임제' 행정관청이 적합하다. 반면, 선거를 감독하거나 다양한 의견을 수렴하여 신중하고 중요한 판정을 내리는 데에는 '합의제' 행정관청이 적합하다. 선거관리기구를 독임제 행정관청으로 설정할 것인지, 합의제 행정관청으로 설정할 것인지의 문제는 선거관리의 방식을 어느 것으로 볼 것인지, 이들 중에서 어느 것에 중점을 둘 것인지에 따라 결정된다.

선거관리기구의 기능방식은 선거를 '직접 실시(또는 수행)'하는 기구의 방식과 다른 집행기관에서 수행하는 선거사무 실시를 주로 '감독(또는 정책

---

116) Sarah Birch, *op. cit.*, p. 4.
117) 중앙선거관리위원회, 각국의 선거관리기관, 3면.

조언)'하는 기구의 방식으로 나뉜다. 선거관리의 방식 중에서 어느 쪽에 중심을 둘 것인지는 나라마다 다르다. 두 가지를 정리하면, 아래와 같다.[118]

〈표 1〉 선거관리의 방식(집행·감독)에 따른 분류

집행기구로서의 선거관리	감독기구로서의 선거관리
선거인명부 작성·갱신 선거구 및 기타 경계 획정 시민교육 및 유권자 교육 정당 등록 선거 시 후보자 등록 선거관계공무원, 정당, 후보자 등 교육 투표용지 인쇄 선거장비 등 구매 후보자의 지출 감독 고발, 분쟁 및 이의제기 등의 처리	선거담당 공무원에 대한 훈련 및 지도 일관된 투표절차가 확립되도록 함 투표절차를 유권자에게 안내함 유권자 등록, 선거인명부 갱신이 국내 또는 국제 감시인의 지원에 따라 행하여질 수 있도록 함 정당, 후보자, 언론 등이 선거운동기간 동안 준수할 행동규범을 수용하도록 함 이중투표 등 선거부정을 방지하기 위한 적절한 조치를 취함 개표과정에 흠이 없도록 함 선거결과의 공표 및 선거결과에 따른 권력이양이 순조롭게 될 수 있도록 함

(2) 선거관리의 시간적 계속성에 따른 분류

밸럿 어세스와 에이스 프로젝트 두 가지 접근법을 종합하면, 선거관리는 선거와 직접적으로 관련되어 한시적으로 처리해야 하는 사무와 시간의 제한 없이 계속적으로 행해야 하는 사무로 구분될 수 있다. 선거관리 사무 중에서 계속적 사무가 강조되면 선거관리기구를 상설기구로 설정하는 것이 요구된다. 선거관리기구 내에서 최상급 선거관리기구와 하위 선거관리기구 간에 상설·비상설을 다르게 설정할 수도 있다.

---

118) 중앙선거관리위원회, 각국의 선거관리기관, 3~4면의 내용을 수정·보완한 것이다.

〈표 2〉 선거관리의 시간적 계속성(한시적·계속적)에 따른 분류

한시적 사무	계속적 사무
선거구 획정(투표구 획정 포함) 유권자 등록 후보자 등록 선거운동 관리 선거법위반행위 단속 투표 관리 개표 관리 선거과정에서 발생하는 고발, 분쟁, 이의제기 등의 처리 국민투표 관리	선거법의 위임사항에 관한 입법 정당 등록에 관한 사무 후보자, 유권자 등에 대한 계도 정치자금, 선거자금 규제에 관한 사무 선거정책 및 관련 문제 등에 관한 연구 행정부 및 입법부에 대한 선거 관련 정보의 제공 선거관리관계자에 대한 교육 국제협력 및 지원

II. 선거관리의 법적 성격

1. 문제점

대한민국헌법 제114조 제1항에서 "선거와 국민투표의 공정한 관리 및 정당에 관한 사무를 처리하기 위하여 선거관리위원회를 둔다."고 선언한다. 헌법 제4장 '정부'와는 떨어져 제7장은 '선거관리'라고 정하고 있다. 헌법은 선거관리위원회에 관하여 다른 헌법기관과 달리 '기관'의 명칭으로 편성하지 않고 '기능'의 명칭으로 편성하고 있다.

헌법에서 국회, 정부, 법원, 헌법재판소는 기관명으로 각 장의 제목을 규정하는 데 비해 '선거관리'라고 장을 규정하는 것은 어떠한 이유인지 의문이고 이를 이유로 선거관리위원회의 헌법기관성을 부인할 수 있다는 입론도 가능하다. 또한, '선거관리'라는 작용이 전통적 3대 국가권력이라고 하는 입법, 행정, 사법 중 어디에 속하는지, 선거관리는 일반 행정과 어떠한 차이가 있는지, 선거관리가 사법작용과 어떻게 구별되는지가 문제된다.

'선거관리'라는 작용을 권력분립의 관점에서 어떻게 이해하고 그 의미를 부여할 것인지가 문제된다. 이와 관련하여 권력분립원칙에 관한 현대적 시각에서의 논의가 필요한 것은 아닌지에 관하여 검토할 필요가 있다.

2. 통치권 해당 여부

(1) 통치권 해당 여부에 관한 논의

김태홍 교수는 선거관리를 정치적으로 중요한 영향력을 행사할 수 있는 '실질적 통치기능'이라고 본다.[119] 헌법 제7장에서 '선거관리'라는 제목으로 규정하고 있는 점, '제8장 선거관리'를 '제9장 지방자치'와 같은 위상으로 볼 수 있는 점, 선거관리를 선거가 실시될 때마다 이루어지는 '임시'작용으로 볼 수 있는 점 등을 근거로 선거관리는 통치권이 아니며 선거관리위원회는 통치기관이 아니라는 주장도 가능하다.

(2) 헌법재판소의 입장

노무현 대통령의 헌법소원 사건에서 헌법재판소는, "선거관리위원회는 공정한 선거관리 등을 위하여 설립되어 국회, 정부, 법원, 헌법재판소와 병립하는 독립된 합의제 헌법기관"이라고 보면서 "중앙선거관리위원회 위원장이 중앙선거관리위원회 전체회의의 심의를 거쳐 대통령의 위법사실을 확인한 후 그 재발방지를 촉구하는 내용의 이 사건 조치를⋯발령한 것"이 공권력 행사라는 점을 인정하였다.[120]

---

119) 김태홍, "헌법상 선거관리위원회의 권한과 구성상의 문제점", 공법학연구 제13권 제3호, 한국비교공법학회, 2012. 8., 58면.
120) 헌재 2008. 1. 17. 2007헌마700 결정, 판례집 20-1상, 156면.

강남구선거관리위원회가 권한쟁의심판의 당사자인 국가기관인지에 대해 헌법재판소는, "헌법은 중앙선거관리위원회와 각급 선거관리위원회를 통치구조의 당위적인 기구로 전제하고, 각급 선거관리위원회의 조직, 직무범위 기타 필요한 사항을 법률로 정하도록 하고", "중앙선거관리위원회 외에 각급 구·시·군 선거관리위원회도 헌법에 의하여 설치된 기관으로서 헌법과 법률에 의하여 독자적인 권한을 부여받은 기관에 해당"하기 때문에, "강남구선거관리위원회도 당사자능력이 인정"된다고 보았다.121)

다른 한편, 헌법재판소는 서울특별시 선거관리위원회가 인터넷언론사 오마이뉴스가 민주당 대선 예비주자 7명의 열린 인터뷰를 기획한 것에 대해 사전에 구 공직선거및선거부정방지법 제254조에 위반될 것이라는 법적 평가를 한 후 그러한 의견을 오마이뉴스에 표명하면서 만일 그 위반행위를 하는 경우 선거관리위원회가 취할 수 있는 조치를 통고한 것은 비권력적 사실행위로서 헌법소원의 대상이 될 수 없다고 보았다.122)

(3) 선거관리의 통치권성

헌법에 통치기관 명칭으로 장이 편제되어 있어야 해당 통치기관이 담당하는 국가작용이 통치권인 것은 아니다. 헌법은 전통적인 입법, 행정, 사법의 3권 분립에 따라 구성되어 있다. 헌법재판소가 독립된 장의 명칭으로 되어 있으나 '헌법재판'이 '정치적 사법작용'의 법적 성격을 가진다는 것과 병행적으로 선거관리의 법적 성격은 '정치적 행정작용'이라고 볼 수 있다.

선거관리는 '통치권'의 하나로 보아야 한다. 선거관리를 통치권의 하나로 보는 것이 헌법재판소와 학설123)의 입장이다. 선거관리위원회가 행하는

---

121) 헌재 2008. 6. 26. 2005헌라7 결정, 판례집 20-1하, 352~353면.
122) 헌재 2003. 2. 27. 2002헌마106 결정, 판례집 15-1, 223~240면. 위 헌재 2008. 1. 17. 2007헌마700 결정에서 헌재 2003. 2. 27. 2002헌마106 결정을 변경하는 것은 아니라고 밝혔다.

개별 작용에 따라 헌법소원의 적법요건인 공권력의 행사에 해당되는지에
차이가 있을 수는 있으나, 이를 이유로 선거관리가 통치권이 아니라고 볼
수는 없다.

그 논거로는 제3차 개헌에서 '중앙선거위원회'라는 기관 명칭으로 장이
구성되었던 점, 선거관리는 내무부의 기능에서 추출된 것인데 내무부의 기
능은 통치권에 속하는 점, 그 이후 헌법에 '선거관리'라는 작용 명칭으로
등장하게 되었지만 선거관리위원회의 권한과 조직은 확대일로였던 점, 선
거관리위원회가 선거관리를 독점하느냐의 문제는 선거관리가 통치권인지
의 문제와 별개인 점 등을 들 수 있다.

3. 정치발전적 행정작용

(1) 견해의 대립

1) 일반적인 행정작용이라는 견해

권영성 교수는 "선거나 국민투표의 관리는 그 성질상 집행작용"이라고
본다.124) 한수웅 교수도 선거관리가 집행작용에 속한다고 본다.125) 많은
교과서에서 선거관리가 집행작용에 속하는 것을 전제로 선거관리위원회를
정부의 한 부분이라고 서술되어 있다.126) 김태홍 교수는 선거관리에 관하

---

123) 선거관리가 당연히 통치권에 속한다는 것을 전제로 선거관리위원회에 관하여 '정
    부'에서 서술하는 것이 일반적이다[김철수, 앞의 책, 1429~1434면; 권영성, 앞의
    책, 1060~1063면; 성낙인, 헌법학(제13판), 1207~1209면; 정종섭 헌법과 정치제
    도, 761~765면 등].
124) 권영성, 앞의 책, 1061면.
125) 한수웅, 앞의 책, 1255면.
126) 김철수, 앞의 책, 1429~1434면; 권영성, 앞의 책, 1060~1063면; 성낙인, 헌법학
    (제13판), 1207~1209면; 정종섭, 헌법과 정치제도, 761~765면.

여 입법, 집행, 사법의 국가작용과 구분되는 독자적인 국가작용(제5의 권력작용)으로 보기는 힘들고 협의의 행정작용에 해당된다고 본다.[127)]

정태호 교수는, 헌법은 선거관리의 공정성 확보를 위하여 이를 담당하는 중앙선거관리위원회와 각급 선거관리위원회를 형식적으로 대통령을 수반으로 하는 행정부로부터 분리하여 헌법기관으로 설정하였으나 선거관리작용은 '본질상 행정작용'이라고 주장한다. 그는 선거관리위원회를 '실질적으로 행정기관'의 일종이라고 보면서 중앙선거관리위원회가 선거운동 관련 안내 등의 조치를 내린 것은 행정절차법이 규정하고 있는 '전형적 행정지도'라고 결론을 내린다.[128)]

행정법 교수인 유진식은, 선거관리가 '행정'에 속하지만 중앙선거관리위원회는 '특수한 행정조직'이고 '진정한 의미의 독립위원회'라고 주장한다.[129)] 중앙선거관리위원회가 제정하는 규칙의 법적 성격을 '행정규칙'이라고 보면서 그 논거로 선거관리위원회의 기능이 '본질상 집행작용'인 점을 드는 견해도 있다.[130)]

2) 제5의 국가권력이라는 견해

선거관리위원회가 입법권을 가지는 국회, 행정권을 가지는 정부, 사법권을 가지는 법원 및 헌법재판권을 가지는 헌법재판소와 함께 헌법상 독립된 권한을 가지는 기관임을 고려하여 선거관리를 이들 통치권과 구분되는 특수한 '제5의 국가권력'으로 보고 선거관리위원회에 그에 걸맞은 위상을 인정하여야 한다는 주장이 있다.[131)] 이러한 견해는 선거관리위원회는 행정부

---

127) 김태홍, 앞의 논문, 60면.
128) 정태호, 앞의 논문, 83~84면.
129) 유진식, "헌법개정과 독립위원회의 법적 지위", 공법연구 제38집 제2호, 한국공법학회, 2009, 209면.
130) 이준일, "선거관리와 선거소송 : 헌법적 쟁점을 중심으로", 저스티스 제130호, 한국법학원, 2012. 6., 43~44면.

에서 헌법상 독립된 행정기관이며 국회·정부·법원·헌법재판소와 병립하는 선거관리에 관한 통치기관이라고 본다.[132]

선거관리를 제5의 국가권력으로 인정하고 이를 담당하는 중앙선거관리위원회에 대해 최고의 권력기관으로서 위상을 인정하기 위해 우선 검토할 것은 헌법상 '선거관리'를 어떠한 의미로 파악하느냐의 문제이다.[133] 선거관리를 선거실시를 담당하는 단순한 일반 집행작용으로 이해하면 선거관리는 행정권으로부터 독립된 국가권력이 될 수 없다. 이 경우 선거관리위원회의 헌법상 위치는 임시적인 설정에 불과할 것이며, 국회·정부·법원·헌법재판소 등 헌법기관에 준하는 위상을 누리기에 충분하지 못하다는 결론에 이른다.

하지만, 선거관리라는 작용을 헌법의 근본원리인 민주주의원리, 권력분립원칙의 측면에서 본다면, 국가기능으로서의 독자성이 인정될 수 있을 것이다. 헌법이 선거관리의 경우 다른 헌법기관과 달리 기관명칭이 아니라 '선거관리'라는 작용명칭으로 장을 편성한 것도 그러한 이유에서일 것이다. 여기에서는 권력분립원칙의 측면에서 선거관리를 검토한다.

(2) 현대적 권력분립이론

존 로크가 국가의 권력을 입법권과 입법권 이외의 집행권, 연합권과 대

---

131) 허영, "중앙선거관리위원회의 헌법상 지위와 권한", 선거관리 제41권, 중앙선거관리위원회, 1995. 12., 164면; 이종우 "정치발전을 위한 선거관리위원회의 역할과 과제", 의정논총 제4권 제1호, 한국의정연구회, 2009. 6., 64면.

132) 최순문, "선거관리위원회의 사명", 선거관리 제1권 제1호, 중앙선거관리위원회 1968. 12., 15면.

133) 같은 견해로는 김종철, "선거관리위원회에 대한 국민의 민주적 통제, 어떻게 할 것인가?", 임종인 의원 주최 (준)사법기관 개혁을 위한 연속 대토론회-네 번째 (2007. 4. 3.), 임종인의원실, 2007, 5면; 김종철, "정치개혁을 위한 선관위의 역할과 과제", 선거관리 제50권, 중앙선거관리위원회, 2003. 11., 76면.

권으로 구분하고,134) 몽테스키외가 입법권, 집행권, 사법권의 3권으로 구분한 것135)과 달리, 카를 뢰벤슈타인은 국가기능을 '정치적·형성적 결정 또는 정책결정', '정책집행', '정책통제' 기능으로 분할된다는 '국가기능의 새로운 3분법'을 주장한다.136) 선거관리를 현대적 권력분립 관점에서 어떻게 볼 것인가에 관하여 논의하기 위한 전제로서 뢰벤슈타인의 '동태적 권력분립이론'에 대해 간략히 검토해본다.

뢰벤슈타인은 '정책결정'이란 현재와 장래의 공동사회구조에 대해 '방향지시적'이고 기초가 되는 공동체적 결단으로 본다. 정책결정기능은 입헌주의 정치체계에서 정부와 의회가 공유하고 있고 국민대중은 발의에서 제외되나 사후적으로 선거민도 과정에 참여할 수 있다. 정치체계에 설치된 민주주의 장치가 완전하면 완전할수록 권력과정에 대한 선거민의 관여가 커질 것이다. 전제주의 정치체계에서는 권력보유자가 정책결정권을 독점하고 국민적 연대성을 가장하기 위해 의회나 국민투표에 의한 승인을 거친다.137)

뢰벤슈타인에 의하면, '정치적 결정의 집행'이라는 것은 정치적 결정을 실제 속으로 전환시키는 것이다. 정책집행은 국가 활동의 전영역과 관련을 가지며, 때로는 집행입법에서 형성되므로 입법은 국가기능으로부터 분립되어 있고 분립될 수 있다는 성격을 상실하게 되었다. 복지국가·급부국가가 행하는 행정 간섭 증가로 인해 정책결정 및 국가 활동 일반의 집행을 위한 가장 본질적인 부분이 행정에 위임되게 되었다. 정책집행도 정책결정과 마찬가지로 입헌주의에서는 여러 권력보유자들 사이에 분할되나 전제주의에서는 권력보유자가 독점한다.138)

뢰벤슈타인의 새로운 3분법의 핵심은 세 번째 정책통제에 있다. 입헌주

---

134) 존 로크(강정인·문지영 역), 통치론, 까치, 2011, 139~146면.
135) 몽테스키외(이명성 역), 법의 정신, 홍신문화사, 2011, 161~166면.
136) 칼 뢰벤슈타인(김기범 역), 현대헌법론, 교문사, 1975, 53~63면.
137) 칼 뢰벤슈타인(김기범 역), 앞의 책, 54~57면.
138) 칼 뢰벤슈타인(김기범 역), 앞의 책, 57~59면.

의 성립시기에 정책통제는 정부-국왕과 의회 사이에서만 작용하였으나, 추후에 본래의 '2원주의'는 '선거민'이 나머지 두 권력보유자 간의 조정자로서 자기고유의 통제기능을 발휘할 수 있게 됨으로써 '3각형식 권력구조'로 변화하였다. 최고 권력보유자로서 선거민에 대한 완전한 승인은 선거권이 민주화되기까지 백년이 걸렸다. 선거민의 등장은 프랑스혁명의 정치이론과 관례의 덕택이다. 선거권 확장, 자유스럽고 실제적으로 선거민의 의사를 표현할 수 있는 선거, 정당들의 방해받지 않는 경쟁 속에서 독립적 권력보유자로서 선거민의 정책통제는 구체화되었다.139)

헌법국가에서 통제기능은 2가지 측면의 성격을 가지고 있다. 첫째, 통제기능은 여러 권력보유자들이 그 실시에 협조할 때에 국가행위가 성립할 수 있게 할 경우 존재할 수 있다. 분립된 권력과 통제된 권력은 동일시될 수는 없다. 둘째, 정치적 통제의 핵심은 '정치적 책임'을 강조하고 관철하는 데에 있다. 정치적 책임은 특정 권력보유자가 그 기능 수행에서 다른 권력보유자에게 설명하지 않으면 안 될 때, 정부는 의회에 대해, 의회는 정부에 대해, 궁극적으로는 정부와 의회 모두 선거민에 대해 각각 변명하지 않으면 아니 될 때에 성립할 수 있는 것이다.140)

정치과정에 있어서 정치적 책임의 원칙이 도입된 후에는 현재 집권하고 있는 정부 또는 의회로부터 권력행사의 권한을 박탈하고 그들을 합헌적 방법으로 폭력의 힘을 빌지 않고 그 직에서 해임하고 다른 관직보유자로 하여금 대치하는 것이 가능하게 되었다. 정치적 책임은 정부에 대한 의회의 불신임결의, 정부에 의한 의회해산, 국민의 의회의 관직보유자와 정부를 승인 또는 해임을 가능하게 하는 총선거 등으로 나타나고 있다. 정치적 책임은 한 권력보유자의 타 권력보유자에 대한 통제를 효과적인 것이 되게 하였다. 정치권력의 행사가 상호 견제하는 다수의 권력보유자들 사이에 분할

---

139) 칼 뢰벤슈타인(김기범 역), 앞의 책, 59~61면.
140) 칼 뢰벤슈타인(김기범 역), 앞의 책, 61~62면.

되어 있는 때 그 정부는 '책임정부'라고 볼 수 있다.[141]

(3) 기능적 권력분립이론과 선거관리

고전적 권력분립이론에서 예상치 못한 국가권력의 하나가 선거가 정치적 통제수단으로 작동하게끔 하는 작용인 선거관리이다. 오랜 투쟁 끝에 보통·평등·직접·비밀선거 원칙이 확립되었고 행정부와 의회에 대한 통제수단으로 선거가 기능할 수 있게 되었다. 선거의 지배체제에 대한 통제기능은 고전적 권력분립이론에서 예상할 수 없었다. 통치작용의 다양성에 비추어 통치작용이 반드시 입법·행정·사법 중의 하나에 속해야 한다고 보는 것은 무리이다. 국가권력의 의미는 새롭게 해석될 수 있다. 어떻게 하면 권력 상호간 견제와 균형이 합리적으로 이루어질 수 있는가에 관하여 현대적 관점에서 논의하는 것이 필요하다.

의회와 행정부는 정당을 중심으로 통합될 수 있다. 의회의 의원이나 대통령과 같이 국민으로부터 직접 선출된 국가기관에 대한 다른 국가기관(법원·헌법재판소)의 통제수단은 약하다. 전통적 사법이 단지 일반적 규범을 법관 앞에 제기된 개별 사건에 적용하는 것에 그치는 것이었으나 사법이 제3의 권력보유자로서 지위를 가지게 된 것은 미국에서의 법률에 대한 사법심사에서 비롯된다.[142] 김철수 교수는 법원과 입법부의 우열관계에 관하여 "법원은 국회의 입법에 대한 위헌심사제청권밖에 없으므로 입법부가 우월하다고 할 수 있을 것"이라고 서술한다.[143]

---

141) 책임정부를 구현하는 입헌주의와 달리 전제주의 통치는 유일한 권력보유자의 정치적 책임을 추궁할 수 있는 기술이 전혀 존재하지 않는 것이 특징이고, 그의 권력은 어떠한 헌법적 통제도 받지 아니하며, 여기서는 혁명이 '궁극의 수단(ultra ratio)'이다[칼 뢰벤슈타인(김기범 역), 앞의 책, 62~63면].

142) 칼 뢰벤슈타인(김기범 역), 앞의 책, 58~59면.

143) 김철수, 앞의 책, 1171면.

선출직 공직자인 의원과 대통령의 통제 주체는 선거민이다. 뢰벤슈타인은 정치과정에서 정치적 책임이 작동하는 것은 입헌주의로 가는가, 아니면 전제주의로 가는가를 결정하는 결정적 요소라고 주장한다. 김철수 교수는 국민이 선거를 통해 대통령과 국회를 통제할 수 있다는 점을 강조한다. 국민은 선거를 통해 대통령과 국회에 대해 통제할 수 있어야 한다. 이를 가능하게 하기 위해서는 선거가 기능을 다할 수 있어야 한다. 전제는 경쟁적 선거이다. 경쟁적 선거는 선택가능성과 선거의 자유가 요소인데 선거의 자유와 공정은 그러한 점에서 중요하다. 이를 위한 통치작용이 바로 선거관리이다.

선거관리를 권력분립의 측면에서 어떻게 볼 것인가, 선거관리위원회를 독립된 기관으로 만들 필요성이 있는가, 선거관리위원회에 어떠한 위상과 권한을 인정할 것인가의 문제는 단순한 권력분리의 차원에서만 끝날 것이 아니라 어떻게 실제로 작동하며 그러한 작동을 통해 경쟁적 선거를 실현하는 데에 어떠한 도움이 되고 경쟁적 선거를 통하여 선거의 의미를 찾고 기능을 달성하는 목표로 이어져야 한다. 독립된 행정기관은 특정 분야의 규제 업무를 입법, 행정, 사법과 분리된 독립된 부에서 담당하도록 하는 것이다.144) 권력의 엄격한 분할만으로는 권력간의 통제가 이루어지는 것은 아니다. 어떻게 하면 복수정당제도가 현실적으로 작동하게 하며 선거경쟁을 실질화하고 정권교체가 가능하게 할 것인가의 관점에서 권력분립원칙은 재구성되어야 한다.

선거관리는 관권선거와 편파적 선거간섭을 배제·견제할 수 있어야 한다. 집권세력이나 정당 중심의 권력 통합의 정치적 영향을 받지 않은 채 계속적으로 동일한 기준과 절차에 따라 주기적 선거가 실시될 수 있게 하는 작용은 기능적 권력통제에 기여한다. 선거에서 경쟁하는 정당들 사이에 공정

---

144) 김소연, "독립행정기관에 관한 헌법학적 연구-프랑스의 독립행정청 중심으로-", 서울대학교 대학원 법학과 박사학위논문, 2013, 12면.

한 룰이 지켜지도록 담보하는 것은 중요하다. 선거의 패배자가 선거결과에 승복하기 위해서도 선거의 공정성이 갖는 의미가 크다. 잠재적 여당인 야당의 육성을 통해 정권교체 가능성을 담보하는 것은 민주주의의 관점에서뿐만 아니라 권력분립의 관점에서도 지대한 가치를 가진다. 따라서 선거관리는 현대의 기능적 권력통제를 실현하는 작용이라고 봄이 타당하다.145)

(4) 사법과 선거관리의 차이

전통적으로 공정성은 사법의 사명이다. 선거관리는 선거경쟁에서 무엇이 법인지에 관하여 확인하는 작용이므로 사법작용이고 선거의 공정을 위해 사법부가 선거관리를 하는 편이 낫다는 주장도 있을 수 있다. 선거를 통하여 국회의원도 선출되고 대통령도 선출된다. 이들 선출직 고위공무원을 견제할 수 있는 수단은 사법부가 선거관리기구를 구성하고 운영하는 것이다. 제3차 헌법 개정의 제75조의2는 명문으로 중앙선거위원회 위원장은 대법관인 위원 중에서 호선한다고 규정한 바 있다.

국가정책을 규범의 형식으로 결정하는 입법기능, 헌법과 법률에 의해 결정된 사안을 국민과의 관계에서 집행하는 행정기능, 법적 분쟁과 관련하여 법이 무엇인가를 확인하고 적용하는 사법기능, 최고의 헌법해석기관으로서 국가권력행사의 헌법적합성을 심판하는 헌법재판기능에 비견될 수 있으려면 선거관리에 일반적 국가기능으로서 독자성이 인정되어야 한다. 선거관리는 그 정도의 독자성이 인정되지 않고 사법과 같이 공정성이 강조되므로 선거관리는 사법이라는 주장도 가능하다. 그러나 선거관리가 사법이라는 주장은 몇 가지 이유에 비추어 부당하다.

첫째, 선거를 통해 올바른 다수를 형성하는 목표를 가지고 적극적이고

---

145) 허영, 앞의 논문, 4면; 중앙선거관리위원회, 선거관리위원회의 헌법상 지위와 권한에 관한 연구 : 헌법 제7장 선거관리에 관한 개정을 중심으로, 25면.

미래지향적으로 활동하는 선거관리는 본질상 사법이 아니라는 점이다. 법관은 당사자의 제소를 기다려 무엇이 법인지를 확인하여 판단하는 업무를 한다. 선거관리를 사법부에서 담당하는 것은 사법부가 사법작용과 상이한 작용에 관여하는 것이다.[146) 물론 선거판결에 관한 문제를 정규재판소 판사에게 맡길 수 있다. 이들 판사는 본래 자격으로서 또는 선거법 하에 특별히 지명된 선거판사로서 앉아 있는 것이다. 재판관의 위신으로써 선거관리에 관여하게 하는 것이다.[147) 하지만, 법원은 다수자의 정치적 힘에 의해 소수자의 권리가 침해당할 경우에 이를 보호하기 위하여 존재하는 권리보호기관이다.[148)

선거관리는 사법의 역할인 '소수자의 보호'를 추구하는 작용이 아니다. 선거관리는 '올바른 다수의 형성'에 관한 사무이다. 사법은 법 또는 권리에 관한 다툼이 있거나 법이 침해된 경우 독립적인 법원이 원칙적으로 직접 조사한 증거를 통한 객관적 사실인정을 바탕으로 법을 해석·적용하여 유권적 판단을 내리는 작용이다.[149) 선거관리는 선거법에서 정한 기준에 따라 선거관리 사무를 개별적·구체적으로 장래를 향하여 실현하는 행정작용이다. 선거관리는 사법과 본질적으로 차이가 있다.

둘째, 사법부가 선거관리를 맡는 것은 사법의 공정성에 반할 수 있다는 점이다. 재판관은 선거관리기구의 구성원으로서 선거를 위한 준비를 할 수 있다. 사법부 밖에서 임명된 위원도 재판관과 비슷한 관직을 가질 수 있다. 그는 임시재판관, 즉 특수재판관이 되는 것이다. 사법적 직무와 행정적 직무를 구분하는 경계선은 대단히 좁기 때문에 사법부가 대단한 위신을 가진

---

146) 헌재 2008. 1. 17. 2007헌마700 결정에서 반대의견(각하의견)을 제시한 재판관 이동흡은 선관위가 '사법기관'이나 '준사법기관'은 아니라고 보고 있다(헌재 2008. 1. 17. 2007헌마700 결정, 판례집 20-1상, 184~185면).
147) 이용필, "선거의 기원과 발전", 14~15면.
148) 조홍식, 사법통치의 정당성과 한계, 박영사, 2009, 199면.
149) 헌재 1996. 1. 25. 95헌가5 결정, 판례집 8-1, 18면.

곳에서는 사법부가 선거행정에 대해 위신을 행사하는 것은 당연하다고 볼 수 있다. 그러나 사법부가 선거관리에 직접적으로 관여하면 사법부를 정당 정치 속에 끌어들이는 결과를 초래하고, 결과적으로 사법부의 공정성에 대한 신뢰감을 약화시킬 것이다.150)

셋째, 선거소송의 심판자가 당사자를 겸유하는 것은 타당하지 못하다는 점이다. 선거소송에 있어 그것을 판단하는 기관이 법원인데 선거관리에 있어 법관이 책임자로 관여하여 최종 결정한 사항에 대해 다시 법관이 재판한다는 것은 사법권의 독립에 반한다.151) 대법원장 지명권 자체는 문제되지 않으나 대법관을 비롯한 현직 법관을 지명하는 관례를 형성하여 제도적 이익충돌의 여지를 남기므로 선거소송에 관여할 여지가 있는 현직 법관을 중앙선거관리위원회 위원에 선임하는 관행은 개선되어야 한다는 견해가 있다.152) 이러한 체계는 중앙선거관리위원회가 재정신청한 사건을 중앙선거관리위원회 위원인 법관들이 재판하는 결과를 초래할 수 있다.153)

넷째, 선거관리를 사법부에서 담당하는 입법례가 드문데 이는 선거관리가 사법이 아니라는 점을 뒷받침하는 경험적 논거로 들 수 있다. 대다수 국가에서 선거관리는 내무부가 직접 담당하거나 내무부가 선거를 실시하는 것을 독립된 위원회가 감독하거나 독립된 선거위원회가 이를 총괄하도록 설정되어 있다.

---

150) 이용필, "선거의 기원과 발전", 15면.
151) 이성환, "선거관리의 공법적 문제", 공법연구 제28집 제4호 제1권, 한국공법학회, 2000. 6., 93면.
152) 김종철, "선거관리위원회에 대한 국민의 민주적 통제, 어떻게 할 것인가?", 14~15면; 김종철, "정치개혁을 위한 선관위의 역할과 과제", 79면.
153) 성낙인, 헌법학(제13판), 1208면.

(5) 정치발전적 행정작용

대한민국헌법이 선거관리위원회를 독립적으로 설치하는 규정을 두면서 그 표제를 다른 최고 헌법기관과 다르게 '선거관리위원회'라고 규정하지 않고 '선거관리'라고 규정함으로써 그 기능을 중심으로 한 표제를 선택한 것은 선거관리의 특수성을 고려한 것이라고 해석된다. 선거관리의 기능 측면에 초점을 두는 것이 문언해석에 부합한다.

전통적으로 선거는 '공공영역'으로 간주되어 왔다. 선거관리는 앞서 살펴본 바와 같이 업무의 방식에 따라 선거를 실시하는 기능과 선거실시를 감독하는 기능으로 구분된다. 전자의 경우 통상적인 집행작용의 성격이 강하다고 보면, 후자의 경우 집행작용을 통제하는 성격이 강하다. 제2차 세계대전 이후로 대중민주주의가 확산되고 많은 국가들에서 민주화가 진행되면서 행정부가 선거에서의 '심판 역할'을 하는 것이 적합한지에 관한 의문이 제기되었다.154) 행정부가 국민으로부터 직접 선출되는 대통령을 수반으로 하는 경우 자기가 자기 사건에 관한 심판관을 맡는 것이어서 더욱 그러할 것이다.

선거는 입법부, 행정부에서 최고 권한과 책임을 갖는 구성원을 선출하는 과정이다. 존 로크가 말한 최고의 권력인 입법권을 행사하는 주체와, 집행권, 연합권 및 대권을 통합한 권력을 행사하는 주체인 행정부 수반, 나아가 국가원수를 결정하는 것이 바로 선거이다. 선거나 국민투표의 관리를 전적으로 집행부의 관할 하에 두게 되면 선거나 국민투표의 자유롭고 공정한 실시를 기대하기 어려워서 집행부로부터 독립하여 선거관리기구를 헌법기관으로 둔 것이다.155) 선거관리는 정당, 의회, 행정부에 중대한 영향을 미

---

154) 라파엘 로페즈 핀터, "국가기구로서의 선거관리기관(Electoral Bodies as Institutions of Governance)", 중앙선거관리위원회, 1999, 54면.

155) 권영성, 앞의 책, 1061면.

치고 이해관계가 첨예하게 대립되는 행정작용이다. 사법에서 정치적 사법이 분리되어 헌법재판을 담당하는 기관이 별도로 설립된 것과 같이 행정, 그 가운데 내무행정에서 분리되어 선거관리기구가 따로 설립되었다.

선거관리기구는 통치권의 민주적 정당성 확보를 위해 중요한 의미를 갖는 선거 및 국민투표 관리와 정당에 관한 사무를 일반행정 업무로부터 분리시켜 이를 독립한 헌법기관에 맡김으로써 행정부의 부당한 선거간섭을 제도적으로 배제 내지 견제할 수 있게끔 하는 '기능적 권력통제장치'이다. 선거관리는 행정작용에 속하나 선거민의 의회·행정부에 대한 통제를 실질적인 것으로 작동하도록 하는 작용이다. 여기에서 공직선거법, 정당법, 정치자금법 등 정치관계법의 제1조에서 밝히고 있는 바와 같이 공통적으로 지향하는 궁극적인 목적은 '민주정치의 발전'이라는 점에 주목한다.

헌법재판을 '정치적 사법작용'이라고 파악하는 것과 연장선상에서 선거관리는 '정치적 행정작용'으로 볼 수 있다. 그러나 '정치적 행정작용'은 의미가 애매하고 '통치행위'라는 오해를 낳을 수도 있다. 뢰벤슈타인이 강조한 정책 통제 기능에 착안하여 '정치통제적 행정작용'도 가능하다. 그보다는 긍정적인 의미에서 선거관리는 민주적 선거가 실시되어 선거가 정치권력을 통제할 수 있게끔 선거를 관리함으로써 정치발전을 이루는 행정작용임을 나타내는 표현으로서 '정치발전적 행정작용'이라고 결론을 내리고자 한다.

4. 사법화된 행정

선거관리가 '정치발전적 행정작용'의 성격을 가진다고 해도 어디까지나 행정에 속한다. 행정학적 행정개념에 관하여 견해의 대립이 있는바, 그 중 행정관리설에 따르면, 행정이란 '국가목적 달성을 위한 사람과 물건의 관

리'이다.156) 마샬 디목의 통치기능설(정치·행정1원설)에 따르면, "통치는
정치와 행정, 즉 정책형성, 정책집행으로 이루어진다. 이 두 개의 과정은
배타적이라기보다는 협조적"이다.157)

'행정관리형 선거관리' 모델을 설정하면서 그 특성으로 실정법 테두리
내에서 공정하고 원활하게 선거과정을 진행시키고 정치적 중립에 입각하
여 적법하게 활동하는 것을 추구하며 정치적 여파가 크고 논란의 여지가
많은 사안에 대한 개입을 자제하는 것을 드는 견해가 있다.158) 선거관리의
독립성을 강조하는 것은 정치적 중립성을 지키는 데에 그 취지가 있다. 선
거관리위원회의 중립성이 강조되는 이유는 그만큼 선거관리위원회가 정치
적 성격이 강한 업무를 담당하기 때문이다.159)

선거관리는 일반행정과 공통된 특성도 있지만 차이점도 있다. 선거관리
는 '사법화된 행정'의 성격이 있다. 선거관리는 운동경기의 심판과 유사한
작용이다. 선거관리는 선거진행을 도우면서 진행에 관여하고 수시로 판단
하는 역할을 한다. 심판은 운동경기 한 복판에 있으면서도 그때그때 판단
을 내린다. 심판은 운동경기가 끝난 후 결과를 판단하는 것이 아니다. 운동
경기의 심판은 과거의 사건을 두고 사실관계를 확정하고 법률을 해석·적용
하여 판단을 내리는 사법작용과는 다르다. '경영+공익=행정'이고, '일반행
정+사법화=선거관리(선거행정)'로 정리된다. 행정학적 측면에서 선거관리
와 일반행정 사이의 차이를 연구한 성과를 간략히 원용한다.

---

156) Leonard D. White, *Introduction to the Study of Pubic Administration*, Macmillan
    (New York), 1926, p. 2.
157) Marshall E. Dimock, *Modern Politics and Administration*, American Book Co.
    (New York), 1949, p. 170.
158) 김태홍, 앞의 논문, 61면.
159) 중앙선거관리위원회, 선거관리위원회사(1963~1993), 1993, 29면.

〈표 3〉 일반행정과 선거관리(사법화된 행정)의 차이[160]

일반행정	선거관리
광범위한 공공서비스 제공	심판자의 역할
효율성 중시	중립성·신중성 중시
정책수립 단계부터 많은 절차를 거침	정책을 선택할 주체를 신속히 결정
능률성 중시	감시와 견제 위주로 발전
문제발생 시 강력한 권력수단 동원	문제발생 시 정당, 후보자 등의 합의와 설득으로 해결
폭넓은 행정재량이 요청됨	엄격한 법의 기속을 받음
사회적·경제적 약자에 양질의 행정서비스를 제공하는 측면에서 사회적 형평성 중시	개별적 환경을 고려하기보다는 절대적 형평성 중시
중복장치는 조직 내 오류를 발견하여 조직의 안정성을 기하기 위한 것임	잘못된 선거문화로 인하여 선거관리에는 중복장치가 여러 부문에 과도하게 장착되어 있어서 비능률이 수반됨
참여자에게 가시적 혜택이 부여	참여자에게 가시적 혜택이 미부여
'간소화' 및 '규제철폐' 추구	'검증, 평가, 확인'의 절차적 정당성 추구

---

160) 연광흠, "선거관리조직의 효율적 개선방안 : 투표구선거관리위원회를 중심으로", 연세대학교 관리과학대학원 석사학위논문, 1999, 6~8면을 토대로 요약하고 재구성한 것이다.

제3절 선거관리기구

Ⅰ. 선거관리와 선거관리기구

1. 선거관리기구의 명칭 사용

전 세계 선거관리기구는 규모, 형태, 역할이 다를 뿐만 아니라 명칭도 다양하다. 선거관리기구 명칭의 대표적 예를 살펴보면, 'Election Commission', 'Department of Elections', 'Electoral Council', 'Election Unit', 'Electoral Board' 등이 있다.[161] '선거관리기구(Electoral Management Body)' 또는 이를 줄여 흔히 사용되는 용어인 'EMB'는 'electoral management'를 담당하는 기구 또는 기관을 의미한다.

중앙선거관리위원회가 발간한 여러 문헌들에서는 선거를 관리 또는 운영하는 주체를 '선거관리기관'로 통칭하고 있다. 선거관리에는 국가기관, 행정기관만이 관여하는 것이 아니라 정당, 유권자 등의 참여도 가능하다. 최근 민간참여가 강조되고 있기도 하다. 선거관리는 다른 통치권과 달리 기능 차원에서의 접근이 요구된다고 보인다. 'Electoral Management Body'를 번역하면, '선거관리기관'보다는 '선거관리기구'가 적절하다. 이 책은 '선거관리기구'로 용어를 통일한다.

외국의 문헌자료와 인터넷 사이트 등에서 널리 사용되고 있는 용어인

---

161) Alan Wall et al., *op. cit.*, p. 5.

'EMB'를 이 책에서도 그대로 사용할 수 있으나, 이 책에서는 'EMB'가 아닌 '선거관리기구(選擧管理機構)'라는 용어를 사용한다. 여기에서의 '관리'는 통상적으로 사용하는 관리 개념보다 넓은 개념일 수도 있고 좁은 개념일 수도 있다.

2. 선거관리의 핵심요소 담당

에이스 프로젝트에 따르면, 선거관리의 핵심요소란, ① 투표권자 결정, ② 선거참여자의 추천을 받고 확인하는 것, ③ 여론조사, ④ 개표, ⑤ 계표이다. 선거와 직접민주주의의 실시를 위한 부수적 업무는 선거 자체에 대한 책임을 지는 것은 아니므로 선거관리의 핵심요소가 아니다. 이들 핵심요소가 다양한 기구들에 분장되면, 핵심요소를 공유하고 있는 모든 기구들은 선거관리기구들로 간주될 수 있다.[162]

선거관리기구는 선거관리의 핵심요소 이외에 선거 및 직접민주주의의 실시를 위한 업무(투표자 등록, 선거구 획정, 투표자에 대한 교육과 정보제공, 미디어 모니터링 및 선거 관련 분쟁 해결 등)를 지원할 수 있다. 하지만, 선거구 획정(선거구획정위원회), 선거 관련 분쟁의 해결(선거법원), 선거미디어 모니터링(미디어모니터링위원회) 또는 투표자의 교육 및 정보제공(시민교육위원회) 같이 선거 자체에 대한 책임이 없는 기구는 선거관리기구로 보지 않는다. 이들 기구는 앞서 언급한 선거관리의 핵심요소를 담당하지 않기 때문이다.[163]

선거관리의 핵심요소를 담당하는 모든 기구들이 선거관리기구이다. 특정한 기구에 선거관리의 핵심요소를 대부분 집중시킬 수 있다. 어떠한 기

---

162) *Ibid.*
163) *Ibid.*, pp. 5~6.

구가 선거관리의 중심적 역할을 맡더라도 선거관리에 관한 다른 기관의 관여를 인정하거나 다른 기관과의 협조가 요구되는 경우도 있다.

3. 선거관리기구 해당 여부

(1) 선거과정마다 선거관리기구가 설립된 경우

선거들마다 담당하는 선거관리기구들이 따로 설립될 수 있다. 멕시코와 폴란드에서 선거관리기구는 대통령선거와 의회선거 모두에 대하여 책임을 진다. 리투아니아에서는 하나의 선거관리기구는 대통령선거를 다루고 그것과 분리된 선거관리기구는 의회선거를 다룬다. 영국의 경우에 선거와 레퍼렌덤의 실시를 위한 처리방식은 서로 완전히 다르다.[164]

(2) 선거관리의 핵심요소 외의 활동을 하는 경우

선거의 핵심요소에 관여하지 않는 몇몇 기구들의 경우 이들 기구가 담당하는 선거와 관련 있는 활동 범위가 넓으므로 일반적으로 선거관리기구로 간주된다. 뉴질랜드 선거위원회는 정당등록, 방송시간 할당, 정당 국고보조, 정당의 모금·지출의 감독 및 유권자 교육과 정보제공 등을 책임진다. 하지만, 선거관리의 핵심요소를 담당하여야 한다는 선거관리기구의 정의에 비추어 뉴질랜드 선거위원회는 선거관리기구의 자격이 없다.[165]

---

164) *Ibid.*, p. 6.
165) *Ibid.*

(3) 선거 관련 책임이 여러 기구에 분배된 경우

선거에 대한 책임들은 다양한 수준에서 여러 기구들 사이에서 분배될 수 있다. 예컨대, 선거실시의 몇몇 요소들은 국가수준의 선거위원회, 내각(내무부 등) 또는 중앙정부 당국에 의해 관리될 수 있는 반면, 다른 요소들은 지역수준의 선거위원회, 정부의 지방지부나 지방당국에 의해 시행된다(그 예로는 스페인을 들 수 있다). '선거관리기구'라는 용어는 투표용지 인쇄, 자리 배정, 국가 수준에서 선거방송을 조정하는 등 기능을 가지고 있는 스웨덴선거청과 같이 지방당국과 함께 협력하여 선거를 관리하는 국가차원의 선거위원회에도 적용될 수 있다.166)

II. 선거관리기구 구성과 운영의 원리

1. 선거관리기구 구성과 운영의 안내지침

선거관리기구의 구성과 운영에 대해 일정한 원리가 세워지고 있는바, IFES 남아프리카공화국 회의에서 제시된 '안내지침'은 아래와 같다.

"선거는 국가와 지역 차원 모두의 활동이다. 선거 시에는 전국 구석구석까지 도달할 수 있는 고도로 집중된 노력이 필요하다…선거는 막대한 부담이 따르는 활동이다…선거는 높은 위험도를 수반하는 활동이다. 선거의 신뢰도는 국가의 안정성과 직결된다…선거기구는 막대한 규모의 자금을 단시간 내에 매우 광범위한 활동에 사용할 수 있어야 한다…선거기구는… 선거 사이의 기간 활동에 적절한 인력 조절을 하며 기구 규모를 효과적으로 줄일 수 있어야 한다. 선거기구는 다른 어떤 정부기관보다 대중에 기반

---

166) *Ibid.*

을 둔 것이다. 그것은 모든 연령의 유권자를 포괄할 뿐 아니라 반드시 그러
해야 하며…선거기구가 사회 내의 다른 집단과 일상적이고 생산적이며 개
방적인 토대 위에서 상호 작용하여야 하며 특히 정당과 다른 비정부기구와
상호 작용하여야 한다. 선거운용은 전문적인 활동이다…여기에는 정확하
고 고정된 계획표에 맞추어 수 만 명의 인력을 동원하여야 한다…각기 다
른 지역으로 수많은 투표용지, 선거도구와 물자를 운송한다. 종종 선거기구
의 부수적 임무이기도 한 선거구 획정과 유권자 등록도 전문적이고 기술적
인 활동이다."[167]

2. 선거관리기구의 구성과 운영의 원칙

(1) 개관

선거관리기구가 선거관리를 주도할 수 있는 근거는 선거관리 조직이 일
상적 선거관리업무를 수행하면서 대통령이나 의회보다 국민의 일상생활에
밀접한 관련을 맺고 특정한 분야 업무에 전념한 결과 전문성을 쌓고 있으
며 선거관리기구가 담당하는 역할에 대한 사회적 수요가 있다는 점을 들
수 있다.[168]

선거관리기구의 구성과 운영의 원칙은 모든 관련 부서의 지원에 의한
'포괄성', 모든 선거과정에 걸친 '투명성', 법률과 대중에 대한 '책임', 유권
자에 대해 필요한 '정보와 민간 교육'에 대한 즉각적인 반응과 '비용 효율
적'인 관리 체계의 구축이 제시되고 있다. 이들 원리는 선거 조직에 필요한

---

167) Keith Klein, "Approaches to Conducting Elections : Why an Electoral Commissions?"
    Paper prepared at IFES for presentation to the Constitutional Assembly of the
    Republic of South Africa(Cape Town), 1995.
168) 정정길, 정책학원론(개정판), 대명출판사, 1998, 167~168면.

요구사항을 충족시키는 최선의 방법론적 요소라고 평가된다.[169]

선거관리기구는 '독립적이고' '투명하며' '공평하게' 운용되어야 한다. 선거관리기구는 모든 시민들과 유권자들의 이익을 위해 공정하게 봉사하여야 한다. 이들 선거관리기구의 구성과 운영의 주요원칙은 정당화의 근거에서 차이가 있다.

독립성과 공평성은 당위성 측면에서 정당화되는 것이고, 효율성과 경제성은 합리성 측면에서 정당화되는 것이다. 법체계의 주된 목표는 선거관리기구로 하여금 자유롭고 공정한 선거를 치를 수 있도록 하는 것이다. 자유롭고 공정한 선거의 실시가 선거관리의 궁극적인 목적이라면 이를 추구하는 과정에서 선거관리기구는 그 구성과 운영에 있어 이하 원칙을 따라야 한다.

(2) 독립성(Independence)

'독립성'이란 선거관리 작용이 권력에 의한 영향을 받지 않는다는 것을 의미한다.[170] 선거관리기구는 정부당국이나 특정인, 정당의 지시에 종속되어서는 아니 된다. 선거관리기구는 정치적 선호나 편향 없이 기능하여야 한다. 선거관리기구는 선거개입으로부터 자유롭게 작동할 수 있어야 한다. 선거관리기구가 특정 정당과 후보자가 아닌 모든 투표자들의 이익을 위하여 독립적으로 활동하는 것은 정당들이 선거의 과정과 결과를 존중하도록 만드는 데에 필수적이다.[171]

---

169) Keith Klein, *op. cit.*; Peter Harris, "An Electoral Administration : Who, What and Where", Paper prepared at IDEA for the South Pacific Electoral Administratiors(Fiji), 1997. 10.

170) Sarah Birch, *op. cit.*, p. 5.

171) Joe Baxter, "Techniques to Effective Election Management", African Election Administration Colloquium (Victoria Falls, Zimbabwe), 1994, p. 1.

선거관리기구의 '독립성'에 관하여는 명백하고 승인된 관점이 없고 선거관리 관련 논쟁대상 중의 하나이다. '독립성'은 두 가지의 개념을 담고 있다. 하나는 정부로부터의 독립성이고, 다른 하나는 정부 이외의 독립성에 우려를 끼칠 만한 것으로부터의 독립성이다. 이들 두 가지는 선거관리기구의 구성 및 활동에 있어 독립성을 확보하기 위한 것이다.172)

(3) 공평성(Impartiality)

'공평성'이란 선거관리기구가 법률을 대등하게 적용하는 것을 의미하고 특정 선거경쟁 참가자에 대하여 유리하게 치우치지 않는 것을 말한다. 공평성은 확보되기는 어려운 것이지만 선거관리에서 가장 중요하다.173) 공평성은 선거와 선거관리의 신뢰 구축에 필수적이다.

선거관리기구는 주요 정당과 공중이 공평성을 지킨다고 인정하고 이들로부터 신뢰를 받는 사람들로 구성되는 것이 일반적이다. 선거관리기구가 공평하다고 인정받는 사람들로 구성되지 못하는 경우 주요 정당 또는 선거운동원의 대표자로 구성된다. 주요 정당과 공중의 신뢰를 얻기 위해 선거관리기구는 법률과 규정을 일관되고 공명정대한 방식으로 적용하여야 한다.174)

선거과정의 완전성과 신뢰성을 확립하고 선거결과에 대한 폭넓은 수용을 증진시키기 위하여 선거관리기구는 독립적인 방식으로 선거행사를 치러내야 하고 그 활동이 공평해야 한다. 선거관리의 공평성과 활동의 독립성이 흠결되면 선거는 실패하기 쉽다. 공평성과 독립성이 결여된 선거관리는 선거의 패배자들에게 선거과정에 대한 광범위한 수용을 가져다주기 어

---

172) Alan Wall et al., *op. cit.*, p. 22.
173) Sarah Birch, *op. cit.*, pp. 5~6.
174) Joe Baxter, *op. cit.*, pp. 1~2.

렵다.175)

(4) 효율성(Efficiency)과 실효성(Effectiveness)

'효율성'과 '실효성'은 선거에 대한 전반적인 신뢰 구축에 필수 요소이다. 선거에서의 기술적 실패나 문제가 발생하면 혼란과 법질서의 붕괴를 야기할 수 있기 때문에 효율성은 선거과정에서 매우 중요하다. 효율성과 실효성을 위하여 구성원의 전문성, 자원과 시간의 충분한 확보가 요구된다.

선거관리기구의 효율성과 실효성을 담보하기 위해 선거관리기구 구성원의 숙련도가 필요하다. 선거위원회 구성원은 임무에 적합한 훈련을 받아야 한다.176) 유권자와 정당은 위원회가 임무를 완수할 능력이 있는지를 감시하여야 한다. 선거관리기구의 직원이 혼란에 빠지거나 잘못 인도된 경우, 정당이나 언론과의 의사소통과 대화가 부족한 경우, 선거위원회 내에서 지도력이 부재한 경우, 기구의 효율성은 심각하게 훼손될 것이다.177)

(5) 전문성(Professionalism)

선거관리기구는 선거과정이 실시되도록 관리한다. 선거는 고도의 훈련을 받은 헌신적이고 전문화된 선거관리기구에 의하여 관리되어야 한다. 선거관리기구는 유능해야 한다. 선거공무원은 선거절차에 정통해야 한다.178)

---

175) Alan Wall et al., *op. cit.*, p. 23.
176) Sarah Birch, *op. cit.*, p. 6.
177) Joe Baxter, *op. cit.*, p. 2.
178) Ontario Ministry of Agriculture and Food, "Conducting Elections", p. 3.

(6) 공정하고 신속한 판정(Impartial and speedy adjudication)

법률체계는 적절한 시기에 선거소청을 진행하고 판정하며 처리하는 메커니즘을 위한 조항을 만들어야 한다.

(7) 투명성(Transparency)

선거과정에 관한 종합적 신뢰성은 선거의 구조와 과정의 형성을 둘러싼 논쟁에 참여한다고 인식되는 전체 유관 그룹들(정부, 정당, 시민사회, 미디어 등을 포함)에 상당한 정도로 의존한다. 선거관리기구, 정당, 사회단체 사이의 끊임없는 상담, 의사소통과 협력의 가치는 중요하다.

선거관리기구는 유권자명부를 새로이 갱신하고 선거 전의 적절한 시기에 공공감사를 받아 신뢰성을 인정받아야 한다. 선거감시는 선거에 대한 신뢰를 높이므로 국내·외의 감시관에 의한 선거감시는 적극적으로 장려되어야 하며, 감시관이 정당, 후보자 또는 일반 국민들로부터 받은 불만사항들은 선거관리기구에 반영되어 즉각적인 조치가 취해져야 한다.[179)]

(8) 서비스마인드를 갖출 것(Service-mindedness)

선거관리기구는 그 이해당사자에게 서비스를 제공하는 책임을 지는 데 그치지 않는다. 더욱 유용한 서비스 제공 표준이 선거관리기구 자체에 의해 각 선거과정의 절차의 일부로 채택될 수 있다. 시간에 기초한 서비스 표준, 품질에 기초한 서비스 표준이 있다. 선거관리기구의 서비스를 받는 이

---

179) Carl W. Dundas, *Let's Talk about Elections*, Commonwealth Secretariat (London), 1997, pp. 210~217.

해당사자는 선거관리기구의 능숙도와 효율성에 관한 공공적 판단에 결정
적으로 영향을 미친다. '선거후 평가'는 공공적 판단의 방법이다.180)

3. 선거관리기구 구성과 운영의 실제

(1) 선거관리의 주체

현재 행정부가 단독으로 선거를 관리하는 국가들이 있고 역사적 발전과
정에서 과거에 행정부가 선거를 관리하였던 국가들도 있다. 유럽 국가들에
서는 행정부가 선거를 주관한다고 여겼었고, 식민통치에서 독립을 이룩한
국가들도 1960년대 초 이러한 입장을 취하고 있었다. 앵글로색슨 관습법을
따르는 국가와 로마-나폴레옹법 전통을 따르는 국가에서 정부가 선거를 관
리하였었다. 이들 간의 차이점은, 관습법을 따르는 앵글로색슨 국가들의 경
우 좀 더 지방분권화 되어 있고, 시민법을 따르는 국가들의 경우 중앙정부
의 권한이 강하다는 점이다.181)

산업혁명 이후 노사 대립이 격화되어 이들을 대변하는 정당의 영향력이
커졌다. 제1, 2차 세계대전을 겪으면서 각국에서 보통선거가 실시된다. 매
스미디어의 발달, 교육의 보편화, 대량소비사회에서 소비자의 영향력 강화,
언론의 역할 증대, 정보화 사회의 도래는 근대적 대표제에 입각한 선거제
도에 대한 개혁을 요구하고 있다. 이는 시민들의 참여의식 증가와 민주화
에 대한 열망을 촉발시켰다. 오늘날의 선거관리기구는 행정부로부터 독립
된 기구의 형태로 변화되고 있다.182)

인도의 경우 1950년 헌법에 의하여 권한을 부여받은 선거위원회가 있다.

---

180) Alan Wall et al., *op. cit.*, pp. 25~26.
181) 라파엘 로페즈 핀터, 앞의 논문, 53~54면.
182) 음선필, "한국 지방선거에서의 공정선거 확보방안", 118면.

인도 헌법 제324조는 선거위원회에 대하여 의회선거, 주입법부선거, 대통령과 부통령의 선거를 실시하기 위한 선거인명부의 감독·지시·통제 권한을 부여한다. 인도 헌법의 설계자는 선거 문제에 대한 지배권 강화를 원했었다. 인도는 450만 명에 이르는 선거공무원을 훈련하고 고용한다. 높은 비율의 문맹과 인종·계급의 다양성 때문에, 헌법 제정자들은 어떠한 주정부도 투표자 집단을 배제할 수 없다는 점을 확인한다. 인도 선거위원회 위원장은 대통령에 의해 임명되지만 입법부와 행정부의 영향력에서 차단된다.[183]

동유럽 정부들은 민주주의로의 이행을 위하여 선거위원회를 설립하였다. 아프리카에서도 같은 방향으로 가고 있다. 라틴아메리카의 경우 상당한 정도로 다양하다. 아르헨티나, 브라질, 칠레, 우루과이의 경우 선거관리기구는 독립적이지만, 사법부 내에서만 작동한다.[184]

(2) 지방분권화의 경향

선거관리(행정)는 크게 두 가지 측면에서 지방분권화가 요구되고 있다.

첫째, 중앙선거, 지방선거 등 선거가 대규모로 치러지는 것이 하나의 요구이다. 각종 단체에서 선거가 치러지고 있다. '선거의 일상화 시대'라고 표현할 수 있다. 중앙정부가 지방선거와 각종 단체의 선거까지 관리하기에는 역부족이다.

둘째, 선거를 효율적으로 관리하기 위해 정책결정권의 분산이 필요하다는 것이 또 하나의 요구이다. 국민의 공정한 선거의 실시에 관한 기대치가 높다. 지방차원에서 '풀뿌리 민주주의의 실천'이 시대적 과제이다.

---

183) M. S. Gill, "India : Running the World's Biggest Elections", *Journal of Democracy 9(1)*, The Johns Hopkins University Press(Baltimore), 1998, pp. 164~166.
184) Peter Harris, *op. cit.*, pp. 11~13.

(3) 전문가로 구성된 상설 선거위원회

많은 국가의 선거관리기구들이 유행과도 같이 전문가들을 상근 직원으로 채용하고 있다. 다른 부처 공무원을 파견 받거나 임시직으로 채용하는 것이 아니라 선거관리기구를 상설기구로 설립하고 우수한 상근직원들로 구성한다면 선거 때마다 기구를 구성하고 운영하는 것보다 효과적으로 선거를 관리할 수 있다. 선거관리기구가 신뢰를 확보하고 효과적으로 역할을 수행하기 위하여 전문성을 갖춘 사람들이 구성원을 이루어야 한다.

선거관리기구가 효과적으로 작동하려면 상설사무기구가 설립되어야 한다. 상설사무기구는 방대한 관료조직을 구축하는 것이 아니다. 중요한 임무를 수행하는 직원은 중앙 본부에서 근무하게 하고, 나머지 하위직 직원은 지역 선거사무실과 선거구사무실에서 근무하게 하는 방안이 바람직하다. 그 방안은 지역 차원에서는 선거기간에 필요한 만큼의 비상근 직원을 고용하는 것이다. 이는 업무 집중화와 효율화에 유리하다.

유엔 평화유지군이 주둔하고 있는 국가에서 대체로 임시 선거위원회가 선거를 관리한다.[185] 정치적 혼란이 해소되고 치안이 안정된 이후 상설 선거관리기구를 설립하여 선거를 실시하는 것이 바람직하다. 민주적 선거의 초기단계에서는 선거관리기구의 설립을 위해 많은 비용이 들 것이나 선거제도가 정착되면 효율적이고 경제적인 선거관리에 관심을 가질 필요가 있다.

---

185) 그 예로는 1989년 나미비아, 1993년 캄보디아, 1994년 모잠비크, 1996년 팔레스타인, 1997년 라이베리아, 1995년 데이튼 조약 하에서 1999년까지의 보스니아·헤르체고비나가 있다.

(4) 선거비용

여러 국가들의 선거비용에 대하여 비교·분석한 로페즈 핀터 교수는 국가별로 선거비용의 차이가 크게 나타나는 점, 다수 정당들이 경쟁하는 선거를 오랫동안 치른 나라일수록 선거비용이 적게 드는 점, 선거가 광대하게 실시되고 국제 평화유지 활동의 일환으로 행해지는 경우에 선거비용이 가장 높은 점 등을 분석결과로 제시한다.186)

선거관리는 문서에 대한 의존도가 높고 인건비 지출이 큰 행정업무이다. 다른 공공행정 분야에서와 마찬가지로 컴퓨터 등의 신기술을 선거행정에서 사용하는 것은 비용절감의 효과가 크다고 평가된다. 필리핀에서 선거인 명부 컴퓨터화 및 투표집계 광학스캐닝 기술을 도입한 사례와 브라질에서 1998년 9월의 대통령선거에 전자투표를 도입한 사례는 선거관리의 경제성 측면에서 긍정적이다.187)

(5) 선거관리에 대한 국제적 지원

국제공동체가 최초 선거를 담당하는 특정한 국가의 선거위원회에 조언하고 도운 8개의 사례가 있다. 4개의 사례, 니카라과, 엘살바도르, 모잠비크, 라이베리아의 경우, 선거 과정과 결과를 정당들이 수용하였다는 점에서 성공적이다. 반면, 다른 4개의 사례, 아이티, 캄보디아, 에티오피아, 앙골라의 경우, 야당들이 선거의 과정과 결과를 받아들이지 않았으며, 국제 관찰자들이 중재에 초대받지 못하였거나 선거과정에 관한 정당들의 합의가 이루어질 수 없었다는 점에서 실패한 것으로 평가된다.188)

---

186) 라파엘 로페즈 핀터, 앞의 논문, 75~87면.
187) 라파엘 로페즈 핀터, 앞의 논문, 89~90면.
188) Krishna Kumar(ed.), *Postconflict Elections, Democratization, and International Assistance*, Lynne Rienner(Boulder, Colorado), 1998, pp. 15~194.

선거에 관한 다툼은 신생 국가들에서 선거위원회를 중심으로 자주 발생
한다. 예를 들어, 가이아나의 야당들은 선거위원회가 정부에 편파적임을 느
꼈고 1992년 선거 전 새로운 선거위원회를 구성할 것을 주장하였다. 대통
령 호이테(Desmond Hoyte)는 당시의 선거위원회 구성을 공정하다고 보고
그것을 교체하는 것은 특정한 정치세력과 타협하는 것이라고 주장하였다.
그는 국제적 중재자들에게 여·야 어느 쪽도 받아들일 수 있는 가이아나 시
민은 찾을 수 없다고 말하였다. 중재자들이 야당들에게 같은 질문을 하였
고, 야당들은 선거위원회 구성원 후보자 리스트를 작성하여 대통령에게 제
출하였다. 대통령은 후보자들 중에서 한 사람을 선택했다. 이로써 선거위원
회의 공정성 이슈는 사라졌다. 선거일에 선거부정과 문제점이 있었지만 주
요 정당들은 선거위원회의 편파성 탓으로 돌리지 않았고 선거 결과를 받아
들였다. 가이아나에서 민주화과정은 가능하게 되었다.189)

반면, 아이티와 카메룬에서는 야당들이 선거위원회의 편파성에 대해 항
의하였으나, 정부는 선거위원회의 구성을 바꾸지 않았고 어떠한 국제적인
중재안도 받아들이지 않았다. 야당들은 선거에 대해 보이콧을 하였고 선거
의 정당성에 대해 의문을 계속 제기하였다. 아이티와 카메룬은 선거위원회
구성 문제로 인하여 민주화 과정에 차질을 빚게 된 사례이다.190)

---

189) Robert Alan Pastor, *op. cit.*, p. 13.
190) Ibid.

제4절 한국 선거관리기구의 변천

I. 연혁

1. 내무부의 부속기관

'남조선과도입법의원의창설령(南朝鮮過渡立法議院의創設令)(1946. 8. 24. 미군정법령 제118호)'에 따른 민선의원선출의 경우에는 선거관리기구에 관한 조항이 없었다. 당시 각 지역의 지방공무원이 선거를 관리하였다. 1947년 8월 12일 남조선과도입법의원에 의해 제정된 '입법의원의원선거법(立法議院議員選擧法)(남조선과도정부법률 제5호)'은 행정수반은 선거일 80일 전 중앙선거위원회, 도선거구와 투표구의 선거위원회 등 각급 선거위원회를 조직한다고 정한다.191) 입법의원의원선거법은 선거관리기구에 관한 규정을 둔 최초의 선거법이다.

미군정은 군정법령 제175호를 공포하여 위원 15인으로 구성된 '국회의원선거위원회'를 출범시켰다. 국회의원선거위원회 위원장은 현직 대법관이었다. 1950년 4월 12일 국회의원선거법(법률 제121호) 제정에 따라 내무부 산하에 '중앙선거위원회'가 설치되었다. 중앙선거위원회의 사무는 후보등록과 투·개표관리에 한정되었다. 중앙선거위원회는 내무부장관의 제청으로 대통령이 위촉하는 4년 임기의 위원 9명으로 구성되었고, 동일 정당 소

---

191) 중앙선거관리위원회, 선거관리위원회사(1963~1993), 3면.

속이 3분의 1을 넘지 못하였다.

국회의원선거법은 중앙선거위원회 위원 9인은 대통령이 위촉하고, 서울특별시·도선거위원회 위원 9인은 서울특별시장·도지사의 추천으로 중앙선거위원회가 위촉하며, 선거구선거위원회 위원 7인은 구청장·시장·군수의 추천으로 서울특별시·도선거위원회가 위촉하고, 투표구선거위원회위원 5인은 읍·면·동장의 추천으로 선거구선거위원회가 위촉한다고 규정하였다.192) 선거위원회제도는 1958년 1월 25일 민의원의원선거법이 제정될 때까지 존속하였다.

시·도 이하 각급 선거위원회의 의원구성에 있어서 제헌국회의원선거에서부터 공무원이 위원으로 될 수 있었고, 다만 공무원이 그 정수의 3분의 1을 초과해서는 아니 된다는 국회의원선거위원회의 결정이 관례화되어서 대부분 시·도 및 선거구선거위원회의 위원 중 현직공무원이 위원정수의 3분의 1을 점하였다. 시·도선거위원회의 부위원장에 주로 시·도의 내무국장이, 선거구선거위원회의 부위원장에 주로 구·시·군의 내무과장이 각각 선출되었다.193)

1958년 1월 25일 국회의원선거법이 폐지되었고 민의원의원선거법과 참의원의원선거법이 제정·공포되었다. 민의원의원선거법은 선거사무를 관리하는 기관으로 각급 선거위원회를 두었고, 각급 선거위원회의 구성에 있어 여당과 제1야당에서 각각 위원 1인을 추천할 수 있는 정당추천위원제도를 인정하였다. 중앙과 시·도선거위원회의 위원에 법관을 제외한 공무원은 1인에 한하여 위촉될 수 있었고, 중앙선거위원회 위원은 내무부장관의 제청으로 대통령이 위촉하도록 하였다.194)

이처럼 제3차 개헌 전까지 각종 선거법에 따라 설치된 각급 선거위원회

---

192) 중앙선거관리위원회, 선거관리위원회사(1963~1993), 11면.
193) 중앙선거관리위원회, 선거관리위원회사(1963~1993), 11~12면.
194) 중앙선거관리위원회, 선거관리위원회사(1963~1993), 4면, 12~13면.

가 선거사무를 관리하였다. 중앙선거위원회 위원은 대통령이 위촉하였다. 각급 선거위원회의 보조기관은 관계 행정기관의 공무원이 위촉되어 그 운영을 주도하였다. 자유당 정권의 장기집권욕에 의한 관권선거 획책으로 선거위원회는 기능을 제대로 발휘하지 못하였고 내무부의 부속기관이 되었다는 비난을 면치 못한다.[195]

2. 관권의 선거개입

대한민국 정부수립 이후 선거의 횟수가 거듭될수록 선거운동에 공무원, 친여 사회단체 등이 동원되었다. 1950년대 후반에 이승만(李承晩)의 개인적 인기는 사라졌고, 그의 권력은 경찰의 강제력에 의해 유지되지 않으면 안 되었다. 선거 때마다 야당 측은 부정선거의 실상을 폭로하였고 공명선거 보장, 공무원과 경찰의 선거간섭 배제를 요구하였다. 한국의 선거는 '행정선거'라고 불리기도 하였다.[196]

1960년 3월 15일 실시된 정·부통령 선거에서 정부와 여당에 의하여 공공연한 부정선거가 자행되었다.[197] 1960년 3월 부정선거가 실시되었다는 사실은 말단 경찰관이 '부정선거지령서' 사본을 야당에 제공함으로써 폭로되었다. 내무부장관 최인규(崔仁圭) 지시내용[198]에 대해 온 국민은 경악하

---

195) 중앙선거관리위원회, 선거관리위원회사(1963~1993), 103면.
196) 박승재, 현대선거론 : 선거제도의 정치적 효과, 법문사, 1977, 171면.
197) 중앙선거관리위원회, 선거관리위원회사(1963~1993), 16면.
198) 1960년 대통령선거에서 내무장관 최인규(崔仁奎)는 부하직원을 모아놓고 "모든 공무원은 이승만 대통령에게 충성을 다 하여야 한다. 차기 정부통령선거에 있어서 자유당 입후보자가 기필코 당선되도록 선거운동을 하라. 과거의 정부통령선거 시에 사망한 신익희(申翼熙)에 대한 추모표나 조봉암(曺奉岩)을 보더라도 이번 정부통령선거에 있어서 종래의 방식으로는 자유당 입후보자가 당선될 수 없으니 어떠한 비합리적인 비상수단을 사용하여서라도 기필코 당선되도록 하라. 세계역

였다. 선거운동에 관권이 개입하는 것은 선거운동의 주체가 되는 여당 역
할을 행정부가 대신한 것으로 볼 수 있다.

1960년 이전의 선거에서 관권의 선거개입이 후보자등록, 선전활동, 투표
과정 등에 국한되었던 것과 달리, 1960년 3월 15일 선거에서는 내무부와
각 도의 경찰이 실질적인 선거본부가 되어서 투표총계를 조작하고 날조하
였다. 공무원이 권력적 지위를 이용하여 특정 후보자를 위해 선거운동을
함으로써 집권을 연장하고 정권교체를 반대하는 활동을 하는 경우 민주정
치의 기본질서가 흔들린다.199)

자유당의 부정선거는 치밀하고 다양했다. 대표적 예로 유령유권자 조작,
4할 사전투표, 관권 총동원에 의한 유권자 협박, 야당인사 살상, 투표권 강
탈, 3 내지 5인조 공개투표, 야당참관인 축출, 부정개표 등이 있다. 부정선
거에 항의하는 시위가 마산에서 발생했고, 1960년 4월 19일 전국에서 부정
선거를 규탄하는 대규모 시위가 개최되었다. 1960년 4월 26일 이승만 대통
령이 사퇴하였다. 자유당 정권은 이승만 대통령의 하야 및 망명과 함께 붕
괴되었다.200)

한승조 교수는 정당발달의 저해요인인 행정부의 선거개입에 관해 다음
과 같이 서술한다.201) "한국 선거는 그 출발부터 행정부가 깊이 관여해왔
으며 대부분의 경우 행정부가 정당에 못지않은 역할을 하여 왔다.…선거
시 내무부장관은 선거장관으로 불리 웠고 선거 때가 되면 내무부의 활동은
정당에 못지않게 활발해지기 일쑤였다…60년대 후반부터 민주공화당의

사상 대통령선거에 소송이 제기된 일이 있느냐. 법은 나중이고 우선 당선시켜 놓
   고 보아야 한다."라고 지시하였다(한승조, 한국민주주의와 정치발달, 법문사,
   1976, 251면).
199) 유훈, 앞의 책, 658면.
200) 김철수, "헌정 40년의 소모", 고시연구(1988년 7월호), 고시연구사, 1988, 41~42
   면; 성낙인, 대한민국헌법사, 법문사, 2012, 103면.
201) 한승조, 앞의 책, 1976, 262면.

기구가 축소되어 왔으면서 선거에서 으레 낙승해 온 것을 보아도 행정부의
역할이 적지 아니 하였음이 짐작되는 일이다."

3. 선거관리기구의 헌법기관화

내각책임제 개헌안 기초위원회는 1960년 5월 11일 국회 본회의에 헌법
개정안을 보고하였다. 헌법개정안 제안이유서는 개정안의 제안이 "4·19 의
거를 계기로 하여 전 국민에 팽배하는 민주적 개혁의 역사적 요청에 대응
하기 위한 정치적 결단"의 제1조치인 점을 밝히고, 12년간의 대통령제가
추악한 부패와 전단적인 독재정치로 전락하게 되어 4·19와 전 국민의 민
주개혁 요청에 의하여 대통령의 독재적 경향에 종지부를 찍었다고 선언하
였다.202)

제3차 개정헌법(1960년 6월 15일 일부 개정되어 같은 날 시행된 것) 제
27조는 공무원의 정치적 중립성과 신분을 법률로 보장하고, 제28조는 법률
에 의하더라도 언론·출판의 검열 및 허가를 규정할 수 없도록 한다. 제13
조는 정당 해산은 정부의 일방적 처분이 아니라 위헌정당해산을 통해서만
가능하도록 한다. 제75조 제2항은 경찰의 중립화에 관한 필요한 기구를 설
치한다고 정한다. 이는 경찰의 선거개입에 대한 반성적 조치이다.

제3차 개정헌법 제75조의2는 중앙선거위원회를 헌법기관화 하였다. 헌
법은 중앙선거위원회의 조직 및 위원장의 선출방법을 규정하였고, 그 조
직·권한 기타 필요한 사항을 법률로 정하도록 하였다. 선거위원회법이 제
정되어 그에 따라 각급 선거위원회가 설치·구성되었으며 각급 선거위원회
의 보조기관에 전임직원을 두었다. 이로써 정부수립 이후 처음으로 선거관

---

202) 대한민국국회, 헌정사자료 제5집 헌법개정회의록(제4대국회), 국회도서관, 1968,
    23면, 36~37면.

리기구가 명실상부한 헌법상 독립기관으로서 지위를 가지게 된 것이다.

제3차 개헌에서 중앙선거위원회를 헌법기관으로 승격시킨 것은 선거의 공정을 기하는 것이 그 취지이다.[203] '헌정사자료 제5집 헌법개정회의록'[204]에 "…選擧의 公正을 期하기 위해 가지고 第75條의2의 規定에 의해 가지고 憲法機關으로 中央選擧委員會를 新設하게 했읍니다."라고 기재되어 있다. 1960년 6월 17일 법률 제550호로 제정된 선거위원회법 제4조 제6항은 검사·경찰관 또는 군인은 선거위원이 될 수 없다고 규정하였다.

4. 사법부의 선거관리 관여

입법의원의원선거법은 중앙선거위원회는 위원 15인으로 조직하되, 그 위원장은 호선한다고 규정한다(제13조, 제14조). 미군정법령 제175호에 따라 설치된 국회의원선거위원회 위원장은 '현직 대법관'이었다. 1948년 제정된 국회의원선거법은 선거위원회는 위원 15인으로 조직한다고 하면서 대법원 대법관이 위원장이 되도록 명문화하였다(제18조).[205]

제3차 개정헌법 제75조의2는 중앙선거위원회의 위원은 대법관 중에서 호선한 3인과 정당에서 추천한 6인으로 구성한다고 규정하였고, 중앙선거위원회 위원장은 대법관인 위원 중에서 호선한다고 규정하였다. 미군정 시절과 제헌헌법 시절부터 현직 대법관이 위원장이었던 운영, 제3차 개정헌법 제75조의2의 명문 규정을 토대로 현직 대법관이 최고 선거관리기구의

203) 대한민국국회, 헌정사자료 제5집 헌법개정회의록(제4대국회), 72면, 85면, 99면.
204) 대한민국국회, 헌정사자료 제5집 헌법개정회의록(제4대국회), 71면.
205) 국회의원선거법[시행 1948. 12. 23.][법률 제17호, 1948. 12. 23. 일부개정]
    제18조 행정수반이 법률제5호 제13조에 의하여 조직한 국회선거위원회는 본법에 의한 국회선거위원회로 함.
    국회선거위원회는 위원 15인으로 조직하고 대법원대법관이 그 위원장이 됨.

장을 겸임하는 헌법적 관행이 생겼다.

내각책임제개헌안 기초위원회 위원장 정헌주(鄭憲柱)가 국회 본회의 의결에서 설명한 내용을 살펴보면, 대법관으로 하여금 중앙선거위원회위원장을 하도록 하는 것은 대법관의 지위에 대한 과중한 부담이 된다는 점을 제3차 개헌 과정에서 인식하고 있으나, 대법관 외에 거기에 대체할 만한 적임자가 없다고 보았다. 헌법개정 회의록에는 이러한 문제 때문에 법원에서는 이에 대해 많이 반대하였으나 반대에도 불구하고 대법관을 위원으로 하는 것으로 정하였다고 기재되어 있다.206)

5·16 이후 1961년도 제2회 추가경정예산에서 중앙선거위원회 소관 예산전액이 삭감됨에 따라 각급 선거위원회 전임직원은 퇴직하였다. 선거위원회 업무와 관련하여 내무부는 1961년 7월 8일 '선거위원회업무 임시관리에 따른 인계·인수서 제출' 지시를 하달했다. 각급 선거위원회는 1961년 6월 30일까지 선거관련서류, 비품 등 일체재산을 당해 지방자치단체장에게 인계하였으며, 지방자치단체장은 이를 내무부에 보고하였다.207)

제5차 개정헌법 제107조는 선거관리위원회에 관한 근거 조항이다. 제5차 개정헌법은 제4절에 '선거관리'라는 별도의 절을 설치하였고, '선거위원회'를 '선거관리위원회'로 명칭을 바꾸었다. 제5차 개정헌법은 중앙선거관리위원회 위원을 대통령이 임명하는 2인, 국회가 선출하는 2인, 대법원판사회의에서 선출하는 5인으로 구성하였다. 사법부 선출위원이 과반수를 차지한다. 사법부가 선거관리를 주도하는 시대가 열렸다. 1963년 1월 21일에 제5차 개헌에 따른 선거관리위원회가 창설되었다.

---

206) 대한민국국회, 헌정사자료 제5집 헌법개정회의록(제4대국회), 71~72면에는 "종전의 경우에 비추어 가지고 大法官을 中央選擧委員會委員으로 하게 하는 것은 大法官의 地位에 對한 過重한 負擔이 됨으로 해가지고……大法官以外에는 안됩니다마는 大法官 以外에는 거기에 代置할만한 適任者가 없읍니다."라고 기재되어 있다.

207) 중앙선거관리위원회, 선거관리위원회사(1963~1993), 21~22면.

5. 조직과 권한의 확대

(1) 조직의 계속적 확장

선거관리위원회는 1963년 출범 당시 1국 3과에 전임직원 348명과 예산규모 540만 원에 불과하였다. 1994년 통합선거법 제정 당시 1실 4국 4담당관 8과에 전임직원 1,882명과 예산규모 590억 원에 이른다. 2012년 기준 전임직원은 2,677명이고, 예산규모는 8,097억 원이다.[208] 중앙선거관리위원회 사무처 조직을 보면, 2013년을 기준으로 2실 6국 1관 1원이다.

제5차 개헌 당시 중앙선거관리위원회에 사무국을 두었고, 그 밑에 총무과·선거관리과·정당과를 두었다. 국에는 국장을, 과에는 과장을 두었고, 국장은 2급, 과장은 3급 공무원으로 보하였다. 중앙선거관리위원회 보조기관은 창설 당시 1급 사무국에서 1973년 차관급의 사무처로 승격하였다. 국회의원선거구제가 '소선거구제'에서 '중선거구제'로 됨에 따라 지역선거구와 구·시·군의 선거관리위원회가 개편되었다.

1988년 1월 중앙선거관리위원회의 보조기관 직제가 사무처장에서 사무총장으로 바뀌었다. 구·시·군선거관리위원회는 1988년 3월 국회의원선거구제가 소선거구제로 변경됨에 따라 31개 증설되었다.[209] 1992년 11월 중앙선거관리위원회 사무처가 개편되었다. 사무총장은 차관급에서 국무위원급으로 지위가 다시 격상되었다. 구·시·군선거관리위원회 사무과가 사무국 4급과 사무과 4·5급으로 개편되었다. 1993년 1월 중앙선거관리위원회 사무차장은 1급에서 차관급으로 승격되었다.

1996년 2월 27일 중앙선거관리위원회에 선거연수원(서무과, 교학과)을 설치하여 정당·후보자뿐만 아니라 일반시민을 대상으로 민주시민 교육을

---

208) 2012년의 경우 총선과 대선이 동시 실시되므로 증가된 것이다. 2011년의 경우 예산 규모는 2,532억 원이다(국회 세입세출예산안 검토보고서).
209) 구·시·군 284개, 국회의원지역구관할 구·시·군 224개, 기타 구·시·군 60개.

실시하게 되었다. 1997년 7월 15일 울산광역시에 시·도선거관리위원회가 설치되어 16개의 시·도선거관리위원회가 되었다. 1998년 11월 1일 위원회의 구조가 조정되어 중앙선거관리위원회는 1실 1국 3관 7과 3담당관이 되었고, 선거연수원은 1과가 되었으며, 구·시·군선거관리위원회는 244개가 되었다.

2000년 7월 선거연수원에 정치교육과가 신설되었다. 선거관리위원회에는 선거방송토론위원회 및 인터넷선거보도심의위원회가 설치되었다. 이를 통해 대담·토론회를 활성화하고 인터넷 언론이 공정하게 보도되는지 여부를 감시하게 되었다. 선거관리위원회는 사이버선거부정감시단 제도의 도입 등으로 조직을 한층 키웠다.

(2) 광범위한 권한의 부여

제5차 개헌 당시 선거관리위원회법은 선거관리위원회가 '선거의 공정한 관리'뿐 아니라 '정당에 관한 사무'를 관장하는 기관이라고 정한다(제1조). 1972년 10월 28일 비상국무회의 명의로 유신헌법 개헌안이 공고되자 중앙선거관리위원회는 정당추천 선거관리위원을 대신하여 '선거관리위원회에 관한 특례법'에 따라 선거관리위원 44명을 임명하여 국민투표 지도계몽에 나섰고 11월 18일 전국 주요도시에서 계몽강연회를 개최하였다.[210]

유신헌법과 1973년 1월 20일 선거관리위원회법 개정에 이르러 국민투표의 관리가 선거관리위원회 사무에 추가된다. 국민투표법이 국민투표를 선거관리위원회 사무로 규정하고 있었지만, 선거관리위원회 직무범위를 정하는 선거관리위원회법이 국민투표 관리를 선거관리위원회 사무로 정하지 않았음에도 불구하고 유신헌법의 개정 과정에서 선거관리위원회는 국민투표 관리를 담당하였던 것이다.

---

210) 성낙인, 대한민국헌법사, 240~241면.

1987년 10월 29일 헌법 제114조 제6항이 개정되어 선거관리위원회 내부규율에 관한 규칙제정권이 신설되었다. 제115조에 선거사무뿐 아니라 '국민투표사무'에 관하여 각급 선거관리위원회가 관계 행정기관에 필요한 지시를 할 수 있는 헌법적 근거가 마련되었다.

1992년 공직선거법에 선거법위반행위에 대한 중지·경고·시정명령과 고발·수사의뢰를 할 수 있는 권한을 명문화한 이래 선거범죄 조사권한을 꾸준히 확대하면서 단속활동을 강화해나갔다. 통신자료의 열람·제출요구권과 정치자금범죄 조사권이 신설되었다. 개별선거마다 규율하고 있던 각종 선거법들이 1994년 '공직선거법'으로 통합·제정되었다.

선거관리위원회는 선거비용에 대한 확인·조사, 불법시설물 등에 대한 철거·수거·폐쇄명령과 대집행, 불법선전물에 대한 우송 중지, 재정신청을 할 수 있게 되었고, 선거범죄에 대한 질문·조사와 증거물 수집, 동행 또는 출석요구 등이 도입되어 실질적으로 선거범죄조사를 할 수 있게 되었다.

2000년부터 시·도교육위원선거 및 교육감선거를 관리하고 있다. 2004년 제17대 국회의원총선거를 앞두고 선거범죄 신고자에 대한 최고 5천만 원의 포상금지급과 금품을 제공받은 자에 대한 50배 과태료부과 등의 획기적 제도개선이 이루어졌다. 2004년부터 주민투표를 관리한다. 2005년부터 산림조합장 및 농·수·축협조합장의 선거, 국립대학총장후보선거의 위탁관리를 한다. 2006년부터 주민소환투표 관리가 제도화되었다.

II. 발전사 재해석

1. 헌법기관 위상 설정의 의미

선거위원회가 내무부 부속인 것이 선거관리의 공정성을 침해하는 유일한 원인인지에 대해 의문이 있다. 제헌헌법은 대통령 간선제이나, 제1차 개헌에서 대통령 직선제로 바뀌면서 정·부통령선거의 경쟁이 치열해졌고, 행정부의 선거개입이 문제되기 시작하였다. 제헌 당시에는 정당소속보다 무소속이 많았으나 점차 정당 소속 국회의원이 늘게 된 것도 치열한 선거경쟁을 유발한 원인이었다.

자유당 정권은 1958년 법률 제470호로 민의원선거법을 개정하여 '정당추천제'를 실시하였다. 자유당 정권은 규제중심의 선거법으로 바꾸었다. 선거법에 촘촘한 규제망이 마련되었다. 그에 따라 선거관리기구가 누구를 어떻게 규제하느냐를 결정하는 것은 선거에 지대한 영향을 미치게 되었다. 이를 통해 정당제도·선거제도·정부형태와 선거관리의 양상 사이에 관련이 있음이 확인된다.

제헌헌법과 제1차, 제2차 개정헌법은 "선거에 관한 사항은 법률로써 정한다."라고만 규정하였을 뿐이고 선거관리의 주체에 관하여는 정하지 않았다. 그러다가 1960년 6월 15일 제3차 개헌으로 "선거의 관리를 공정하게 하기 위하여 중앙선거위원회를 둔다."고 규정하였다(제75조의2). 이로써 대한민국의 선거관리기구는 헌법에 근거를 둔 헌법기관의 위상을 가지게 된다.

제3차 개정헌법은 제6장에 별도로 중앙선거위원회 장을 만들었다. 헌법에서 선거관리기구의 근거를 마련하여 헌법기관으로 격상시켰다. 중앙선거위원회의 구성에서 집행부의 위원 추천을 배제하였다. 위원회는 대법관 중에서 호선한 3인과 정당에서 추천한 6인으로 구성되었다. 위원회에 사무국과 전임직원을 별도로 두어 집행부 소속 공무원이 선거위원회 운영에 개입하는 것을 차단하였다.

제3차 개정헌법은 중앙선거위원회를 헌법에 규정하고 그 구성과 직무권한에 관한 대강을 헌법에서 규정함으로써 집권당의 자의적인 법률개정에 따라 선거관리위원회의 지위가 동요되는 일이 없게 하였다. 그러나 선거

관리의 내용이나 선거위원회 위원의 신분보장 등에 관한 적극적이고 실효
성 있는 규정을 두지 않았고, 그에 관한 모든 사항을 법률에 위임함에 그
쳤었다.211)

선거관리기구의 행정부로부터의 형식적 독립은 선거관리의 공정성 확보
에 일정 정도 성과를 보여주었다고 평가된다. 하지만, 형식적 독립성만으로
자유롭고 공정한 선거가 보장되는 것은 아니다. 이러한 관점에서 집권당과
집행부로부터의 실질적 독립성과 중립성이 강조될 필요가 있다.

규제중심의 선거법제를 개선하고, 선거관리를 담당하는 당국의 법집행
의 자의를 방지하는 것은 공정한 선거의 중요한 요소이다. 민주적인 선거
제도를 운영하고 있는 국가에서 선거관리기구의 형식적인 독립성보다는
실질적으로 공정한 선거를 치를 수 있느냐의 기능 측면에서 선거관리기구
의 문제에 접근하고 있는 것도 바로 그러한 이유에서이다.

2. 헌법재판기관과 선거관리기구의 관계

제5차 개정헌법은 '중앙선거위원회'를 '중앙선거관리위원회'로 명칭을
바꾼다. 현행 중앙선거관리위원회는 제5차 개정헌법의 중앙선거관리위원
회와 같다. 제3차 개정헌법의 중앙선거위원회와 제5차 개정헌법의 중앙선
거관리위원회는 연속적인 것이 아니고, 이들 사이에 간극이 있다. 이 문제
는 제5차 헌법 개정 결과 대법원이 헌법재판을 담당하게 된 것과 선거관리
위원회의 설치가 관련이 있다는 점에서 논의될 필요가 있다.

제5차 개헌에서 헌법재판소를 폐지하는 것으로 개정된다. 제5차 개헌에
서 헌법재판소를 설치한다면, 선거관리를 정상적으로 하는 것은 헌법 수호
에서 중대한 문제이므로 헌법재판소에 선거소송에 관한 규정이 들어가야

---

211) 문홍주·이상규, 앞의 책, 26면.

한다는 의견이 있었다.212) 헌법재판소를 설치하지 않으면 대법원이 담당하기에 적절하지 않은 정치적인 국가작용을 처리할 별도 기구가 필요하기 때문이다.

제5차 개헌 당시 선거관리기구에 관한 논의는 헌법재판소의 설치 문제와 함께 논의된다. 헌법재판소를 설치하는 것과 선거관리기구를 설치하는 것이 논리 필연적인 관계는 아니나, 헌법재판소와 선거관리기구는 정부와 국회를 동시에 견제하는 의미에서의 권위기관을 만든다는 취지에서 논의되었던 것이다.213)

선거사범 관리를 헌법재판소가 담당하는 것에 관한 문홍주(文鴻柱) 전문위원의 지적에 대하여 유진오(兪鎭午) 전문위원은 "中央選擧委員會를 보니 그것은 아무것도 아니다, 實權은 內務部에서 가지고 있고 그러니까 어떻게 되는지 모르다가 選擧 때만 하니 좀 더 强力한 機關에다 選擧管理만을 해주면 어떠냐, 例를 들면 憲法裁判所의 境遇에 그런 權限을 주면 現在 中央選擧委員會보다 강력하다."고 말한다. 이경호(李坰鎬) 전문위원은 헌법재판소를 둔다면 당연히 헌법재판소가 탄핵과 선거관계를 관리하게 되어 문제가 없다고 본다. 김도창(金道昶) 전문위원은 선거관리기구는 정부에 대립한 위치를 가질 것인지의 문제와 관련이 있다고 본다. 박일경(朴一慶) 전문위원은 선거관리기구를 '넓은 의미의 행정기관'으로 보면서도 '정부에 대해 대립된 위치와 지위'를 가진다면 헌법조항에 들어갈 수도 있다고 말한다.214)

---

212) 제5차 개헌에서 이경호(李坰鎬) 전문위원은 "법률위헌심사가 헌법재판 중 가장 중요한데, 탄핵과 권한쟁의도 헌법재판이고 민주국가에서 선거관리를 정상적으로 하는 것은 헌법의 수호에서 중대한 문제이므로 헌법재판 내용"으로 보면서, "헌법재판소 설치 부분에 선거소송에 관한 규정이 반드시 들어가야 한다."고 말했다 [대한민국국회, 헌법개정심의록(제1집), 1967, 377~378면, 395~396면].

213) 대한민국국회, 헌법개정심의록(제1집), 308면에서 박일경(朴一慶) 전문위원은 "政府와 國會를 同時에 牽制한다는 意味에서 하나의 權威機關으로 만들어 보자, 그러면 充分한 役割을 할 줄로 생각합니다."라고 말한다.

제5차 개헌의 공청회에서 검찰 대표 문인구(文仁龜)는 법률의 위헌판단은 대법원으로 하여금 행하도록 하고, 선거관리와 탄핵재판은 각각 독립기구로 두되 헌법에서 규정하는 것이 공정한 활동을 보장하는 길이라는 의견을 제시하였다. 법원 대표 이병용(李炳勇)은 헌법재판소는 '옥상옥(屋上屋) 장식물'에 불과한 것이며 헌법재판소를 두지 않는다면 선거관리는 선거위원회에서 담당하면 된다고 주장하였다.215)

제5차 개헌에서의 논의를 살펴보면, 헌법재판소를 설치할 필요가 없다는 입장은 탄핵재판이나 선거관리를 담당하는 기구를 별도로 두면 사법부의 정치개입 문제가 해결된다고 주장하는 데 반해, 헌법재판소를 별도로 설치하는 것이 타당하다는 입장은 사법부가 정당에 개입하는 것은 좋지 못하고 헌법재판소를 두면 탄핵재판과 선거관리를 하는 데에 편리한 점을 논거로 든다고 정리할 수 있다.

선거관리위원회의 헌법상 독립기구의 설정은 헌법재판소를 만들지 않고 대법원에 위헌법률심판권을 부여한 것과 관련이 있다. 대법원으로 하여금 위헌법률심판권을 행사하고 선거소송을 담당하도록 하는 제5차 개정헌법에서 선거관리기구를 별도로 구성할 필요가 있었다. 제5차 개정헌법은 대법원이 선거소송과 헌법재판을 담당하므로 별도 선거관리기구가 요청되었다.

---

214) 대한민국국회, 헌법개정심의록(제1집), 151~152면, 376~377면, 535면.

215) 대한민국국회, 헌법개정심의록(제2집), 대한민국국회, 1967, 76면, 172면, 261면에서 제헌동지회의 대표 황호현(黃虎鉉)은 "憲法裁判所는 必要性을 느끼지 않습니다.…大法院에 特別裁判部를 설치해서 여기에다 맡기는 것이 좋지 않을까 이렇게 생각됩니다. 選擧管理는 憲法機關으로 해서 選擧委員會로 해서 지금과 같이 이것을 管理하는 것이 옳다고 봅니다."고 말한다.

3. 선거관리위원회의 소극적 독립성 추구

제5차 개정헌법은 중앙선거관리위원회의 소극적 중립성을 추구하는 체계이다. 제5차 헌법 개정에서 선거의 공정에 관한 검토가 있었다. 관련 '헌법개정심의록'을 참조하면, 김도창(金道昶), 이석제(李錫濟), 김운태(金雲泰) 전문위원은 선거관리의 목적은 선거의 공정에 있고, 선거의 공정은 '선거간섭이 없는 선거'라고 보았다.216)

제5차 헌법 개정에 전문위원으로서 참여한 강병두(姜炳斗)는 선거관리가 '공명선거'를 이루도록 하는 데 중점을 둔다고 본다.217) '선거간섭이 없는 선거'란 지연·혈연·폭력·금력·권력에 의한 선거부정을 방지하고 진정한 대표자를 뽑는 데에 있다.218) 제5차 헌법 개정 공청회에서 공법학계를 대표한 갈봉근(葛奉根)은 입후보 난립을 방지하고 지연·혈연·금력 등에서 오는 폐단을 배제하며 선거부정을 없애는 것이 필요하다고 말했다.219)

유신헌법은 중앙선거관리위원회 위원을 모두 대통령이 임명한다고 규정한다. 권위주의적 대통령제의 단적인 모습이다. 선거관리위원회는 유신헌법을 위한 국민투표에 동원되었다. 헌법과 선거관리위원회법이 국민투표관리를 선거관리위원회의 직무범위로 두지 않은 상황에서도 선거관리위원회는 국민투표과정에서 국민계몽에 투입된다. 선거관리위원회의 조직과 권한의 확대는 결코 그와 무관치 않다.

---

216) 대한민국국회, 헌법개정심의록(제1집), 대한민국국회, 1967, 552면을 보면, 당시 유민상(劉敏相) 전문위원은 "公明選擧란 말이 從來에 쓰여 오기는 選擧干涉이 없는 選擧를 한다 하는 것입니다. 그러니까 地緣 血緣 이런 것은 關係가 없다 이런 말입니다."라고 말한다.

217) 대한민국국회, 헌법개정심의록(제1집), 309면. 사전적인 의미로 공명선거는 '부정선거'에 반대되는 것으로 투명하고 적법한 선거와 관련된 개념이다(음선필, "한국지방선거에서의 공정선거 확보방안", 109면).

218) 대한민국국회, 헌법개정심의록(제1집), 550~551면.

219) 대한민국국회, 헌법개정심의록(제2집), 26면.

제9차 개헌 이후 선거관리위원회는 조직 확장 및 권한 강화로 이어졌다. 16년 만의 대통령직선제 도입과 지방자치제 실시에 따라 선거관리의 역할이 어느 방향으로 설정되어야 하는가에 관한 진지한 검토가 요구됨에도 말이다. 제5차 헌법 개정 이후 1963년 1월 21일 설립된 선거관리위원회는 50년의 역사를 가진다. 선거관리위원회에 새롭게 부여된 권한은 다양하고 광범위하다.

4. 민주적 선거가 정착된 다양한 요인

선거의 일상화 시대, 국민의 정치적 참여 욕구의 증대 등 선거제도 관련 변화에 대응하는 방법에는 두 가지가 있다. 하나는 선거의 자유를 확대하고 규제위주의 선거법제를 개선하는 것이다. 다른 하나는 선거관리기구의 위상을 강화하고 권한을 확대하는 것이다. 이하에서 선거관리 이외의 요인들이 선거의 민주화에 어떻게 영향을 미쳤는지에 관하여 살펴본다.

1987년 이후로 선거관리위원회가 선거관리 영역에서 성과를 이룩할 수 있었던 원인으로 대통령들의 공명선거에 대한 의지가 주요했다는 점을 드는 시각도 있다.220) 물론 이와 같은 견해도 가능하지만, 전적으로 그에 입각하는 것은 타당하지 못하다. 권력을 가진 사람의 자발적 선의에 기대어 정치발전을 바랄 수도 있다. 하지만, 민주적 선거를 위한 선거관리와 선거관리기구의 방향 모색은 권력에 대한 불신과 권력을 통제하는 합리적인 제도개선을 달성하는 것을 목표로 한다.

이 점과 관련 한국 민주주의의 발달과정 및 성과에 관하여 언급하지 않을 수 없다. 1971년 제7대 대통령선거, 1972년 10월 17일 유신이 있었다. 제7대 대통령선거에서 정권의 독재성과 장기집권에 대한 비판이 선거의 주

---

220) 김태홍, 앞의 논문, 68~69면.

요 쟁점이었는데, 김대중(金大中)은 "이번 선거에서 박정희가 당선되면 총통제가 실시될 것이다."고 주장했고, 박정희(朴正熙)는 "이번이 마지막이다. 다시는 국민에게 표를 달라고 하지 않겠다."라고 주장하였다. 제7대 대통령선거에 대해 야권은 부정선거 의혹을 제기하였다. 5년 단임 대통령 직접선거제도를 골자로 하는 1987년 제9차 개헌이 이루어진 다음 실시된 제13대 대통령선거에서 여당이 승리하였지만 그에 관한 부정선거의 문제는 상대적으로 적었다.

그렇다면, 1971년과 1987년 사이 16년 동안 어떤 일이 있었고, 무슨 이유에서 이러한 변화가 생긴 것인지, 선거관리위원회가 많은 역할을 해서 그와 같이 된 것인지가 의문이다. 민주적 정당성이 취약하여 국민의 지지를 원한 권위주의 정권이 1970년대와 1980년대에 효율적인 국가발전을 위하여 노력한 것이 민주화를 위한 토대가 되었다는 지적이 있다.[221] 4·19가 계기가 되어 제3차 개헌에서 도입된 선거관리위원회가 존재감이 없다거나 불필요하다는 의견은 아니다. 문제는 절차적 민주주의의 측면에서 가장 큰 동력이 되었던 원인은 어디에 있는가이다.

괄목할 만한 경제성장과 교통·통신의 발달 등은 상당 정도로 동질적인 국민을 형성하였다. 중산층이 증가하여 국민의 동질의식이 높아졌다. 대학교육이 보통교육으로 되어 교육에서 민주화가 이루어졌다. 이러한 사회·경제적 변화는 권력에서 권위가 나오고 권위를 바탕으로 한 일방적 지배체제를 유지하는 권위주의 정권에 대한 국민적인 저항을 낳았다. 국민은 민주화 요구를 하였다. 그 과정에서 집권세력에 도전할 수 있는 야당이 발달하였고, 야당지도자들의 활약도 주목을 받았다.

1987년 제9차 개헌은 정치세력들 간의 일종의 타협의 산물이다. 대통령 임기를 전례가 없는 5년 단임으로 한 것은 어떤 이론적 근거에서 비롯된 것이라기보다는 정치세력 간의 이해관계를 절충한 결과이다.[222] 이는 대통

---

221) 음선필, "한국 민주주의의 발전과 선거제도", 479~481면.

령의 레임덕, 정권교체의 가능성을 담고 있고 집권하지 못한 세력이더라도 일단 선거결과에 승복하고 다음 선거에 대한 기대를 갖는 변화를 가져왔다. 국가기관과 심지어 여당까지도 임기말 대통령에게서 등을 돌리기도 하여 공무원의 정치적 중립성이 상당한 정도로 실현되었다. 국민은 희망을 가지고 대통령을 선출하여 신임을 부여하였으나 어차피 그 대통령의 임기말이 되더라도 국민 대다수가 서민으로 남을 수밖에 없는 것이 현실이다. 5년 단임 직선제에서 선거는 '심판'으로 기능하게 되었다.

대통령의 임기와 선거제도의 변화가 공정한 선거관리를 이끌었다는 시각은 상당히 설득력이 있다. 1987년 헌법의 핵심 요소인 대통령 직선제와 5년 단임제는 대통령의 레임덕을 수반한다. 선거관리위원회를 비롯한 국가기관은 집권자 눈치를 보지 않고 선거관리를 할 수 있게 되고, 정치적 중립을 지키도록 이끌었다. 선거는 심판으로 기능할 수 있게 되었다. 정권교체의 가능성이 생겼다. 대통령 5년 단임제에 대한 여러 가지 비판도 있지만, 그에 따라 대한민국 국민은 여섯 번째 대통령을 맞이하게 되었고 민주화의 가장 큰 장애물이었던 대통령 장기집권 문제는 해소되었다.223) 이에 한국 민주주의는 정치권력을 두고 경쟁하는 게임과 룰이 정착되고 있다고 평가된다.

Ⅲ. 한국 선거관리기구의 문제

1. 행정부로부터의 독립

선거관리에 관한 논의의 출발점은 선거관리를 담당하는 기구를 행정부

---

222) 권영성, 앞의 책, 970~971면.
223) 성낙인, 헌법학(제13판), 1084면.

로부터 독립시킬 것인가이다. 대한민국 선거관리위원회는 관권선거, 선거부정 등의 문제를 해결하기 위하여 행정부로부터 분리된 헌법기관이 되었다. 후발 민주주의 국가들은 우리나라와 유사한 흐름을 보여준다. 그렇다면, 선거관리기구를 행정부로부터 독립시킨 원인과 결과는 무엇인지가 문제된다.

선거관리기구를 행정부로부터 분리한 원인이 대통령제의 정부형태에서 비롯된 것인지, 단일국가의 국가형태에서 비롯된 것인지, 선거관리를 선거실시와 선거감독으로 나눈다면 이들 중 어떤 작용에서 행정부로부터의 독립성이 요청되는 것인지, 민주정치의 발달 정도 등에 비추어 특정한 목적을 가지고 인위적으로 독립된 선거관리기구가 설정된 것은 아닌지가 문제된다.

선거관리기구를 행정부로부터 독립시킨 것이 민주적 선거에 기여했는지, 선거관리기구와 행정부 사이의 독립성 여하에 따라 어떠한 장점과 단점이 있는지가 문제된다. 독립된 선거관리기구가 가진 단점이 장점보다 크다면 선거관리위원회 제도를 수정하여야 한다. 독립된 선거관리기구의 장점과 단점을 비교하고 대한민국 현황에 맞는 형태가 어떠한 것인지, 선택의 논거는 무엇인지가 문제된다.

2. 위상과 역량의 사법부 의존

우리나라의 최고 선거관리기구인 중앙선거관리위원회의 위원장은 현직 대법관이 겸임하는 것이 헌법적 관행이다. 현직 지방법원장은 시·도선거관리위원회 위원장을 겸임하고 있다. 선거관리위원회 구성뿐 아니라 운영에 있어서도 사법부의 위상과 역량에 크게 의존하고 있다. 이러한 현상을 두고 선거관리위원회는 사법부 종속적 특징을 가진다는 비판이 있다.

기구 구성을 전문성에 의존하는 것이 타당한지, 견제와 균형에 의존하는 것이 타당한지가 문제된다. 기구 구성의 근거를 선거관리기구의 위계별로 다르게 볼 수는 없는지도 문제된다. 선거관리를 선거실시와 선거감독으로 나눈다면 어느 작용에 사법부의 관여가 필요한지가 문제된다. 선거관리라는 작용이 사법과 본질상 차이가 있음에도 사법부 종속적 특징이 오랫동안 유지되고 있는 것은 과연 어떠한 근거에 의하여 뒷받침되는지, 개선되어야 하는 것은 아닌지가 문제된다.

3. 조직의 지나친 확대

대한민국 선거관리위원회는 지속적으로 조직을 확대하고 있다. 선거관리기구의 조직 확대를 정당화하는 근거는 무엇인지가 문제된다. 선진 민주주의 국가의 경우 선거관리기구를 어떤 방식으로 설정하는지가 문제된다. 선거관리기구의 역할 강화가 단지 확대된 조직을 지탱하기 위한 것이어서는 아니 된다.

여기에서 대한민국 민주정치의 발달 수준을 점검할 필요가 있다. 선거가 정기적으로 실시되어 절차적 측면의 민주주의가 공고화 단계에 이르면 합리성을 바탕으로 하는 선거관리기구의 구성과 운영의 원리(효율성·경제성)가 설득력을 가질 것이다.

4. 역할의 선택과 집중

선거관리기구가 선거실시에 관한 제한된 권력을 가지는 것이 타당한지, 독립적으로 선거규제의 체계를 발전시킬 수 있는 포괄적 권력을 가지는 것이 타당한지에 관한 검토가 요구된다. 선거관리기구가 적극적인 정치적 중립성을 지향하는 길이 무엇인지에 관하여 논의될 필요가 있다. 기능적 측면에서 민주적 선거를 구현하는 데에 기여하는 선거관리위원회의 역할은 무엇인지가 연구되어야 한다.

정치 선진화를 이룩하기 위해 선거관리위원회는 어떠한 역할에 선택과 집중을 해야 하는지가 문제된다. 각국 선거관리기구의 구성과 운영에 차이가 나타나는 것은 민주화 정도에 따른 것인지와 선거관리기구가 민주적 선거의 실시에 기여하는지도 연구대상이 될 것이다.

제5절 소결

선거는 공동체를 이끌 통치자를 선택하고 안정된 지배체제를 구축하는 기능과 함께 권력에 민주적 정당성을 부여하고 정부를 통제하는 기능을 수행한다. 정당을 중심으로 선거가 치러지는 가운데 선거는 국민이 공약·정책을 선택하는 기회이기도 하다. 선거를 통해 정치적 기본권이 실현되며 선거는 공동체의 정치 통합을 이룩하여 혁명이나 쿠데타를 예방하는 기능을 발휘하기도 한다.

선거가 수행하는 기능은 혼재되어 있으며 사회구조, 정당관계, 정치체제에 따라 변화되어 가는 것이다. 선거의 의미와 기능을 살리기 위해서는 무엇보다도 '경쟁적 선거'가 되어야 한다. 경쟁적 선거는 '선택 가능성'과 '선거의 자유'를 요소로 한다. '선거의 자유'란 선거과정에의 참여가 자유롭게 행해질 수 있게 최대한 보장되어야 한다는 것이다. '선거의 공정'이란 관권·금권 등의 선거 개입이 없는 것을 말한다. 선거의 공정을 위해서는 선거운동의 '기회균등의 보장'이 중요하다. 선거의 자유와 공정은 상충되지 않는다. 선거의 자유가 보장됨으로써 공정을 기할 수 있고 선거에서의 자유는 공정한 선거에 의해 달성되기 때문이다.

선거는 자유롭고 공정해야 경쟁적 선거가 된다. 선거과정에서 참여하는 유권자, 후보자, 정당 등이 자신을 알릴 기회를 가지고 의사를 표현하고 토론하는 자리가 만들어지면 선거는 자유롭게 실시된다고 말할 수 있다. 공정한 선거란 기회균등의 보장을 핵심으로 하는 선거 개입이 없는 것이다. 경쟁적 선거가 되어야 선거의 기능이 활성화된다. 선거의 기능이 활성화되어야 민주정치가 발전한다.

선거관리란 선거과정을 관리·운영하는 활동을 말한다. 에이스 프로젝트와 같이 선거 실시와 관련된 활동을 선거관리의 핵심 요소로 본다. 선거관리의 핵심 요소에 대해 책임을 지는 기구가 선거관리기구이다. 선거관리의 방식을 기준으로 직접 선거를 '주관'하는 방식, 다른 기구가 선거를 실시하는 것을 '감독'하는 방식이 있다. 선거의 주관에는 독임제 행정기구가, 선거의 감독에는 합의제 행정기구가 적합하다. 선거관리의 사무는 선거 시기에 집중적으로 이루어지는 한시적 사무와 시기에 상관없이 계속적으로 이루어지는 계속적 사무로 구분될 수 있다. 계속적 사무에 비중을 둔다면 선거관리기구를 상설기구로 두어야 할 것이다.

민주화 과도기의 국가에서 선거가 그 기능을 발휘할 수 있도록 시행되는 것은 어려운 일이다. 선거관리는 '민주적 통치의 정당성'을 높이고 '평등한 참여'를 보장하여 선거를 완성시키는 작용이다. 자유선거의 원칙에서 공무원의 정치적 중립성이 도출된다. 선거관리의 주된 목적은 '선거의 공정성 확보'에 있다. 이를 통하여 선거관리는 선거가 '주권적 정당성을 부여하는 과정'이 되도록 노력하는 활동이다.

선거관리는 통치권으로서 성격이 긍정된다. 선거관리는 '사법화된 행정'이라는 점에서 일반행정과는 차이가 있다. 선거관리는 고전적 권력분립에서 이해하지 못한 것이며 기능적 권력분립이론에 의해 설명될 필요가 있다. 공직선거법, 정당법, 정치자금법의 제1조가 추구하는 궁극적인 목적은 '민주정치의 발전'이다. 선거관리의 법적 성격은 '정치발전적 행정작용'이다.

선거관리는 민주적인 선거가 실시되고 선거가 기능적 권력통제를 하는 장치로 작동할 수 있도록 하는 것을 목표로 한다. 이는 권력의 정당성이 민주주의를 바탕으로 확보될 수 있도록 하여 민주정치를 발전시킨다. 선거관리는 선거를 통한 선거민의 통제를 활성화하여 책임정치가 구현되도록 하는 작용이기 때문이다. 선거관리와 민주적 선거의 상관관계는 '선거관리'

라는 국가작용이 '정치발전적 행정작용'의 법적 성격을 가진다고 결론을
내린 것과 일맥상통한다.

　　선거관리기구는 선거관리의 핵심요소인 투표권자 결정, 선거참여자의
추천을 받고 확인하는 것, 여론조사, 개표, 계표를 담당하고 그에 대해 책
임을 지는 기구이다. 선거관리기구의 구성과 운영의 원리에는 독립성, 공평
성, 효율성, 실효성, 전문성, 공정하고 신속한 판정, 투명성, 서비스마인드
를 갖출 것이 있다. 상설의 독립된 선거위원회가 설립되는 추세이며 선거
관리기구의 지방분권화가 요구되고 있다. 선거관리기구는 전문성에 바탕을
두기도 하고 정당정치에 바탕을 두기도 한다. 주기적 선거를 여러 차례 실
시할수록 선거비용이 축소되는 것이 일반적이다. 신생 독립국이나 민주화
의 과도기에 있는 국가의 선거관리기구에 대한 국제적 지원이 이루어지기
도 한다.

　　대한민국의 경우 1948년 정부 수립 이후 내무부 소속 선거위원회가 선
거관리를 담당하였으나, 행정부의 일개 부처로서는 선거의 중립성과 공정
성을 지키지 못하여 1960년 제3차 개정헌법에서 행정부에서 독립된 헌법
기관으로 구성하였다. 1963년부터 현재까지 선거관리위원회는 조직과 권
한이 확대되고 있다. 1987년부터 대통령선거·국회의원선거를 비롯한 각종
선거들이 주기적으로 실시되고 있고 평화적 정권교체도 2차례 경험했다.
대한민국은 민주적 선거를 실시하고 있다고 자부하고 있다.

　　선거관리기구의 문제는 선거관리가 본질상으로 집행작용임에도 불구하
고 담당기구를 행정부로부터 독립시키는 데에서 시작된다. 선거관리기구를
행정부로부터 독립시킨 원인과 결과가 무엇인지가 의문이다. 선거관리기구
와 행정부를 분리시킨 원인과 민주적 선거에의 기여 정도가 밝혀지면 한국
선거관리위원회의 발전방향을 가늠할 수 있다. 또한, 선거관리기구의 권위
와 능력을 사법부에 바탕을 두는 것이 타당한지, 만약 타당하지 못하다면
그에 대한 대안을 찾는 것도 한국 선거관리위원회가 당면한 문제이다. 선

거관리위원회의 조직과 권한의 확대도 시급한 문제이다. 선거관리기구의 구성과 운영의 원리인 독립성, 공평성, 효율성, 경제성에 비추어 조직과 규모는 어떠해야 하며 어느 역할에 주력하여야 하는지는 한국 선거관리위원회가 한 단계 높은 차원으로 나아가기 위해 반드시 규명되어야 하는 과제이다.

제3장
선거관리기구의 비교·검토

제1절 선거관리기구 모델 설정

Ⅰ. 모델 설정의 필요성

1. 선거관리기구의 설립 추세

세계 각국에서 선거관리기구가 설립되고 있다. 그 이유는 제3의 민주화 물결의 영향 하에서 선거제도를 개혁하고자 하는 국가들이 증가하였고, 이들 국가는 선거의 과정과 그 담당기구의 문제에 관심을 가지고 있기 때문이다. 선진국도 이러한 발전과정으로부터 교훈을 얻고 있다. 2000년 영국에서 '선거위원회'가 설립된 사실, 2002년 미국 의회가 '투표지원법'을 통과한 사실에서 확인되는 바와 같이 선진국들도 선거관리의 과정과 기구의 개선에 나서고 있다.[1]

신생 독립국이나 민주적 선거를 처음 실시하는 민주화 과도기 국가에서 독립된 선거위원회가 설립되는 추세에 있다. 앞서 살펴본 바와 같이, 선거의 의미와 기능을 살릴 수 있도록 하는 요인은 여러 가지가 있다. 선거의 기능에 여러 요인들이 영향을 미치고 복합적으로 작용하기도 하는데, 이는 사회구조, 정당관계, 정치체제에 따라 변화될 수 있는 것이다.

현대의 정치엘리트인 현역의원과 주요 정당의 부패는 민의를 왜곡할 뿐 아니라 각종 비리의 온상이 되고 있다. 정치엘리트의 부패는 근대 대표제

---

1) 데이비드 파렐(전용주 역), 선거제도의 이해, 한울 아카데미, 2012, 328면.

의 무기속 위임의 취지를 무색케 한다. 고비용의 선거과정 및 불법적으로 조달되고 집행되는 정치자금 문제는 부패와 관련된다.[2] 이는 현대 대표제에서 국가가 정치활동의 자유를 이유로 정치자금과 선거비용 등 문제에 대해 방관할 수 없는 요인이 된다. 이러한 문제는 선거관리기구 모델의 설정에 있어서 고려될 사항이 아닐 수 없다.

선거관리기구를 어떻게 설정하고 운영하는 것이 자유롭고 공정한 선거를 만드는지가 문제된다. 공동체 구성원의 기본적 권리가 존중되고 모든 사람에게 투표할 공평하고 공정한 기회가 주어진다면 그 공동체의 선거는 성공적일 것이다.[3] 앞서 선거는 민주주의를 정치체제에서 구현하는 중요한 제도적 장치인 점을 확인하였다. 선거관리는 민주적 선거를 목적으로 삼아야 한다. 선거관리기구는 그러한 목적을 달성하는 데 적합하도록 정당성과 효율성을 가져야 한다.

2. 원칙정립을 위한 모델 설정

선거관리기구 모델 설정은 한국 선거관리위원회를 비롯한 선거관리기구 제도를 파악하고 문제점을 발견하며 발전방향을 모색하기 위한 원칙을 찾기 위한 것이다. 선거관리기구 모델의 설정과 같은 제도개선의 근간이 되는 원칙을 탐구하는 연구는 단순한 규범해석과는 다른 차원에 속한다. 선거관리기구에 관한 사실을 관찰하고 기록·분석하며 사실들 사이의 연관관계를 체계화하여 원칙을 정립할 필요가 있다.

과학은 사실에서 귀납된 이론을 바탕으로 가설을 연역한 후 이를 사실을 통해 검증하는 과정을 거치게 된다. 사회과학의 이론은 경험적 실제에 관

---

2) 권영설, 헌법이론과 헌법담론, 법문사, 2006, 378면.
3) Ontario Ministry of Agriculture and Food, *op. cit.*, p. 4.

한 가설을 포함하고 있다. 가설은 실제에 의해 시험될 수 있다. 가설이 실제에 의해 입증되면 이론(원칙)으로 정립되게 된다. 사회과학에서 연구와 조사는 '가설-실제-이론'의 순서로 진행되는 과정을 거친다.

선거관리기구는 역사적·문화적 산물이다. 나라마다 선거관리기구가 있다는 말이 있을 정도이다. 각국의 사례는 그 국가가 처해 있는 역사적·문화적 환경에서 겪은 시행착오 및 헌법적 결단이다. 선거와 선거제도에서는 보편성보다는 개별성과 특수성이 강하게 나타난다. 동양과 서양, 연방국과 단일국, 영토의 광활한지와 협소한지 등 각국의 주어진 조건에 따라 선거관리기구 제도가 같을 수 없다.[4]

나라마다 다른 선거관리기구를 유형화하거나 그 모델을 설정하지 않으면 체계적으로 비교·검토할 수 없다. 파편화된 사실만으로는 의미가 없다. 사실에서 의미를 파악하여야 한다. 그 의미는 체계적 분석에 의해 파악되어야 한다. 가설이 검증을 통과하면 이론으로 정립된다. 그에 따라 발견되는 이론은 '체계화된 지식'이라고 볼 수 있다. 연구과정은 사실의 관찰, 가설의 정립, 가설의 검증을 통한 이론(원칙)의 정립으로 이어진다.

3. 추상화와 평가의 중요성

가설을 설정하고 가설을 실제를 통해 검증하는 활동에서 중요한 조건에 초점을 맞추고 그렇지 않은 조건을 배제하는 것이 필요하다. 사실을 구성하는 전체 조건에 관심을 가졌다고 하더라도 중요한 영향을 미치는 조건을 선택하고 이를 중심으로 추상화하지 않으면 아니 된다.[5] 중요한 조건을 중심으로 추상화하는 활동은 사회과학 연구에서 의미가 크다.

---

4) 권영설, 앞의 책, 463면.
5) 앤드루 세이어(이기홍 역), 사회과학방법론, 한울아카데미, 2006, 132면.

가설을 토대로 추상화하는 과정에서 모델이 사용될 수 있다. 모델을 구성하는 것은 불규칙적인 것처럼 보이는 실제 현상을 불변의 규칙성의 결과인 것으로 입증하기 위해서이다. 이론적 모델은 쟁점이 되는 문제를 단순화하고 그것을 폐쇄적인 체계로 다루는 것에 기초한다. 민주주의, 권력분립과 같은 헌법원리에서 도출되는 이론을 바탕으로 결정적인 조건을 정하여 이를 중심으로 가설을 설정해야 한다.

사회과학에서는 검증의 수단으로 '실험'을 사용하는 자연과학과는 달리 '비교적 방법'이라는 분석방법이 많이 활용되고 있다.[6] 비교적 방법을 사용하는 사회과학에서는 '평가'가 중요하다. 비교법학 연구가 이론의 정립에 기여하기 위해서는 각국의 사례들을 수집·비교하고 평가하는 작업이 반드시 이루어져야 한다. 여기에는 '가치평가'라는 요소가 개입될 수밖에 없다.

II. 모델 설정을 통한 연구

1. 모델 설정을 통한 단계적 연구

모델 설정을 통한 과학활동은 세 가지 단계로 이루어진다. 첫째, 사실로부터 이론을 귀납하고 이론을 연역하여 가설을 세우는 단계이다. 둘째, 가설을 중심으로 모델을 구성하고 가설을 실제에 의해 체계적으로 검증하는 단계이다. 셋째, 가설에 대한 검증을 통해 얻은 이론(원칙)을 정립하는 단계이다.

이 책의 모델 설정을 통한 연구과정을 정리한다. 첫째, 민주주의와 권력분립의 원리에서 도출되는 선거관리기구 모델의 설정에 영향을 미칠 수 있

---

6) 모리스 뒤베르제(이동윤 역), 사회과학방법론-이론과 실제-, 곡풍출판사, 1995, 81면.

는 가설을 설정한다. 둘째, 가설을 중심으로 선거관리기구 모델을 구성하고
그 모델을 토대로 각국의 선거관리기구를 검토한다. 셋째, 각국의 입법례를
비교하고 평가하여 가설이 타당한지 여부를 검증하고 검증을 바탕으로 이
론(원칙)을 정립한다.

2. 모델 설정의 유의사항

선거관리기구 모델은 각국의 선거관리기구의 실제에 바탕을 둔 것이지
만 헌법이론을 통해 재구성된 것이다. 사실로부터 이론을 귀납하고 이론에
서 가설을 연역하며 가설을 실제를 통해 검증하는 일련의 과정에서 도구로
써 사용되는 것이 모델이기 때문이다. 선거관리기구 모델은 가설을 검증함
에 있어 쟁점이 되는 문제를 단순화하는 데에 유용한 수단이다.

선거관리기구 모델은 실제를 유형화한 것은 아니다. 유형화는 사실을 바
탕으로 분류하는 것인 데 비해, 모델은 이론을 토대로 재구성된 것으로 정
책적 함의까지 담고 있다. 선거관리기구 모델이 민주주의, 권력분립 같은
헌법이론에 바탕을 두더라도 이론은 보편적으로 수긍될 수 있는 것이어야
한다. 이론은 헌법적으로 의미가 있는 것이어야 하고, 가설의 검증을 통하
여 밝혀지는 원칙은 가치가 있어야 한다. 모델은 각 모델에 모든 유형이 포
섭될 수 있는 것이어야 한다.

선거관리기구의 유형화, 선거관리기구의 모델에 관하여는 다양한 연구
와 주장이 있다. 각국 선거관리기구의 구성, 조직 및 운영 등에 관하여 검
토하는 것은 어디에 주안점을 두느냐에 따라 입장의 차이가 있을 것이다.
이들 중 헌법이론에서 연역된 가설을 검증하는 도구로 쓰일 수 있는 것이
무엇인지를 검토해야 한다.

3. 민주화 정도의 평가

어떤 나라의 민주주의로의 이행 정도를 평가하는 기준은 다양하다. 민주
주의의 수준은 판단 주체마다 다른 결론이 나올 수 있는 지극히 어려운 문
제이다. 각국 선거관리기구 관계자가 작성하는 문헌은 객관적이지 못한 측
면이 있다. 이들은 자국의 선거관리기구의 현황에 관하여 긍정적인 측면은
부각시키고 부정적인 측면은 가능한 한 감추려는 경향이 있기 때문이다.

분석대상 국가의 민주주의는 어느 수준에 있는지, 각국이 채택·운영하는
선거관리기구 모델과 민주주의 사이의 상관관계가 있는지의 문제와 관련
하여 국가별 정치상황의 분석에 정평이 있는 기관의 분석은 절대적인 것은
아닐지라도 하나의 기준은 될 수 있다. 이는 '평가'라는 검증수단이 중요한
의미를 가지는 사회과학 연구방법에서 유용한 도구가 될 수 있을 것이다.

영국의 '이코노미스트지(The Economist)' 산하 '이코노미스트 인텔리전
스 유닛(Economist Intelligence Unit, EIU)'은 매년 각국의 민주주의로의
이행 정도를 평가하고 있다. 민주주의로의 이행 정도는 수치화되기 어려운
분야에 대한 평가인 만큼 주관적인 관점이 반영될 수 있지만 세계적으로
공신력을 인정받는 기관에서 발표한 보고서인 점에서 EIU의 민주화 지수
를 참조한다.

EIU의 민주화 지수는 5개 항목 60개 지표에 의하여 부여된다. 5개 항목
은 '선거절차 및 다원주의, 시민적 자유, 정부의 기능, 정치참여, 정치문화'
이다. 5개 항목 내에는 12개 지표들이 들어 있다. 항목마다 0점부터 10점
까지 부여되고 이를 평균하여 순위를 매긴다. 평균점수 8점부터 10점까지
는 '완전한 민주주의(Full democracies)', 6점부터 8점 미만까지는 '결함 있
는 민주주의(Flawed democracies)', 4점에서 6점 미만까지는 권위주의와
민주주의가 혼재하는 '혼합 체제(Hybrid regimes)', 4점 미만까지는 '권위
주의 체제(Authoritarian regimes)'이다.7)

4. 민주화 지수에 따른 그룹

이하 이코노미스트 인텔리전스 유닛의 민주화 지수에 따른 그룹들을 설명한다.[8] 2012년 기준 167개국 중 완전한 민주주의는 25개국 15.0%, 결함 있는 민주주의는 54개국 32.3%, 혼합 체제는 37개국 22.2%, 권위주의 체제는 51개국 30.5%이다.[9]

'완전한 민주주의' 국가들의 경우 기본적인 정치적 자유와 시민적 자유가 존중될 뿐만 아니라 이들은 민주주의의 번영으로 이어가는 정치문화에 의해 뒷받침되고 있다. 통치 기능도 만족스럽다. 대중매체는 독립적이고 다양하다. 효율적인 견제와 균형의 시스템이 존재한다. 사법부는 독립적으로 운영되며, 사법적 결정은 집행된다.

'결함 있는 민주주의' 국가들은 자유롭고 공정한 선거를 실시하고 있다. 출판의 자유 침해와 같은 문제가 있더라도 기본적인 시민적 자유는 존중되고 있다. 하지만, 이들 국가의 경우 민주주의의 다른 측면, 즉 통치의 문제점, 발육이 불충분한 정치문화, 낮은 정치참여의 수준 등에서 중요한 약점이 있다.

'혼합 체제' 국가들에서는 선거부정이 상당한 정도여서 자유롭고 공정한 선거와는 거리가 있다. 야당과 선거후보자에 대한 정부의 압박이 통상적이

---

7) the Economist Intelligence Unit, *Democracy index 2012 Democracy at a standstill*, the Economist Intelligence Unit Limited(London), 2013.
8) *Ibid.*, p. 28.
9) 167개국의 체제유형별 분포(*Ibid.*, p. 2)

	국가 수	비율(국가 수 대비)	비율(세계인구 대비)
완전한 민주주의	25	15.0	11.3
결함 있는 민주주의	54	32.3	37.2
혼합 체제	37	22.2	14.4
권위주의 체제	51	30.5	37.1

다. 결함 있는 민주주의 국가들보다 정치문화, 통치 기능 및 정치참여에서 심각한 약점들이 널리 퍼져있다. 부패는 광범위하며 법의 지배는 취약하다. 시민사회는 발달되어 있지 못하다. 언론 탄압도 존재하고, 사법부는 독립적이지 못하다.

'권위주의 체제' 국가들에서는 정치적 다원주의는 존재하지 않거나 심각하게 억압되고 있다. 이 범주에 속하는 많은 국가들은 완벽한 독재정권이다. 일부 형식적인 민주주의 기구들이 존재할 수 있으나, 거의 의미가 없다. 비록 선거가 실시되지만 자유롭고 공정하지 못하다. 시민적 자유의 남용과 침해는 무시되고 있다. 대중매체는 보통 국유이거나 지배체제와 관련 있는 그룹들에 의해 지배된다. 정부 비판에 대한 탄압이 있고, 검열이 만연되어 있다. 독립적인 사법부가 존재하지 않는다.

제2절 선거관리기구 모델 검토

I. 선거관리기구 모델과 유형화

1. 문제점

선거관리기구의 유형화 또는 모델에 관한 다양한 견해들이 있을 수 있다. 선거관리기구의 유형화와 모델 설정은 구분된다. 유형화가 실제를 단순히 분류하는 것이라면, 모델은 이론을 바탕으로 재구성하는 것이고 정책적인 방향성을 제시할 수 있어야 한다. 선거관리기구 유형화는 이론에 바탕을 둔 것이 아니다. 선거관리기구 모델의 설정은 헌법이론에서 도출된 가설의 검증에 도움이 되는 것이어야 한다.

선거관리기구에 대하여 학설상 논의가 본격적으로 이루어지고 있지 못하다. 관련 문헌을 참조하면 선거관리기구의 분류기준은 다양하게 나타난다는 점을 알 수 있다. 이하에서 중앙선거관리위원회의 '각국의 선거관리기관'과 '각 국의 선거제도 비교연구', 라파엘 로페즈 핀터 교수의 '국가기관으로서의 선거관리기관', International IDEA의 '선거관리 디자인 핸드북' 등에서 제시하는 선거관리기구의 유형화와 모델을 검토하고자 한다.

2. 선거관리기구의 유형화 또는 모델

(1) 각국의 선거관리기관(중앙선거관리위원회)

'각국의 선거관리기관'은, 첫째 기관의 설치 근거가 헌법인지 아니면 법률인지, 둘째 임시인지 아니면 상설인지, 셋째 당파적인지, 비당파적인지 아니면 부분적으로 당파적인지, 넷째 집권적인지 아니면 분권적인지, 다섯째 행정부로부터 독립적인지, 행정부 소속인지 아니면 양자의 성격이 모두 있는지 등을 선거관리기구의 유형화의 기준으로 제시한다.[10]

이와 같은 기준을 바탕으로 최상급 선거관리기구에 관하여 임시기관, 상설기관, 당파로부터 독립적인 기관, 당파적 기관, 당파적/비당파적 혼합기관, 특별사법부형, 정부부처형, 분권화된 기관 등을 선거관리기구의 유형으로 열거한다. 이 중 '당파로부터 독립적인 기관'은 사법부의 고위직에 있는 자가 지도부를 담당하는 것을 인정하므로 특별사법부형과 중첩될 수 있다. 헌법 또는 법률의 규범체계는 집권화 정도, 행정부로부터의 독립 정도 등을 판단하는 기준이라고 볼 수 있다.

'각국의 선거관리기관'에서 선거관리기구를 유형화하는 기준은 일관되지 못하다. 위 문헌에 나타난 다양한 유형들은 서로 중복되어 있기도 하며 여러 조합이 가능하다. 위 문헌은 임시기구이든지 상설기구이든지 간에 독립기구이거나 혼합기구일 수 있다는 점을 인정한다. 행정부나 사법부로부터 독립된 위원회도 존재하고 있다. 독립 위원회형은 사법부형 또는 정부부처형 중에서 어디에도 해당되지 않는다. 위 문헌에 따른 유형화는 체계적이지 못하고, 헌법이론과의 관련성 또한 없다. 이 책은 위 문헌에서의 유형화를 채택하지 않는다.

---

10) 중앙선거관리위원회, 각국의 선거관리기관, 2003, 10면.

(2) 각 국의 선거제도 비교연구(중앙선거관리위원회)

'각 국의 선거제도 비교연구'는 우리나라 공직선거법의 입법 체계 순서에 따라 외국의 선거제도를 비교·분석하는 방법으로 구성된다. 이 문헌은 선거제도에 대한 비교연구가 중심이고 선거관리기구에 대한 연구는 부차적이다.

이 문헌의 24면부터 56면까지에서 각국의 선거관리기구를 다룬다. 선거관리기구의 유형화 기준과 그에 따른 유형화는 상세하지 못하다. 이는 '입법·사법·행정'의 고전적 권력분립에 바탕을 둔 것이기는 하지만, 이들 유형과 별도로 독립위원회형을 설정한 것은 일관되지 못하다.[11]

터키의 경우 헌법기관이자 독립위원회형인 동시에 사법부형이라고 분류되어 있다. '독립위원회형'과 '사법부형'은 중첩될 수 있다. 이를 별개의 유형으로 설정한 것은 잘못이다. 미국 연방선거위원회가 선거관리의 핵심요소를 담당하는 선거관리기구의 범주에 속하는지도 의문이다. 프랑스의 경우 중앙기관과 지방기관으로 나뉘는데, 중앙기관은 '헌법평의회'이며 행정부형이라는 점도 이해하기 힘들다. 헌법평의회는 선거관리의 핵심요소를

---

11) 중앙선거관리위원회의 선거관리기구 유형 분류(중앙선거관리위원회, 각 국의 선거제도 비교연구, 2009, 24면)

구분		국가
독립위원회형	헌법기관	한국, 필리핀, 인도, 엘살바도르, 방글라데시, 인도네시아, 태국, 네팔, 티베트, 코스타리카, 콜롬비아, 베네수엘라, 페루, 칠레, 콩고, 가나, 보츠와나, 레소토, 남아프리카공화국, 에티오피아, 잠비아, 터키, 피지
	법률기관	일본, 독일, 미국(연방), 호주, 멕시코, 오스트리아, 페루, 영국(법제정), 스페인, 필리핀, 캐나다
의회형		덴마크
사법부형	헌법기관	브라질, 칠레, 터키, 코스타리카
	법률기관	이탈리아
행정부형		스웨덴, 노르웨이, 미국(주), 영국(선거관리), 스위스, 프랑스(중앙기관은 헌법평의회)

담당하지 않고 '행정부'라고 볼 수도 없다.

(3) 국가기관으로서의 선거관리기관(로페즈 핀터)

라파엘 로페즈 핀터 교수의 '국가기관으로서의 선거관리기관'은 선거관리기구를 다섯 가지 유형으로 구분한다. 이 문헌의 유형화는 정부로부터의 독립성이 첫 번째 기준이다. 그에 따라 크게 정부형과 독립형으로 나뉜다. 정부형은 정부가 선거를 주관하는 유형, 상당 정도로 지방분권화된 제도 내의 정부기구 및 총체적 감독기구 하의 정부로 세분화된다. 독립형은 선거에 대해 전적으로 책임지는 독립위원회와 정부로부터 독립된 두 개 이상의 별개 기구들이 있다.

첫째, 정부가 단독으로 선거를 관리하는 유형이다. 서유럽, 카리브해, 남아시아, 태평양, 중동, 아프리카의 국가들이 이 유형에 해당된다. 이 유형의 국가들은 대륙별로 고르게 분포되어 있으나, 중유럽·동유럽에는 존재하지 않는다. 총 25개국이다.

둘째, 선거행정이 상당 정도로 지방분권화되어 있어서 국가기관에 의한 조정과 감독이 제한적으로 행해지는 유형이다. 아일랜드, 스위스, 영국, 미국, 마샬군도가 이에 해당된다. 총 5개국이다.

셋째, 정부가 선거를 관리하고, 이에 대해 판사와 법조계 전문가, 정당 대표들로 구성된 통합적인 감독기구가 정부의 선거관리를 감시하는 유형이다. '프랑스 모델'로 불린다. 이 유형에서 감독기구는 규제·감독의 권한을 가진다. 서유럽 국가들의 50%이고, 동유럽의 일부 국가들, 많은 아프리카의 국가들(대부분이 과거 프랑스 식민지였음), 아르헨티나, 일본, 뉴질랜드, 이스라엘 등이 이에 해당된다. 총 39개국이다.

넷째, 선거를 지휘하고 관리하는 행정부로부터 독립된 선거위원회 또는 선거재판소의 유형이다. 이는 새로운 민주주의 국가들에서 흔히 볼 수 있는 구조형태이다. 남아메리카, 아시아, 사하라이남 아프리카의 다수 국가들에서 두드러지게 나타난다. 캐나다, 오스트레일리아도 이 유형에 해당된다. 총 73개국이다.

다섯째, 넷째 유형이 변형된 유형으로 행정부로부터 완전히 독립된 기구들이 선거지휘와 관리를 책임지는 유형이다. 대개의 경우 두 개의 조직들이 있는데, 하나는 선거행정을 맡고, 나머지 하나는 규제·감독을 맡는다. 여기에는 칠레, 콜롬비아, 페루, 보츠와나, 모잠비크가 해당된다. 총 5개국이다.

선거관리기구의 행정부로부터의 독립성은 중요한 분류기준이다. 선거관리기구의 분권화의 정도와 양상은 행정부와의 독립성과는 전혀 다른 차원에 속한다. 분권화는 독립형에서도 문제되는 것이다. 캐나다, 오스트레일리아는 넷째 유형으로 분류되지만 분권화되어 있다. 첫째 유형과 둘째 유형은 세분화하면서 넷째 유형은 분권화에 따라 세분화하지 않는 것은 일관되지 못하다. 둘째 유형은 5개국에 불과하나, 넷째 유형은 73개국에 이른다. 첫째 유형과 둘째 유형을 구분할 정도로 분권화 정도에 비중을 둔다면 넷째 유형도 나누는 것이 타당하다.

독립형 내에서 독립된 선거관리기구가 단수이냐 복수이냐 역시 분권화의 문제라고 본다. 중앙과 지방 또는 연방과 주의 분권화가 있다면, 선거관리기구를 특정 위원회에 집중시키는 것과 여러 기구들에 분산시키는 것도 분권화이기 때문이다. 정부로부터 독립된 두 개 이상의 별개 기구들도 모두 독립위원회라면 넷째 유형을 다섯째 유형과 굳이 구분하는 것이 의미가 있는지도 의문이다. 그에 해당되는 국가들도 5개국으로 적다. 정부와의 독립성 정도를 선거관리기구의 유형화에서 가장 중요한 기준으로 설정한다면, 하나의 위원회에 집중하는 것이 정부로부터의 독립성이 가장 강화된 것이다. 분권화된 정부형과 극단적으로 반대인 것은 집권화된 독립형이다.

로페즈 핀터 교수는 스페인의 사례 분석에서 총체적 감독기구인 선거위원회를 선거관리기구로 논하고 있다. 총체적 감독기구도 선거관리기구라고 본다면, 총체적 감독기구가 있는 형태는 정부형과는 별개의 유형으로 보아야 한다. 로페즈 핀터 교수의 선거관리기구의 유형화에서는 행정부와의 독립성, 분권화, 별도의 감독기구의 존부 등 여러 가지 구분기준들이 혼재되어 있다. 헌법이론적으로 결정적 조건을 중심으로 추상화한다는 사회과학의 방법론에 맞지 않는다. 이 책에서는 이를 채택하지 않는다.

(4) 선거위원회 모델 분류(위키피디아)

위키디피아 영문판은 선거위원회 또는 선거관리기구에 관한 5가지 모델 분류를 채택한다.[12] 이는 헌법이론에 바탕을 둔 분류가 아니다. 선거위원회 모델 분류에서 '분과 모델'과 '집행 모델' 간의 차이가 불분명하다. 이 책은 이를 채택하지 않는다.

---

12) 위키피디아의 선거위원회 모델 분류
   [en.wikipedia.org/wiki/Election_commission(2013. 3. 26. 최종 방문)].

모델명	특성	해당 국가
독립 모델 (Independent model)	선거위원회는 집행부로부터 독립적이고, 독자적 예산으로 운영됨. 일부 국가들은 독립성이 헌법에서 보장됨	오스트레일리아, 캐나다, 인도, 인도네시아, 나이지리아, 파키스탄, 폴란드, 루마니아, 남아프리카공화국, 태국 등
분과 모델 (Branch model)	선거위원회는 흔히 '선거과'라고 불리고, 정부나 의회에 의해 구성원이 임명되는 보통 정부의 독립된 분과로서 인정됨	볼리비아, 코스타리카, 파나마, 니카라과, 베네수엘라 등
혼합 모델 (Mixed model)	정책결정을 하는 독립 위원회가 있으나, 선거 실시는 보통 독립된 위원회에 의해 다양한 감독을 받는 정부가 담당	프랑스, 독일, 일본, 스페인, 세네갈, 카메룬 등
집행 모델 (Executive model)	선거위원회는 행정부의 한 부분이고 내각 수상의 지휘를 받음. 중앙기구의 대행자로서 지방정부의 활동이 포함됨	덴마크, 스웨덴, 스위스, 싱가포르 등
사법 모델 (Judicial model)	선거위원회는 특별한 선거법원에 의하여 엄격한 감독을 받고 전적으로 선거법원에 대해 책임을 짐	아르헨티나, 브라질, 멕시코 등

3. 선거관리기구의 3가지 모델

(1) 3가지 모델의 개관

International IDEA는 '선거관리 디자인 핸드북(Electoral Management Design : The International IDEA Handbook)'에서 선거관리기구의 모델을 구분한다. 이는 행정부와 선거관리기구 사이의 관계를 중심으로 도출된 모델이다. 이들은 각국 선거행정 시스템에 맞도록 적절하게 적용될 수 있다. 세부적으로 보면 매우 다양하지만, 선거관리기구에 관한 세 가지 모델은 독립형, 정부형, 혼합형이다.13)

선거관리기구에 관한 3가지 모델은 크게 '독립형(Independent Model)', '정부형(Governmental Model)', '혼합형(Mixed Model)'으로 나뉜다. 혼합형은 다시 두 개의 요소로 이루어지는데, 그 중 하나는 '독립형 요소(Independent Component)의 혼합형', 다른 하나는 '정부형 요소(Government Component)의 혼합형'이다.14)

이와 같이 선거관리기구는 세 가지 모델로 구분되지만, 그 구체적 형태는 나라마다 다르다. 각 기구의 정확한 구조는 해당 국가의 역사, 정치적·법적 전통의 산물이다. 식민지 지배를 받았던 국가들은 많은 경우에 구식민지 행정부의 영향을 크게 받았다고 볼 수도 있지만, 식민지 청산 과정을 거쳐서 완전히 새로운 유형을 만든 경우도 있다.15)

(2) 3가지 모델의 타당성

선거관리는 본질상 집행작용에 속한다. 기능적 권력통제에 따라 행정부

---

13) Alan Wall et al., *op. cit.*, p. 6.
14) *Ibid.*, pp. 8~10.
15) 데이비드 파렐(전용주 역), 앞의 책, 326면.

로부터 선거관리기구를 구성상·운영상 독립시킬 필요성에서 논의가 시작된다. 우리나라의 경우 행정부의 선거개입이 문제된 3·15 부정선거가 계기가 되어 헌법상 독립성을 강하게 요구받는 기구로 설정되었다. 기능에 초점을 맞춘 현대적 권력분립의 관점에서 행정부와의 관계를 중심으로 3가지 모델을 설정하는 것이 타당하다. 규범체계, 기구 구성, 운영 등도 선거관리기구 모델에서 의미가 있지만 기능적 권력통제이론에서 연역된 가설을 검증할 수 있는 모델설정은 부차적인 조건들을 생략하고 주된 조건을 중심으로 추상화될 필요가 있다.

3가지 모델에는 각국 선거관리기구가 모두 포섭된다는 점에서도 3가지 선거관리기구 모델은 적절하다고 보인다. 이는 선거관리기구의 제도적 배열, 조직과 예산의 독립 여부, 구성원 임기, 선거사무의 실시 범위, 선거관리기구의 공식적인 권한과 책임 등 선거관리기구에 관한 조직법적 측면과 작용법적 측면을 검토할 수 있다는 장점이 있다. 3가지 모델은 다른 조건이 생략되고 단순화되므로 민주주의로의 이행 정도를 평가하는 데에 유리하다. 선거관리기구 모델과 EIU의 민주화 지수 간의 상관관계를 분석해보고자 한다.

각국의 실제 상황에서 3가지 모델이 구체적으로 적용되는 모습은 각양각색이다. 선거관리기구의 3가지 모델은 선거관리기구의 실제를 일정한 규칙에 따라 분석하고 이론 체계를 세우는 데에 도움이 될 것이다. 선거관리기구에 관한 3가지 모델은 각국 선거관리기구를 비교·연구하고, 문제점을 발견한 후 발전방향을 검토하는 도구가 될 수 있다고 본다. 이하에서는 IDEA의 3가지(독립형·정부형·혼합형) 선거관리기구 모델을 채택하여 이를 바탕으로 검토하고자 한다.

Ⅱ. 선거관리기구 모델 검토

1. 선거관리기구 모델별 내용 검토

(1) 독립형 모델

독립형 모델은 행정부로부터 기구적인 독립을 이루어 자치적이며 자체 예산을 확보하여 운영하는 선거관리기구에 의해 선거관리가 조직되고 운영되는 모델이다. 독립형 모델에서 선거관리기구는 정부의 장관이나 부처에 대해 책임지지 않는다. 선거관리기구는 입법부, 사법부 또는 국가원수에 대해 책임을 질 수는 있다. 독립형 모델은 선거실시 책임의 정도만큼 재정적인 자율성의 정도가 다양하다.[16]

독립형 모델의 선거관리기구는 중립적 전문가들이나 정당을 대표하는 인사들로 구성된다.[17] 독립형은 정부나 정치적 압력에 종속될 가능성이 낮다. 선거관리기구의 자율성이 확보된다면, 국민은 선거가 공정하다고 인식할 것이다. 이로써 선거결과의 정당성이 확보된다. 독립형 모델의 또 다른 장점은 직원의 전문성을 제고할 수 있고 선거관리를 통합적으로 통제할 수 있으며 선거관리 임무를 계획하고 제도화해나갈 수 있다는 것이다.[18]

정부형 모델에 비해 정치적인 영향력을 가지지 못하는 독립형 모델은 임무를 효과적으로 수행하거나 예산을 충분히 확보하지 못할 가능성이 있다. 독립형 모델은 정부형 모델과 달리 숙련된 직원에 의존할 수 없고 선거 업무를 보조하는 정부기관을 활용할 수 없으므로 임무수행에 비용이 많이 드는 단점이 있다.[19]

---

16) Alan Wall et al., *op. cit.*, p. 7.
17) 데이비드 파렐(전용주 역), 앞의 책, 325면.
18) Alan Wall et al., *op. cit.*, p. 21.
19) 라파엘 로페즈 핀터, "국가기구로서의 선거관리기관(Electoral Bodies as Institu-

이 모델은 사법부인 선거재판소를 두는 경우와 중앙선거위원회를 두는 경우로 나눌 수 있다. 브라질은 최고선거재판소를 두고 있고, 멕시코와 오스트레일리아는 중앙선거위원회를 두고 있다.[20] 어떤 국가에서는 선거관리를 위해 두 가지 기구가 설치되기도 하는데, 두 가지 모두 집행부로부터 독립된 선거관리기구이다. 이들 중 하나는 선거과정에 관한 정책결정에 책임을 지는 경향이 있고 다른 하나는 선거과정의 시행에 책임을 지는 경향이 있다. 정책기관에 의하여 시행기관이 방해를 받지 않도록 차단하는 조항이 존재할 수 있다. 이러한 '이중의 독립성' 체계는 자메이카, 루마니아, 수리남, 바누아투가 있다.[21]

(2) 정부형 모델

정부형 모델은 선거가 집행부(내무부)에 의해 또는 지방자치단체를 통해 조직되고 운영되는 국가에서 존재한다. 정부형 모델의 선거관리기구는 전국 수준에서 내각수반에 대해 책임을 진다. 정부형 모델의 선거관리기구는 정부 또는 지방자치단체의 예산으로 편성되고 운영된다.[22] 정부형 모델은 선거절차 사무를 관장하는 것을 의미한다. 그에 비해 영국과 미국의 선거위원회는 정치자금의 관리 및 감독을 업무로 한다. 영국과 미국의 선거위원회는 선거관리의 핵심요소를 담당하는 것을 기준으로 한 선거관리기구의 개념에 포섭되지 않는다.

정부형 모델의 가장 중요한 특징은 선거관리를 맡는 기구가 선거를 실시하는 권한만 가지고 있을 뿐이고 독립형 모델의 선거위원회가 가지는 정책

---

　　　tions of Governance)", 중앙선거관리위원회, 1999, 65~68면.
20) 중앙선거관리위원회, 선거관리위원회의 헌법상 지위와 권한에 관한 연구 : 헌법 제
　　　7장 선거관리에 관한 개정을 중심으로, 2009, 15면.
21) Alan Wall et al., *op. cit.*, p. 7.
22) *Ibid.*

결정 권한이 없다는 점이다.[23] 행정부가 선거를 주관하는 유형의 경우 지방 행정조직이나 기구들에 의해 선거가 실시되는 사례가 많다. '행정부 내 선거사무소'를 두는 것은 공무원 조직이 존중되는 선진 민주주의에서 제대로 기능하나, 민주화과정의 국가에서는 기능하기 힘들다.

정부형 모델에 해당되는 국가들은 덴마크, 뉴질랜드, 싱가포르, 스위스, 튀니지, 영국(레퍼렌덤을 제외한 선거에 관해), 미국이다. 스웨덴, 스위스, 영국, 미국에서 선거는 지방당국에 의해 시행된다. 스웨덴과 스위스에서 선거관리기구는 정책조정 역할을 맡는다.[24] 나머지 임무(특히 선거당일의 선거관리)는 지방이나 지역의 관리기구에 넘겨준다. 그 밖에 경우(예컨대, 미국, 영국) 선거관리기구가 매우 분권화되어 있어서 중앙 선거관리기구가 없으며 지방정부가 모든 일을 담당한다.

(3) 혼합형 모델

1) 의의

혼합형 모델은 독립형 모델과 정부형 모델의 요소가 결합된 것으로서 이중의 구조가 존재한다. 행정부로부터 독립된 정책 또는 감독 선거관리기구(독립형 모델의 선거관리기구와 같이) 및 정부부처 또는 지방정부에 소속된 집행 선거관리기구(정부형 모델의 선거관리기구와 같이)이다. 혼합형 모델 하에서 선거는 독립형 선거관리기구 부문에 의한 감독을 받으면서 정부형 선거관리기구 부문에 의해 조직된다.[25]

---

23) 데이비드 파렐(전용주 역), 앞의 책, 325~326면.
24) Alan Wall et al., *op. cit.*, p. 7.
25) *Ibid.*, p. 8.

2) 모델의 다양성

혼합형 모델은 프랑스, 일본, 스페인과 많은 프랑스 식민지들, 특히 서아프리카(말리, 세네갈, 토고 등), 네덜란드, 포르투갈, 아이슬란드, 아르헨티나, 슬로바키아, 모나코, 콩고, 카메룬, 쿠바 등에서 채택되었다. 혼합형 모델의 감독기구인 독립형 선거관리기구 부문은 선거위원회 형태로 운영되지만, 선거 집행을 담당하는 부문은 내무부, 법무부 또는 지방정부에서 담당하고 있다.26)

혼합형 모델에서 독립형 선거관리기구 부문의 권한과 기능은 다양하다. 독립형 선거관리기구 부문은 형식적 감독 작용에 그치거나(세네갈), 정부형 선거관리기구 부문에 의한 선거실시를 감독·확인하는 역할을 하거나(마다가스카르), 선거결과를 집계하여 송부하는 역할을 담당한다(브라자빌콩고, 토고). 차드 헌법위원회는 선거가 아니라 레퍼렌덤만을 담당한다. 말리의 경우 선거는 국토행정부가 담당하고 독립된 국가선거위원회와 헌법재판소 모두가 선거결과를 집계한다.27)

혼합형 모델에서 선거관리기구 부문들의 관계는 입법이나 이해당사자의 해석상 명확하게 정의되지 않으므로, 이견이 생길 수 있다. 기니 코나크리의 1999년 선거에서(당시 혼합형 모델이었음), 독립형 선거관리기구 부문에 관한 여당측 대표와 야당측 대표는 선거를 감독·확인하는 역할을 함에 있어 매우 다른 방식으로 접근하였다. 그에 따라 기니에서는 선거의 유효여부가 심각하게 다투어졌다.28)

---

26) 중앙선거관리위원회, 선거관리위원회의 헌법상 지위와 권한에 관한 연구 : 헌법 제7장 선거관리에 관한 개정을 중심으로, 16면.
27) Alan Wall et al., *op. cit.*, p. 8.
28) *Ibid.*

3) 정부형 혼합 모델

사법기관의 통합적 감독 아래 행정부가 선거를 관리하는 유형이다. 행정부가 선거를 관리하면서 선거위원회가 감독하는 모델과 선거과정의 전체를 선거위원회가 책임을 지고 관리하는 모델은 구분되는바, 여기에서는 전자의 모델이다. 감독기구로서 선거위원회는 선거사무를 총괄하는 선거위원회만큼 효과적으로 감독기능(규제 및 감독 기능, 사법 기능)을 수행하지는 못한다는 지적이 있다.[29]

감독기구인 선거위원회는 주로 판사들로 구성되고 선거를 실시할 책임이 있는 정부의 부처를 감독한다. 이들 국가 중 스페인의 경우 총선은 내무부가 실시하고 이를 판사와 법률전문가로 구성된 통합된 선거관리기구가 감독한다. 선거관리기구의 구성원은 보통 정당들의 합의를 거친 후 의회에서 임명한다.[30]

4) 독립형 혼합 모델

전문가에 의해 구성되고 의회에 대해 직접 책임을 지는 독립된 위원회의 형태이다. 제2차 세계대전 후 독립된 국가들은 선거행정 과정을 개혁하기를 원하였기 때문에 독립된 선거위원회를 설립하였고, 독립 위원회가 선거행정의 분야에서 '모범 실무'라는 인식이 증가하고 있다.[31] 의회가 일방적으로 독주하지 않으면 위원회를 신뢰할 수 있지만, 단일 정당이 입법부를 장악하고 야당이 사실상 활동하지 못할 경우 그러한 위원회는 태생적으로 권력에 의지하는 경향이 있다.[32]

---

29) 라파엘 로페즈 핀터, 앞의 논문, 63면.
30) 라파엘 로페즈 핀터, 앞의 논문, 63면.
31) Sarah Birch, "Electoral Management Bodies and the Electoral Integrity : Evidence from Eastern Europe and the Former Soviet Union", *Project on Electral Malpractice in New and Semi-Democracies Working Paper* No. 2, pp. 3~4.
32) Robert Alan Pastor, "The Role of Electoral Administration in Democratic

정당들의 대표에 의해 구성된 다수 정당의 선거위원회는 모든 정당들이 목소리를 낼 수 있고 선거위원회에서 계획되고 있는 것을 정당들이 확인할 수 있다는 점에서 긍정적이다. 그러나 지나치게 많은 정당들이 의회에 있는 경우 선거위원회는 기능할 수 없다. 단지 2개의 정당들만 있는 경우 선거위원회에 비당파적인 자리가 없다면 양극화될 수 있다.

위원회의 구성원이 대통령과 의회에 의해 제안된 리스트에서 임명되고 정당이 행사하는 거부권에 의해 제외될 수 있고 10년 임기의 판사 집단에 의하여 선택된 저명한 인물들로 구성된 비당파적 선거위원회도 있다. 이러한 위원회는 비록 위원의 리더십에 크게 의존하기는 하지만 나름대로 자치권을 누릴 수 있고 권위를 확보할 수 있다.[33)

2. 독립형 모델과 정부형 모델의 특성 비교

선거관리기구에 관한 독립형 모델과 정부형 모델에 관하여 제도적 배열, 조직, 구성원의 임기, 직원, 예산, 선거사무의 실시, 권한과 책임 등에 관하여 살펴본다. 독립형과 정부형의 차이는 극명하게 드러난다. 혼합형 모델은 다양한 유형이 있고 국가마다 차이가 있어서 생략한다. 이를 표로 정리하면, 아래와 같다.

Transitions : Implications for Policy and Research", *Democratization Vol. 6 No. 4*, Frank Cass(London), 1999, pp. 12~13.
33) Robert Alan Pastor, *op. cit.*, p. 13.

〈표 4〉 독립형 모델과 정부형 모델의 특성 비교[34]

	독립형 모델	정부형 모델
제도적 배열	행정부로부터 독립됨	행정부나 지방정부의 부처 내에 위치함 위치는 정부부처, 특정서비스 제공 기구 또는 지방당국일 수 있음
조직	선거관리사무소는 행정부 외부의 구성원들에 의해 조직됨 구성원들은 비정치적 전문가이거나 정치와 관련 있는 사람일 수 있음	장관이나 공무원의 지휘를 받음 거의 예외 없이 구성원이 존재하지 아니하고 사무국만 있음. 구성원 및 사무국의 선택은 전적으로 행정부에 의하여 행해질 수 있음
구성원의 임기	구성원은 임기보장을 받음 고정된 임기일 수도 있음	보통 구성원이 존재하지 않고 임기가 존재하지 않음
직원	직원의 인사, 규율, 정책에 관한 자치권을 가짐 공공서비스 내에서 인사에 접근할 수도 있음	주로 공무원들이 직원으로 일함 공공서비스 내에서 인사에 접근할 수도 있음
예산	정부의 통제로부터 독립된 자체 예산을 보유·운영함 입법부로부터 예산을 독자적으로 배정받거나 정부부처나 기부단체의 자금지원을 받음	예산은 정부 예산에 포함됨 기부단체의 기부를 받을 수 있음
선거사무 실시	선거실시 관련 전적인 책임을 짐 자체 권리로서 소송(고소)을 제기하거나 소송(고소)을 제기당하는 법적인 독립체일 수도 있음(아제르바이잔, 케냐, 리투아니아 등)	선거실시는 행정부 지시에 종속됨 선거실시의 책임은 각 부처들, 과들 또는 지방당국들과 공유될 수 있음
권한	법체계에서 독립적으로 정책결정을 할 수 있는 권한을 가짐 보통 선거규제체계를 만들 권한을 가짐. 선거실시에 관한 광범위하고 종합적 권한과 기능을 가짐. 자체직원을 선발, 해고, 훈련할 권한을 가짐. 자체 조달 및 회계 절차를 설립할 권한을 가지기도 함	선거실시에 권한이 제한됨 흔히 선거실시 책임을 다른 부처 또는 지방정부와 공유할 수 있음
책임	적절한 정부의 통제에는 종속됨	정책, 재정, 수행 및 통치에 관한 전적인

---

34) Alan Wall et al., *op. cit.*, pp. 12~13의 표를 수정해서 정리한 것이다.

가장 흔하게 형식적으로 입법부, 사법부나 국가원수에 책임을 짐 다양한 수준의 재정적인 자치권과 책임을 가질 수 있음. 자체 예산과 수입, 사소한 업무 관련 공적 자금 사용에 관한 서류 작성을 하는 등 재정적인 자치권을 가질 수 있음. 이행책임에 관한 다양한 차이들을 보일 수 있음	책임을 행정부에 대해 짐

3. 선거관리기구 모델별 장·단점

선거관리기구에 관한 세 가지 모델의 장점과 단점을 비교한다. 정부형 모델은 다른 기관과의 협조를 이끌어내는 데 유리하고 직원의 관료경험을 활용할 수 있는 장점이 있다. 독립형 모델은 업무의 집중도와 전문성을 높이고 공평성과 정치적 중립성이 확보되는 장점이 있다. 혼합형 모델은 위 두 가지 모델을 절충한 것으로서 장점들의 결합이 될 수 있고 단점들의 결합이 될 수 있다. 각 선거관리기구 모델의 장점과 단점을 표로 정리하면, 아래와 같다.

〈표 5〉 세 가지 선거관리기구 모델의 장·단점[35]

	장점	단점
독립형모델	• 선거 관련 공통적 독자성과 직원의 전문성을 개발하는 활동적 환경 제공 • 선거관리와 관련된 사람들의 제약에 종속될 가능성이 적고, 외부의 능력에 의지할 수 있음 • 선거사무에 대한 집중은 선거업무에 관한 우월한 계획과 집약된 결과를 가져올 수 있음	• 정치 및 선거 체계를 결정하는 사람들로부터 고립될 수 있음 • 충분하거나 시의적절한 자금지원을 얻을 수 있는 충분한 정치적 영향력을 보유하기 힘듦 • 구성원의 이직은 공동 경험과 기구의 메모리를 감소시킬 수 있음

	● 자체 예산을 집행하고 선거를 실시할 수 있음 ● 선거행정을 다른 서비스 제공자들이 활용하면 통일된 통제를 구축함 ● 선거관리기구가 공평하게 되고 정치적인 통제를 받지 않음에 따라 선거입법이 향상됨	● 관료적·기업적 환경을 다루는 능력이나 경험을 확보하지 못할 수 있음 ● 제도적 독립성은 선거실시를 돕는 저비용 혹은 비용이 없는 정부의 구조를 선거에 활용하기 어렵게 하기 때문에 그 결과 고비용일 수 있음
정부형모델	● 자기 혁신적인 기억과 지속 유지의 가능성을 확보함 ● 관료 경험을 가진 활용이 가능한 인력을 확보함 ● 선거 서비스를 제공하는 다른 정부 부처들과 협력을 하기에 유리함 ● 정부부처들 내에서, 정부부처들 사이에서 자원상의 시너지 효과를 거두어 비용상 유리함 ● 정부 내의 권력의 기반과 영향력을 확보함	● 현정부와 연결되거나 정치적 영향에 종속된다는 인식에 의해 신뢰가 제대로 자리 잡지 못할 수 있음 ● 정부부처나 지방당국의 예산할당과 선거정책에 관한 결정에 종속됨 ● 적절한 선거 기술을 확보한 직원을 확보하지 못할 수 있음 ● 관료적 스타일은 선거관리의 요구사항과 맞지 않을 수 있음 ● 선거행정은 다양한 의제들을 다루는 수많은 정부부처들 사이에서 분열될 수 있음
혼합형모델	● 독립 선거관리기구의 저명한 구성원들의 신뢰성은 선거입법을 향상시킴. 집행 선거관리기구는 자기 혁신적인 기구 기억과 지속 가능성을 가짐 ● 외부의 독립된 능력에 의해 증가된 관료의 경험이 있는 활용 가능 인력을 확보함 ● 집행 선거관리기구는 선거 서비스의 제공에 있어 다른 정부부처와 협조를 하는 데 유리함 ● 독립 선거관리기구는 자체 정책과 예산을 통제함. 집행 선거관리기구는 정부 부처들 내에서, 정부부처들 사이에서 자원상의 시너지 효과를 거두어 비용상 유리함 ● 이중의 구조는 외부의 감독으로부터 독립하여 견제할 수 있음	● 선거활동들이 정부기구에 의해 시행됨에 따라 신뢰성이 제대로 자리 잡지 못하고 감독권은 선거규제를 바로잡는 데 불충분할 수 있음 ● 독립 선거관리기구 구성원의 이직은 공동 경험과 기구의 메모리를 감소시킬 수 있음 ● 독립 선거관리기구는 충분하거나 시의적절한 자금지원을 얻을 수 있는 충분한 정치적 영향력을 보유하기 힘듦. 집행 선거관리기구는 정부부처나 지방정부의 예산할당과 선거정책에 관한 내부결정에 종속됨 ● 독립 선거관리기구는 현실세계의 행정기술이 부족할 수 있음. 집행 선거관리기구의 관료적 스타일은 선거관리의 요구사항과 어울리지 않을 수 있음 ● 선거행정은 다양한 의제들을 다루는 수많은 정부부처들 사이에서 분열될 수 있음

III. 선거관리기구 모델별 국가현황

1. IDEA의 214개 국가에 대한 조사결과

International IDEA는 2006년을 기준으로 전 세계 214개 국가들과 지역들의 선거관리기구에 대해 조사하였다. 조사 결과, 118개 국가(55%)가 독립형 모델이고, 56개 국가(26%)가 정부형 모델이며, 32개 국가(15%)가 혼합형 모델인 것으로 나타난다. 또, 8개 국가(4%)[36]는 세 가지 선거관리기구 모델 중에서 어디에도 해당되지 않는 비분류이다. 이를 표로 정리하면, 아래와 같다.

〈표 6〉 선거관리기구의 분류[37]

	사례 수	비율(단위는 %)
독립형	118	54.8
정부형	56	26.1
혼합형	32	14.9
미분류	8	3.7
계	214	100

2. 로페즈 핀터의 조사결과와의 비교

이와 같은 결과는 라파엘 로페즈 핀터 교수가 1999년 조사한 결과와 다소 차이가 있지만, 독립형 모델은 비슷한 비율이다. 로페즈 핀터 교수는

---

36) 미분류 국가들은 브루나이, 미얀마, 중국, 바티칸, 리비아, 카타르, 사우디아라비아, 아랍에미리트이다(*Ibid*., pp. 304~323).
37) 중앙선거관리위원회, 헌법상 선거관리제도 연구자료(Ⅰ), 2008, 39~44면.

147개 사례를 조사했는바, 대다수(53.1%, 78개 국가)가 독립된 선거위원회가 선거를 주관하고, 감독기구 하에서 정부가 선거를 주관하는 경우가 26.5%(39개 국가)이며, 행정부 단독으로 선거를 주관하는 경우는 20.4%(30개 국가)라고 발표하였다.[38]

3. 조사결과의 분석

International IDEA 조사결과에 의하면, 전체 사례의 54.8%가 독립형 모델이다. 많은 신생국가들이 독립형 모델을 선택하였다. 이는 제2, 제3의 민주화 물결 국가에서 나타나는 모델이다. 다수 아프리카 국가들이 독립형 모델을 운용한다. 아르헨티나 외의 남아메리카 국가들, 구소련 영향권 하에 있던 국가들, 많은 수의 아시아 국가들도 독립형 모델이다.[39] 독립형 모델의 전형적인 사례가 대한민국 선거관리위원회이다.

구소련뿐 아니라 그 영향권 하에 있던 많은 국가들이 구소련 붕괴 후 독립형 모델을 채택한 이유는 선거위원회가 여러 국가들에서 사용되기 훨씬 전인 1917년 러시아 혁명기에 존재했던 사실과도 연관된다. 구공산권 국가들이 독립된 선거위원회를 선호하는 것은 그것이 일종의 '법전통'이어서 받아들이기 용이하였다는 것, 후발 민주주의 국가에 선거지원을 제공하는 국제기구가 독립된 선거위원회를 추천·지원한 것과 관련 있다.[40]

한 가지 유념할 사항은 선거관리기구의 구조만이 기구의 능력, 효율성, 개방성, 투명성, 공정성 정도를 결정하는 것은 아니라는 점이다. 선거위원회 등 선거관리기구를 행정부 단독으로 구성하는 국가들이 선진 민주주의 국가들인 데 반해, 신생 민주주의 국가들이나 독립국일수록 야당이나 다른

---

38) 라파엘 로페즈 핀터, 앞의 논문, 19면.
39) 데이비드 파렐(전용주 역), 앞의 책, 326~327면.
40) Sarah Birch, *op. cit.*, p. 6.

국가기관의 동의가 제도적으로 강력히 요구되는 것에서 확인된다.41) 정부
형 모델의 뉴질랜드 및 스웨덴의 경우 선거의 공정성이 확보되고 있다고
평가되는 것을 단적인 예로 들 수 있다.

민주적 선거제도의 발전은 선거관리기구가 실제로 어떻게 역할을 수행
하는지가 관건이다. 선거관리기구가 성과를 거둘 수 있는지의 문제는 선거
관리기구가 자유롭고 공정하게 활동할 수 있게 해주는 정치적 의지가 존재
하는지, 기구의 구성원들이 실제로 어떻게 행동하는지에 달려 있다. 선거관
리기구와 민주적 선거의 관계에 대해서는 선거관리기구에 관한 비교·검토
에서 상세히 연구한다.

Ⅳ. 선거관리기구에 관한 가설설정

1. 가설의 설정

본 장에서 선거관리기구 모델 설정을 통하여 각국의 사례를 비교·검토
함으로써 검증하고자 하는 가설은 이하와 같다.

(1) 정부형태와 선거관리기구 모델

첫째, 대통령제 또는 의원내각제의 정부형태와 선거관리기구 모델 간의
관련성이다. 대통령이 국민에 의해 직접 선출되는 대통령제 국가에서 독립
형 모델은 행정부의 선거개입을 방지함으로써 선거의 공정성을 확보하고

---

41) Louis Massicotte, André Blais, and Antoine Yoshinaka, *Establishing the Rules of
the Game : Election Laws in Democracies*, University of Toronto Press (Toronto),
2004.

선거의 공정성 시비를 최소화하며 선거패배자의 승복을 이끌어내는 데 유리하므로 도입·운영된다는 가설이다.

지방선거관리사무가 지방자치단체의 존립 문제에 관한 사무라는 헌법재판소의 결정례42)의 논리를 차용하면 대통령선거는 행정부 수반이자 국가원수인 대통령을 선출하고 민주적 정당성을 부여하는 국가적인 행사이다. 선거관리는 선거민의 선출직 공직자에 대한 통제가 완전하게 하는 작용이다. 대통령은 선거관리에 관한 이해관계를 가지므로 선거관리에 대해 영향을 미치려 할 것이다. "누구든지 자기 사건의 심판관이 될 수 없다."는 법언에 따라 대통령제 국가에서는 독립형 모델을 선택할 필요가 크다는 가설이 도출된다.

의원내각제의 내각은 선거로 구성되지 않고 의회에 의해 구성된다. 대통령제와 비교하면, 내각의 일원인 내무부는 선거에 관한 이해관계가 작다. 내무부가 선거를 관리해도 선거에 개입할 가능성이 크지 않다. 의원내각제는 의회 중심으로 권력이 통합되므로 선거관리기구의 구성, 운영 및 책임은 의회에 의존한다는 가설과 의원내각제에서 선거관리기구와 행정부 간의 교류와 협력이 문제되지 않는다는 세부 가설을 세울 수 있다. 첫 번째 가설은 아래와 같이 구체화된다.

I. 정부형태와 선거관리기구 모델
 1. 대통령제와 선거관리기구 모델의 관계
  (1) 대통령제에서 행정부가 선거에 개입할 수 있으므로 대통령제는 선거의 공정성 확보, 선거에 관한 공정성 시비 최소화 등을 위하여 독립형 모델을 선택한다.
  (2) 대통령제에서 선거관리기구는 행정부와 독자적인 구성과 예산을 확보한다.
  (3) 대통령제는 통치권의 엄격한 분리를 특성으로 하므로 선거관리기구의 구성과 운영을 행정부로부터 분립시킨 독립형 모델이 상응한다.

---

42) 헌재 2008. 6. 26. 2005헌라7, 판례집 20-1하, 340~367면.

> 2. 의원내각제와 선거관리기구 모델의 관계
> (1) 의원내각제에서 내각은 선거로 구성되지 않으므로 의원내각제는 독립형 모델을 선택하지 않는다.
> (2) 의원내각제에서 내각은 의회에 의해 구성되고 의회에 책임을 지므로 선거관리기구도 의회에 의해 구성되고 의회에 대해 책임진다.
> (3) 의원내각제에서 권력의 공화와 협조가 중요하므로 선거관리기구와 행정부 간의 교류와 협력이 문제되지 않는다.

(2) 국가형태와 선거관리기구 모델

둘째, 국가형태를 연방국가와 단일국가로 구분하면 전자는 분권적인 선거관리기구를, 후자는 집권적인 선거관리기구를 각각 선택한다는 가설이다. 선거관리기구의 구성과 운영에서 선거관리기구와 행정부 간의 관계 못지않게 중요한 것은 선거관리기구 내에서 집권화 정도이다. 독립형 모델은 독립형 모델이면서 집권적인 경우와 독립형 모델이면서 분권적인 경우가 있다.

국가형태와 선거관리기구 모델의 관계도 문제된다. 연방국가는 국가형태에 맞게 분권화된 정부형 모델을 선택한다는 가설을 세울 수 있다. 나아가 연방국가에서는 연방선거와 주선거가 나뉘므로 연방선거에만 중앙(국가)선거관리기구가 담당한다는 가설을 세울 수 있다.

선거실시와 선거감독 모두를 독립된 기구가 전적으로 책임지는 집권화된 독립형 모델을 가장 집권화된 선거관리기구라고 볼 수 있다. 단일국가는 집권화된 독립형 모델을 선택한다고 가설을 세운다. 반면, 연방국가는 국가형태에 맞게 분권화된 정부형 모델을 선택한다고 가설을 세울 수 있다. 연방국가의 경우 국가통합, 선거관리의 통일성과 일관성의 확보 등을 위해 선거관리 사무를 집중시키는 모델을 선택할 수 있다.

연방국가에서 분권화된 정부형 모델을 설치·운영한다는 가설이 사실로 검증된다면 선거관리기구의 분권화 정도는 국가형태에 자연스럽게 맞추어 간다는 결론에 이르고, 가설이 그릇된 것으로 검증된다면 의도적으로 선거 관리기구를 선택한다는 결론을 얻을 수 있다. 선거관리기구가 국가형태의 반영인지, 정책적으로 설정되는 인위적인 산물인지가 문제된다. 두 번째 가 설은 아래와 같이 구체화된다.

II. 국가형태와 선거관리기구 모델
  1. 연방국가와 선거관리기구 모델의 관계
   (1) 연방국가는 연방과 주가 분권화되므로 분권화된 선거관리기구를 선택한다.
   (2) 연방국가는 국가형태에 맞게 분권화된 정부형 모델을 선택한다.
   (3) 연방국가에서 연방선거와 주선거가 있다면 전자는 중앙(국가)선거관리기구
      가, 후자는 지방선거관리기구가 각각 담당한다.
  2. 단일국가와 선거관리기구 모델의 관계
   (1) 단일국가는 연방과 주로 분권화되지 않으므로 집권적 선거관리기구를 선택
      한다.
   (2) 단일국가는 국가형태에 맞게 집권화된 독립형 모델을 선택한다.
   (3) 단일국가에서 국가선거와 지방선거 모두 중앙(국가)선거관리기구가 담당한다.

---

(3) 선거실시와 선거감독

셋째, 선거관리를 선거실시와 선거감독으로 구분하면 전자는 내무부나 지방자치단체가 담당해도 무방하지만 후자는 정치적 중립성과 정책적 판 단이 요구되므로 독립된 선거위원회가 담당할 필요가 있다는 가설이다. 선 거관리기구 모델에 따라 선거관리의 두 가지 사무가 어떻게 분담되는지에 대하여 검토한다.

선거감독은 합의제 행정관청에서 다루는 것이 적합하므로 독립된 선거 위원회가 담당한다는 가설이 도출된다. 만약 정부형 모델과 혼합형 모델에

서 선거감독 사무를 독립된 선거위원회가 담당하고 있거나 담당하는 방향
으로 개선되고 있다면 이러한 모습이 선거관리기구 모델들에서 수렴되는
공통적인 지향점이라고 볼 수 있다.

　선거관리기구 관련 개혁은 선거를 전적으로 책임지고 선거를 감독하는
역할을 하는 독립된 선거위원회를 설치하는 것이라고 보는 견해가 있다.[43]
이 견해는 행정부로부터 독립된 상설 선거관리기구가 설치되는 것은 '선거
과정을 지배하는 절차 측면에서의 일대 패러다임의 전환'이라고 본다. 선
거감독을 독립된 기구에서 담당하여야 한다는 가설이 검증되면, 이 견해는
타당하다고 볼 수 있다. 세 번째 가설은 아래와 같이 구체화된다.

Ⅲ. 선거실시와 선거감독
　1. 선거실시 사무와 선거관리기구 모델의 관계
　　(1) 선거실시 사무는 고도의 정치적 중립성과 정책판단을 요하는 작용이 아니
　　　　므로 혼합형 모델에서 내무부와 지방자치단체가 담당한다.
　2. 선거감독 사무와 선거관리기구 모델의 관계
　　(1) 선거감독 사무는 고도의 정치적 중립성과 정책판단을 요하는 작용이기 때
　　　　문에 혼합형 모델에서 독립된 선거위원회가 담당한다.
　　(2) 정치자금·선거비용 통제, 선거법제 정비도 선거관리에 포함된다는 인식의
　　　　변화로 인하여 정부형 모델에서도 독립된 선거위원회를 설립하는 추세이다.
　　(3) 선거감독 사무는 사법화된 행정이고 상시사무가 아니므로 합의제 행정관청
　　　　에서 처리하기에 적합한 것이고 독립된 선거위원회가 담당한다.

---

(4) 민주적 선거와 선거관리기구

　넷째, 선거관리기구와 민주적 선거 간의 관계가 문제된다. 이는 독립형
모델이 선거의 공정성 확보, 민주적 선거에 기여한다는 가설과 분권화된

---

43) 라파엘 로페즈 핀터, 앞의 논문, 53면.

선거관리기구가 선거의 공정성 확보, 민주적 선거에 기여한다는 가설 등으로 구체화된다. EIU의 민주화 지수를 기준으로 선거관리기구의 채택·운영과 민주적 선거 간의 관계를 밝히고자 한다. 각국의 사례를 심층적으로 비교·검토할 필요가 있다. 선거관리기구와 민주적 선거 간의 관계를 밝히는 것은 어렵다. 민주적 선거에 영향을 미치는 변수는 다양하기 때문이다. 이를 검증하는 데에는 시계열적 분석이 동원될 필요가 있기도 하다.

앞서 세운 가설과 반대되는 측면에서 민주주의의 성숙도가 선거관리기구 모델의 선택에 영향을 미친다는 가설도 가능하다. 선진 민주주의 국가는 행정에 대한 높은 신뢰, 본질상 집행작용에 속하는 선거관리를 굳이 행정부로부터 독립시키는 제도 개혁 유인이 크지 않은 점, 정부형 모델이 기관 간의 협조, 예산 절감에 유리한 점을 감안하여 정부형 모델을 유지한다는 가설을 설정할 수 있다.

후발 민주주의 국가는 신생독립국, 내전을 치른 국가, 국가통합이 요청되는 국가, 선거부정을 겪었거나 정당관계가 복잡한 국가 등이다. 후발 민주주의는 민주적 선거를 조기에 정착시키고 선거의 공정성 시비를 줄이기 위하여 독립형 모델을 선택한다는 가설을 세울 수 있다.

분권화가 여러 차원의 다양한 선거실시에 유리하고 정책결정권의 분산이 효율적인 점에 비추어 선진 민주주의 국가는 분권화된 선거관리기구를 운영한다는 세부 가설을 세울 수 있다. 네 번째 가설은 아래와 같이 구체화된다.

Ⅳ. 민주적 선거와 선거관리기구
  1. 선거관리기구 선택이 민주적 선거에 기여하는지의 문제
   (1) 독립형 모델이 선거의 공정성 확보, 민주적 선거에 기여한다.
   (2) 분권화된 선거관리기구가 선거의 공정성 확보, 민주적 선거에 기여한다.

2. 민주주의 성숙도가 선거관리기구 선택에 영향을 미치는지의 문제
   (1) 선진 민주주의 국가는 행정에 대한 신뢰, 선거제도 안정화 등으로 인하여
       제도개혁(독립형 모델 채택)의 유인이 약하므로 정부형 모델을 운영한다.
   (2) 후발 민주주의 국가는 민주적 선거를 조기 정착시키고 선거의 공정성 시비
       를 최소화하기 위해 인위적으로 독립형 모델을 선택한다.
   (3) 선진 민주주의 국가는 다양한 선거 실시, 정책결정권의 분산에 유리한 분권
       화된 선거관리기구를 운영한다.

2. 비교·검토의 대상

(1) 독립된 선거위원회의 설치

선거관리기구를 행정부와 독립적으로 설치할 것인지가 문제된다. 대다
수 학자들은 독립된 선거위원회가 선거의 실시에 긍정적인 효과를 낳으므
로 독립된 선거위원회를 설치하는 것을 하나의 발전으로 간주하고 있다.44)
이를 뒷받침하는 아프리카와 라틴아메리카의 사례를 들기도 한다.45) 선거
관리의 질은 민주주의가 안정된 국가들에서보다 초보 민주주의 국가들에

---

44) Guy S. Goodwin-Gill, *Free and Fair Elections : International Law and Practice*,
    Inter- Parliamentary Union(Geneva), 1994; Robert Alan Pastor, *op. cit.*; Rafael
    López-Pintor, *Electoral Management Bodies as Institutions of Governance*,
    United Nations Development Programme(New York), 2000; Shaheen Mozaffar,
    "Patterns of Electoral Governance in Africa's Emerging Democracies",
    International Political Science Review Vol. 23 No. 1, SAGE Publications(New
    York), 2002.
45) Jonathan Hartlyn, "Crisis-Ridden Elections (Again) in Dominican Republic :
    Neopatrimonialism, Presidentialism, and Weak Electoral Oversignt", *Journal of
    Interamerican Studies and World Affairs Vol. No. 4*, Sage Publications(New
    York), 1994; Shaheen Mazaffer, *op. cit.*

서 필요성이 크다고 본다.[46]

그러나 선거관리의 질, 민주적 선거의 실시, 민주주의의 성숙도는 행정부로부터 독립된 선거관리기구의 설치 여부만 가지고 판단할 수 있는 문제는 아니다. 선거관리기구의 다양한 요소들의 선거실시에 대한 효과를 고려하면 두 가지 접근이 가능하다고 생각한다. 여기서는 개괄적으로 살펴본다.

한 가지 측면에서는 기구의 '독립성'과 '전문성'이 선거관리기구가 중립적이고 투명한 방식으로 임무를 수행하는 정도를 결정하는 데에 가장 중요한 요소라고 볼 수 있다.[47] 이는 선거관리기구를 헌법이나 법률에서 행정부로부터 분리된 별개 기구로 설정하고 구성에서 행정부에 소속되지 않은 전문가 그룹으로 충원하는 방식이다.

그와 다른 한 가지 측면에서는 경쟁적 선거를 치르기 위한 '견제와 균형'이 '독립성 및 능숙도'보다 중요하다고 보는 관점이다. 견제와 균형의 측면에서의 접근은 다수분파와 다수정당이 선거관리를 철저히 검토한다는 점을 강조한다. 권력의 분파들에게 위원회의 구성에 관한 거부권을 주는 것은 위원회의 구성원들이 국민들로부터 광범위한 신뢰를 얻게끔 한다. 위원회에 다른 정당의 대표들을 포함하는 것은 가능한 입장들이 서로 균형을 이루게 하는 것인바, 이는 관료들이 정치적으로 중립적이지 않다는 인식이 국민들 가운데 자리 잡고 있는 국가들에서 일반적인 전략이다.[48]

이들 두 가지 측면에서의 설명은 서로 간에 배타적이지 않다. 기구의 독립성, 전문성 및 임명의 다원성은 선거관리위원회가 임무를 공정하고 투명하게 수행하는 것을 보장하는 데에 모두 중요하다. 다수 정당과 다수 분파가 선거관리기구를 통제하는 것은 공정성·투명성 확보에 효과적인 수단이다.[49]

---

46) Jørgen Elklit and Andrew Reynolds, "A Framework for the Systematic Study of Election Quality", *Democratization 12(2)*, Frank Cass(London), 1999, p. 154.
47) Guy S. Goodwin-Gill, *op. cit.*; Robert Alan Pastor, *op. cit.*; Rafael López-Pintor, *op. cit.*; Shaheen Mozaffar, *op. cit.*
48) Sarah Birch, *op. cit.*, p. 6, p. 10.

선거관리기구의 법적 독립성만 확보된다고 하여 작용상 독립성이 확보된다고 단정하기 힘들다. 실제로 중요한 것은 선거관리기구가 정치적 개입으로부터 실질적으로 차단된 것인지에 있다.50) 이는 형식적으로 독립된 선거관리기구에 의한 선거보다 행정부에 의한 선거가 잘 수행되고 있는 사례에서 확인된다.

(2) 법률 체계

선거관리기구의 구조·권한·기능·책임은 선거과정을 다루는 특정 국가의 법체계의 일부이다. 특히 민주화 과도기에 있는 국가들에서 최근의 추세는 선거과정의 독립성과 완전성을 보장하고, 선거관리의 일관성 및 수준을 증진하며, 정당, 시민·사회단체, 유권자의 선거에 대한 완전하고 계몽된 참여를 촉진하는 것을 내용으로 하는 종합적인 법률 체계를 개발하는 것이다.51)

선거에 관한 전체 법체계는 세계인권선언 제21조 같은 국제조약이나 국제합의, 헌법, 국법, 주법, 국가 또는 지방자치단체에 의해 제정된 법령이나 조례, 선거관리기구에 의해 제정된 규칙, 선언, 지시, 선거법에 편입된 관습법이나 관례, 선거관리기구나 다른 기구들에 의해 만들어진 정책, 선거과정에 직접적·간접적으로 영향을 미치는 행위원칙 등 다양한 법원을 두고 있다.52)

선거관리기구의 형태, 조직 및 책임을 포함한 선거 관련 기본 조항들을

---

49) *Ibid.*, pp. 7~11.
50) Robert Alan Pastor, *op. cit.*; Jørgen Elklit and Andrew Reynolds, "The Impact of Election Administration on the Legitimacy of Emerging Democracies : A New Comparative Politics Research Agenda", *Commonwealth & Comparative Politics Vol. 40 No. 2*, Routledge(London), 2002, pp. 86~119.
51) Alan Wall et al., *op. cit.*, p. 43.
52) *Ibid.*, pp. 43~44.

헌법에 넣는 국가 수가 늘고 있다. 방글라데시, 코스타리카, 피지, 가나, 인도, 인도네시아, 우루과이, 필리핀, 터키, 남아프리카공화국 같은 국가는 선거관리기구를 헌법기구로 정한다. 헌법사항은 변경이 힘들다. 헌법에 견고하게 자리를 잡은 선거조항은 정권을 획득한 정당에 의해 바뀌기 힘들어서 야당들은 법률에 포함된 경우보다 안전하다고 느끼게 된다.[53]

헌법에 자주 포함되어 있는 선거 관련 조항에 다음의 것이 있다 : 선거관리기구의 독립성; 선거관리기구의 조직; 선거관리기구의 임기; 선거관리기구의 권한과 책임; 투표권 또는 유권자 등록 자격; 정당의 권리; 선거구획정의 주체가 되는 기관 또는 기준; 대통령선거·의회선거 제도; 선거에 입후보하는 권리 또는 자격; 선거가 치러져야 하는 간격이나 최대 간격; 선거분쟁을 해결하는 메커니즘이다.[54]

헌법상의 선거조항들은 비슷한 목표를 가지면서도 매우 다른 방식으로 규정되어 있다. 선거관리기구의 '독립성'을 헌법에서 정의하는 두 가지 사례들을 검토하면, 가나 헌법 제46조는 "이 헌법에서 또는 이 헌법과 상반되지 않는 다른 법률에서 규정하고 있는 경우를 제외하고는, 선거위원회는 그 기능 수행에 있어 어떠한 정부당국이나 개인에 의해 지시를 받거나 통제를 받지 아니한다."고 정하는 데 비해, 인도네시아 헌법 제22조E(5)는 "총선거는 국가 차원의 상설적이고 독립적인 성격을 가진 총선거위원회에 의해 치러져야 한다."고 정한다.

헌법에 명시되어 있는 선거 관련 조항들은 선거 제도의 신뢰성을 가져다주는 반면, 이러한 조항들이 지나치게 자세한 경우 부정적인 측면도 있다. 헌법을 개정하기 위한 요건을 충족하기 어렵거나 개헌에 많은 시간이 걸리기 때문에, 경험을 반영한 수정이 어려운 법체계가 될 수 있다는 점이 바로 그것이다.[55]

---

53) *Ibid.*, p. 45.
54) *Ibid.*

헌법에 편입된 선거조항들의 범위는 그 국가의 선거행정에 대한 대중의 신뢰 수준의 영향을 받는다. 입법과 공공행정, 특히 선거실시에 대한 대중의 신뢰가 있는 많은 선진 민주국가들은 헌법에 선거관리기구의 설계에 관한 규정을 두지 않는다. 반면, 신생 민주국가들의 경우 헌법에 핵심적인 선거 조항들을 둔 복잡하고 세세한 법률 체계에 의해 지원되는 독립적이고 굳건한 선거관리기구를 가지는 것이 보통이다. 헌법의 권위와 명확성이 선거과정에 대한 관련자들의 신뢰도를 높이기 때문이다.

(3) 선거관리기구의 구성

선거관리기구의 구성원을 선택하는 문제가 있다. 두 가지 중요한 측면이 있는데, 첫째로 많은 통치권의 분파들이 위원의 임명에 관여하는 것이고, 둘째로 정당이 이 과정에서 역할을 맡는 것이다. 몇 가지 사례들에서 행정부나 사법부가 관여하기도 하나 일반적으로 입법부가 선거위원 선택에 있어서 주도권을 가진다. 하나의 분파 이상의 분파들이 그 과정에서 일정한 역할을 하는데, 하나가 임명하고 하나 이상의 분파가 승인하는 방식과 다른 분파들이 위원의 일정 수를 나누어 임명하는 방식이다.56)

'선거관리위원의 모집 방법'을 기준으로 여러 가지의 접근들이 가능하다. 정부적 접근(행정부가 주관), 사법적 접근(선임된 판사가 선거행정 담당), 다수 정당적 접근(정당 대표가 선거관리기구 구성), 전문가 접근(정당들의 합의로 독립성을 보장할 것으로 여겨지는 전문가 임명)이 있다.57) 선거위원들을 정당소속으로 하는 것은 허용되지 않는 것이 보통이다. 문제는 선거위원회가 전적으로 정치적 영향에서 자유로워야 하느냐 아니면 주요

55) Alan Wall et al., *op. cit.*, p. 47.
56) Sarah Birch, *op. cit.*, p. 5.
57) 라파엘 로페즈 핀터, 앞의 논문, 12~13면.

정당들이 지명한 위원들도 포함되도록 할 것이냐이다.

복수정당의 관여는 정치적 양극화가 높은 수준이고 공무원에 대한 낮은 수준의 신뢰가 있는 환경에서 자주 선호된다. 정당이 선거위원을 임명하는 공정한 방식은 난해하다. 모든 선거의 경쟁자들에게 동등한 대표가 허용되면 매우 작은 그룹들도 지나치게 영향력을 행사할 위험이 있고, 규모가 큰 그룹들은 선거위원회 대표권을 확대하고자 노력할 것이다. 대안은 정당들의 대중적인 지지도의 수준에 맞게 비율적으로 선거위원회에 관한 지분을 할당하는 것이다. 이와 관련하여서는 정당구조가 가변적이므로 이전 선거의 결과가 항상 정당의 현재 지지도의 척도는 아니라는 문제가 있다.[58]

선거관리기구 구성에서 정치적 중립성이라는 측면과 함께 실제로 기능할 수 있도록 만들어야 하는 측면을 고려할 필요가 있다. 여당과 야당이 기구구성에 관여하도록 하고 이를 중재할 위원도 구성하는 것도 좋은 대책이다. 위원들 모두가 중립적인 인물들로 구성하는 것보다는 정당에 기반 둔 위원들도 있고, 그들 사이의 대립을 조정하고 중재할 위원들도 있는 것이 위원회의 기능을 활성화하고 정당과 선거관리를 매개하는 역할에 도움이 될 것이다.

(4) 구성원의 전문성 확보

선거관리의 수준에 영향을 미친다고 보이는 것은 위원회 구성원의 전문성이다. 몇몇 위원회들은 수준 높은 법률 전문가(오로지 판사들)를 포함하는 반면에, 다른 위원회들은 공무원, 학자 등 다양한 배경의 사람들을 포함한다.[59] 선거관리기구가 감독기구로 조직되었든지, 아니면 역동적으로 선거제도를 관리하는지와 상관없이 모든 선거관리기구들은 그 구성원들이

---

58) Sarah Birch, *op. cit.*, p. 5.
59) *Ibid.*

독립성, 공정성, 능숙도 세 가지 장점을 가지도록 노력하여야 한다.60)

(5) 상설 또는 임시 조직

선거과정에 많은 단계가 있다. 선거 관련 입법을 설계하고 법안을 작성하는 것, 선거담당 직원을 선발·훈련하는 것, 선거계획, 유권자등록, 정당등록, 후보자 지명, 선거운동, 투표, 산표, 선거결과 정리, 결과공표, 선거분쟁 해결, 보고서 작성, 감사, 기록보관 등이 포함된다. 하나의 선거과정이 끝나면 다른 선거에 관한 업무를 시작할 필요가 있다.61)

독립된 상설 선거위원회가 도입되어야 한다고 보면서 전문화된 상설 선거관리기구가 임시 선거관리기구보다 효율적이라는 주장도 가능하다. 그 논거로 상설 선거관리기구는 각종 선거 관련 자료와 기록을 수집하고 축적함으로써 선거관리 노하우를 계승·발전시킬 수 있고, 이로써 선거행정의 효율을 증진하는 데에 기여할 것이라는 점을 제시한다.

상설 또는 임시 선거관리기구 중 어느 것이 적당한지를 결정함에 있어서 선거 시기의 업무량이 고려될 필요가 있고, 상설기구를 유지함에 따른 비용 지출은 선거마다 새로운 기구를 설립하는 데 드는 비용 및 시간과 비교해야 한다. 임시 조직이 적절하다고 보이면, 선거 관련 기구의 노하우가 어떻게 유지될 것인지에 관하여 고려하는 것이 중요하다.62)

선거관리기구가 선거기간 동안에만 존속하는 국가들도 있다. 이는 독립형 모델, 정부형 모델과 혼합형 모델 모두에서 존재한다. 독립형 모델을 따르는 선거관리기구에서 상설적인 중앙 선거관리기구와 선거구 또는 지방 수준의 임시적인 하위 선거관리기구가 공존한다. 최근 불가리아와 루마니

---

60) Joe Baxter, "Techniques to Effective Election Management", African Election
Administration Colloquium (Victoria Falls, Zimbabwe), 1994, pp. 1~2.
61) Alan Wall et al., *op. cit.*, p. 16.
62) Ibid., p. 17.

아는 국가 수준에서도 상설 선거관리기구를 폐지하였다.

(6) 집권 또는 분권

선거관리기구의 행정구조에는 하급 선거관리기구에 대해 배타적인 권한과 책임을 가지는 '중앙' 또는 '국가' 선거관리기구를 포함한다. 하급 선거관리기구는 낮은 수준에서, 연방 내 지방, 주 또는 선거구에서 존재한다. 선거관리기구 구조의 가장 낮은 수준은 실제 투표가 행해지는 투표소이다. 불필요하거나 필요 이상의 선거관리기구는 피해야 한다.

집권과 분권의 관점에서 선거관리기구의 특성은 해당 국가의 국가형태에 의존한다. 권력과 기능의 수직적 분배는 국가 선거관리기구의 다른 수준의 부처들 사이에, 국가 선거관리기구와 지방 선거관리기구들 사이에 차이가 있다.[63] 선거행정의 상당 부분이 지방분권화되어 있고 국가기관에 의한 조정과 감독이 제한적으로 행해지는 유형이 있다. 그 예는 미국, 영국, 캐나다, 스위스, 독일 등이다.[64]

코스타리카, 가나, 필리핀 등과 같은 집권 시스템에서는, 모든 선거에 책임을 지면서 지방과 선거구 수준의 하위 사무소들을 가진 하나의 중앙 선거관리기구를 두는 것이 일반적이다. 법률에서 국가, 지역 행정단위와 심지어 마을의 수준에서 분리되고 계층적으로 책임을 지는 선거관리기구를 정하는 국가는 선거관리의 권한과 책임을 각 수준에 이양하고 구분한다.[65]

정부형 모델 또는 혼합형 모델의 국가들은 선거행정의 전부 또는 일부를 지방정부에 의존할 수 있다. 스웨덴의 경우 국가 선거관리기구는 정책조정에 치중하고 지방 당국이 선거를 운영한다. 헝가리와 스위스의 경우 일부

---

63) *Ibid.*
64) 라파엘 로페즈 핀터, 앞의 논문, 18면.
65) Alan Wall et al., *op. cit.*, pp. 17~18.

권한을 지방 선거관리기구에 위임한 매우 분권화된 선거관리구조이다. 한편, 선거에 관한 권한과 책임을 적절한 감독 없이 지방정부에 넘기는 것은 선거의 일관성, 서비스와 품질, 선거의 자유와 공정을 유지하는 데 어렵다. 미국이 그 대표적인 예이다.[66]

(7) 연방국가의 선거관리기구

연방국가의 경우 국가 수준에서와 주나 지방 수준에서 분리된 선거관리기구들이 존재할 수 있다. 이들은 상이한 법률체계 하에서 작동하며 상이한 선거제도를 실시할 수 있다. 국가 수준 및 지방 수준의 선거관리기구들은 분리되고 분권화된 구조를 가질 수 있다.

연방국가 수준과 주 수준에서 선거관리기구들 사이에 경쟁이 자주 있는 반면, 협조하는 예도 있다. 오스트레일리아의 경우, 주 선거법은 특별히 지방과 선거구 선거의 유권자로 등록되면 그 선거에서만 선거인 등록자로 유지한다는 것이 아니라 국가선거 관리에도 유지될 수 있다고 정한다. 그러한 협조 체계를 구축한 선거법제는 비용 절감 측면에서 매우 유리하다.[67]

---

66) *Ibid.*, p. 18.
67) *Ibid.*, p. 19.

제3절 각국 선거관리기구의 비교·검토

Ⅰ. 비교·검토의 방향

1. 비교·검토 대상국가의 선정

이 책을 통해 살펴보는 국가는 총 15개국이다. 형식적 제도뿐 아니라 제
도운영의 실제에 관하여도 검토한다. 비교·검토대상 국가는 영국, 스웨덴,
프랑스, 스페인, 러시아, 보스니아·헤르체고비나, 미국, 캐나다, 멕시코, 일
본, 필리핀, 인도, 터키, 오스트레일리아 및 짐바브웨이다. 이들 국가를 선
정한 이유는 선거관리기구 모델별로 비교·검토할 수 있고 실제 운영 사례
를 확인할 수 있다는 데에 있다.

International IDEA가 2006년 전 세계 214개 국가들을 조사한 자료에 의
하면, 독립형이 54.8%, 정부형이 26.1%, 혼합형이 14.9%이다. 이 책에서
비교·검토하는 15개 국가들을 선거관리기구 모델별로 분류하면, 독립형이
60%(9개국), 정부형이 20%(3개국), 혼합형이 20%(3개국)이다. 두 자료는
다소간에 차이가 있기는 하나, 대체로 보면 유사하다.

2. 민주화 지수 및 선거관리기구 모델에 따른 배열

이 책에서 비교·검토 대상이 되는 국가들을 해당 국가의 EIU의 민주화 지수(2012년 기준) 및 해당 국가에서 채택하여 운영하고 있는 선거관리기구 모델을 기준으로 배열한다.

2012년 EIU에 의해 해당 국가가 부여받은 민주화 지수를 괄호 안에 표기하고 각 모델별로는 민주화 지수 순서대로 배열하면, 아래와 같다.

〈표 7〉 비교·검토 대상 국가들의 배열

	정부형 모델	혼합형 모델	독립형 모델
완전한 민주주의 (8~10)	① 스웨덴(9.73) ② 영국(8.21) ③ 미국(8.11)	④ 일본(8.08) ⑤ 스페인(8.02)	⑥ 오스트레일리아(9.22) ⑦ 캐나다(9.08)
결함 있는 민주주의 (6~8)		⑧ 프랑스(7.88)	⑨ 인도(7.52) ⑩ 멕시코(6.90) ⑪ 필리핀(6.30)
혼합 체제 (4~6)			⑫ 터키(5.76) ⑬ 보스니아·헤르체고비나(5.11)
권위주의 체제(0~4)			⑭ 러시아(3.74) ⑮ 짐바브웨(2.67)

3. 비교법적 연구의 순서

이 책에서 궁극적인 연구대상은 선거관리기구와 민주적 선거, 나아가 민주정치 발달의 관계이다. 민주주의를 측정할 수 있는 절대적인 기준은 없다. 민주주의를 측정하는 새로운 방법론을 찾아 조사하는 것만으로도 이 책에서 들인 노력 이상의 노력이 소요될 것이다. 사회현상을 연구하는 정치학 등 사회과학에서 성취한 성과를 활용하는 것은 제도를 대상으로 하는 연구에 질서를 부여하고 논거를 제공할 수 있을 것이다. 다른 학문의 성과를 헌법학의 제도연구에 접목시키는 것은 학제간 연구이다. 그러한 연구과정에서 이코노미스트 인텔리전스 유닛(EIU)의 '민주화 지수(Democracy Index)'는 유용한 도구이다.

EIU의 민주화 지수에서 총점(Overall score)에도 유의해야 하지만, 나머지 항목 중에서 가장 중요한 것은 '선거절차 및 다원주의(Electoral process and Pluralism)'이다. EIU는 민주화 지수를 기준으로 167개 국가를 완전한 민주주의(25개국, 15%), 결함 있는 민주주의(54개국, 32.3%), 혼합 체제(37개국, 22.2%), 권위주의 체제(51개국, 30.5%)로 나눈다.[68] 민주화 지수를 구성하는 5가지 항목은 '선거절차 및 다원주의, 시민적 자유, 정부의 기능, 정치참여와 정치문화'이다. 각 항목마다 10점을 구성한다. 각 항목별로 문항은 12개이다. 총 문항은 60개(=5×12)이다.[69]

이 책은 크게는 15개 국가의 선거관리기구를 완전한 민주주의(7개국, 46.6%), 결함 있는 민주주의(4개국, 26.6%), 혼합 체제(2개국, 13.3%)와 권위주의 체제(2개국, 13.3%) 순으로 살펴본다. 4가지 대분류 내에서는 선거관리기구 모델을 정부형 모델, 혼합형 모델, 독립형 모델 순으로, 모델 내에서는 EIU의 민주화 지수 순으로 검토한다. 혼합 체제와 권위주의 체제의 국가들은 모두 독립형 모델이므로 체제 내에서 검토순서는 민주화 지수 순이다. 전 세계 국가들의 과반수가 독립형 모델이다. 하지만, 내무부가 선거관리를 관장하다가 독립된 헌법기관으로 도입한 우리나라의 사례에서 확인되듯이 역사적으로 선거관리기구는 정부형 모델에서 출발했다. 따라서 같은 민주화 지수 그룹 내에서는 정부형, 혼합형, 독립형 모델 순으로 검토하고자 한다.

15개 국가들은 선진 민주주의부터 후발 민주주의까지 고르게 분포되어

---

68) the Economist Intelligence Unit, *op. cit.*, pp. 2~8.
69) *Ibid.*, p. 27, pp. 29~31.

있다는 점에서 가설 검증 및 이론 정립에 기여할 것이다. 이들은 정부형, 혼합형, 독립형 모델로 다양하며 비율이 214개 국가의 조사 자료와도 유사하다. 위 순서에 따라 살펴본 각국 선거관리기구를 비교·검토한 후 이를 종합한다. 각국의 사례에 대한 비교·검토를 통해 앞서 세운 가설을 검증함으로써 타당하지 않은 가설은 배척하고 실제에 부합하는 가설은 정리하여 이론(원칙)을 세우는 순으로 논의를 전개한다.

II. 완전한 민주주의

1. 정부형 모델

(1) 스웨덴

1) 개관

스웨덴에서 선거사무소는 거의 30년 동안 '국세청' 내에 있는 작은 사무소였으나, 1990년대 말에 선거사무소의 직원들은 선거관리구조를 변화시키는 목표를 가지고 세 가지를 논의하였다. 첫째, 국세청 밑에 있는 선거사무소는 자유롭고 빠르며 다재다능하게 역할을 할 수 없다는 점이다. 둘째, 새로운 웹기반 기술을 개발하고 사용하여 선거사무소가 자체 의사소통 라인을 형성할 필요가 있다는 점이다. 셋째, 선거관리에 관한 이슈들은 독립기구에서 다뤄야 하는 특수성이 있다는 점이다.

2001년 1월 의회는 스웨덴 선거관리시스템을 바꾸었다. 새로운 선거관리기구의 구조는 2001년 7월 설치되어 운영된다. 스웨덴 선거청(Valmyndigheten)[70]은 중앙, 지방과 선거구로 분리된 세 단계의 분권화된 기구이

---

70) 스웨덴 선거청(www.val.se).

다. 선거행정기구는 일반 행정기구와 상응한다. 스웨덴 중앙선거관리기구는 매년 예산을 '법무부'에 요청하고, '재무부'로부터 자금을 받는다.[71]

스웨덴 중앙선거관리기구의 주요 업무는 다른 기관들과의 협조이다. 국세청은 시민등록 및 유권자등록에 대한 책임이 있어서 선거청과 계속 협조하고 있다. '중앙통계청(Statistiska)'은 선거과정에 관한 조사자료를 제공하고, 선거청은 통계청에 선거결과 자료를 제공한다. 중앙통계청은 선거구획정에 실질적인 기초가 되는 이슈들을 담당한다. 해외 외교 사절들도 해외투표를 담당함으로써 선거과정에 참여한다. 법무부는 중앙선거관리기구의 핵심 파트너이다. 선거청과 법무부의 고위 공무원들은 지속적으로 밀접한 교류를 한다.

2) 법률 체계

선거관리기구에 관한 헌법적 근거는 없다. 선거법 제1장 제15조, 제16조, 제17조는 선거관리기구를 정한다. 선거법 제15조는 중앙선거관리기구, 제16조는 지방선거관리기구, 제17조는 선거구선거관리기구를 구체화한다. 이러한 기구들이 독립적이어야 한다거나 다른 당국이나 기구와 연계되어야 한다는 점에 대해 규정되어 있지 않다. 선거법은 정부가 어떠한 기구를 중앙선거관리기구로 설치하는지를 결정하여야 한다고 규정할 뿐이다.

의회는 2001년 중앙선거관리기구를 설립하는 결정을 준수하여 실제로 설립하도록 했다. 헌법은 보통·평등선거, 주기적 선거, 선거구, 선거심의위원회와 선거제도의 일반원칙의 개괄적 내용만을 정한다. 선거법은 선거구, 지방과 선거구선거관리기구의 업무, 투표소 직원 및 선거심의위원회의 업무를 규정한다.

선거법은 선거관리기구들 사이의 업무 분배를 자세히 정하고, 다음과 같은 사항을 규정한다 : 선거구 획정; 정당과 후보자의 등록에 관한 절차; 투

---

71) 스웨덴의 중앙선거관리기구는 통상 요청한 만큼의 예산을 받고 있다.

표용지 제작 및 디자인; 투표 절차; 개표 및 의석 배정; 사임이나 사망에 따른 후보자의 교체 및 선출된 의원 교체의 확인; 선거결과에 이의신청을 하는 방법; 투표권; 유럽의회의 선거에 적용되는 특별 규칙이다.

3) 기구 구조

스웨덴 선거청(Valmyndigheten)은 ① 선거 기획 및 조정, ② 권역별의석 수 결정(선거법 제3장 제2조), ③ 선거인명부 작성(제7장 제4조), ④ 투표 카드 작성 및 사본 교부(제7장 제7조, 제9조), ⑤ 투표지봉투 작성(제8장 제1조), ⑥ 지방의 최종득표 집계결과에 근거한 의회 및 유럽의회의 의석 배분, 의원, 유럽의회의원 및 후보의원 지명(제18장 제2조), ⑦ 지방선거관 리기구의 최종집계에 근거한 의원 당선자 결정(제18장 제37조), ⑧ 선거일, 투표장소, 선거방법, 기타 선거 관련 사항 대국민 공표(제1장 제15조) 등을 임무로 한다.72)

지방선거관리기구, 즉 '카운티행정위원회(Länsstyrelsen)'의 임무는 ⓐ 카운티의회의 권역별 의석수 결정(선거법 제3장 제6조), ⓑ 자치단체의회 의 권역별 의석수 배정(제3장 제6조), ⓒ 지방의회의 제안에 따른 선거구 획정(제4장 제3조), ⓓ 선거결과 최종 집계, ⓔ 카운티의회의원선거에서 정 당이 획득한 의석에 대해 후보자의 순위에 따라 당선자를 결정하는 것이 있다. '선거구선거관리기구(kummun)'는 투표소 공무원 선발·훈련, 투표소 설치·준비 및 투표소의 첫 번째 개표에 대해 책임진다.73)

선거구선거관리기구와 지방선거관리기구는 업무상 중앙선거관리기구의 지시를 받지 않으나, 법률상 선거당국으로 설치한다고 정하여 설치된 것이 다. 중앙선거관리기구는 행정부로부터 완전히 독립한 기구는 아니다. 중앙 선거관리기구는 법무부에 보고하고 몇 가지 경우 상의할 것으로 기대된다.

---

72) 중앙선거관리위원회, 각국의 선거관리기관, 138~139면.
73) 중앙선거관리위원회, 각국의 선거관리기관, 139면.

스웨덴의 공공행정은 모든 법으로 정한 당국들은 감독을 직접 받지 않더라도 정부부처 업무영역에 속하는 것으로 구성되어 있다. 중앙선거관리기구는 선거법 집행에 전적인 책임을 지지만, 정부정책을 결정하지는 않는다.

선거구선거관리기구는 선출된 지방자치단체의 정부와 의회에 대해 책임진다. 선거구 및 지방의 선거관리기구는 특별한 기구들(병원과 교도소 같은)의 투표 관련 업무를 위해 중앙선거관리기구로부터 추가적인 자금을 받을 수 있고, 이러한 측면에서만 중앙선거관리기구에 의존한다. 스웨덴에는 21개의 지방선거관리기구가 있으며, 290개의 선거구선거관리기구가 있다.

중앙선거관리기구의 행정책임자와 선거청은 정부에 의해 임명된다. 중앙선거관리기구는 상근직원이 13명을 초과할 수 없는 작은 조직이다. 상담가들은 주로 기술적인 웹 기반 의사소통을 통해 업무를 한다. 중앙선거관리기구는 선거청위원회의 감독 하에 일하는데, 선거청위원회는 선거관리기구에 대해 조언하고 일상 업무에는 관여하지 않는 5명으로 구성된 기구이다.

위원 8명으로 구성된 선거심의위원회의 위원장은 의회의원이 아닌 판사이거나 판사였던 자이어야 한다. 매 국회의원 총선거의 결과가 공식적으로 확정되면 즉시 의회에 의해 위원이 선출되며, 선출된 위원은 새로운 선거심의위원회가 구성될 때까지 활동한다.[74] 선거분쟁은 선거심의위원회가 처리하는데, 선거심의위원회의 결정에 대한 불복수단은 없다.

4) 전문화

스웨덴에서 선거행정의 공식적 교육 프로그램이나 과정은 없다. 직원의 훈련은 내부적으로 행해지고 있다. 중앙선거관리기구는 공공조달과 관련한 이슈를 다루는 일반 훈련에 참여하고 있다. 실제로 중앙선거관리기구의 직원은 지방이나 선거구 수준의 선거공무원으로부터 대부분 선발되고 있다.

선거구선거관리기구는 투표소 공무원 채용에 책임이 있고 매 선거 전에

---

74) 중앙선거관리위원회, 각국의 선거관리기관, 138면.

선발과 훈련 과정을 맡는다. 선발과정은 지방자치단체에 따라 다르다. 일부는 주로 정당에서 선발하고 정치적인 균형을 확보하려 노력하지만, 일부는 정치활동과 무관한 공무원을 채용하며, 일부는 두 가지 구성의 조합을 활용한다.

5) 평가

스웨덴의 정치 환경은 비교적 안정적이다. 선거결과와 선거관리기구의 업무는 자주 비판되거나 논쟁거리가 되지는 않는다. 선거관리기구의 권고는 일반적으로 존중되어 처리되고 있다. 2012년 4월 1일부터 스웨덴 선거청은 'ECI(European Citizens' Initiative)'[75) 지원성명의 비준 및 확인의 추진기구이다.[76)

중앙선거관리기구는 법무부를 통하여 선거입법과 실무의 변화 및 개선을 제안할 수 있다. 중앙선거관리기구는 선거입법과 실무에서의 변화의 촉매가 되었던 사례들이 있었으며, 다른 경우 단순한 참가자로서 활동하거나 고려될 필요가 있는 이슈에 관해 법무부에 제안하기도 하였다. 논란이 있는 결정을 내려야 하면, 위원, 정치가, 선거관리기구의 공무원과 정부는 투표가 아니라 협의를 거쳐 합의에 이르고자 노력한다.

6) 가설의 검증

의원내각제 스웨덴이 정부형 모델이라는 점에서 의원내각제가 독립형 모델을 선택하지 않는다는 가설은 검증된다[가설 Ⅰ.2.(1) 입증]. 스웨덴 선

---

75) 'ECI'란, EU에서 직접민주주의 확대를 목표로 하는 리스본 협약의 주요 개혁책의 하나이다. ECI는 청년들을 중심으로 에라스무스의 사상에 기초한 시민들 간의 연대에 기초한 하나의 유럽을 만들고자 한다. ECI는 '박애 2020(Fraternité 2020)' 서명과 함께 2012년 5월 9일 시작되었다.
ec.europa.eu/citizens-initiative/public/welcome(2013. 4. 14. 최종 방문).

76) www.val.se/in_english/about_us/index.html(2013. 4. 14. 최종 방문).

거청의 핵심적 업무는 법무부, 외무부, 국세청, 통계청 등 다른 기관들과의 관계 및 협조이다. 의원내각제에서 정부와 선거관리기구 간의 결합 및 협조는 크게 문제되지 않는다[가설 Ⅰ.2.(3) 입증]. 스웨덴의 경우 단일국가로서 중앙선거관리기구가 투표 업무를 위한 자금지원 외에 지방선거관리기구에 관여하지 않는다. 단일국가가 집권적 선거관리기구를 선택한다는 가설은 부당하다[가설 Ⅱ.2.(1) 입증 실패].

스웨덴의 2012년 기준 민주화 지수 총점은 9.73점이고, 선거절차 및 다원주의 점수는 9.58점이다. 스웨덴은 완전한 민주주의에 해당된다. 스웨덴 선거관리기구는 분권화된 정부형 모델이다. 독립형 모델이 민주적 선거에 기여한다는 가설은 부당하고 분권화가 민주적 선거에 기여한다는 가설은 타당하다[가설 Ⅳ.1.(1) 입증 실패, Ⅳ.1.(2) 입증]. 스웨덴은 민주적 선거가 안정화 단계이므로 집권화된 기구나 독립형 모델의 필요성이 크지 않다[가설 Ⅳ.2.(1) 및 Ⅳ.2.(3) 입증].

(2) 영국

1) 개관

영국은 지방정부에 의해 임명된 '선거관리관(returning officer)'이 선거관리를 하는 정부형 모델이다. 영국에서 선거는 기본적으로 지방자치단체가 실시한다.[77] 2001년 창설된 '선거위원회(Electoral Commission)'는 선거관리에 대해 책임을 지지 않는다.[78] 영국의 선거위원회는 레퍼렌덤에 대해서는 책임을 지나, 선거관리의 핵심요소를 담당하는 선거관리기구가 아니다.

---

77) 선거관리관은 해당 지역의 고위직 지방공무원으로서 선거사무만을 전담하는 전임 공무원이 아니며, 실질적 선거관리 임무는 '별도로 모집되는 자(acting returning officer)'가 담당한다(중앙선거관리위원회, 각국의 선거관리기관, 142면, 144면).

78) 영국 선거위원회(www.electoralcommission.org.uk).

영국의 선거는 19세기에 이루어진 소폭의 입법적 개선(선거인 등록, 비밀선거, 선거비용 제한 등)만으로 치러지고 있다. 선거위원회는 영국의 전역 및 지방의 레퍼렌덤을 위해 '개표총괄관(chief counting officer)'을 임명한다. 레퍼렌덤에 관한 한 선거위원회는 독립형 모델 선거관리기구로 기능한다. 닐 보고서가 계기가 되어 설립된 선거위원회는 21세기 초의 선거가 20세기 초의 선거와는 다른 양상임을 보여주는 것이다. 이하에서 영국 선거위원회의 출범을 낳은 닐 보고서의 내용을 살펴본다.

1997년 집권한 노동당 정부는 이전 보수당 정부가 구성하였던 '공공생활표준위원회(the Committee on Standards in Public Life)'의 위원장으로서 닐 경(Lord Neill of Bladen)을 선임하여 정치자금 및 정당 관련 법제에 관한 개선안을 마련하도록 하였다.[79] 닐 보고서는 공공생활표준위원회의 5번째 보고서로서 공공생활의 윤리적 문제들을 다루었던 그 이전의 4개 보고서와 달리 공공정책에 관한 광범위한 이슈들을 다루고 있다.

닐 보고서는 주요 정당들이 거액 기부자에 의해 영향을 받고 있음에도 의심스런 자금의 출처에 관한 공중의 인식이 부족한 점에 주목한다. 닐 경은 보고서 서문 수상에게 보낸 편지에서 현대 정치의 요구사항을 충족시키고 영국을 다른 성숙한 민주국가들에서 이루어지고 있는 최선의 실무로 이끌기 위해서는 근본적으로 새로운 체계가 필요함을 확신한다고 서술한다.[80]

닐 보고서는 '선거위원회'에 관하여 제11장에서 다룬다. 제11장은 선거위원회의 역할, 구조, 구성이 주요 내용이다. 위 보고서는 선거위원회가 선거와 레퍼렌덤에 대한 감독과 선거법과 선거행정 관련 권고의 역할, 집행의 역할, 조사의 역할, 자문의 역할, 선거실시에 관한 역할을 해야 하지만, 선거위원회가 법원이거나 실질적 사법권을 가져서는 아니 된다고 본다.[81]

---

79) 문성현, "영국의 정치부패방지제도", 한국부패학회보 제9권 제1호, 한국부패학회, 2004. 1., 65~81면.

80) "Fifth Report of the Committee on Standards in Public Life : The Funding if Political Parties in the United Kingdom", The Stationery Office(London), 1998.

닐 보고서는 선거위원회가 독립적이고 공평한 기구여야 한다고 주장한다. 선거위원회 구성원은 비당파적 기반에 근거하여 비당파적 절차를 거쳐 선택된다(미국의 선거위원회와 다르다). 구성원은 주요 정당의 지도자들에 의해 수용될 수 있는 사람이어야 한다. 위원회의 구성원은 상당 기간의 임기와 임기보장을 부여받아야 한다. 위원장은 상근이다. 위원회는 위원 5명으로 구성된다. 재정적 독립은 선거위원회의 독립을 위한 주요 전제조건이다.[82]

2) 법률 체계

선거위원회는 2000년의 '정당, 선거 및 레퍼렌덤에 관한 법률(Political Parties, Elections and Referendums Act, PPERA, 2000)'에 따라 설치되었다. 이 법은 위원회 기구 구조의 개요를 정하고 위원회에 권한을 부여한다. 이 법은 선거위원회가 직접 책임지는 사무와 관련하여 규칙 제정권(2차 입법)을 부여한다.

3) 기구 구조

선거위원회는 5명의 위원과 4명의 부위원으로 구성된다. 위원장은 위원 중에서 의회가 임명한다. 위원장은 상근이고, 나머지 위원들은 비상근이다. 2인 이상의 하원의석을 가진 정당 대표자들이 협의를 거쳐 위원을 임명한다. 위원의 임기는 10년을 넘지 않는 범위에서 임명 당시의 의회가 정한다. 위원회가 운영되는 동안 선거위원회는 수상에 의해 관리되고, 고위 간부 및 100명이 넘는 직원으로 구성된 팀의 지원을 받는다. 직원의 대부분은 런던 사무소에서 근무하고, 벨파스트, 카디프와 에든버러에는 그보다 작은 사무소가 있다.

---

81) *Ibid.*, pp. 147~149.
82) *Ibid.*, pp. 149~150.

4) 권한

선거위원회는 ① 정당등록, ② 정당에의 큰 금액의 기부에 대한 감시 및 공표, ③ 정당의 선거비용 규제, ④ 선거와 레퍼렌덤의 실시에 관한 보고서 작성, ⑤ 선거법과 선거절차 검토, ⑥ 정부의 제도개혁에 관한 자문, ⑦ 선거·레퍼렌덤의 실시와 관련 있는 사람에 대한 자문, ⑧ 선거제도 관련 대중의 인식 증진, ⑨ 선거구 검토 등에 대해 책임을 진다. 선거위원회는 잉글랜드 지방정부 선거구를 검토하는 업무를 떠맡기 시작한 2002년 이래로 계속해서 선거구 검토를 담당하고 있다.[83]

위원회는 직접적으로는 의회에 대하여 책임지고 정부에 대해서는 책임을 지지 않는다. 위원회 업무의 대부분은 일반 대중들을 대상으로 하는 것이나, 몇 가지 법정 기능과 관련하여서는 위원회는 주무장관에게 보고서를 작성할 책임이 있다. 예를 들어, 위원회의 선거법에 대한 검토는 'DCA (Department for Constitutional Affairs)'의 주무장관에게 보고되어야 한다.

5) 전문화

위원회의 많은 직원들은 전직 선거실무자와 선거담당 직원을 위한 전문기구인 '선거행정가협회(the Association of Election Administrators, AEA)'의 구성원들이다. 직원들은 관련 전문지식을 가지고 있다. 정당재정규제 담당직원의 다수가 회계 또는 감사의 배경지식을 보유하고 있다. 위원회는 직원의 전문성을 강화하기 위한 훈련에 소요되는 예산상의 여유가 있다.

6) 평가

선거위원회는 선거법을 제·개정할 권한은 없다. 정부는 선거법 개정에 관하여 위원회와 상담해야 하는 법적 구속을 받는다. 위원회 공무원들은 정부

---

83) 영국 선거위원회는 잉글랜드선거구위원회를 통하여 선거구 문제에 관해 자문을 한다(중앙선거관리위원회, 각국의 선거관리기관, 143면).

공무원들과 입법의 초기 단계부터 밀접하게 함께 일한다. 위원회는 법안 작성이 완료되면 공식적인 입장을 제출한다. 위원회는 선거, 레퍼렌덤, 정당의 등록·재정, 정치 광고에 관한 문제 등 많은 이슈를 검토하여야 한다.

위원회의 검토 결과 도출된 입법적 권고는 의회에 의해 채택될 때에만 효력이 있고, 그 과정은 정부 지원 없이 거의 이루어질 수 없다. 위원회에 의해 만들어진 수많은 권고가 정부로 하여금 선거개혁 입법으로 이끌었다. 다만, 정부 입장에서 위원회의 제안을 지원하거나 진행시킬 의무가 있는 것은 아니다.

선거위원회 및 위원장 제니 왓슨(Jenny Watson)은 2010년 5월 치른 총선거의 처리에 관하여 광범위한 비판들을 받고 있다. 또한, 선거위원회는 'the Speaker's Committee'[84]를 거쳐 연간 예산을 의회에 의해 승인받아야 하는 제약을 받는다. 의회는 위원회 예산의 일부를 거절할 수 있고 이 경우 위원회가 받는 자금의 규모에 따라 위원회의 업무계획은 제한받게 된다.

선거위원회가 선거개혁을 시도하는 역량의 한계를 설정하는 명백한 제약이 있다. 위원회 스스로 제안을 실현할 수 없다는 것은 사실이다. 그러나 위원회가 영국의 선거 현대화의 의제를 향하여 나아가는 촉매를 제공하였다는 점은 분명하다. 선거위원회는 수많은 선거행정가, 정당 및 대중구성원에게 필수적인 조언과 지원을 제공하고 있다.

7) 가설의 검증

의원내각제 영국은 정부형 모델을 택한다[가설 Ⅰ.2.(1) 입증]. 레퍼렌덤 등을 담당하는 선거위원회는 의회에 의해 구성되고 의회에 대해 책임진다

---

84) The Speaker's Committee on the Electoral Commission 또는 the Speaker's Committee란, PPERA에 근거하여 선거위원회를 조사하기 위하여 만들어진 기구이다. 이 기구의 구성원을 통해 선거위원회는 장관들과 같은 방식으로 하원에서 질문을 받고 답변을 한다.

[가설 Ⅰ.2.(2) 입증]. 영국 선거위원회는 행정부와 입법추진에 관하여 협조한다[가설 Ⅰ.2.(3) 입증].

영국은 단일국가로서 분권화된 정부형 모델이다[가설 Ⅱ.2.(1) 입증 실패]. 단일국가의 경우 국가선거와 지방선거 모두 중앙(국가)선거관리기구가 담당한다는 가설은 실제 선거실시 사무를 지방정부에서 임명한 선거관리관이 수행하는 영국에 대입하면 사실이 아니다[Ⅱ.2.(2) 입증 실패].

영국 선거위원회는 선거관리의 필수적인 요소가 아니라 레퍼렌덤에 대해 책임지며 정치자금, 선거비용 규제 사무, 정치제도 개혁에 관한 검토와 자문 등을 담당한다. 고도의 정치적 중립성과 정책적 판단을 요구하는 업무는 독립된 선거위원회에서 담당한다는 가설은 타당하다[가설 Ⅲ.2.(2) 입증].

영국의 2012년 기준 민주화 지수 총점은 8.21점, 선거절차 및 다원주의 점수는 9.58점이다. 독립형 모델을 선택하는 것이 민주적 선거에 기여한다고 볼 수는 없다[가설 Ⅳ.1.(1) 입증 실패]. 분권화된 선거관리기구의 장점은 인정된다[가설 Ⅳ.1.(2) 입증]. 영국의 경우 민주적 선거가 안정화 단계이므로 독립형 모델을 선택할 필요성이 크지 않다. 선진 민주주의 국가가 정부형 모델을 유지하면서 분권화의 장점을 활용하는 선거관리를 한다는 가설은 검증된다[가설 Ⅳ.2.(1) 및 Ⅳ.2.(3) 입증].

(3) 미국

1) 개관

미국은 세계에서 가장 오래된 입헌 공화국이고 17세기 영국인들이 정착한 이래로 선거를 실시한 나라이다. 미국에는 선거를 실시하는 국가조직이 없었다. 미국에서 선거행정은 어떤 국가보다도 분권화되어 있다. 선거구 수준의 약 13,000개의 독립체들이 선거실시를 담당한다. 50개 주들은 이론적

으로 선거감독에 대하여 책임이 있지만, 선거구보다 많은 권한을 가진 주
는 없다. 연방정부는 선거에 최소한으로 관여한다.

1787년 헌법에서 '선거인단(Electoral College)'을 도입하여 선거인단이
투표자와 대통령과 부통령의 최종선택 사이를 중개하도록 하였다. 이는 18
세기에는 '진보적인 혁신'이었으나, 21세기에는 '시대착오적인 것'이다. 헌
법은 선거인단을 위한 선거인을 선택하는 절차결정에 관하여 주에 책임이
있다고 정하는 것을 제외하고는 선거행정에 관해 정하지 않는다.

개별 주는 선거행정의 책임을 선거구 수준에 맡기는데, 이는 대부분의
선거가 지방공무원을 선출하는 것이기 때문이다. 카운티와 지방자치단체는
선거인을 등록하고 투표용지를 디자인하며 투표기계를 구입하고 투표소
공무원을 훈련한다. 지방선거당국을 지원할 예산을 가진 주는 거의 없다.
실제로 주는 선거실시에 관한 권한이 거의 없다.

미국의 경우 국가 수준에서 실시되는 유일한 선거는 선거인단에 의해 실
시되는 것이다.[85] 미국인들은 4개의 국가공무원들(대통령, 부통령, 상원·
하원의원)에 대해 투표하지만 이들과 다른 모든 선거들은 주의 책임이다.
선거당국들은 매우 다른 방식으로 구성되고 구성상의 변경이 이루어진다.
대부분의 선거공무원들은 선거구 수준에서 선출된 시장이 임명하고 정당
이 임명하기도 한다. 어떤 선거공무원들은 공무원이다.

선거운동 제도에 관하여 몇 가지 개혁들이 20세기 초의 '진보시대'에 달
성되었지만, 선거와 정치는 여전히 돈에 의해 좌우되었다. 주법은 주와 선
거구의 선거를 규제했다. 워터게이트 사건 이후 '연방선거운동법' 형태로

---

85) 선거관리의 기본적 임무를 공직선거에서 후보자등록을 받고 선거운동을 관리하며
투표 및 개표관리를 통해 당선인을 결정하는 것으로 본다면, 미국에서는 연방차원
의 선거관리기구가 존재하지 않는다. 연방선거사무 가운데 유일하게 연방정부가
담당하는 것은 대통령선거에서 선거인단이 각 주 수도에서 투표하여 워싱턴 D.C.
로 송부한 투표지를 연방정부 상·하원 합동회의에서 개표하여 정·부통령 당선인을
결정하는 선거에 불과하다(중앙선거관리위원회, 각국의 선거관리기관, 27~28면).

연방 수준의 중요한 개혁이 최초로 실시되었고, 결국 '연방선거위원회'의 출범을 낳았다.

2000년 대통령 선거에서 후보자 앨버트 고어는 '일반투표'에서는 승리하고도 플로리다 주의 537표차로 패배하였다. 재검표를 둘러싼 논쟁은 대법원에서 대법관 5:4 견해로 결정되었다. 플로리다 재검표 사건에서 선거종료 후 몇 주 지났음에도 득표수를 계산하지 못하는 등 주정부의 투·개표시스템에 문제가 있음이 확인되었다. 연방정부는 2002년에 선거개혁 조치를 단행하였다. 하원은 선거행정에 관한 최초의 연방법인 '투표지원법(the Help America Vote Act of 2002, HAVA)'을 통과시켰는바, 그 주된 내용은 선거인명부관리 및 투·개표시스템의 개선이다.

2) 법률 체계

연방헌법 제1조 제4절은 "상원의원과 하원의원에 대한 선거의 시기, 장소 및 방법은 각 주의 의회가 정한다. 그러나 연방의회는 법률에 의하여 언제든지 그러한 규정을 제정 또는 개정할 수 있다."고 규정한다. 연방헌법 제2조 제1절 제2항은 "각 주는 해당 주의 의회가 정하는 바에 따라 그 주가 연방의회에 보낼 수 있는 상원의원과 하원의원의 총수와 동수의 선거인을 임명한다."고 규정한다.

그 결과, 미국에서는 후보자 등록, 선거운동 관리, 투·개표, 당선인 결정까지의 선거관리 절차가 독립적으로 개별 주, 카운티 또는 시티 차원에서 자치 법규로써 규정되고 있다. 헌법에 따라 광범위한 권한이 부여된 주가 자체 선거법을 제정하여 각종 선거를 관리하고 있다. 선거관리기구의 조직, 권한 등은 주별로 다양한 형태를 취하고 있다.[86]

선거관리의 범위가 단순한 투·개표의 범위를 벗어나 확장됨에 따라 주

---

86) 남재희, "미국의 연방선거위원회와 선거운동자금제도", 선거관리 제45권, 중앙선거관리위원회, 1999. 12., 102~103면.

정부가 처리하기 어렵거나 관리하기에 부적절하다고 여겨지는 사무의 처
리를 연방정부가 담당하면서 연방 차원 선거관리기구 설치가 시작된다. 정
치자금 및 선거비용을 규제할 목적으로 워터게이트 사건이 발생된 후 '연
방선거운동법'이 제정되고 그에 따라 '연방선거위원회'가 발족되었다. '투
표지원법'이 제정된 후 '선거지원위원회'가 설립되었다.87)

선거운동 자금조달의 광범위한 변화에 맞춰 1971년 입법화된 '연방선거
운동법(Federal Election Campaign Act, FECA)'이 1974년 개정되었고, 그
에 따라 선거운동의 자금조달을 규제하기 위하여 1975년 설립된 기구가
'연방선거위원회'이다. 미국 연방선거위원회는 세 가지 법률, 즉 ① 연방선
거운동자금법(Federal Election Campaign Finance Act), ② 대통령선거운
동기금법(Presidential Election Campaign Fund Act), ③ 대통령예비선거보
조기금계정법(Presidential Primary Matching Payment Account Act)의 집
행을 담당하고 있다.

'투표지원법(the Help America Vote Act of 2002, HAVA)'은 선거행정
에 관한 이슈를 다루는 유일한 국법이다. 투표지원법은 투표를 위한 국가
적 표준과 요건을 정하고 있지만, 그 대부분은 투표지원법에 의하여 설립
된 '선거지원위원회(the Election Assistance Commission, EAC)'로부터 각
주가 자금지원을 받는다고 결정한 것에 따른 조건부이다. 새로운 법률은
주로 하여금 선거실시에 관한 권한을 회수하고 국가 수준에서 통일성을 갖
춘 방식으로 선거를 수행하도록 돕는 것을 목표로 한다.

투표지원법은 각 주에 대해 2006년 1월 1일까지 법을 완전히 준수하도
록 지시했지만, 많은 느림보들이 있었다. 투표지원법은 충분한 통일성을 제
시하거나 선거지원위원회에 대해 모든 주로 하여금 시민의 투표권을 보장
하도록 확인하는 실질적인 권한을 부여하지는 않는다.

---

87) 미국 연방선거위원회(www.fec.gov), 선거지원위원회(www.eac.gov).

3) 연방선거위원회의 기구 구조

연방선거위원회는 연방선거운동법 제437조c(a)항을 근거로 설립된 독립기구이다. 연방선거위원회는 대통령이 상원의 조언과 동의를 얻어 임명하는 6인의 위원으로 구성된다.[88] 연방선거위원회는 '독립규제위원회(independent regulatory agency)'이다.

연방선거위원회는 원래 대통령이 임명하는 6인의 위원 이외에 상원사무총장 및 하원사무총장이 표결권 없는 당연직 위원으로 참여하도록 규정되어 있었으나, 미연방대법원이 Buckley v. Valeo 사건[89]에서 상원 및 하원의 사무총장이 연방선거위원회 당연직 위원으로 참여하는 것은 헌법상 권력분립원칙에 위반된다고 판결함에 따라 현재 대통령이 임명하는 6인의 위원으로만 구성된다. 위원들 모두 상근직이다. 위원 임기는 6년이고 위원들의 3분의 1씩 2년마다 임기를 마치며 연임이 가능하다.[90]

위원회에서 3인을 초과하는 위원이 동일 정당에 속하는 것은 불가능하다.[91] 위원장 및 부위원장은 위원의 호선에 의해 선출된다(관례적으로 매년 12월에 실시). 위원장과 부위원장은 임기 1년에 1회 연임이 가능하다. 위원장과 부위원장은 동일 정당 소속이 아니어야 한다. 위원회의 어떠한 공식적인 조치를 위해서는 최소 4표가 필요하다.[92] 이를 두고 비평가들은 이 같은 구조가 '3대3투표'의 '교착상태'를 야기한다고 주장하나,[93] 다른 비평가들은 교착상태가 실제로는 매우 드물다고 분석한다.[94]

연방선거위원회는 연방선거 선거운동 과정에 참여하는 사람의 민원을

---

88) *United States Government Manual 2012*, U.S. Government Printing Office (Washington, D.C), 2012, p. 353.
89) Buckley v. Valeo, 424 U.S. 1 (1976).
90) 2 U.S.C. §437c(a)(2).
91) 2 U.S.C. §437c(a)(1).
92) 2 U.S.C. §437c(a)(5).
93) www.foreffectivegov.org/node/11215(2013. 1. 21. 최종 방문).
94) moresoftmoneyhardlaw.com/news.html?AID=1410(2013. 1. 21. 최종 방문).

확인하고 선거기금의 모금과 지출을 규율하는 법률을 집행하는 것에 관한 배타적인 관할을 가진다. 연방선거위원회의 주된 임무는 선거비용의 공표를 제공하는 것과 선거비용에 관한 법률과 규율에 관한 정보를 공중에게 알림으로써 그 자발적인 이행을 확보하는 것이다.[95]

4) 선거지원위원회의 기구 구조

선거지원위원회는 4년 임기의 4명의 위원으로 조직된다. 1회에 한하여 재임명될 수 있다. 같은 정당 소속이 2명을 초과할 수 없어서 위원들 중 2명은 공화당이, 2명은 민주당이 지명한다. 이들은 양원 원내총무, 소수당의 대표, 원내총무의 추천을 받아 상원의 동의를 받아 대통령이 임명한다.[96] 위원 4인 중 1인의 위원장과 부위원장을 선출하며 그 임기는 1년이다.[97] 선거지원위원회의 결정은 위원 과반수의 승인이 필요하다.[98]

5) 역할의 분담

연방선거위원회의 권한은 일반감독권, 법 집행권, 규칙제정권, 입법권고권, 수지보고서(정치자금의 수입·지출에 관한 보고서)의 수리 및 공개이다. 연방선거위원회의 주요 권한과 임무는 첫째 후보자별 연방정부의 선거보조금 관할, 둘째 후보자별 선거자금 모금 및 지출상황 보고서 접수 및 검토, 셋째 연방선거운동법 해석에 관한 사항의 심의 및 권고적 의견 발표, 넷째 연방선거운동법 위반 사례에 대한 조사 및 시정지시(벌금부과 포함) 및 법원에의 고소 등이다.[99]

---

95) *United States Government Manual 2012*, U.S. Government Printing Office (Washington, D.C), 2012, p. 353.

96) "the Help America Vote Act of 2002" Section 203(a).

97) "the Help America Vote Act of 2002" Section 203(c).

98) "the Help America Vote Act of 2002" Section 208.

99) 허영, "중앙선거관리위원회의 헌법상 지위와 권한", 선거관리 제41권, 중앙선거관

선거지원위원회는 노후 투표장비 매입과 신규 투표장비 구입 지원을 위한 연방예산의 집행, 투표장비에 관한 표준 설정과 성능 인증 등에 관한 사무를 맡는다. 선거지원위원회의 활동은 위원 3명의 승인을 필요로 하나, 규제권한은 명백히 제한된다. 선거지원위원회는 규범을 제정할 수 없고, 규칙을 공포할 수도 없으며, 주나 선거구에 대해 강제하는 조치를 취할 수 없다.

선거관리에 대한 책임을 지는 기구 구조는 주와 선거구 수준에 남아있다. 대부분의 주에서 주무장관(Secretary of State)이 선거 실시에 대하여 책임을 지지만, 카운티와 시에서는 선거위원회가 선거관리기구이다. 카운티선거위원회, 시선거위원회가 선거를 실시한다. 주와 선거구의 선거담당 직원들 중의 일부는 공무원이고 지방의 선출직 공무원에 의해 임명되기도 하지만 보통은 정당에 의해 임명된다.

선거사무소에 관한 행정조직은 주마다, 지역마다 매우 다양하다. 전체의 3분의 2 정도에서 주 단위 선거관리기구를 '주무장관(Secretary of State)'으로 구성하고 있지만, '주선거위원회(State Board of Elections)'나 '부지사(Lieutenant Governor)'로 구성하고 있는 주도 있다. 주무장관과 주선거위원회가 선거에 관한 권한과 책임을 나누어 갖는 주도 있다.

34개 주100)의 경우 '주무장관, 선거관리인(Secretary of State, Secretary of the Commonwealth, Coordinator of Elections)'이 선거주무기구이고, 15개 주101)의 경우 '주선거위원, 주선거위원회, 선거과, 선거사무소, 선거 및

리위원회, 1995. 12., 11~12면의 각주 28).

100) 앨라배마, 애리조나, 아칸소, 캘리포니아, 콜로라도, 코네티컷, 플로리다, 조지아, 아이다호, 켄터키, 루이지애나, 메인, 매사추세츠, 미시간, 미네소타, 미시시피, 미주리, 몬테나, 네브래스카, 네바다, 뉴햄프셔, 뉴저지, 뉴멕시코, 노스다코타, 오하이오, 오리건, 펜실베이니아, 로드아일랜드, 테네시, 텍사스, 버몬트, 워싱턴, 웨스트버지니아, 와이오밍.

101) 주선거위원은 델라웨어, 아이오와, 컬럼비아특별구 선거 및 윤리 위원회는 컬럼비아특별구, 선거사무소는 하와이이고, 선거부는 인디애나, 선거위원회는 일리노이,

윤리 위원회(State Election Commissioner, State Board of Elections, State Election Commission, Department of Elections, Office of Elections, District of Columbia Board of Elections and Ethics)'가 선거주무기구이다. 2개 주[102]의 경우 '부지사(Lieutenant Government)'가 선거주무기구이다.[103]

7개 주에서 주선거위원회가 선거과정을 감독하고 있다. 주무장관, 부지사, 선거위원회 등은 지방선거관리공무원에게 선거법 개정사항 등을 통지하고 선거관리에 관한 새로운 절차·방법·지침을 시달하며, 최종 선거결과를 확인·공표한다. 평상시 업무는 지방선거관리공무원에 대한 선거관리의 교육을 책임지는 것이다. 대부분의 주에서 선거관리기구는 유권자 등록신청의 접수처리, 선거과정 일반에 관한 안내활동 등을 수행한다.[104]

13,000개 카운티들과 지방자치단체들은 선거과정의 모든 단계에서 실질적으로 운영하는 업무를 계속하고 있다. 투표지원법 시행에 따라 연방정부가 50개 주에 대해 통일된 규범을 강제할 더 많은 권한을 가질 것이라고 기대되고는 있지만, 최근까지도 그러한 권한을 부여할 만큼 법률이 강력하지는 못하다.

6) 재정과 책임

투표지원법에 따라 연방정부는 2003년부터 2005년까지 새로운 기계와 장치를 구입하기 위해 30억 달러 정도를 주에 지원하였다. 선거지원위원회는 취약한 기구이다. 운영 첫 해인 2004년에 사무실 운영을 위한 2백만 달

캔자스, 메릴랜드, 뉴욕, 노스캐롤라이나, 오클라호마, 사우스캐롤라이나, 사우스다코다, 버지니아, 위스콘신이다.

102) 알라스카, 유타.

103) infousa.state.gov/government/elections/tech3.html(2013. 1. 28. 최종 방문)에서 각 주별로 주선거관리기구 및 하급 선거관리기구의 구성, 권한 등에 관하여 자세히 설명하고 있다.

104) 남재희, 앞의 논문, 103~104면.

러만을 지원받을 수 있었다. 연방선거위원회와 선거지원위원회는 하원, 행정부 및 법원에 대해 책임을 진다. 지방당국은 1차적으로 지역사회에 대해 책임을 지고, 2차적으로 주공무원과 법원에 대해 책임을 진다.

7) 평가

미국 건국 초기 조지 워싱턴의 반대자들은 워싱턴이 군주제를 윤색한 대통령제를 만든다고 두려워했다. 워싱턴은 열두 명도 채 안 되는 행정부 관리를 두고 새로운 국가를 통치하였다.[105) 유념할 사항은 미국 선거사무 중 연방정부에서 관여하는 것은 대통령선거의 선거인단이 정·부통령 당선인을 결정하는 것에 한정된다는 점이다. 선거실시의 핵심 요소를 담당하는 것이 선거관리라는 정의에 따르면, 미국의 경우 연방차원의 선거관리기구는 존재하지 않는다. 이는 연방헌법 제1조 제4절, 제2조 제1절 제2항에 부합된다.

워터게이트 사건은 1972년 6월 대통령 리처드 닉슨의 재선을 획책하는 비밀공작반이 워싱턴 워터게이트빌딩에 있는 민주당 전국위원회 본부에 침입하여 도청장치를 설치하려다 발각·체포된 사건이다. 닉슨정권의 선거방해, 정치헌금의 부정·수뢰·탈세 등이 드러났으며, 1974년 닉슨은 대통령직을 사임하게 되었다. 임기 도중 대통령이 사임한 것은 미국 역사상 최초이다. 그에 따라 정치자금과 선거비용을 규제하고자 설치된 기구가 연방선거위원회이다. 미국의 경우 행정부를 통제하는 작용 측면에서 연방선거위원회가 도입된 점에 비추어 보면 Buckley v. Valeo 사건의 결론에 동의할 수 없다.

원래 미국의 선거실무는 주정부가 담당하고 연방정부는 거의 개입하지 않는다. 주마다 부지사, 주무장관, 주선거위원회 등이 선거를 관리하고 있다. 플로리다 재검표 사건 이후로 투표지원법에 따라 설립된 선거지원위

---

105) 벤자민 R. 바버(이선향 역), 강한 시민사회 강한 민주주의, 일신사, 2006, 62면.

원회는 선거행정의 핵심에 있어 각 주가 준수할 최소한의 기준을 마련하
는 제도이다. 하지만, 선거지원위원회는 연방정부가 주 선거사무에 개입해
서는 안 된다는 원칙에 머물러 기준을 강요하지 못하고 있고 지원 방식을
취하고 있다.106) 선거지원위원회는 연방정부가 주정부에 대해 새로운 투
표장비·유권자등록리스트에 관한 투자자금을 조달하는 메커니즘에 불과
하다. 선거지원위원회는 선거실시의 핵심요소를 담당하는 선거관리기구가
아니다.

　미국에서 선거공무원은 정당의 힘에 많이 의존하는 자리이고 대체로 이
러한 성격은 변하지 않았다. 지방 수준에서 임시직 직원을 구하기 어렵다.
2000년 대통령 선거의 경우 약 1억 명의 유권자가 약 20만 투표소에서 투
표하였다. 대부분 거의 훈련을 받지 못한 약 1,400만 명의 선거직원이 필요
하며 이들은 약 2만 명의 선거관리자에 의해 감독을 받는다. 미국에서 선
거업무의 전문성에 차이가 발생하는 것은 불가피하다. 미국 선거행정의 장
점과 단점은 모두 분권화에서 기인한다. 미국의 선거행정은 자치권을 폭넓
게 인정하지만 통일성이 없다. 미국인 대부분은 선거과정보다 결과에 관심
을 가지지만, '근소한 표차의 선거들'에서 선거과정이 재조명을 받고 있다.
많은 항의들이 제기되고 있는데 그에 대처하기 위해 연방정부는 법령의 통
일성을 높일 필요가 있다.

8) 가설의 검증

　워터게이트 사건이 계기가 되어 연방선거위원회가 설치된 것은 불법 정
치자금 수수 문제를 해결하고 정치활동의 투명성을 높이기 위한 데 있다.
이 문제를 주에 맡기기에는 무게가 있고 파급효가 크다. 연방선거위원회는
단순한 선거관리기구가 아니다. 행정부의 통상 선거사무 개입을 막고자 연

---

106) www.eac.gov/about_the_eac/help_america_vote_act.aspx(2013. 4. 14. 최종 방문).

방선거위원회가 설립되었다고 볼 수 없다. 미국의 연방정부가 관여하는 선거는 선거인단의 정·부통령 선거 밖에 없고, 연방선거위원회는 다른 국가와 같은 선거관리기구의 개념에 포섭되지 않는다. 가설 Ⅰ.1.(1)과 Ⅰ.1.(2)는 미국에 적용되지 않는다고 본다.

미국은 연방국가로서 분권화된 정부형 모델을 선택하고 있다[가설 Ⅱ.1.(1) 및 Ⅱ.1.(2) 입증]. 미국에서는 선거사무가 주사무이므로 연방선거와 주선거를 분장하는 것이 아니라 선거사무는 주와 지방자치단체가 담당한다.

미국에서 플로리다 재검표 사건 후 선거실시 사무의 통일성, 일관성을 확보하고자 연방 차원에서 주의 선거사무를 지원하는 선거지원위원회가 설립되었다. 연방선거위원회는 선거관리의 핵심요소를 맡는 기구가 아니라 정치자금, 선거비용 규제 사무, 정치제도 개혁에 관한 검토와 자문 등을 담당하는 기구이다. 고도의 정치적 중립성과 정책 판단을 요구하는 업무는 독립된 위원회가 담당한다는 가설은 타당하다[가설 Ⅲ.2.(2) 입증].

미국의 2012년 기준 민주화 지수 총점은 8.11점, 선거절차 및 다원주의 점수는 9.17점이다. 독립형 모델을 택하는 것이 민주적 선거에 기여한다는 가설은 부당하고, 분권화가 가진 장점은 인정될 수 있다[가설 Ⅳ.1.(1) 입증 실패, Ⅳ.1.(2) 입증]. 미국의 경우 민주적 선거가 안정화 단계이므로, 독립형 모델을 도입할 유인이 약하고, 분권화된 정부형 모델의 선거관리기구를 운영하고 있다고 볼 수 있다[가설 Ⅳ.2.(1) 및 Ⅳ.2.(3) 입증].

2. 혼합형 모델

(1) 일본

1) 개관

일본 헌법 제47조[107]는 선거구, 투표방법 기타 양의원 의원 선거에 관한 사항을 법률로 정하도록 한다. 공직선거법 제5조 내지 제6조는 선거관리에 관하여 정하고 있다.[108] 일본 '중앙선거관리회(中央選擧管理會)'는 공직선 거법(公職選擧法) 제5조[109] 및 제5조의2에 설치 근거를 둔 법률상의 선거관 리기구이다. 중앙선거관리회는 총무성(總務省)[110] 산하의 합의제기구이다.

2) 기구 구조

비례대표 하의 중의원·참의원의 구성원 선거에 관하여 중앙선거관리회 가 담당하는 것은 일본의 혼합된 병행적 선거제도의 요소이다. 중앙선거관

---

107) 日本國憲法 第四十七條 選擧區、投票の方法その他兩議院の議員の選擧に 關する事項は、法律でこれを定める。

108) 일본 공직선거법은 제5조의2에서 중앙선거관리회의 구성 및 운영, 제5조의3에서 중앙선거관리회의 기술적 조건 및 자료제출 요구(技術的な助言及び勸告並び に資料の提出の要求), 제5조의4에서 중앙선거관리회의 시정의 지시(是正の指 示), 제5조의5에서 중앙선거관리회의 처리기준(處理基準), 제6조에서 총무장관, 중앙선거관리회, 도도부현의 선거관리위원회 및 시·읍·면의 선거에 관한 계몽, 주지 등(選擧に關する啓發、周知等)을 정한다.

109) 公職選擧法(最終改正：平成二四年一一月二六日法律第九五号)
第五條　この法律において選擧に關する事務は、特別の定めがある場合を 除くほか、衆議院(比例代表選出)議員又は參議院(比例代表選出)議員の選 擧については中央選擧管理會が管理し、衆議院(小選擧區選出)議員、參議 院(選擧區選出)議員、都道府縣の議會の議員又は都道府縣知事の選擧につ いては都道府縣の選擧管理委員會が管理し、市町村の議會の議員又は市 町村長の選擧については市町村の選擧管理委員會が管理する。

110) 일본 총무성(www.soumu.go.jp).

리회는 의회에 의한 지명을 기초로 내각총리대신이 임명하는 위원들로써
조직된 독립기구이다.

중앙선거관리회의 위원은 5명이고, 위원 임기는 3년이다. 위원 임명 시
동일 정당 등 정치단체에 속하는 사람을 3인 이상 임명할 수는 없다. 동일
정당이나 정치단체에 소속된 사람이 3인 이상 위원으로 임명된 때에는 내
각총리대신은 그 중 2인 이외의 위원을 파면해야 한다. 중앙선거관리회 규
정 제1조는 위원장은 호선하되 무기명투표에서 최다득표자를 당선자로 하
도록 규정한다.

지방 선거관리위원회는 지방자치법 제181조에 따라 지방 공공단체[도도
부현(都道府縣), 시정촌(市町村)]에, 같은 법 제283조 제1항에 따라 특별구
(特別區)에, 같은 법 제252조의20 제4항에 따라 정령지정도시(政令指定都
市)의 행정구역에 각각 설치되는 특별기구이다.111) 지방 선거관리위원회는
4명의 위원으로 구성되며, 위원 임기는 4년이다.

중앙선거관리회와 각급 선거관리위원회 간의 관계는 법령의 범위 내에
서 자체 책임 하에서 그 직무를 수행하되, 법령에서 정해진 이외의 사항은
상급기구의 훈시로 정하고 있다. 투·개표는 시정촌 선거관리위원회에서 전
담한다.

---

111) 地方自治法(最終改正 : 平成二四年一一月二六日法律第一〇二号)
　　第四款 選擧管理委員會
　　第百八十一條 普通地方公共団体に選擧管理委員會を置く。
　　2 選擧管理委員會は、四人の選擧管理委員を以てこれを組織する。
　　第二百五十二條の二十
　　4 區に選擧管理委員會を置く。
　　第二百八十三條 この法律又は政令で特別の定めをするものを除くほか、
　　第二編及び第四編中市に關する規定は、特別區にこれを適用する。

3) 권한

중앙선거관리회는 모든 공직선거들을 관리하는 기구가 아니다. 중앙선거관리회는 중의원·참의원의 선거에서 비례대표로 선출하는 선거를 관리한다. 중의원(소선거구 선출) 의원, 참의원(선거구 선출) 의원, 도도부현(都道府縣) 의회의원 및 도도부현 지사(都道府縣知事)의 선거는 '도도부현 선거관리위원회(都道府縣の選擧管理委員會)'가 관리한다. 시정촌(市町村) 의회 의원 및 시정촌장(市町村長)의 선거는 '시정촌 선거관리위원회(市町村の選擧管理委員會)'가 관리한다(공직선거법 제5조).

내각 부처 총무성(總務省)은 독임제 기관으로서 실질적인 선거총괄기관이다. 총무성 자치행정국 선거부가 선거사무를 관장하고 있다.[112] 중앙선거관리회의 사무는 총무성 자치행정국 선거부가 총괄하며, 선거관리는 관리과, 정당사무는 정치자금과가 담당한다. 총무성은 참의원(선거구 선출) 선거, 중의원(소선거구 선출) 선거 및 지방공공단체선거 사무에 관하여 도도부현 및 시정촌의 선거관리위원회에 대한 지휘·감독권이 있다.

중앙선거관리회와 지방 선거관리위원회는 선거 관련 사무의 관리 이외에도 공명하고 적정한 선거를 위한 선거인(유권자)의 정치상식 향상에 노력하고, 투표 방법, 선거법 위반 등 선거에 필요한 사항을 선거인에게 알리는 직무도 행한다. 이들은 지방공공단체의 의회해산 청구, 의원 및 장의 해직청구 처리 등의 사무도 담당하고 있다. 공직선거법 제7조[113]는 검찰관, 도도부현 공안위원회 위원 및 경찰관은 선거단속에 관한 규정을 공정하게 집행하지 않으면 아니 된다고 규정한다.

모든 도도부현과 시정촌은 '공공적 성격의 행정위원회'라고 볼 수 있는

---

112) 중앙선거관리위원회, 각국의 선거관리기관, 74면.
113) 公職選擧法(最終改正 : 平成二四年一一月二六日法律第九五号)
　　 (選擧取締の公正確保)第七條　檢察官、都道府縣公安委員會の委員及び警察官は、選擧の取締に關する規定を公正に執行しなければならない。

선거관리위원회를 설립한다. 이는 지방당국의 교육, 치안, 지역노동관계, 농업에 관한 위원회 같은 지역 공공위원회와 병렬적이다. 이들 위원회는 각자의 기능을 운영하는 것에 대해 전적으로 책임진다.

일본의 지방자치는 민주적 지방행정을 보장하기 위해 주민이 지사, 시장 및 의원을 직접 선출하고 권력분립과 내부적 견제와 균형 원칙에 따라 기능하도록 하는 제도에 기반하고 있다. 권력이 한 쪽으로 지나치게 집중되는 것을 막기 위해 집행부에 지사, 시장으로부터 독립된 수많은 행정위원회를 둔다. 그 예가 교육위원회, 치안위원회, 선거관리위원회라고 볼 수 있다.

일본 주민등록제도는 지방정부 관할 내 주민의 정확한 신원을 확인하기 위하여 마련되었다. 주민등록은 투표자등록에 관한 데이터, 주거에 관한 문제 등을 비롯하여 공동체 내의 모든 주민들의 통합된 기록들을 포함한다. 주민등록은 건강보험, 세금, 의무교육 등 목적을 위하여 활용된다.

4) 평가

일본의 경우 공직선거법의 해석과 관련하여 도도부현들 사이에 견해의 차이가 있다. 지방자치단체들 간에 선거법에 관한 해석상의 차이가 있다면 그로 인한 갈등과 혼란을 막기 위하여 중앙선거관리회 등의 선거관리기구는 권위 있는 유권해석을 할 필요가 있다. 시정촌의 선거관리위원회의 담당자가 다른 직무를 겸임하고 있어서 행정과 민원 처리가 느리고 정보제공에 혼란이 있다는 지적도 있다.[114] 특히 시정촌 선거관리위원회의 전문성 확보를 위한 노력이 요구되고 필수요원은 상근직원으로 배치하는 등의 개선이 필요하다고 평가된다.

---

114) 중앙선거관리위원회(국제선거지원과), 주요 국가의 선거관리기관(해외통신원 지정과제 제2013-1호), 2013, 81면.

5) 가설의 검증

일본은 의원내각제로서 내각이 선거에 의해 직접 구성되지는 않으므로 독립형 모델을 선택할 논거가 대통령제보다 약하다[가설 Ⅰ.2.(1) 입증]. 중앙선거관리회는 의회의 지명을 받아 내각총리대신이 임명한다. 의원내각제의 선거관리기구의 구성이 의회에 의존한다는 가설은 타당하다[가설 Ⅰ.2.(2) 입증].

일본에서는 비례대표 중의원·참의원 선거는 중앙선거관리회가 관장하며, 나머지 선거는 총무성의 지휘·감독을 받는 지방자치단체의 선거관리위원회가 관장한다. 총무성은 중앙선거관리회 사무를 총괄한다. 의원내각제에서 선거관리기구와 행정부 사이의 교류와 협력은 문제되지 않는다는 가설은 타당하다[가설 Ⅰ.2.(3) 입증].

일본은 단일국가이지만 분권화된 혼합형 모델이다. 단일국가에서 집권적 독립형 모델을 선택한다는 가설은 부당하다[가설 Ⅱ.2.(1) 및 Ⅱ.2.(2) 입증 실패]. 선거실시는 혼합형 모델에서 내무부와 지방자치단체가 담당한다는 가설은 타당하다. 중앙선거관리회는 비례대표 중의원·참의원 의원 선거를 관리하는 기구이지 선거감독을 관리하는 기구는 아니다. 총무성 자치행정국 선거부가 선거사무를 관장한다[가설 Ⅲ.1.(1) 입증].

일본의 2012년 기준 민주화 지수 총점은 8.08점, 선거절차 및 다원주의 점수는 9.17점이다. 독립형 모델이 민주적 선거에 기여한다는 가설은 타당하지 않으며, 분권화의 장점은 인정된다[가설 Ⅳ.1.(1) 입증 실패, Ⅳ.1.(2) 입증]. 일본은 완전한 민주주의 국가로서 분권화된 혼합형 모델을 선택하더라도 선거관리에 지장이 발생하지 않으므로 독립형 모델의 채택 유인이 약하다[가설 Ⅳ.2.(1) 입증 실패, Ⅳ.2.(3) 입증].

(2) 스페인

1) 개관

스페인에서는 1977년 프란시스코 프랑코의 독재가 끝난 이후 처음으로 민주적 선거가 실시되었다. 1977년의 선거는 1978년 스페인 헌법을 개정하는 의원을 선출하는 것이었다. 1978년 헌법은 헌법에서 선언한 모든 사항을 감독하는 신뢰할 만한 선거행정을 포함한 선거과정 전체를 규율하는 조직법이 있어야 한다고 규정한다.

1985년 '총선거제도에 관한 조직법(Ley Orgánica 5/1985, de 19 de junio, del Régimen Electoral General, LOREG)'이 의결되었다. 총선거제도에 관한 조직법은 1994년, 1995년, 1999년, 2003년 개정되었고 그에 따라 '선거위원회(Junta Electorale)'가 조직되었다. 그 기간 동안 6차례의 선거가 정상적 조건 하에서 치러졌다. 스페인에서는 민주적 제도와 정치참여의 수단이 강화되었다.115)

스페인 중앙선거위원회 설치의 간접적 근거는 선거과정을 규율하는 조직법이 있어야 한다고 정하는 헌법이고, 직접적 근거는 보통 법률보다 상위에 있는 법률인 조직법인 '총선거제도에 관한 조직법'이다. 스페인의 중앙선거위원회는 하원116)에서 예산을 받아 업무를 수행하고 있다.117)

2) 기구 구조

스페인은 권력의 지역적 분할에 기초한 자치정부의 분권화된 시스템을 가지고 있다. 선거에는 3단계가 있다. 국가선거(하원·상원), 17개의 자치지방(comunidades autónomas)선거, 선거구선거이다. 모든 수준에서 조직법

---

115) 스페인 내무부(www.mir.es), 스페인 중앙선거위원회(www.congreso.es).
116) Congreso de los Diputados.
117) 중앙선거관리위원회(국제선거지원과), 앞의 책, 87면.

은, 선거와 레퍼렌덤은 선거위원회(중앙선거위원회, Junta Electoral Central)
및 이를 돕는 지방, 지역, 지구 선거위원회의 전적인 감독 하에서 실시된다
고 규정한다. 이들은 모두 독립된 기구들이다. 스페인의 중앙선거위원회와
하급 선거위원회는 선거행정에 관한 책임을 진다.

스페인 하원에서 특별히 임명을 받은 의회 사무처 공무원은 중앙선거위
원회의 사무처 업무를 수행한다. 스페인의 하원 사무총장(Secretario General
del Congreso de los Diputados)은 중앙선거위원회 사무총장(Secretario de
la Junta Electoral Central) 임무를 겸한다.[118]

선거위원회는 선거이슈에서 제기되는 고소와 소청에 앞서 활용되는 중
재과정을 통하여 선거과정을 감독한다. 중앙선거위원회는 상설의 준사법적
조직이다. 반면, 다른 선거위원회는 선거기간 동안 임시적으로 작동한다.
선거관리기구들은 위계적으로 다양한 수준에서 조직된다. 중앙선거위원회
는 정책결정 조직으로서 그 결정은 모든 선거위원회를 기속한다.

중앙선거위원회에 위원 13명이 있다. 8명은 대법원 구성원이고 5명은 의
회의 정당연합에 의한 추천에 따라 선임된 법학, 정치학 또는 사회학 교수
이다. 위원장과 부위원장은 최초 회의에서 사법부 출신 위원 중에서 선출
된다.[119] 관례상 투표로 대법관 중의 한 명을 위원장, 다른 한 명을 부위원
장에 선출한다. 중앙선거위원은 의회 하원 개원으로부터 90일 이내에 구성
되어야 한다. 위원들은 다음 국회 출범 시까지 임무를 수행한다. 의회 사무
총장, 국가통계청장(선거등록 담당)과 선거조사국장은 중앙선거위원회에서
의결권 없는 위원이다. 위원의 선거운동이나 정치활동은 금지된다.

하급 선거위원회의 조직은 중앙선거위원회와 같은 구조이다. 위원의 자
격으로 법조인 또는 전문적 능력이 요구되기는 하나 그렇게 높은 수준은
아니다.[120] 선거위원회의 구성원은 범죄를 저질렀거나 선거부정을 저질렀

---

118) 중앙선거관리위원회(국제선거지원과), 앞의 책, 88~89면.
119) 라파엘 로페즈 핀터, 앞의 논문, 195면.

다는 사실이 발견되지 않는 이상 상급 선거위원회에 의해 해임되지 아니
한다.

3) 권한

선거위원회는 공무원 또는 정부부처 밑에 있지 않다. 선거위원회들은 중
앙선거위원회의 조직구조 내에서 자치적이고 중립적인 독립체이다. 선거위
원회의 의무는 총선거제도에 관한 조직법 제8조에 정의된 것과 같이 선거
과정의 투명성과 객관성을 보장하고 선거가 공평하며 적법하게 치러지도
록 하는 것이다. 이와 같은 업무는 추첨으로 시민 중에 선발된 '투표소위원
회(mesas electorales)'에 의해 지원된다.

내무부는 지방정부 및 선거조사국과 함께 선거과정에 필요한 물품들을
제공한다. 내무부는 중앙선거위원회 등 선거위원회의 직접적인 감독과 지
시 하에 업무를 수행한다. 위원회 활동은 선거를 진행하고 제재하며 선거
관련 문제를 해결하는 것으로 이루어진다. 소청절차는 비록 추가적인 최종
의 해결책인 일반법원 또는 헌법재판소에 제소하는 방법이 있지만 통상 중
앙선거위원회에서 종결된다.

중앙선거위원회의 기능은 ① 선거인명부 관리국의 활동에 대한 지휘·감
독, ② 선거법의 집행 및 적용에 있어 선거인명부와 관련된 법령안의 보고,

---

120) 자치지방선거위원회는 사법부총평의회의 추천에 의해 선출된 3인의 도 고등법원
판사, 해당 도에 거주하는 자로서 법학 또는 정치사회학 교수 중에서 정당의 추천
을 받아 중앙선거위원회가 임명한 위원 2명으로 구성된다. 위원의 임기는 선거소
집일 후 3일 이내에 최초 성립하며 임기는 선거일 후 100일까지이다(선거법 제10
조, 제15조).
선거구선거위원회는 해당 고등법원의 추천에 따라 선임된 3인의 지방법원 판사,
해당 사법구역에 거주하는 자로서 변호사 또는 정치사회학 전공자들 중에서 정당
의 추천을 받아 도선거위원회가 임명한 위원 2명으로 구성된다. 위원의 임기는 선
거소집일 후 3일 이내에 최초 성립하며 임기는 선거일 후 100일까지이다(선거법
제11조, 제15조).

③ 선거관련 사안에 대해 도선거위원회와 지방자치주선거위원회에 지시사항 전달, ④ 도선거위원회 또는 지방자치주선거위원회의 질의에 대한 유권해석 회신, ⑤ 도선거위원회 또는 지방자치주선거위원회의 결정이 중앙선거위원회의 유권해석과 상반될 경우 직권 또는 이해당사자의 요청에 따라 그 결정을 번복하는 것, ⑥ 선거법 운용에 있어 도선거위원회 또는 지방자치주선거위원회의 해석기준 통일, ⑦ 중앙정부 및 지방자치주정부의 투표소 설립, 개표, 회의, 당선자 선포에 대한 근거·문서·서식 승인과 이 서식을 사본교부 형태로 작성하는 것, ⑧ 선거법 기타 중앙선거위원회에 권한을 부여하는 법률조항에 따라 제기된 고충·항의·청원사항 해결, ⑨ 선거소집일부터 선거일 후 100일까지 기간 동안 후보자가 관리하는 회계 및 비용 관련 규정 준수 여부 감독, ⑩ 선거과정에 공무원 자격으로 개입하는 모든 사람들에 대한 징계권 행사, ⑪ 선거과정에서 발생한 위반사항 시정 및 선거법에 명시된 최고금액의 벌금 부과, ⑫ 도선거위원회 및 지역선거위원회의 임기개시 이후 사망하거나 직무수행이 불가능하거나 사직한 경우 하원의원, 상원의원, 도의원, 주의원, 시의원 및 카나리아 군도 의원에게 확인서를 발급하는 것이 있다.[121]

4) 재정 및 전문화

스페인에서 중앙선거위원회는 유일한 상설 선거관리기구이다. 중앙선거위원회의 인적·물적 자원은 전적으로 하원(Congreso de los Diputados)에 의존하고, 그 예산에서 재정이 집행된다. 하급 선거위원회는 선거기간 동안에만 작동하므로 임시 조직의 성격에 맞게 재정이 이루어진다.

선거위원회의 구성원들은 선거기간 동안 오로지 선거기능에 투입되지만, 일당 외에 선거위원회에 관한 업무에 따른 특별한 보수를 받지 않는다. 투표소위원회의 구성원들은 전문적이지 못하다. 18세 이상 65세 미만의 모든

---

121) 라파엘 로페즈 핀터, 앞의 논문, 195면.

등록선거권자 중 지방자치단체에서 추첨으로 선발된다.[122] 법에 따른 이러한 선거관리 업무는 약간의 재정적 보상이 수반되는 시민의 의무이다. 현재까지는 별다른 문제가 발생하지 않고 있다.

5) 국가기관 간의 관계

법률개정이 필요한 경우 중앙선거위원회는 개정안을 작성하여 의회에 제출한다. 의회는 내무부 및 중앙선거위원회와 비공식적인 협의를 유지한다. 내무부와 중앙선거위원회 사이에 정기적인 교류를 유지할 공식 연락체계가 없지만 갈등관계에 있지 않다. 내무부는 선거사무에 관한 기획·운영을 담당하므로 선거사무의 계획과 프로그램을 세워서 지방자치단체에 전달한다. 선거인명부의 등록은 국가통계청의 각 도사무소에서 담당한다.

엄밀히 보면 중앙선거위원회와 내무부는 상호 교류관계를 유지하고 있다. 예를 들어, 내무부는 중앙선거위원회가 추진하는 주요 선거조직 계획을 승인하거나 감독하는 역할을 하는 반면, 선거위원회는 추진 중인 계획에 대한 정부의 지원을 내무부를 통해 받을 수 있다. 중앙선거위원회는 거의 대부분 판사들로 구성되어 있기 때문에 사전에 행동하기보다는 사후에 반응하는 경향을 보이고 있다.[123]

유권자명단은 매년 갱신하였지만 1998년부터 매달 갱신하는 것으로 바뀌었다. 내무부는 유권자 총수만 다루므로 내무부에 명단이 제출되지 않는다. 정당과 후보등록은 내무부의 소관이다. 총선거나 지방선거에 관한 선거구는 헌법에 명시되어 있으므로 선거구를 따로 정할 필요가 없다. 자치지방 선거는 지방의회의 조례로 선거구를 변경할 수 있다. 선거예산은 내무부가 작성하여 의회 승인을 받는다. 거의 매년 선거가 실시되므로 일반적으로 선거예산이 증가하고 있다.[124]

---

122) 다만, 투표소위원회의 위원장은 중등학교를 마쳤을 것이 요구된다.
123) 라파엘 로페즈 핀터, 앞의 논문, 203면.

6) 평가

총선거제도에 관한 조직법이 시행된 20년 동안 선거위원회의 활동은 매우 만족스럽다는 것이 일반적이다. 국민, 언론, 사회단체 등은 선거위원회에 투명성과 독립성이 뒷받침된다고 보고 있다.[125] 선거위원회는 준사법적 조직이 결합되어 있고, 효율적이고 공평하다고 받아들여지는 국가행정에 의해 보완되고 있다. 1977년 설립된 스페인의 선거위원회 중심의 혼합형 모델은 오래 유지될 것으로 전망된다.

한편, 스페인 중앙선거위원회는 2011년 5월 15일 발생한 '15M Revolución Española'라고 부르는 마드리드 시 푸에르타 델 솔 광장에서 개최된 대규모 시위[126]에 대해 위법하다고 결정을 내린 바 있다. 중앙선거위원회는 그 시위가 스페인 지방선거의 얼마 전이라는 이유에서 위법하다는 결정을 한 것이다. 그런데, 위 결정에 대하여 스페인 시민단체와 여론은 많은 불만을 표시하고 있다.

7) 가설의 검증

스페인은 의원내각제로서 내각이 선거에 의해 구성되지 않고 독립형 모델을 선택하지 않는다[가설 Ⅰ.2.(1) 입증]. 중앙선거위원회는 의회의 정당연합의 추천에 따라 임명되고, 의회 사무처 공무원이 중앙선거위원회 사무처 일을 한다[가설 Ⅰ.2.(2) 입증]. 중앙선거위원회와 내무부는 협조 관계에 있다. 의원내각제에서 선거관리기구와 행정부 간의 교류와 협력은 문제되지 않는다[가설 Ⅰ.2.(3) 입증].

스페인은 단일국이나 분권화된 혼합형 모델이다. 연방국가는 아니지만

---

124) 라파엘 로페즈 핀터, 앞의 논문, 197면.
125) 중앙선거관리위원회(국제선거지원과), 앞의 책, 96~97면.
126) en.wikipedia.org/wiki/2011%E2%80%93present_Spanish_protests(2013. 4. 14. 최종 방문).

자치정부 중심의 분권화가 강한 국가형태를 반영한 것이다. 단일국가에서 중앙집권적 독립형 모델을 선택한다는 가설은 부당하다[가설 Ⅱ.2.(1) 및 Ⅱ.2.(2) 입증 실패]. 스페인의 경우 내무부가 중앙선거위원회의 감독 하에 선거실시 사무를 수행한다. 혼합형 모델의 선거실시 사무는 내무부가 담당한다[가설 Ⅲ.1.(1) 입증]. 선거감독은 독립 선거위원회에서 담당하고 있다[가설 Ⅲ.2.(1) 입증].

스페인의 경우 2012년 기준 민주화 지수 총점은 8.02점, 선거절차 및 다원주의 점수는 9.58점이다. 독립형 모델이 민주적 선거에 기여한다는 가설은 타당하지 않으며 분권화된 선거관리기구의 장점은 인정된다[가설 Ⅳ.1.(1) 입증 실패, Ⅳ.1.(2) 입증]. 완전한 민주주의인 스페인은 분권화된 혼합형 모델을 운영하는 사례라고 볼 수 있다[가설 Ⅳ.2.(1) 입증 실패, Ⅳ.2.(3) 입증].

3. 독립형 모델

(1) 오스트레일리아

1) 개관

오스트레일리아는 선거관리를 담당하는 상설선거관리기구와 상시선거인 명부를 채용한 세계 최초의 국가이다.[127] 1973년에 내각에 '오스트레일리아선거청(Australian Electoral Office)'이 만들어졌고, 1984년에 '오스트레일리아선거위원회(Australian Election Commission)'[128]가 오스트레일리아 선거청을 대체하여 설치되었다.[129]

---

127) 중앙선거관리위원회, 호주의 선거제도, 선거관리 제29권, 1983, 85면, 88면.
128) 오스트레일리아선거위원회(www.aec.gov.au).

1902년 제정되었고 1918년 한 차례 개정된 바 있는 1902년 영연방선거법에 따르면, 오스트레일리아 내에서 실시되는 선거는 내무부 소속 선거담당공무원이 담당하도록 규정되어 있었다.[130] 1973년의 '오스트레일리아선거청법(Australian Electoral Office Act)'에 따라 선거관리에 관한 어느 정도 독자적인 권한을 가진 선거관리기구가 설치되었으나 서비스나 보유자산에 관하여는 여전히 내무부장관 소관 하에 있었다. 오스트레일리아 선거행정은 고도로 분권화되었다. 각 주정부마다 자체적인 선거관리기구를 가지고 있다. 예컨대, 빅토리아(Victoria) 주 지방정부는 '빅토리아주선거위원회(Victoria Election Commission)'를 두고 있다.[131]

2) 기구 구조

오스트레일리아선거위원회는 위원 3명으로 구성된다. 위원회는 현역 또는 퇴임 연방법원 판사인 위원장, 판사로서 최고행정관 임무를 수행하는 선거위원과 주로 통계전문가로 임명되는 비법조인위원으로 구성된다. 오스트레일리아선거위원회 위원은 모두 총독에 의해 임명된다. 선거위원회 위원장과 비법조인위원의 임기는 7년이며, 선거관리의 실무책임자인 선거관리관은 정년이 65세이다. 선거위원은 장관급에 해당하는 지위를 부여받는다. 선거위원은 위원들 중에서 유일한 상근이다. 선거관리 사무에 대한 실질적인 집행은 선거위원이 담당한다.

오스트레일리아선거위원회는 캔버라에 중앙사무소가 있고, 각 주 주도에 주사무소가 있으며, 다윈에 '북부지방사무소'가 있다.[132] 오스트레일리아선거위원회의 하급기구로는 각 주에 두는 것, 하원의원선거구별로 두는

---

129) 라파엘 로페즈 핀터, 앞의 논문, 27면, 49면.
130) 라파엘 로페즈 핀터, 앞의 논문, 161면.
131) 중앙선거관리위원회, 각국의 선거관리기관, 116면.
132) www.aec.gov.au/About_AEC/index.htm(2013. 1. 25. 최종 방문). 주사무소가 있는 도시들은 Adelaide, Brisbane, Darwin, Hobart, Melbourne, Perth, Sydney이다.

것이 있다. 각 주에 두는 하급기구는 '주선거관리관(Australian Electoral Officer for State)'으로서 당해 주 내에서 연방선거와 관련하여 최고의 책임기구이다. 하원의원선거구에 두는 기구는 '선거구선거관리관(Divisional Returning Officer, DRO)'으로 해당 선거구에서 선거행정, 특히 선거인명부의 유지 및 다음 선거의 준비를 책임진다.

위원회는 의회가 직접 예산을 배정하는 직무상 독립기구이나 행정 측면에서 예산은 재무부를 거쳐 지급받고 있다.[133] 오스트레일리아선거위원회는 연방 차원의 활동(총선 및 국민투표)만을 주관하며 지방 선거관리기구가 도움을 요청하는 경우에만 원조를 제공하고 인력을 파견한다. 주 정부및 지방 정부는 각기 위임받은 권한 범위 안에서 자치적인 선거행정 체제를 갖추고 있다.[134]

3) 권한

오스트레일리아선거위원회는 연방선거와 국민투표를 관리한다. 위원회의 권한에 ① 선거인명부의 유지·갱신, ② 선거 및 국민투표의 관리, ③ 선거 불참자에 대하여 이유를 소명하게 하고 합당한 이유를 소명하지 못하는 자에게 벌금 부과, ④ 선거관련 교육, 선거·의회 관련 분야에 대한 국민의식 고양, ⑤ 의회와 정부부처에 대한 선거 관련 자문, ⑥ 선거구획정에 대한 지원, ⑦ 정당등록 사무, ⑧ 국고보조금의 지급, ⑨ 정당 및 후보자의회계보고 접수·처리·공개, ⑩ 다른 나라의 선거 및 국민투표 지원, ⑪ 그밖에 다른 법률이 선거위원회에 부여한 권한이 있다.[135]

선거구의 분할·획정의 문제에 오스트레일리아선거위원회가 관여한다. 연방선거구의 경계를 재조정하는 일은 2단계에 걸쳐 진행되는데, 각 단계

---

133) 중앙선거관리위원회, 각국의 선거관리기관, 116면.
134) 라파엘 로페즈 핀터, 앞의 논문, 167면.
135) www.aec.gov.au/About_AEC/index.htm(2013. 1. 25. 최종 방문).

마다 정당과 일반 시민이 참여한다. 1단계에서는 선거구조정위원회(선거관
리위원, 주의 핵심 선거사무원과 해당 주 정부의 고급관료 2인으로 구성됨)
가 여론을 수렴하여 선거구개정안을 보고서로 내놓는다. 정당, 단체, 개인
이 개정안에 대해 이의를 제기하면 2단계에서는 기존 위원회에 오스트레일
리아선거위원회 위원장과 비법관 출신 관리가 증원된 '확장 선거관리위원
회'가 구성되어 모든 이의사항에 관하여 검토를 하여 결론을 내린다. 확장
선거관리위원회가 내린 결론에 대해서는 불복할 수 없다.136)

다른 법률에서 오스트레일리아선거위원회에 부여한 권한은 1996년 '사
업장관계법(The Workplace Relations Act)'에 의한 노동조합 및 사용자단
체 선거, 합병표결 및 합병탈퇴표결 등 사업장선거(Industrial Elections)137)
와 1989년 '어보리진 및 토레스 해협 군도인 법(Aboriginal and Torres
Strait Islanders Act)'에 의한 선거의 관리가 있다. 위원회는 비용회수를 조
건으로 법률에 의하지 아니한 선거 및 표결을 관리한다. 이들 선거를 '비의
회선거(Non-Parliamentary Election)'라고 한다.

4) 평가

비의회선거를 도입한 것은 이들 선거의 실시에서 발생하는 부정을 최소
화하기 위한 데에 그 취지가 있다. 처음에는 국가가 선거를 관리하는 단체
수가 적었으나(1955년부터 1956년까지 선거 16건을 국가가 관리), 2000년
부터 2001년까지는 무려 518건이나 되는 등록 단체의 선거를 오스트레일
리아선거위원회가 관리하였다.138)

'정당자금공개법률'에 따라 모든 정당과 후보를 비롯한 선거운동에 가담

---

136) T. R. Morling, "Independent Electoral Administration in Australia", *Paper presented
    at Asian Democracy in Trastition*, Symposium on Asian Elections in the 21st
    Century(Manila), 1997, p. 17.
137) 자세한 내용은 중앙선거관리위원회, 각국의 선거관리기관, 120면 참조.
138) 각국의 선거관리기관, 중앙선거관리위원회, 2003, 120면.

하는 단체와 개인은 선거찬조금 수입과 선거비용 지출의 내용을 공개해야한다. 선거운동 참여자의 수입과 지출의 공개를 집행하는 것은 오스트레일리아선거위원회의 역할이다. 선거위원회 위원장은 정당등록에 관한 논쟁보다 "잠재적으로 더 분란의 소지가 있는 사항은 '정당자금공개법률' 집행문제"라고 말한다.139)

5) 가설의 검증

오스트레일리아는 의원내각제이지만 독립형 모델을 채택하고 있다[가설 I.2.(1) 입증 실패]. 오스트레일리아선거위원회 위원은 총독에 의해 임명된다. 위원장은 연방법원 현직 또는 전직 판사이고 상근 선거위원도 판사이다. 나머지 1인은 통계전문가 비법조위원이다. 이는 전문성에 기초한 구성이다. 의원내각제 선거관리기구가 의회에 의해 구성된다는 가설은 타당하지 않다[가설 I.2.(2) 입증 실패].

오스트레일리아는 연방국가로서 분권화된 기구를 선택한다[가설 II.1.(1) 입증]. 오스트레일리아는 통일적 선거관리를 위하여 독립형 모델을 선택한 경우이다[가설 II.1.(2) 입증 실패]. 오스트레일리아 중앙(국가)선거관리기구는 연방선거 및 국민투표를 관장한다[가설 II.1.(3) 입증].

오스트레일리아의 선거실시 및 선거감독 사무는 독임제 행정관청인 내무부가 아니라 합의제 행정관청인 선거위원회에서 담당한다[가설 III.2.(3) 입증]. 2012년을 기준으로 오스트레일리아 민주화 지수 총점은 9.22점, 선거절차 및 다원주의 점수는 10.00점이다. 분권화된 독립형 모델이 민주적 선거에 기여한다는 가설은 타당하다[가설 IV.1.(1) 및 IV.1.(2) 입증]. 완전한 민주주의에 속하는 오스트레일리아는 분권화된 독립형 모델을 선택하고 있다[가설 IV.2.(1) 입증 실패, IV.2.(3) 입증].

---

139) T. R. Morling, *op. cit.*, p. 18.

(2) 캐나다

1) 개관

'캐나다선거청(Elections Canada)'[140]으로 알려진 '선거총괄관의 사무소'
는 캐나다의 연방단위 선거를 관리하는 선거관리기구이다. 캐나다선거청은
당파성을 갖지 않는 의회의 기구이다. 모든 보고는 의회에 직접 하도록 규
정되어 있다.[141] 지방선거 또는 지역선거의 문제는 사법관할마다 선거관리
기구들에 분장되어 운영되고 있다. 연방선거관리기구와 각 주의 선거관리
기구 간에는 공식적인 연관성이 없다.

캐나다 연방정부는 영국식 의원내각제를 채택하고 있다. 캐나다는 하원
의원의 선거와 국민투표를 관리하기 위한 총괄청인 캐나다선거청 및 하원
의원선거구를 획정하기 위하여 각 주별로 있는 '선거구획정위원회' 및 하원
의원선거구별로 활동하는 '선거관리관(Returning Officer)'을 두고 있다.[142]

2) 법률 체계

캐나다선거청은 '캐나다선거법(Canada Elections Act)'에 의해 설치된
기구이다. 캐나다선거청의 역사는 1800년으로 거슬러 올라가지만, 캐나다
에 진정한 선거민주주의로 가는 여건을 조성한 것은 1920년 '자치령선거법
(the Dominion Elections Act of 1920)' 이후이다. 이 법은 의회의 연방 선
거들에 대한 지배권을 강화하였으며, '선거총괄관(Chief Electoral Officer)'
의 지위를 구축하였다.

캐나다선거청은 선거총괄관 1인에 의해 지휘되는 독임제 기구이고 선거
총괄관은 의회에 책임을 진다. 캐나다선거법은 선거운영 및 선거총괄관의

---

140) 캐나다선거청(www.elections.ca).
141) 중앙선거관리위원회(국제선거지원과), 앞의 책, 52면.
142) 중앙선거관리위원회, 각국의 선거관리기관, 61면.

권한에 대해 상당히 자세한 규정을 두고 있다. 선거총괄관은 선거운영을 관리하고 관련 자료, 지시 등을 발표하는 권한이 있으며 선거기간 동안 예측하지 못한 환경에 대응하기 위하여 많은 규정을 개정할 수 있다.

3) 기구 구조

선거총괄관은 하원의 결의에 의해 임명된다. 광대한 지리적 크기에도 불구하고, 캐나다선거청은 선거총괄관을 중심으로 집중화된 기구이다. 캐나다선거청은 평상시에는 수도 오타와에 500명 정도의 직원을 두고 있으나, 선거 또는 국민투표가 실시되는 기간에는 전국적으로 선거관리직원 235,000명 이상이 채용된다.[143]

선거총괄관은 풀타임으로 임명된다. 선거총괄관의 정년은 65세까지이다. 상·하 양원의 다수의 결의에 따라 정당한 사유가 있으면 총독이 선거총괄관을 해고할 수 있다. 선거총괄관은 장관급(Deputy Minister)으로서 보수는 연방법원 판사 수준이다. 이들 규정은 캐나다 연방선거의 운영에서 선거총괄관의 비당파성과 독립성을 보장하기 위한 장치이다.

선거총괄관은 '선거법집행관(the Commissioner of Canada Elections)' 및 '방송중재원(the Broadcasting Arbitrator)'을 임명한다. 선거법집행관은 캐나다선거법과 국민투표법을 집행하고, 정당과 후보자 등에 대해 조사하며 제재를 가한다. 방송중재원은 방송네트워크의 유상·무상 시간을 등록된 정당들에게 할당하고 선거방송 구매와 관련된 분쟁을 해결하는 역할을 한다.[144]

실무구조는 각 선거관리관의 책임 하에 있는 308개의 선거구로 구성된다. 선거관리관은 하원의원 선거구별로 내각의 자문을 거쳐 '총독(Governor in Council)'에 의해 임명된다. 선거관리관은 집중적 훈련을 받지만, 선거관

---

143) 중앙선거관리위원회(국제선거지원과), 앞의 책, 53면.
144) 중앙선거관리위원회(국제선거지원과), 앞의 책, 54면, 61면.

리관마다 능력차가 있다. 선거총괄관은 선거관리관의 선정절차에 관여하지 않고 선거관리관을 훈련하거나 해고할 수 없다. 선거총괄관은 선거관리관이 그 자리를 유지할지 아니면 그만둘지에 관하여 총독에게 권고할 수 있을 뿐이다.

4) 권한

캐나다선거청은 모든 연방선거, 보궐선거 및 레퍼렌덤에 관하여 책임을 진다. 캐나다선거청의 책임은 ① 선거법 집행, ② 정당 등록 및 선거광고를 하는 제3자의 등록, ③ 선거관리공무원 훈련, ④ 후보자, 정당, 제3자의 선거비용 감시, ⑤ 선거인의 선거권행사 보장, ⑥ 시민에 대한 선거교육, ⑦ 전국선거인명부 관리, ⑧ 선거구역도 작성, ⑨ 매 10년 단위로 연방선거구 획정을 책임지는 위원회에 대한 사무보조, ⑩ 의회에 대한 선거 및 국민투표 결과 보고이다.[145]

캐나다에서는 10년마다 인구조사를 통해 선거구를 재획정한다. 각 주별 선거구획정위원회에서 선거구를 획정한다. 선거구획정위원회는 해당 주 법원장이 법관 중에서 임명하는 위원장, 해당 주 의회 의장이 임명하는 2인 위원 등 3인으로 구성된다. 캐나다선거청은 선거구획정위원회에 기술적 조언과 안내를 제공한다. 각 주별 선거구획정위원회는 선거구획정안을 작성하여 선거총괄관에게 제출한다. 선거총괄관은 선거구획정안을 취합하여 연방하원의장에 제출한다. 총독은 이를 공포·확정한다.[146]

선거관리관은 당해 선거구 내의 모든 선거사무를 책임진다. 당해 선거구 선거관리인력 임명도 선거관리관의 권한이다. 선거관리관의 정년은 65세까지이다. 선거관리관은 선거의 효율적인 집행을 위한 일체의 사무를 담당한다. 선거명령서 수리, 입후보등록일 및 선거일 고시, 선거인명부 작성, 투표

---

145) 중앙선거관리위원회, 각국의 선거관리기관, 62면.
146) 중앙선거관리위원회, 각국의 선거관리기관, 64~65면.

용지 작성, 당선인 결정, 선거결과 보고 등이 주요 직무이다.

5) 재정과 책임

캐나다선거청의 재정은 두 개로 분류되는데, 정부 자금과 법정 자금이다. '정부 자금'은 매년 다른 정부부처처럼 상근직원과 물자공급 비용에 지출되는 예산이다. 이는 정부가 수정할 수 있다. '법정 자금'은 선거준비 및 관리와 직접 관련된 활동을 위해 다음 국가재정 연도를 넘어 사용할 것으로 예상되는 자금이다. 선거구재획정, 선거총괄관의 보수, 기술적용 및 파트타임직원 고용 등이다. 이는 정부가 변경할 수 없다. 캐나다선거청은 법정 자금지원을 위하여 재무부를 직접 상대한다. 선거 관련 외부로부터의 자금지원은 없다.

캐나다선거청은 법정·비법정 지출에 관하여 '캐나다 총괄 감사원(the Auditor General of Canada)'에 대해 전적으로 책임을 진다. 선거총괄관은 의회에 보고하고, 일 년에 여러 차례 의회위원회에 출석한다. 선거총괄관은 의회에 직접 보고해야 하므로 정부나 정당에 대해 독립적인 지위를 가진다.147)

6) 평가

캐나다선거청은 의회에 서비스를 제공하는 기구로서 정부부처나 장관의 밑에 있지 않고 하원대변인을 통하여 의회에 보고한다. 정부와의 의사소통을 쉽게 하기 위하여 보통 여당의 원내총무는 캐나다선거청과의 의사소통의 책임자로 지명된다. 매 선거 이후 선거총괄관은 의회에 보고하여야 한다. 선거총괄관은 보고서를 내고, 하원의 합동위원회에 이전의 지출과 활동에 관한 책임을 진다.

---

147) 중앙선거관리위원회(국제선거지원과), 앞의 책, 54면.

의회만이 입법이 요구되는 선거개혁을 할 수 있다. 이러한 제한 내에서 선거총괄관은 선거와 관련된 활동을 분석하고 수정하는 데 필요한 재정 지원을 요구할 수 있다. 선거총괄관은 의회에 선거법 개선과 관련된 제안을 하고, 선거의 개혁과 관련하여 법률안 작성자에게 때때로 조언하고 돕는다.

캐나다선거청과 시민사회 간의 법률상 강제되는 미팅은 없지만, 캐나다선거청의 계획과 프로그램, 정당의 문제 사항들을 토론하기 위해 모든 등록정당들의 대표자들과 함께 정기미팅이 개최된다. 2011년 여론조사 결과에 따르면, 캐나다선거청에 대한 국민의 인식은 긍정적이다. 서비스만족도는 98%에 이른다. 90%의 국민은 선거관리가 공정한 것으로 응답하였다. 위 여론조사에서 81%의 선거 후보자는 캐나다선거청의 서비스에 만족한다고 답변하였다.[148]

캐나다인은 일반적으로 캐나다의 선거과정과 캐나다선거청에 대해 높은 신뢰를 가지고 있다. 이는 캐나다의 정치적 안정에 기여하고 있다. 캐나다선거청의 강점은 거의 모든 활동에서 정부로부터 독립적이라는 데에 있으며, 선거법위반을 조사하고 문제를 신속하게 해결할 수 있는 능력에 있다.

캐나다선거청의 효율성을 저해하는 세 가지 제약은, 상근 직원에 관한 예산을 둘러싼 정부의 통제; 정년 65세까지 제약을 두지 않은 선거총괄관 한 명에게 실질적으로 '절대적 권한'이 있는 것; 정부가 '선거관리관'이라고 하는 선거구의 핵심적인 역할을 하는 기구를 임명하는 것이다. 2006년에 정부는 선거총괄관의 선거관리관 추천을 허용하는 법개정을 제안한 바 있다.

7) 가설의 검증

캐나다는 의원내각제 정부형태로서 독립형 모델을 채택하고 있다[가설 I.2.(1) 입증 실패]. 캐나다선거청 선거총괄관은 의회에 의해 임명되는 의회기구이며 의회에 대해 보고한다. 의원내각제의 선거관리기구가 의회에

---

148) 중앙선거관리위원회(국제선거지원과), 앞의 책, 58~59면.

의해 구성되고 의회에 책임을 진다는 가설에 부합한다[가설 Ⅰ.2.(2) 입증].
캐나다선거청은 정부부처 또는 장관의 밑에 있지 않다[가설 Ⅰ.2.(3) 입증
실패].

　캐나다는 연방국가로서 분권화된 기구를 선택한다. 연방과 각주의 선거
관리기구 사이에 공식적인 관련성이 없고 선거행정이 고도로 분권화되었
다[가설 Ⅱ.1.(1) 입증]. 캐나다는 통일적 선거관리를 위해 독립형 모델을
선택한 경우이다[가설 Ⅱ.1.(2) 입증 실패]. 캐나다선거청은 연방 단위의 선
거를 관장하고 지역이나 지방의 선거는 사법관할마다 선거관리기구가 업
무를 분장한다[가설 Ⅱ.1.(3) 입증].

　캐나다의 2012년 기준 민주화 지수 총점은 9.08점, 선거절차 및 다원주
의 점수는 9.58점이다. 분권화된 독립형 모델이 민주적 선거에 기여한다는
가설은 캐나다에 대입하면 타당하다[가설 Ⅳ.1.(1) 및 Ⅳ.1.(2) 입증]. 완전
한 민주주의에 속하는 캐나다의 경우 분권화된 독립형 모델을 운용하고 있
다[가설 Ⅳ.2.(1) 입증 실패, Ⅳ.2.(3) 입증].

Ⅲ. 결함 있는 민주주의

1. 혼합형 모델 : 프랑스

(1) 기존 견해에 대한 비판

　허영 교수는 프랑스의 선거관리기구 모델을 독립된 상설 헌법기관으로
설치된 '헌법위원회(Conseil Constitutionnel)'가 선거 및 국민투표 관리 업
무 외에 법률의 위헌심판권과 선거소송심판권을 갖는 형태라고 본다.[149)]

---

149) 허영, 앞의 논문, 9~10면.

김태홍 교수는 프랑스 헌법위원회를 독립형 모델의 근거로 보고 선거관리 뿐만 아니라 위헌법률심사권, 선거재판권도 가지는 헌법수호기관인 헌법위원회가 대통령 및 상·하원의원의 선거만 관리하고 기타 선거는 지방자치단체와 행정관청이 시행한다고 본다.[150]

이러한 견해는 선거관리 업무 중 내무부와 지방자치단체에서 이루어지는 것을 모두 제외하고 선거관리에서 선거를 실제로 실시하는 핵심 요소 이외의 나머지, 즉 선거의 사후 감시 및 선거소송만을 선거관리라고 보는 관점에서나 가능한 것이므로 타당하지 못하다.

International IDEA는 프랑스가 독립형과 정부형이 혼재된 '혼합형 모델'이라고 본다.[151] 프랑스에서 선거관리의 독립형 요소는 '헌법위원회 (Conseil Constitutionnel)'가 담당하고 정부형 요소는 '내무부(Ministère de l'Intérieur)'와 '선거국'이 담당한다는 것이다. 내무부와 선거국은 선거를 조직하고 실시하며, 헌법위원회는 선거를 감시하고 분쟁을 해결하는 역할을 하고 있다는 입장이다.

헌법위원회는 프랑스 헌법 제7장 '헌법위원회'에 규정되어 있다.[152] 헌법위원회의 역할은 대통령선거의 적법성 감시(제58조 제1항), 대통령 선거에 관한 이의심사 및 투표결과 공표(제2항), 국민의회(하원)의원·상원의원의 선거에서 적법성에 관한 이의가 있을 경우 재결(제59조), 국민투표의 적절한 시행 감시(제60조)이다.

선거관리는 '사법화된 행정작용'의 성격도 가지지만 어디까지나 행정작용이다. 선거결과에 대한 감시를 선거관리라고 보면 지방선거에 관한 선거분쟁을 판단하는 '꽁세유데따(Conseil d'État)'나 '행정법원(Cour administrative d'appel)'도 선거관리기구로 보아야 하는 부당한 결론에 이른다.[153] 헌

---

150) 김태홍, "법상 선거관리위원회의 권한과 구성상의 문제점", 공법학연구 제13권 제3호, 한국비교공법학회, 2012. 8., 72면.
151) Alan Wall et al., *op. cit.*, p. 8, p. 14, p. 310.
152) 대한민국국회, 세계의 헌법 : 35개국 헌법 전문 Ⅱ, 국회도서관, 2010, 582~583면.

법위원회는 선거분쟁을 심판하여 선거결과를 사후에 변경하기는 하나 선거를 실시하는 기능은 가지고 있지 않다.

프랑스의 선거관리기구가 어떠한 모델인지에 관하여 시각의 차이가 있다. 프랑스의 선거관리를 연구함에 있어 필자는 혼란스러웠다. 처음에는 독립형 모델로 보았다가 혼합형 모델로 기울었다. 혼합형 모델로 보더라도 헌법위원회를 선거관리기구로 볼 것인지에 관하여도 필자는 당초 선거관리기구라고 보았으나 선거관리기구가 아닌 것으로 정리하는 변화가 있었다.

(2) 프랑스 혼합형 모델의 특성

프랑스 선거관리의 모델에 관한 시사점을 준 것은 2013년 3월 20일 중앙선거관리위원회 해외통신원으로부터 취합된 주요국가의 선거관리기구 중 프랑스 부분이다. 그 자료와 International IDEA 자료, 프랑스 내무부와 각종 위원회의 홈페이지 등을 종합하면, 프랑스에서 선거관리의 기능은 선거실시 및 선거감독으로 나뉘는데 선거실시와 선거감독이 여러 기구들에 분산되어 있다. 프랑스에는 우리나라의 선거관리위원회와 같은 위상과 권한을 가지는 기구가 존재하지 않는다.[154]

정부형 요소는 '내무부(Ministère de l'Intérieur)'와 '선거국'에서 담당하고 있다. 내무부와 선거국이 실제로 선거를 조직하고 실시한다. '독립형' 요소는 여러 위원회에 분산되어 있다. '투표 감독 위원회(Commissions de contrôle des opérations de vote)'와 '선거운동 감독 국가위원회(Commissions nationale de contrôle de la campagne électorale)'가 선거운동의 과

---

153) 프랑스에서 선거소송을 담당하는 기구는 선거에 따라 다르다. 국민회의선거는 헌법위원회, 유럽의회선거·지역의회선거는 꽁세유데따, 지방의회(기초·광역)선거는 행정법원이 담당한다(성낙인, 선거법론, 법문사, 1998, 417면).
154) 중앙선거관리위원회(국제선거지원과), 앞의 책, 40~47면.

정을 감독하고, '정치자금 및 선거회계 국가위원회(Commission nationale des comptes de campagne et des financements politiques)'가 선거자금 감독을 담당하며, '시청각 최고위원회(Conseil supérieur de l'audiovisuel)'가 선거운동 커뮤니케이션에 대한 감독을 담당한다.[155]

(3) 기구 구조

'투표 감독 위원회'는 국민회의의원·도의원·기초의원의 선거가 실시되는 해에 설치되는 비상설기구로 '선거법(Code électoral)' L85-1조를 근거로 한다. 투표 감독 위원회는 인구 2만 이상의 꼬뮌(commune)에는 의무적으로 설치되어야 하며 경우에 따라서는 복수로 설치된다. 이 위원회는 투표구 구성의 합법성, 투·개표 및 집계 활동의 합법성과 유권자, 후보자의 자유로운 권리 행사를 보장하고 감시하는 활동을 한다. 이 위원회는 항소법원(Cour d'appel)장이 임명하는 판사 1인, 항소법원장이 임명하는 전·현직 판사나 도의 사법보조위원 1인과 도지사가 지명하는 공무원 1인(위원회의 간사 역할을 수행)으로 이루어진다.[156]

'선거운동 감독 국가위원회'는 대통령선거에 관한 '선거인 소집을 알리는 법률명령'이 발표된 날의 다음 날 설치되는 비상설기구이다. 이 위원회는 '2001년 3월 8일의 n° 2001-213 법률명령[157]'을 근거로 한다. 선거운동 감독 국가위원회는 대통령선거 기간 동안 모든 후보자들이 국가로부터 공정하게 대우를 받고 있는지를 감시한다. 이 위원회는 꽁세유데따의 부소장

---

155) 중앙선거관리위원회(국제선거지원과), 앞의 책, 40면.
156) 중앙선거관리위원회(국제선거지원과), 앞의 책, 40~43면.
157) '보통선거에 의한 대통령 선출에 관한 1962년 11월 6일 no 62-1292 법안의 실행과 관련한 2001년 3월 8일 no 2001-213 법률명령'(Décret no 2001-213 du 8 mars 2001 portant application de la loi no 62-1292 du 6 novembre 1962 relative à l'élection du Président de la République au suffrage universel).

(위원장), 파기법원(Cour de cassation)장, 회계감사원(Cour des comptes)장
의 각 1인에 꽁세유데따, 파기법원, 회계감사원의 전·현직 판사 혹은 회계
심의원 중에서 2명을 추가로 지명한다. 기타 내무부 대표자, 해외영토부 대
표자, 외무부 대표자 등 3명의 공무원이 위원회에 배석한다.158)

'정치자금 및 선거회계 국가위원회'159)는 '대통령 선거 및 국민회의의원
선거에서의 선거운동 자금에 관한 1990년 5월 10일 n° 90-383 조직 법률'
에 의하여 1990년 6월 15일 설립되었다. 이 위원회는 정당들의 정치활동
및 후보자들의 선거운동에 관한 회계 내역을 규제·감독하는 기구이다.160)
위원회는 5년 임기의 9인의 위원들로 구성되는바, 꽁세유데따 부소장의 제
안으로 지명된 꽁세유데따 위원이나 명예위원 3인, 파기원장이 지명한 판
사나 대법원 명예판사 3인, 심계원장이 지명한 회원이나 회계법원 명예회
원 3인으로 구성된다. 위원장은 위원들에 의해 선출된다.

1990년 1월 15일의 법률161)은 정치자금 및 선거회계 국가위원회를 '합
의제 조직(Organisme Collégial)'으로 정의하였다. 헌법위원회는 1991년 7
월 31일 결정162)에서 이 위원회에 관하여 '행정관청'이고 '재판권'은 없다
고 판단했다.163) 꽁세유데따는 '2001년의 공문(dans son rapport public
2001)'을 통해 이 위원회를 '독립된 행정관청(autorité administrative in-
dépandante)'으로 분류하였다.

'시청각 최고위원회'164)는 '커뮤니케이션 자유에 관한 1986년 9월 30일
n° 86-1067 법률'165)에 따라 1989년 1월 설립되었다. 이 위원회는 시청각

---

158) 중앙선거관리위원회(국제선거지원과), 앞의 책, 41면, 43면.
159) 정치자금 및 선거회계 국가위원회(www.cnccfp.fr).
160) 성낙인, 선거법, 417면.
161) la loi no 90-55 du 15 janvier 1990 relative à la limitation des dépenses
    électorales et à la clarification du financement des activités politiques.
162) décision 91-1141 du 31 juillet 1991.
163) C.C. Décision n° 89~271 du Ⅱ janvier 1990.
164) 시청각 최고위원회(www.csa.fr).

커뮤니케이션을 전반적으로 감독하는 합의제 형식의 독립기구로서 미디어에 대한 규제권한, 규칙제정권 및 준사법권을 가진다. 시청각 최고위원회는 위원장을 포함 위원 9명으로 구성된다. 위원장을 포함한 3명은 대통령, 3명은 국민회의 의장, 나머지 3명은 상원의장이 임명한다. 2년마다 3분의 1씩 새로 구성되며 위원의 임기는 6년으로 연임이 불가능하다.

(4) 선거사무의 분장

프랑스에서 국가와 도 수준 선거의 실행계획 및 준비는 내무부[166]가 담당한다. 내무부장관은 각 지방자치단체가 담당하는 선거인명부 작성 등 선거관련 사무 준비 상태를 감독하고 각종 지침을 발하여 선거과정에 관여한다. 선거인명부는 지방자치단체의 대표자, 법원 대표자 및 도지사가 지명하는 자 1인 등 3인으로 구성되는 행정위원회가 작성·갱신한다. 각 구·시·군의 장과 지역 투표소장은 투·개표에 관한 실제사무를 관리한다.

투표 감독 위원회는 사법권을 행사하는 판사에 의해 통솔되므로 위원장, 위원, 대리인들은 감시권과 검사권을 행사하며 투표소에 자유롭게 출석할 수 있고, 선거록에 모든 의견을 개진할 수 있다. 시장 및 투표소장은 투·개표에 관한 위원회의 임무수행에 필요한 정보를 제공하고 문서를 공개하여야 한다. 1, 2차 투표가 끝나면 위원회는 도에 송부하는 보고서를 작성하고, 선거록에 투표상황을 종합적으로 기재하는 권한을 가진다.[167]

선거운동 감독 국가위원회는 헌법위원회의 보조기구로서 초창기에 주된 역할은 텔레비전 등 미디어에서 모든 후보자들이 공정하게 보도되는지를

---

165) '커뮤니케이션 자유에 관한 1986년 9월 30일 no 86-1067 법률'
www.legifrance.gouv.fr/affichTexte.do?cidTexte=LEGITEXT000006068930
&dateTexte=20110921(2013. 4. 14. 최종 방문).
166) 프랑스 내무부(www.interieur.gouv.fr).
167) 중앙선거관리위원회(국제선거지원과), 앞의 책, 45~46면.

감시하는 것이었으나 시청각 최고위원회가 설립되면서 벽보, 정견발표문, 투표지 등 대통령선거와 관련된 물품들이 규격에 맞는지를 확인하고 그 내용을 감시하는 역할을 한다.[168]

시청각 최고위원회는 미디어를 통한 선거운동과 관련된 감독권을 가지고 있다. 이 위원회는 선거기간 동안에 텔레비전과 라디오 채널을 통하여 양적으로나 질적으로나 공정하게 보도되고 있는지에 관하여 감독하고 제재할 수 있는 권한이 있다.

정치자금 및 선거회계 국가위원회는 선거회계장부가 선거법 및 정치자금법에 위반되는지 여부를 감독한다. 위원회는 후보자로부터 제출된 선거회계보고서를 승인 또는 거부하거나 수정할 권한을 가진다. 선거법을 근거로 거부한 경우 헌법위원회에 제소하여 선거법 여부에 관한 심판을 구한다. 위원회는 독자적 수사권을 가지고 있지는 아니하다.[169]

(5) 평가

프랑스는 혼합형 모델을 채택·운용하고 있는 대표적인 국가이다. 프랑스의 경우 내무부가 선거 실시를 담당하며, 투표 감독 위원회, 선거운동 감독 국가위원회, 정치자금 및 선거회계 국가위원회, 시청각 최고위원회 등 다양한 독립위원회들이 선거에 대한 감독을 담당하고 있다. 프랑스의 시스템은 과거 프랑스의 식민지 지배를 받았던 국가들에 대해 지대한 영향을 끼쳤다. 중앙아프리카공화국, 차드, 코트디부아르, 지부티, 가봉, 마다가스카르, 말리, 세네갈 등은 프랑스와 유사한 혼합형 모델이다.[170]

프랑스의 투표 감독 위원회, 선거운동 감독 국가위원회, 정치자금 및 선거회계 국가위원회, 시청각 최고위원회에 대한 국민들의 신뢰는 높은 편이

---

168) 중앙선거관리위원회(국제선거지원과), 앞의 책, 46면.
169) 중앙선거관리위원회(국제선거지원과), 앞의 책, 47면.
170) Alan Wall et al., *op. cit.*, pp. 304~323.

다. 선거감독 결과 선거부정이 적발되면 법원에서 재판을 받게 되는데, 국민들은 대체로 법원이 공정한 판결을 내린다고 믿고 있다. 언론이나 사회단체도 선거관리에 대한 신뢰가 높은 편이지만 선거부정이 있더라도 선거결과에 영향이 없다면 불이익을 주지 않는 판정이 내려지고 있는데, 그에 대해 비판이 있다. 선거기간 중의 정치마케팅을 허용해야 한다는 의견과 불허해야 한다는 의견 간에 대립이 있다.171)

프랑스가 선거관리 기능 중에서 선거실시 사무는 내무부를 필두로 하는 독임제 행정조직에 맡기는 것은 선거실시의 원활한 추진에 긍정적이다. 반면에, 감독기능은 여러 감독 위원회들에 분산되어 있는 시스템이다. 투표감독 위원회, 선거운동 감독 국가위원회가 비상설로 구성된 것은 경제성을 고려한 것으로 사료된다. 우리나라의 선거관리위원회와 같이 집중화된 형태를 취하지 않은 것은 집중된 권력으로 인한 새로운 선거간섭을 우려하였기 때문이 아닐까한다. 하지만, 기구들 간 협조가 이루어지지 못하면 선거부정에 대한 총체적 대응이 곤란할 수 있다.

정치자금 및 선거회계 국가위원회를 합의제의 행정조직으로 설정되었음에도 헌법해석상 재판권은 없는 것으로 판정을 내린 헌법위원회 결정에서 확인되는 바와 같이 선거관리라는 작용은 고전적 권력분립으로 이해하기 힘들다. 프랑스의 선거감독을 담당하는 각종 위원회들은 행정법원 판사들이 주재하고 있다. 선거관리작용이 일반 행정작용과 비교하면 '사법화된 행정'의 성격임을 반영한 것으로 보인다.

(6) 가설의 검증

프랑스는 단일국가이기는 하지만 집권적인 독립형 모델을 채택하지는 않는다[가설 Ⅱ.2.(1) 입증 실패]. 프랑스의 선거관리기구는 국가선거인지,

---

171) 중앙선거관리위원회(국제선거지원과), 앞의 책, 48면.

지방선거인지에 따라 구분된 것이 아니라 기능별로 분화되어 있으므로 국가선거와 지방선거 모두 중앙의 통일된 선거관리기구에서 담당하는 방식이 아니다[가설 Ⅱ.2.(2) 입증 실패].

프랑스에서 국가와 도 수준의 선거의 실시계획 및 준비는 내무부와 지방자치단체가 담당하는 데 비해, 선거감독은 투표 감독 위원회, 선거운동 감독 국가위원회, 정치자금 및 선거회계 국가위원회 및 시청각 최고위원회가 분담하고 있다. 혼합형 모델의 경우 선거실시는 내무부가, 선거감독은 독립된 선거위원회가 각각 담당한다는 가설은 타당하다. 이는 선거관리사무 중 선거감독이 사법화된 행정의 성격을 가진다는 점에 기인한다[가설 Ⅲ.1.(1), Ⅲ.2.(1), Ⅲ.2.(3) 입증].

프랑스의 경우 2012년 기준 민주화 지수 총점은 7.88점, 선거절차 및 다원주의 점수는 9.58점이다. 정치참여 점수가 6.67점, 정부의 기능 점수가 7.14점으로 저조한 편이어서 총점이 낮고 그로 인하여 결함 있는 민주주의에 속하게 된다. 선거절차 및 다원주의 점수는 완전한 민주주의 수준이다. 혼합형 모델인 프랑스는 대부분의 독립형 모델 국가보다 민주화 지수가 높다.

2. 독립형 모델

(1) 인도

1) 개관

'인도선거위원회(the Election Commission of India)'[172]는 매우 독립적인 선거관리기구이다. 1947년 8월 15일 건국된 인도에서는 헌법, 선거법과

---

172) 인도 선거위원회(www.eci.gov.in).

선거제도의 원칙에 따라 정기적인 선거가 실시되고 있다. 1948년부터 1949년까지 헌법제정회의에서 독립 인도에서의 선거실시에 책임이 있는 기구는 행정부와 분리된 별개의 것이어야 하고 업무 수행을 위하여 재정과 행정의 자치권을 가져야 한다는 것이 주장되었다. 인도 헌법 제324조, 협조적인 사법부, 능동적인 미디어, 선거위원회를 이끈 인물의 활약 등이 결합되어 인도선거위원회의 독립성과 명성을 가져왔다고 평가되기도 한다.

인도의 정치를 분석한 대표적인 학자는 꼬다리(Rajni Kothari)이다. 꼬다리는 인도 정치를 '회의당(the Congress Party)'이 전체적으로 체제의 정당성을 확보하고 모든 정치세력들의 합의를 도출하는 가운데 근대화 엘리트 중심으로 사회를 변혁시키고 경제발전을 도모하기 위해 국가권력을 이용하는 '회의당 체제(the Congress system)'라고 설명한다.[173] 그러나 1975년 비상계엄 선포에 이르러 회의당 체제의 합의 모델은 적실성을 상실하였으며 다원주의에서 참여주의로 방향이 바뀌었다.[174]

인도에서 모든 주에 지부를 두고 있는 회의당 등 전국 정당은 소수에 불과하고, 대부분은 지역정당이다. 회의당은 독립투쟁을 벌여온 운동가로 조직되어 있고 독립 초부터 국민의 절대적인 지지 하에 정계를 완전히 장악하였다. 그로 인하여 야당의 발전은 미약하다. 독립된 이후 100여 개의 정당이 출현하였는데, 이에 따라 1985년 인도 정부는 '당적변경금지법안'을 제정하였다. 최근에는 '인도인민당(Bharatiya Janata)', '자나타달당(Janata Dal)', 좌·우파공산당 등 야당이 약진하고 있다.[175]

---

173) Rajni Kothari, *Politics in India*, Orient Longman(Delhi), 1970; 백좌흠, "독립 인도의 국가성격에 관한 연구", 인도연구 제6권 제2호, 한국인도학회, 2001, 2면에서 재인용.
174) 백좌흠, 앞의 논문, 3~4면.
175) 대외경제정책연구원, 인도편람(증보판), 대외경제정책연구원 지역정보센터, 1996, 117면.

2) 법률 체계

인도 헌법 제324조는 인도선거위원회에 대해 하원과 모든 주의원을 선출하는 선거 및 인도의 대통령과 부통령을 선출하는 선거에 관한 행위에 대한 모든 감독권, 지시권 및 통제권을 부여한다. 기본적인 헌법 규정에 추가하여 선거에 관한 법률 체계를 정하는 두 개의 기본적인 법규가 있다. 이는 '국민대표법(the Representation of the People Act)'이다. 1950년에 통과된 법률은 국가 및 지방 수준 의회의석 할당, 선거구 획정, 선거인등록 준비 등 선거의 기본적 요건을 제시한다. 1951년에 통과된 법률은 선거실시를 위한 세분화된 규정을 열거한다. 다양한 공직후보자들의 입후보 자격, 정당등록에 관한 규칙, 선거분쟁을 처리하는 과정이다. 투·개표일자에 사용되는 기구와 형식 등에 관한 상세한 절차는 1960년 선거인등록규칙과 1961년 선거실시규칙에 들어있다.

일단 선거가 진행 중에 있다면, 선거과정은 인도선거위원회의 행정적인 감독을 따라야 하고, 법원도 그 과정을 중단할 수 없다. 선거가 종결된 후에 비로소 고등법원에 선거소청이 제기될 수 있다. 인도선거위원회는 스스로 선거법 절차상의 부정이나 위반을 심의한다. 이러한 절차는 재판으로 인하여 선거과정이 수렁에 빠지지 않고 스케줄대로 끝날 수 있도록 한다. 인도선거위원회는 모든 정당들과 상의하여 선거과정과 관련된 모델코드를 공표한다. 모델코드는 법적인 기반은 없고 정당들 간의 합의에서 정당성이 나온다. 정당에 대한 규율에서 국가조직을 야당에게 불리하게 악용하는 것을 막기 위하여 '평평한(공평한) 경기장'을 만들려는 시도이다. 경우에 따라 인도선거위원회는 선거법위반에 따른 분쟁이 발생한 선거구들에 대해 모델코드를 적용하여 선거를 연기하기도 한다.

3) 기구 구조

헌법 제324조 (1)은 선거인 명부와 선거실시에 대한 인도선거위원회의 감독권, 지시권 및 통제권은 의회와 이 헌법 하에서 모든 주의 입법부의 선거들과 대통령과 부통령의 선거들에 대해 행사된다고 규정한다. 1992년 선거구 단위에도 선거관리가 도입되었다. 선거구 단위는 분리된 독립체인 주 선거위원회에서 담당한다.

원래 선거위원회는 위원장 1인이었으나, 업무의 복잡성과 책임을 감안하여 현재 위원장 1인과 선거위원 2명으로 구성된다. 선거위원은 임기 6년간 또는 정년 65세까지이다. 대통령은 위원장과 위원들을 임명한다. 위원은 인도대법원 판사와 같은 지위, 보수, 특전을 누린다.[176] 선거위원회의 위원장은 의회의 탄핵에 의하지 아니하고는 그 지위를 박탈당하지 아니한다. 선거위원들은 위원장의 권고에 의하지 아니하고는 해임되지 아니한다.

선거위원회는 선거기구의 구성원이 그 소속 직원이 아닌 경우에도 전체 기구에 대하여 전반적 통제권을 행사한다. 주 수준에서 핵심이 되는 공무원은 주선거총괄관이다. 주선거총괄관은 주정부가 작성한 연방공무원 리스트로부터 인도선거위원회가 임명한다. 주선거총괄관은 인도선거위원회의 승인 없이는 해임되지 아니한다.

주된 선거활동은 선거구 평균 유권자 130만 명 정도인 500개의 오래된 선거구에서 이루어진다. 선거구의 치안판사는 중심적인 역할을 한다. 선거구의 치안판사는 모든 선거구와 하급 선거구 수준의 공무원의 리더로서 주요 선거사무를 집행한다. 이들 공무원은 인도선거위원회가 임시적으로 파견한 지위이며 선거기간 동안 인도선거위원회의 감독, 훈련과 통제 하에 있다.

4) 권한

인도선거위원회는 ① 선거인명부의 관리 및 주기적 갱신, ② 후보자 선발과정 감시, ③ 정당의 등록에 관한 사무, ④ 후보자 선거비용 지출을 포

---

176) eci.gov.in/eci_main1/the_setup.aspx(2013. 1. 24. 최종 방문).

함하여 선거운동과정 감시, ⑤ 법률자문권 및 준사법권, ⑥ 선거법이 규율하지 않거나 선거법이 불충분한 경우 보충할 수 있는 권한, ⑦ 투표자 교육, ⑧ 국제 협력 등을 담당한다.[177]

인도선거위원회는 국가와 주의 정당들에게 선거운동 기간의 국유 전자매체 이용시간을 할당한다. 인도선거위원회는 선거비용 지출을 감시하는데, 선거운동 기간 동안 후보자의 지출을 세밀하게 감시할 사람을 임명한다. 이는 인도의 선거비용 불법지출을 감소시키고 있다. 인도선거위원회는 부정행위가 적발된 투표소(또는 전체 선거구)에 대해 재투표를 지시할 권한이 있다. 인도선거위원회는 며칠 동안 투표를 중단시킬 수 있다.

인도선거위원회는 선거구획정에 대해 책임지지 않는다. 선거구획정은 대법원의 현직 또는 퇴임 판사가 지휘하는 별개의 획정위원회에 의한다. 선거위원의 한 명은 획정위원회 구성원으로 지명된다. 인도선거위원회는 선거구획정에 관한 노하우를 가지고 있고 사무처 지원을 제공하므로 획정과정에서 중요한 역할을 한다.

5) 재정

인도선거위원회가 자금 문제를 겪지 않는다는 것은 독립성의 중요한 징표이다. 인도선거위원회 사무국은 위원회와 연방정부의 재무부 간의 협의로 직접 결정되는 독자적인 예산을 가진다. 연방정부 재무국은 일반적으로 위원회의 예산에 관한 의견을 수용하고 있다.

그러나, 선거에 관한 실제 활동에 필요한 주된 지출은 선거구가 소속된 연방, 주 또는 준주가 부담한다. 연방하원의원 및 주의회의원의 동시선거의 경우 공평하게 부담한다. 자본재 성격의 장비 비용은 같은 금액을 부담한다. 인도선거위원회 회계는 심계원과 감사원의 감사를 받는다. 회계보고서는 의회에 제출되고 있다. 이는 위원회의 재정적 책임을 보장하고 있다.

---

177) eci.gov.in/eci_main1/the_setup.aspx(2013. 1. 24. 최종 방문).

6) 평가

인도선거위원회는 선거개혁에 관한 수많은 제안을 법무부와 총리에게 직접적으로 하였다. 위원회는 정부에 압력을 가하고 공론화를 촉진하기 위해 그러한 제안들을 여러 차례 언론에서 동시에 논의하도록 하였다. 인도의 유권자 대부분이 문맹자인 실정을 반영하여 선거위원회는 정당과 무소속후보에게 심벌(symbol, 예컨대 회의당은 손바닥 마크)을 부여하였다.[178] 모든 정당들을 미팅에 불러서 합의를 도출하여 모델코드를 만드는 것은 인도선거위원회가 활용하고 있는 효과적인 수단이다.

인도선거위원회는 방대한 영토와 인구, 다양한 인종과 종교로 구성된 인도에서 선거가 국가통합의 수단으로 기능하는 데에 중요한 역할을 하였다고 평가된다. 인도선거위원회의 정치발전을 위한 기능 발휘에는 인도선거위원회의 위원장을 역임하였던 세스한(Tirunellai Narayana Iyer Seshan) 같은 인물의 기여도 있다.[179]

다른 관점에서 인도는 정치집단들의 각축의 장에서 집권당이 위협받을 때에는 억압적 통치를 자행하였다고 평가받기도 한다. 야당들이 힘을 합쳐 싸우지 못하는 이유가 극빈자들과 그 이외의 사람들 간에 존재하는 엄청난 격차에 있다는 것이다. 극빈자 외의 계급은 억압적인 법률과 체제의 수혜자로 볼 수 있다. 인도는 인민의 동의보다는 억압 기제에 의존하는 국가로 간주되기도 한다.[180] 선거는 금력에 의하여 결정되며 빈민층은 선거의 중요성을 제대로 인식하지 못한 채 매수당하고 있다고 평가된다.[181]

---

178) 대외경제정책연구원, 앞의 책, 118면.
179) zeenews.india.com/blog/empowering-the-ec_658.html(2013. 4. 13. 최종 방문).
180) 백좌흠, 앞의 논문, 14~15면.
181) M. A. Kharabela Swain, "Indian Political System-Emerging Trends", *Fifty years of Indian Parliament*, Lok Sabha Secretariat(New Delhi), 2002, p. 323.

7) 가설의 검증

인도는 의원내각제이면서 독립형 모델을 채택하고 있다[가설 Ⅰ.2.(1) 및 Ⅰ.2.(3) 입증 실패]. 인도선거위원회는 대통령에 의하여 구성되지만 회계는 심계원과 감사원의 감사를 받고, 회계보고서는 의회에 제출된다. 인도선거위원회는 의회에 의해 구성되지는 않지만 의회에 대하여 책임을 진다[가설 Ⅰ.2.(2) 입증 실패].

연방국가 인도는 분권화된 독립형 모델을 선택한다[가설 Ⅱ.1.(1) 입증, Ⅱ.1.(2) 입증 실패]. 국가통합 등의 목적으로 독립형 모델을 선택한 것이다. 인도에서 실제 선거사무는 선거구 단위의 분리된 독립체인 주선거위원회에서 담당한다. 선거 관련 실제 활동에 필요한 주된 지출은 선거구가 소속된 연방, 주, 준주가 부담한다.

인도선거위원회는 선거인명부의 관리 및 주기적 갱신, 후보자 선발과정의 감시, 정당 등록에 관한 사무, 후보자 선거비용 지출을 포함하여 선거운동과정 감시, 법률자문과 준사법권 등을 담당한다. 위원회는 선거실시와 선거감독 모두 관장한다. 인도선거위원회는 주의 선거총괄관을 임명한다[가설 Ⅲ.2.(3) 입증].

인도의 2012년 기준 민주화 지수 총점은 7.52점, 선거절차 및 다원주의 점수는 9.58점이다. 인도의 경우 정치문화 점수가 5.00점, 정치참여 점수가 6.79점으로 낮은 것으로 인하여 결함 있는 민주주의에 속하게 된다. 선거절차 및 다원주의 점수는 완전한 민주주의 수준이다. 인도의 독립형 모델은 민주적 선거 조기 정착 및 국가통합의 목적에서 의도적으로 도입된 것으로 볼 수 있다[가설 Ⅳ.2.(2) 입증].

(2) 멕시코

1) 개관

멕시코의 경우, 전통적으로 '제도혁명당(Partido Revolucionario Institucional, PRI)'이 선거관리의 실질을 좌우한다는 인식이 있었다. 제도혁명당은 중앙관료제에 대한 대안적 권력의 대표가 아니라 중앙관료제의 일부였다.[182] 이는 멕시코에서 선거과정이 신뢰를 받지 못하였던 원인이었다. 멕시코의 선거관리기구를 두고 '프랑스 모델'이라고 주장되기도 하였으나, 선거관리기구의 운영 방식에 관한 개선이 필요하다는 비판이 제기되었다.[183]

현재 멕시코의 선거관리기구는 '연방선거기구(Instituto Federal Electoral, IFE)'이다.[184] 연방선거기구는 1989년 헌법개정과 1990년 8월 통과된 '선거 기구 및 절차에 관한 연방법(Código Federal de Instituciones y Procedimientos Electorales)' 제정이라는 일련의 개혁 조치를 근거로 1990년 10월 11일 설립되었다. 아울러 1990년에는 선거관련 분쟁을 해결하기 위한 항소법원인 선거법원이 설립되었다.[185]

연방선거기구 설립 이후 연방선거기구의 조직 및 세부 사항에 관한 헌법상·법률상 중요한 개혁이 실현된다. 1996년 연방선거기구의 구성원과 기능을 행정부로부터 완전히 분리시키고 정당이나 국가권력과 관련이 없는 구성원들에게 지휘기구 내에서 투표를 할 수 있도록 보장하여 연방선거기구의 독립과 자치권의 수준을 강화한 것이다.

---

182) Miguel Angel Centeno, "The Failure of Presidential Authoritarianism : Transition in Mexico", *Politics, Society, and Democracy*, Westview Press(Boulder, Colorado), 1998, p. 33.

183) Robert Alan Pastor, *op. cit.*, p. 13.

184) 멕시코 연방선거기구(www.ife.org.mx).

185) 라파엘 로페즈 핀터, 앞의 논문, 29면.

연방선거기구는 법인격과 자체 자산을 보유한다. 연방선거에 관한 이전 기구와 달리 연방선거기구는 상설조직이다. 연방선거기구의 수뇌부는 '멕시코시티의 연방구(Federal District of Mexico City)'인 '틀랄판(Tlalpan)'에 위치한다. 연방선거기구는 전국에 걸쳐 기능하기 위한 분권화된 체계로 조직되어 있다.

2) 법률 체계

멕시코 헌법 제41조[186])는 연방선거기구에 관하여 규정한다. 입법부와 행정부는 자유로운 정식적·정기적 선거를 통해 교체가 이루어져야 한다고 선언하고, 입법부와 행정부의 정기적 교체에 적용되는 원칙으로서 연방선거기구를 제시한다. 이 규정은 연방선거기구의 정당 내부문제 개입(제1항)과 선거방송시간의 할당(제3항)에 관하여 정하며, 연방선거기구의 조직과 권한에 관하여 규정한다(제5항).

헌법 제41조 제5항이 연방선거기구에 관한 핵심적인 조항이다. 연방선거기구는 '자율적 공공기관'이다. 연방선거기구는 선거문제의 권위기관으로서 의사결정과 기능 면에서 독립적이며 직무수행 면에서 전문적이다. 기구의 지도 원칙은 '확실성, 합법성, 독립성, 공정성, 객관성'이다. 연방선거기구에 관한 구체적 사항은 '선거 기구 및 절차에 관한 연방법'에서 규율하고 있다.

3) 기구 구조

연방선거기구 구조에 지휘·집행·기술·감시기관이 포함된다(헌법 제41조 제5항). 의사결정은 합의제인 위원회가 담당한다. 기술 및 집행은 선거제도의 전문가들로 구성된 집행기구가 담당하며 감시는 주로 정당들에 의해 구

---

186) 대한민국국회, 세계의 헌법 : 35개국 헌법 전문 I, 국회도서관, 2010, 407~410면.

성된 위원회에서 담당한다. 연방선거기구의 조직·역할이 기초하고 있는 '분권화'의 원칙에 맞게 이들 기구는 중앙수준, 지방수준(32개 주) 및 선거구수준(300개 선거구)에서 대표되고 있다.[187]

연방선거기구의 지휘부는 연방선거기구가 담당하는 모든 영역에 관하여 가이드라인을 설정하고 결정을 공표할 뿐 아니라 헌법과 법률조항을 사안에 적용하는 역할을 한다. 합의제 형태로서 편파적인 영향력이나 권력과 관련이 없는 위원들로만 구성된다. 연방선거기구의 주된 지휘 기구는 '총괄위원회(Consejo General)', 분권화된 주에 1개씩 설치된 32개의 '지방위원회(Junta Locale)', 선거구에 1개씩 설치된 300개의 '선거구위원회(Junta Distritale)'이다.

이들 중 총괄위원회는 최고의 지휘기관으로서 위원장 1명, 선거관리위원 8명으로 구성된다(헌법 제41조 제5항). 의결권과 토론참여권이 있는 위원 9명 및 토론참여권은 있으나 의결권이 없는 위원 15명이 있다. 총괄위원회는 현재 24명으로 구성되어 있다. 의결권이 있는 선거관리위원 9명은 하원에서 3분의 2 이상의 찬성을 거쳐 선출된다. 의결권이 없는 위원들은 정당들의 대표인데, 등록정당 또는 정당연합마다 한 명의 비율이다. 현재 7개의 등록 정당들이 총괄위원회에 대표를 내고 있다.

8명의 선거관리위원들은 9년에 한 번씩 정기적으로 선출되고 재선되지 못한다. 위원장과 위원의 보수는 연방대법원 대법관의 보수와 같다. 위원장은 6년에 한 번 선출되는데 단지 한 번만 재선될 수 있다. 위원장이나 선거관리위원이 무능한 경우, 잔여 임기 동안 재임할 후임자를 선출한다(헌법 제41조 제5항).

연방선거기구의 '감사실(Contraloria General)'은 기구의 수입과 지출을 감시하는 업무를 담당하고, 직무 및 운영상의 자치권을 누린다. 감사실장은

---

187) www.ife.org.mx/portal/site/ifev2/IFE_Nature_and_Attributions/#4(2013. 4. 12. 최종 방문).

하원의 출석의원의 3분의 2 이상의 찬성으로 임명된다. 감사실장은 임기 6년이고 단지 한 번 재선될 수 있다. 행정면에서 감사실장은 총괄위원회 위원장에게 속한다(헌법 제41조 제5항).

상설기구인 총괄위원회와 달리 지방위원회와 선거구위원회는 선거기간 동안에 설치되어 운영된다. 이들 위원회에는 표결권과 토론참여권을 가진 7명의 위원 및 토론참여권만 가진 위원이 있으며, 표결권 없는 위원의 수는 각 선거에 참여하는 등록정당의 수에 따라 다르다(현재 8명).

4) 권한

연방선거기구는 대통령선거, 상·하원의원선거를 관리하기 위하여 ① 정당·정치단체 등록, ② 정당·정치단체에 관한 사항의 처리, ③ 선거비용제한액의 설정, ④ 후보자등록신청 접수·처리, ⑤ 투표용지 등 모든 선거용품의 디자인, 인쇄 및 배분, ⑥ 선거일 준비, ⑦ 투표관리인력의 준비 및 교육, ⑧ 선거참관, 여론조사 및 선거감시활동 관리, ⑨ 선거결과 집계, ⑩ 상·하원의원선거의 유효 여부 판단 및 당선증 교부 등을 담당한다(선거 기구 및 절차에 관한 연방법 제69조).[188]

연방선거기구는 법률로 정해진 책임 이외에, 시민 교육, 선거지리학, 이익집단(agrupaciones)과 정당의 권리와 특권, 유권자 등록 및 명부, 선거자료 인쇄, 선거일 준비, 선거구에서 대통령 선거 개표뿐만 아니라 선거 감시와 선거 목적상 실시된 여론 조사의 규제와 관련된 활동을 책임진다. 연방선거기구는 지방선거절차 편성을 맡는다. 정당의 재정에 대한 감사는 연방선거기구 총괄위원회 기술기관의 책임이다(헌법 제41조 제5항).

멕시코에서 선거관리 담당공무원은 선거관리 업무의 특수성을 반영한 전문선거직으로 모집·선발되고 다른 일반행정직과 구분되는 특성이 있다. 선거범죄는 일반검사가 아니라 특별검사에 의하여 소추된다. 멕시코에서는

---

188) 중앙선거관리위원회, 각국의 선거관리기관, 70~71면.

선거관련 재판을 위하여 연방대법원과 같은 위상의 특별재판소를 두고 있는데, 선거범죄에 관하여는 대법원과 동격이므로 그 판결은 최종적·확정적 효력을 가진다.[189]

5) 평가

멕시코의 '제도혁명당'은 1929년부터 2000년까지 헤게모니적인 권력을 가지고 군림한 중도좌파 정당이다. 제도혁명당은 무려 65년 동안 여당이었고 1989년까지 모든 주지사 선거를 석권했었다. 제도혁명당 내에서 당권을 향한 경쟁이 '진짜 정치'이고 제도혁명당을 기반으로 중앙 관료엘리트로 나가고는 하였다.[190] 1994년까지 멕시코 대통령은 '제도혁명당의 실질적 당수(de facto head of the PRI)'로서 남아 있었다.[191]

제도혁명당이 장기집권을 하는 동안 선거절차상 많은 문제가 발생하였으며 당주도 하에 부정선거, 투표자에 대한 폭력도 빈번하게 행사되었다.[192] '선거사다리(electoral ladder)'는 '하원의원-상원의원-주지사'로 이어지는 정치경력을 쌓는 과정이었다. 이후 제도혁명당 내 소그룹과 결부된 지배엘리트 내에서 긴장이 보였고 그들 간의 권력순환이 깨지면서 제도혁명당은 전체 국민을 대표하는 성격과 멀어지게 되었다.[193]

멕시코 헌법은 대통령의 연임을 금지하는 조항을 두고 있다. 대통령의 연임 금지는 멕시코를 민주주의 체제로 이끈 원인이 되었지만, 민주적 메

---

189) 중앙선거관리위원회, 각국의 선거관리기관, 73면.
190) Miguel Angel Centeno, *op. cit.*, pp. 32~34.
191) Jeffrey Weldon, "Political Sources of Presidencialismo in Mexico", *Presidentialism and Democracy in Latin America*, Cambridge University Press(Cambridge), 1997, pp. 250~251.
192) 이러한 사실을 두고 페루의 우파 작가 마리오 바르가스 요사(Mario Vargas Llosa)는 제도혁명당 치하의 멕시코를 'PRI의 완벽한 독재(perfect dictatorship of the PRI)'라고 불렀다.
193) Miguel Angel Centeno, *op. cit.*, p. 33, p. 37.

커니즘의 개발 실패에도 부분적인 책임이 있다.194) 집권을 이어가고자 퇴임 대통령이 제도혁명당을 통해 그의 후계자를 선택하는 방식으로 제도적인 연속성을 보장하는 새로운 지배가 있었고, 이러한 방식은 다른 라틴 아메리카의 국가들에도 채용되었다.195)

정치엘리트 내의 조율 실패로 인하여 멕시코 대통령제의 위기가 발생하였다.196) 1990년대에 이르러 멕시코는 경쟁적 선거를 향한 이정표를 세웠는데, 그 요인으로 여러 가지가 제시된다. 거기에는 독립된 선거 부서의 창설, 깨끗하고 공정한 유권자 등록과 확인이 있다.197) 연방선거기구의 설립 및 독립성의 강화는 대부분의 멕시코 인들로 하여금 1997년의 의회선거를 공정한 것으로 받아들일 수 있게끔 하였다는 점에서 선거과정의 신뢰성을 증진시켰다고 볼 수 있다.198)

1990년에 이루어진 일련의 선거관리에 관한 개혁은 멕시코에서도 정권교체가 가능하도록 하였다. 2000년 7월 2일 실시된 대통령 선거에서 야당 '국민행동당(Partido Acción Nacional, PAN)'의 후보 비센테 폭스 케사다가 제도혁명당 후보를 제치고 멕시코 대통령에 당선되었다. 멕시코의 경우 헌법과 선거 기구 및 절차에 관한 연방법을 통한 제도의 개선이 정치발전에 기여하였다고 평가될 수 있다.

6) 가설의 검증

멕시코는 대통령제로서 독립형 모델을 선택·운영하고 있다[가설 Ⅰ.1.(1)

---

194) Miguel Angel Centeno, op. cit., p. 39.

195) Robert Alan Pastor, op. cit., p. 11. 이와 관련하여 자세한 내용은 Jorge G. Castañeda, "La Herencia : Arquelogia de la Sucesion Presidencial en Mexico", Extra Alfaguara(Aguilar, Altea, Taurus, Alfaguara, S.A. de C.), 1999.

196) Jeffrey Weldon, op. cit., p. 251.

197) Miguel Angel Centeno, op. cit., pp. 41~42.

198) Robert Alan Pastor, op. cit., p. 13.

입증]. 멕시코는 기구의 구성과 기능을 행정부로부터 분리시킴으로써 선거관리기구의 독립성과 자치권의 수준을 강화하였다. 이는 엄격한 권력 분립을 특징으로 하는 대통령제와 어울린다[가설 Ⅰ.1.(2) 및 Ⅰ.1.(3) 입증].

멕시코는 연방국가로서 선거기구의 조직·역할을 분권화원칙에 맞게 중앙수준, 지방수준 및 선거구수준으로 분권화한 독립형 모델이다[가설 Ⅱ.1.(1) 입증, Ⅱ.1.(2) 입증 실패]. 멕시코는 독립형 모델로서 선거실시 및 선거감독을 연방선거기구에 집중시킨다[가설 Ⅲ.2.(3) 입증].

멕시코의 경우 2012년 기준 민주화 지수 총점은 6.90점, 선거절차 및 다원주의 점수는 8.33점이다. 멕시코의 정치문화 점수가 5.00점, 정치참여 점수가 6.67점으로 낮은 것으로 인해 결함 있는 민주주의에 속하게 된 것이다. 멕시코의 선거절차 및 다원주의 점수는 완전한 민주주의 수준이다.

멕시코는 대통령이 제도혁명당을 지배하여 그 후계자를 임명하는 문제를 해결하고 당주도 하에 발생하는 부정선거, 폭력선거 등을 막기 위해 인위적으로 독립형 모델을 선택하였다[가설 Ⅳ.2.(2) 입증]. 이는 국민으로 하여금 선거과정을 공정하다고 인정하게끔 하고 일당독재를 종식시킨 요인 중 하나로 평가된다는 점에서 정치개혁을 위해 의도적으로 독립형 모델을 도입한 사례라고 평가된다.

(3) 필리핀

1) 개관

필리핀 선거위원회(The Commission on Elections)[199]는 '커멜렉(COMELEC)'이라고 불리는바, 1940년 개헌에 의해 1941년 설립된 헌법상 독립기관이다.[200] 필리핀 선거위원회는 아시아 선거관리기구 중 가장 긴 역사를

---

199) 필리핀 선거위원회(www.comelec.gov.ph).
200) 중앙선거관리위원회, 각국의 선거관리기관, 88면.

가지고 있는 독립된 상설 선거관리기구이다. 위원회는 현대적 전자 장비를 갖추고 있기도 하다.201) 위원회는 집행권뿐만 아니라 사법권과 준사법권도 행사한다.

2) 법률 체계

선거위원회가 창설되기 이전에는 선거행위에 대한 감독권한은 '내무부 (Department of Interior)' 소속 사무소에 부여되었고, 그 사무소가 폐지된 때에는 내무부가 직접 선거관리를 담당했다. 내무부장관의 감독 하에 선거가 치러지는 것에 관한 불만이 있었고 내무부장관이 정직하고 자유로운 선거를 보장하기 위해서라기보다는 집권 여당에게 유리하게 봉사하기 위해 선거법을 집행한다는 의심이 커졌다.

1940년 6월 17일 실시된 필리핀 국민투표에 의하여 승인받은 헌법 개정에 따라 선거활동과 관련하여 내무부가 수행하는 모든 기능은 선거위원회로 이전되었다. 그러나 개정헌법은 1940년 선거를 치를 당시 시행될 수 없었으므로, 국회는 '연방법(Commonwealth Act)' 제607조를 통하여 법률로 선거위원회를 창설하였다. 그에 따라 헌법상으로 선거위원회가 가지는 것과 같은 권한이 부여되었다. 선거위원회를 설립하는 법률은 1940년 8월 22일 시행되었다. 선거위원회는 1940년 9월 14일 설립되어 1940년 12월 10일의 선거를 감독하였다.

1940년 12월 2일 선거위원회를 설치하는 개헌안이 통과되었고, 1941년 6월 21일 연방법 제657조는 위원회를 헌법기구로서 재구성하는 것으로 제정되었다. 위원회의 위원은 헌법기관이 된 위원회의 위원으로 신분이 유지되었다. 소속 직원, 기록, 문서, 자산 등은 새롭게 조직된 선거위원회로 이전되었다. 필리핀 헌법 제9장은 선거위원회의 구성, 권한 및 기능에 관하여 규정한다. 필리핀 선거법 제7장 제52조 내지 제59조에서 헌법에 의해 부여

---

201) 라파엘 로페즈 핀터, 앞의 논문, 45면.

된 권한 외의 업무에 관하여 기술한다.

3) 기구 구조

선거위원회는 대통령이 임명위원회의 동의를 받아 임명하는 임기 7년의 7명의 위원들로 구성된다. 위원장 1인, 위원 6인이다.[202] 위원은 연임이 허용되지 않는다. 모두 전임이다. 위원장을 포함하여 위원의 과반수는 10년 이상 법조경력을 가진 자 중에서 임명된다. 위원들은 탄핵에 의하지 아니하고는 해임되지 않고, 임기 중에는 법률로 정한 보수를 받는다. 이는 위원회의 독립성을 확보하는 장치이다.

헌법은 위원장과 위원의 자격에 관하여 상세한 규정을 두고 있다. 헌법 제9조 제C항 Section 1.(1)에 따르면, 위원장과 위원은 필리핀에서 출생한 국민으로서 임명 당시 35세 이상이어야 하고, 대학을 졸업했어야 하며, 직전에 실시된 공직선거의 후보자가 아닌 사람이어야 한다.

필리핀 중앙선거위원회는 10국으로 구성된다. 하급 선거관리기구는 전국을 16개의 권역으로 나누어 16인의 '지역선거국장(Regional Election Director)'을 두고 있다. 지역선거국장의 아래에는 80인의 '지역선거감시관(Provincial Election Supervisor)'을 두고 있으며, 시·자치단체별로 1인씩 1,646명의 선거공무원(Election Officer)과 직원(Staff)을 두고 있다.[203]

4) 권한

선거위원회는 선거, 레퍼렌덤, 플레비지트, 국민발안과 국민소환 등과 관

---

202) 원래 위원회의 위원장과 위원들은 9년의 임기였고, 처음 임명된 사람만이 9, 6, 3년 임기였으며, 3년마다 한 명씩 교체되었다. 1973년 헌법은 위원회 구성원을 3명에서 9명으로 늘렸으나, 임기를 7년으로 줄였다. 1987년 헌법은 위원회 구성원을 9명에서 7명으로 줄였으나 7년 임기는 유지하였다. 처음 임명된 사람들 중 3명은 임기 7년, 2명은 임기 5년, 2명은 임기 3년이었다.
203) 중앙선거관리위원회, 각국의 선거관리기관, 88면.

련된 법령의 집행업무를 비롯해서 정당등록업무를 맡는 것은 물론 공정선
거를 위한 각종 대책을 수립하여 의회에 권고할 수 있다. 선거관련 쟁송의
최초 관할권과 선거법 위반행위에 대한 조사권 및 제소권을 가진다. 선거
위원회는 대통령에게 위법선거 관련 공무원의 해직을 청구하고, 의회와 대
통령에게 선거결과를 보고하는 등의 광범위한 권한을 가진다(이는 필리핀
헌법 제9조 제C항 Section2(1)~(9)에 규정되어 있다).

선거위원회는 선거와 관련하여 모든 법률의 집행을 담당한다. 구체적으
로 ① 선거 및 개표결과에 관한 분쟁 판정, ② 선거권 등 선거문제에 관한
결정, ③ 군대를 포함한 정부의 집행기관, 시설 등에 대한 업무 대리 명령,
④ 선거기간 중 무기휴대, 주류 판매 등의 감독·통제, ⑤ 선거와 관련된 범
죄자 등에 대한 사면, 가석방 등의 동의권이 있다.204)

필리핀 선거법 제52조에 의하면, 선거위원회는 ⓐ 선거지도에 관한 모든
법을 배타적으로 집행하고, ⓑ 선거사무 집행을 위하여 국가 및 지방공무
원을 파견받아 직접 지휘·감독하고, 임무를 부여하며, 불응 시 관계당국에
징계를 요청할 수 있고, 관계당국은 이에 응하여야 하며, ⓒ 선거폭력행위
규제를 위해 선거위원회가 군대, 정보기관, 경찰, 파견공무원에게 대리로서
활동할 권한을 부여할 수 있고 수임자는 지시에 따라야 하며, ⓓ 선거위원
회가 헌법상 권한을 집행하기 위해 발표한 규칙, 규정, 훈령, 지시 등은 타
행정기관에 우선하며, ⓔ 선거업무의 유효성을 보장하기 위해 선거기간 중
수색영장 발부, 불법선거선전물의 몰수·폐기·정리, 후보자 및 조직·단체에
대해 재정기록의 조사가 가능하고(감사위원회, 중앙은행, 군대, 국립경찰
등 정부기관의 조력을 받을 수 있음), ⓕ 선거법 및 선거위원회의 훈령, 지
시 등으로 조직, 단체 등을 편성할 수 있다.205)

---

204) 중앙선거관리위원회, 각국의 선거관리기관, 89~90면.
205) 허영, 앞의 논문, 16면; 중앙선거관리위원회, 각국의 선거관리기관, 89~90면.

5) 평가

필리핀은 일찍부터 독립된 상설 선거위원회를 설치하고 있다. 필리핀은 중앙선거위원회를 최상급 선거관리기구로 두면서 지역선거국장, 지역선거 감시관 및 선거공무원 등 방대한 전국 조직을 구축한다. 선거위원회는 헌법에 근거를 둔 기구로서 지위가 확고하며 선거분쟁의 심판권 및 선거권 등 선거문제에 관한 결정권도 갖는다.

필리핀은 독재와 정치부정의 역사가 길다. 1965년 대통령에 취임한 페르디난드 마르코스는 1973년 국민투표를 통해 장기 집권의 길을 열었다. 20년 장기독재 끝에 1986년 2월 국민들과 필리핀 로마 가톨릭 교회가 마르코스 정권에 맞서 싸운 민주항쟁으로 마르코스가 축출되고 코라손 아키노 대통령의 정부가 출범하였다. 1987년 2월 필리핀 신헌법에 대한 국민 투표에서 아키노 정부는 76.3%의 압도적인 지지를 얻었고 대통령의 임기 6년에 중임 불가를 규정한 새 헌법을 발표하였다.

군부 쿠데타와 내부반발이 거세지자 아키노 대통령은 강경정책으로 선회하였다. 1992년 대선에서 아키노의 지명을 받은 피델 라모스가 당선되었다. 1998년 5월에는 조지프 에스트라다가 당선되었으나 에스트라다는 뇌물과 불법 정치자금을 받았다는 의혹이 제기되었고, 그 사실이 폭로되었다. 상원에서 탄핵 절차가 진행되었다. 그에 반대하는 격렬한 시위가 이어졌다. 에스트라다는 2001년 1월 탄핵선고에 앞서서 사임하였다. 2001년 1월 아로요 부통령이 대통령직을 승계하였다.

필리핀의 글로리아 아로요 전 대통령은 2011년 11월 18일 필리핀 선거위원회에 의하여 선거결과의 조작 등 혐의로 기소되어 마닐라에서 체포되었다. 건강이 호조되면 교도소에 구금될 예정이다. 법원은 아로요에게 도주 우려가 있다며 구속영장을 발부하였고, 아로요는 병원구금 상태이다. 아로요는 재판 결과에 따라 최고 무기징역까지 받을 수 있다. 필리핀 선거위원회와 법무부 합동조사단이 아로요를 기소하였다.

필리핀 선거위원회는 다른 국가들에서는 찾아보기 힘든 업무 대리 명령권, 선거기간 중 무기휴대, 주류판매 감독·통제권, 선거범죄 사면·가석방 동의권 등도 보유한다. 선거위원회는 선거범죄 등에 관한 수사권, 소추권을 가지고 있다. 그럼에도 불구하고 필리핀의 정치상황은 나아지지 못하고 있다. 필리핀은 선거관리기구의 높은 위상과 권한의 확대만으로 민주정치의 발전이 이루어지지 못한다는 점을 여실히 보여주는 전형적인 사례라고 평가된다.

6) 가설의 검증

필리핀은 대통령제로서 독립형 모델을 선택한다. 이는 통치권의 엄격한 분립을 특색으로 하는 대통령제에 어울린다[가설 Ⅰ.1.(1) 및 Ⅰ.1.(3) 입증]. 대통령이 필리핀 선거위원회를 구성하는 것은 행정부로부터 독립된 기구의 구성이 아니다. 독립형 모델이 행정부와 독자적인 구성과 예산을 확보한다는 가설은 잘못되었다[가설 Ⅰ.1.(2) 입증 실패].

필리핀의 경우 단일국가로서 국가형태에 어울리게 집권적 독립형 모델을 채택한다는 가설은 타당하다[가설 Ⅱ.2.(1) 입증]. 필리핀 선거위원회는 선거에 관한 모든 법률의 집행을 담당한다. 지방선거는 지방의 선거관리기구에 이관되지 않는다[가설 Ⅱ.2.(2) 입증]. 필리핀은 인도, 멕시코 등과 마찬가지로 독립형 모델이므로 선거실시와 선거감독을 나누어 규율하지 않는다.

필리핀의 경우 2012년 기준 민주화 지수 총점은 6.30점, 선거절차 및 다원주의 점수는 8.33점이다. 필리핀의 정치문화 점수가 3.13점으로 심히 낮은 것으로 인하여 결함 있는 민주주의에 속하게 된 것이다. 필리핀의 선거절차 및 다원주의 점수는 완전한 민주주의 수준이다.

필리핀은 내무부 감독 하에 선거가 치러지는 것에 관한 불신을 해소하기 위해 헌법에 근거한 독립형 모델을 선택하였다[가설 Ⅳ.2.(2) 입증]. 필리핀

선거위원회는 아시아에서 가장 긴 역사를 가진 선거관리기구로서 집권적
인 조직이고 강력한 권한을 가진다. 그런데도 필리핀의 정치상황은 개선되
지 못하고 있다.

Ⅳ. 혼합 체제 : 독립형 모델

1. 터키

(1) 개관

터키 헌법은 제1장 입법권 Ⅰ. 터키 대국민회의에 'E. 선거에 대한 일반
행정과 감독'이라는 별도의 절을 두고 있다. 'E. 선거에 대한 일반 행정과
감독'에 제79조가 있다. 터키 헌법 제79조는 최상급 선거관리기구로 '최고
선거위원회(Yüksek Seçim Kurulu)'[206]를 설치하고 그 밖의 선거위원회도
설치한다고 규정한다. 최고선거위원회의 구성은 법관이 중심을 이루지만,
그 기능과 권한은 일반법원과 분리되어 있다.

최고선거위원회 및 그 밖의 선거위원회의 기능과 권한은 법률로 정하여
야 한다. 헌법 개정 시 법안에 대한 국민투표와 국민에 의한 공화국 대통령
선거에 관한 일반행동 및 감독은 대국민회의 대의원선거와 관련한 조항(헌
법 제79조 등)과 동일한 조항을 준수하여야 한다.

터키 최고선거위원회는 1960년 쿠데타 후 1961년 헌법에 따라 설치되었
다. 터키 헌법에 의하면 선거는 사법기관의 일반 행정 및 감독 하에 실시되
어야 한다. 터키에서 사법기관이 선거감독뿐만 아니라 선거에 대한 일반
행정도 담당하고 있다. 터키는 사법기관 중심의 선거관리기구 시스템을 구

---

206) 터키 최고선거위원회(www.ysk.gov.tr).

축한다. 헌법 제79조는 선거관리기구로 최고선거위원회 및 그 밖의 선거위
원회를 둔다고 규정하고 있다.

(2) 기구 구조

최고선거위원회는 정위원 7인, 후보위원 4인으로 구성된다. 최고선거위
원회 선거위원 중 6인은 고등법원의 전체회의에서, 나머지 5인은 최고행정
법원의 전체회의에서 자체 위원 중 비밀투표와 위원의 절대 다수의 선택으
로 선출된다.[207] 최고선거위원회의 위원은 임기가 6년이고 연임할 수 있
다. 최고선거위원은 선출된 후에도 판사로서 강력한 신분보장을 받는다.

최고선거위원회 위원은 비밀투표와 절대다수의 선택으로 위원 중에서
위원장 및 부위원장을 선출한다. 고등법원과 최고행정법원에서 최고선거위
원으로 선출된 위원들 중에서 각 그룹의 두 위원들을 추첨을 통하여 후보
위원들을 지정해야 한다. 후보위원의 지정 절차에 위원장과 부위원장은 참
여할 수 없다.

(3) 권한

터키의 최고선거위원회는 선거 전 기간에 걸쳐 공정하고 질서 있는 선거
가 실시될 수 있도록 모든 기능을 수행한다. 최고선거위원회는 선거기간
및 그 후 선거와 관련된 모든 부정행위, 불만 및 이의에 대해 최종적 결정
을 내린다. 최고선거위원회는 터키 대국민회의 의원선거 및 대통령선거의
당선을 승인한다.

터키 최고선거위원회는 헌법 개정을 위한 국민투표를 관리하고 감독한
다. 최고선거위원회는 선거관리와 국민투표관리를 위하여 모든 정부기관들

---

207) 대한민국국회, 세계의 헌법 : 35개국 헌법 전문 Ⅱ, 402면.

에 협조를 요청할 수 있고, 그 요청을 받은 기관은 이를 거부할 수 없다.

최고선거위원회는 헌법에 따라 설치된 독립적인 헌법기관으로서 독자적 예산을 확보해서 자율적으로 집행한다. 최고선거위원회의 결정은 최종적인 법적 구속력을 가진다. 헌법 제79조는 터키 최고선거위원회의 그 밖의 구체적인 기능과 권한 및 다른 선거위원회에 관한 사항은 법률로 정하도록 위임한다.

(4) 평가

터키에서는 1933년부터 남녀 보통선거가 인정되고 있고, 18세 이상의 모든 시민들은 투표권이 있다. 2004년 기준으로 50개 정당들이 등록되어 있다. 이들의 이념은 극좌에서 극우까지 다양하다. 1945년 일당제 종식 이후 다당제에서 수십여 년 동안 긴장이 있었다. 1960년대부터 1980년대까지 정치적 불안 상태가 계속된다. 1960년, 1971년, 1980년 군사 쿠데타가 일어났으며, 1997년 군부가 정치에 개입하였다.[208]

터키 최고선거위원회는 1960년 쿠데타 후 1961년의 개헌에서 도입된 것이다. 터키에서 사법부 권위는 인정되고 있다. 권위 있는 사법부 중심 선거관리기구를 만든 것은 정당 난립에 따른 정치적 혼란을 막고 안정을 찾는데 긍정적일 것이다. 터키의 경우 최고선거위원회에 선거 행정 및 감독에 관한 폭넓은 권한을 부여하고 있음에도 최근까지도 군부가 정치에 개입하고 있다.

---

208) 자세한 내용은 Tevfik F. Nas, *Economics and Politics of Turkish Liberalization*, Lehigh University Press(Bethlehem, Pennsylvania), 1992.

(5) 가설의 검증

터키는 의원내각제이지만 사법부에 의하여 구성된 독립형 모델이다. 의원내각제에서 독립형 모델을 선택하지 않는다는 가설은 터키의 경우에는 타당하지 못하다[가설 Ⅰ.2.(1), Ⅰ.2.(2), Ⅰ.2.(3) 입증 실패]. 단일국가 터키가 집권화된 독립형 모델을 선택한 것은 가설에 부합한다[가설 Ⅱ.2.(1) 입증].

터키에서 국가선거와 지방선거를 나누어 규율하고 있지 아니하다. 터키 최고선거위원회는 선거뿐만 아니라 국민투표의 관리도 담당한다[가설 Ⅱ.2.(2) 입증]. 터키는 인도, 멕시코, 필리핀 등과 마찬가지로 독립형 모델이므로 선거실시와 선거감독을 구분하여 규율하지 않는다[가설 Ⅲ.1.(2) 입증 실패, Ⅲ.2.(3) 입증].

터키의 2012년 기준 민주화 지수 총점은 5.76점, 선거절차 및 다원주의 점수는 7.92점이다. 터키의 시민적 자유 점수가 4.12점, 정치참여와 정치문화 점수가 5.00점으로 매우 낮다. 터키 선거위원회는 다당제로 인한 혼란을 극복하기 위해 도입된 독립형 모델이다[가설 Ⅳ.2.(2) 입증].

2. 보스니아·헤르체고비나

(1) 개관

1995년 12월 14일 파리에서 '평화를 위한 기본 틀 협약(the General Framework Agreement for Peace)'에 서명이 이루어짐으로써 구 유고슬라비아연방 보스니아·헤르체고비나에서의 4년간의 내전은 종지부를 찍었다. 위 협약은 보스니아·헤르체고비나의 보스니아·헤르체고비나연방과 스르프스카공화국, 두 독립체들로 구성된 주권의회를 인정한다.

위 협약의 부칙 Ⅲ은 '유럽 안전보장협력 기구(Organization for Security and Cooperation in Europe)'에 1996년 총선거의 조직·시행 및 독립된 '지방선거위원회(Provisional Election Commission)'의 설립을 위임한다. 지방선거위원회는 위원 7명으로 구성된 자치기구로 설립되었으나, 최종적 결정권은 위원장이었던 유럽 안전보장협력 기구 보스니아·헤르체고비나 사절단장에게 전적으로 달려있다. 위 협약에 따라 임시적으로 권한을 부여받은 지방선거위원회는 2000년까지 실시된 6개의 선거들을 관리하였다.

(2) 법률 체계

2001년 8월 23일 의회가 채택한 선거법은 보스니아·헤르체고비나 최초의 선거입법이다. 하지만, 독특하고 과도적인 보스니아·헤르체고비나 법체계는 협약 당시 쟁점이었고 헌법의 필수 부분을 형성하고 있는 초국가적 구조에 의해 여전히 규율되고 있다. 이 구조 하에서 궁극적 권위는 국제 공동체에 있다. 국제적인 인물은 협약의 시민법적 이행을 감시하고 조직한다.

선거법 채택에 따라 4년간의 'OHR(the Office of the High Representative)' 및 유럽 안전보장협력 기구의 감독이 끝났다. 선거법은 독립된 중앙선거관리기구 설립을 규정하고, 2001년 11월 첫 번째 선거위원회가 구성되었다. 비록 선거제도는 복잡하지만, 선거법은 민주적 선거의 모든 필수적 요소들을 규정한다. 5개 기구와 행정의 수준을 위해 5개의 상이한 대표제가 활용되고, 모든 국가와 독립체에서 모든 인종집단에 맞는 대표성을 확보하고자 특별할당이 도입된다.[209]

---

209) 보스니아·헤르체고비나 선거위원회(www.izbori.ba).

(3) 기구 구조

선거위원회는 7명으로 조직된다. 보스니아, 크로아티아와 세르비아 세 선거구민마다 대표자를 2명씩 내고, 나머지 1명은 그 밖의 선거구민을 대표한다. 위원회 구성원은 5년 임기로 의회에 의하여 임명된다. 선거위원회는 최고 행정관인 사무총장이 지휘하는 사무처의 도움을 받는다. 선거위원회는 6개의 지부를 두고 있으며, 40명 정도의 상근직원이 있다. 선거위원회가 임명된 후 유럽 안전보장협력 기구는 가장 경험이 많은 직원을 선거위원회의 사무처로 옮겼다.

선거법은 '선거소청위원회(Election Complaints and Appeals Councils)'를 설립하였다. 선거소청위원회는 선거운동법위반 및 선거비용초과에 관한 분쟁을 판정한다. 선거소청위원회는 세 선거구민들마다 1명씩, 나머지 1명, 선거위원회의 위원 1명을 합한 5명의 위원으로 구성된다. 선거위원회는 선거소청위원회의 모든 결정을 검토하고 선거위원회 사무처는 그 업무를 지원한다.

보스니아 국가를 구성하는 두 개의 독립체 수준에서의 두 개의 선거위원회가 최근 설립되었다. 보스니아·헤르체고비나 내에서 각 칸톤(canton)의 행정부는 해당 선거위원회를 임명한다. 중간 단계의 위원회는 주변적 역할과 감시하는 기능만 담당한다. 지방선거위원회(the municipal election commission)는 당해 지방자치단체 내의 유권자등록 등 선거활동을 조직한다.

(4) 권한

선거위원회는 선거과정의 모든 측면에 대해 규제할 권한이 있다. 선거위원회가 보스니아·헤르체고비나의 복잡한 정치체제에서 성립된 다른 모든 선거위원회들을 조직하고 감시하며 규제하는 권한을 가지는 점이 중요하다. 선거위원회는 실제 독립된 기구이고 당초 예상하였던 것보다 높은 권위를 확보하였다.

선거위원회는 그 활동 보고서를 제출하는 보스니아·헤르체고비나 의회에 대해 책임진다. '국가감사위원회(the State Audit Commission)'는 선거위원회의 지출을 정기적으로 감사한다. 선거위원회는 선거운동기간이 아닌 시기에도 정당재정을 감사할 권한을 가지고, 공무원들에 대한 수사권도 가지며, 이익충돌이 판명된 때에는 공무원들을 제재하고 그들을 선출직 또는 임명직에서 해임시킬 수 있다.

(5) 재정

선거위원회는 국가, 독립체, 칸톤 및 지방자치단체 예산에서 재정이 이루어진다. 실시되는 선거의 유형에 따라 할당받는 몫은 다르다. 지출 메커니즘의 기능에 관한 분명한 규정은 없다. 이는 계속적인 불만과 충돌의 원인이 되었다. 지금까지 선거위원회에 대한 자금지원은 국제 보스니아·헤르체고비나 감독관의 강력한 압력이 있은 이후에야 이루어졌다. 선거는 국내 당국에 의한 자금지원을 필요로 하는 전적으로 국내문제라는 점에 관한 인식(특히 지방자치단체 수준에서)이 여전히 부족하다.

(6) 평가

지속이 가능한 독립 선거위원회의 창립은 국제 보스니아·헤르체고비나 감독관이 만든 장황하고 복잡한 장치였다. 설립 후 1년도 안 되어서 즉각적으로 최초 선거를 치러야 했는데, '국제적' 창조물이라는 선거위원회에 대한 인식은 공무원들에 의한 비판과 보이콧을 야기하였다. 선거위원회는 에너지와 열정을 가지고 출발하였지만, 도전에 직면해있다. 하지만, 정당을 비롯한 이해당사자들의 지지를 빠르게 모았다.

선거위원회는 선거법 개정 권한이 없지만, 의회수정을 위한 개정안 제안 및 작성을 할 수 있고, 정부와 함께 선거개혁에 관한 실무단의 설립을 촉구할 수 있다. 그러나 많은 국가 기구들의 선거조직에 관한 인식 부족이 심각하다. 이로 인해 선거위원회는 어려운 문제에 부딪혔다. 선거위원회에 대한 자금 지원과 시의적절한 조달이 거부되는 일이 계속 나타나고 있다.

선거위원회는 중앙기구와 다수 민족의 기구가 국내 집단과 이해관계를 어떻게 공평하게 조율할 수 있는지를 보여주는 사례로서 보스니아·헤르체고비나의 중심적 제도로 자리 잡았다. 그러나 아직도 선거위원회는 독립성과 공평성을 지키기 위하여 국제적 지원을 요구하는 신생 기구에 불과하다. 무엇보다도 숙련되고 유능한 직원을 채용하는 것이 문제이다. 선거위원회와 지방선거위원회의 관계도 중요한 문제이다. 지방선거위원회의 전문성 및 비정치성은 확보되지 못하고 있다.

(7) 가설의 검증

보스니아·헤르체고비나는 보스니아·헤르체고비나연방(이슬람계·크로아티아계의 연방)과 스르프스카공화국(세르비아계 공화국)의 1국 2체제로 구성된다. 두 공화국에는 각각 입법부와 대통령이 있다. 연방정부는 세르비아계, 크로아티아계와 보스니아계에 의해 각각 선출된 3인의 공동대통령제를 채택한다. 공동대통령 의장은 8개월씩 3개국이 순환하면서 담당한다. 연방정부의 행정수반은 수상이며 수상은 하원의 동의하에 장관을 임명한다.

보스니아·헤르체고비나는 의원내각제로 간주됨에도 선거위원회는 독립형 모델이다[가설 Ⅰ.2.(1) 입증 실패]. 의원내각제에서 선거위원회가 그 구성원이 의회에 의해 임명되고 의회에 책임진다는 점은 가설에 부합한다[가설 Ⅰ.2.(2) 입증]. 위원회는 행정부와 교류·협력을 한다기보다는 독립된 사무처의 도움을 받는다. 유럽 안전보장협력 기구의 경험 많은 직원이 선거위원회 사무처에서 근무하고 있다[가설 Ⅰ.2.(3) 입증 실패].

보스니아·헤르체고비나는 1국 2체제이고 연방국가의 하나로서 분류된다. 보스니아·헤르체고비나의 선거위원회는 모든 선거위원회들을 조직·감시하며 규제하는 집권화된 선거관리기구이다. 연방국가에서 분권화된 기구를 선택한다는 가설은 타당하지 못하다[가설 Ⅱ.1.(1) 입증 실패]. 보스니아·헤르체고비나는 국가형태와는 어울리지 않지만 국가통합의 목적으로 독립형 모델을 선택한다고 볼 수 있다[가설 Ⅱ.1.(2) 입증 실패].

보스니아·헤르체고비나의 2012년 기준 민주화 지수 총점은 5.11점, 선거절차 및 다원주의 점수는 6.92점이다. 선거절차 및 다원주의는 양호하지만 정부의 기능 점수 2.93점, 정치참여 점수 3.33점이 매우 낮게 나타난다. 선거위원회가 국제기구 지원에 의존하고 있고, 다른 국가기관, 지방자치단체의 자금지원과 조달을 받지 못한다는 것과 위 항목의 점수 부여는 부합한다. 독립형 모델을 선택하는 것이 국가통합의 정책적 목적을 위한 것이라는 가설은 타당하다[가설 Ⅳ.2.(2) 입증].

Ⅴ. 권위주의 체제 : 독립형 모델

1. 러시아

(1) 개관

러시아는 연방국가로서 국가원수이자 행정부수반인 대통령과 상·하 양원으로 구성된 의회를 두고 있다. 하원을 '국가두마'라고 부른다. 대통령은 국민의 직접선거에 의해 선출된다. 상원은 89개 연방의 구성주체가 2인씩

지명한 178명으로 구성된다. 국가두마는 225개 소선거구의 단순다수대표
제로 선출된 225인과 전국 단위로 비례대표로 선출된 225인으로 구성되며
(총 450명), 국가두마의 임기는 4년이다.

보리스 옐친 러시아 대통령은 1993년 12월 러시아연방 중앙선거위원
회[210]를 상설기구로 설립하는 대통령령을 선포하였으며, 선거위원회에 대
해 선거에 관한 새로운 연방법을 만들도록 지시하였다. 법률가, 정치지도
자, 지방선거기구, 의회의원, 각료 등 많은 사람들의 광범위한 협의를 거친
후 선거법 초안이 하원에 제출되었다. 1994년 10월 '러시아연방 시민의 선
거권 보장에 관한 연방법'이 하원의 승인을 받았다.

(2) 기구 구조

러시아의 선거관리기구는 5단계 계층구조[211]이다. 최고의 선거관리기구
인 중앙선거위원회는 독립된 자체 사무처를 두고 있으나, 그 이하 계층 선
거관리기구는 지방정부의 행정조직에 의한 지원을 받는다. 선거위원회의
계층구조는 행정의 계층구조와 거의 일치한다. 중앙선거위원회와 89개 주
의 선거위원회는 상설기구이나 그 밑의 위원회들은 한시적 기구이다. 한시
적인 선거위원회에 관하여는 주의 법률로 정한다.

선거위원회는 연방정부 또는 지방정부의 각종 기관으로부터 직무수행에
관하여 감독을 받지 아니하며 상급 선거위원회의 감독을 받을 뿐이다. 상
급 선거위원회는 하급 위원회의 결정을 무효화시킬 수 있고 상급 위원회
결정은 하급 위원회를 구속한다. 전형적인 중앙집권적 선거위원회의 구조
이다.

---

210) 러시아 중앙선거위원회(www.cikrf.ru).
211) 5단계 계층구조는 중앙선거위원회(1개), 주선거위원회(89개), 선거구선거위원회
    (225개), 자치단체선거위원회(3,000개), 투표구선거위원회(92,000개)이다.

(3) 조직 및 권한

중앙선거위원회는 법률학을 전공한 사람으로서 상원과 국가두마가 임명하는 각각 5인 및 대통령이 임명하는 5인으로 구성된다. 중앙선거위원회의 위원장, 부위원장, 서기는 위원들 중에서 선출된다.

중앙선거위원회의 임무는 ① 하급 선거위원회의 통할, ② 시민의 선거권 행사와 선거법의 통일적 적용 확보,212) ③ 국가두마 선거구의 획정, ④ 선거법 적용과 관련하여 구속력 있는 지침을 발령하며 하급 위원회 업무처리를 지원하는 것, ⑤ 정치연합 및 정치블록과 후보자 명부의 등록, 정당 및 정치블록의 지역구추천후보자의 인증 및 명단 작성, ⑥ 선거자금, 언론매체이용, 선거비용공개에 관한 규정 준수의 감독, ⑦ 투표용지 등 각종 서식과 각종 장비의 기본모형 디자인, ⑧ 국가의 정보시스템 사용에 관하여 하급위원회 지도, ⑨ 이의제기에 관한 하급위원회의 결정 번복, ⑩ 국고보조금 배분 및 그 사용 감독, ⑪ 선거결과의 확정 및 공표이다.

러시아 주선거위원회는 연방을 구성하는 각 주별로 설치된다. 위원의 수 및 임기는 주법이 정한다. 위원의 2분의 1은 주 의회가 임명하고 2분의 1은 주 집행부가 임명한다. 위원의 임기는 5년이다. 위원 중에서 3분의 1은 연방이나 해당 주 의회에 의석을 가진 정당이 추천하는 자를 임명하여야 하며 당해 주 공무원이 3분의 1을 초과할 수 없다.

대통령선거가 실시되는 경우 각 후보자들은 투표권은 없으나 자문을 하는 심의위원 한 명씩 각급 선거위원회에 임명할 권리가 있다. 심의위원은 각 후보의 이해관계가 모든 단계에 반영될 수 있도록 한다. 이들의 참석에 따라 각 후보자는 선거과정에 영향을 미치는 선거위원회의 정책결정, 조치

---

212) 러시아 중앙선거위원회는 연방선거법을 마련하는 데 주요한 역할을 담당해왔는 바, 작성된 법안을 승인하는 것은 하원이기는 하나 각 지역에 모범이 되는 법률의 입안에 역할을 해왔다(라파엘 로페즈 핀터, 앞의 논문, 233면).

등을 파악할 수 있게 된다. 대통령 선거에 참여하는 심의위원은 선거위원회의 운영에 투명성을 제고한다.

(4) 운영상 문제점

러시아의 선거들은 많은 문제점을 드러내고 있다. 러시아의 경우 다른 국가들과 마찬가지로 선거비용 통제가 어렵다는 것이 여실히 드러났다. 정당이 지출한 선거비용이 법정 한도액을 훨씬 초과한 예도 다수 발견되는 등 거의 통제하기 불가능할 정도이다.[213]

지방 선거관리기구가 지방정부에 의존함에 따라 지방정부의 선거개입이 문제되고 있다. 선거의 시작부터 일부 지방행정기구가 선거위원회에 부당하고 부적절한 간섭을 계속하여 선거유세의 공정성과 선거위원의 직무이행에 있어 독립성이 손상되고 있다는 우려가 있다. 중앙선거위원회는 이 문제가 지방의 관료가 선거를 담당하였던 구정권의 유물임을 인정하였다.[214]

하급 선거위원회의 결정이나 조치에 이의가 있으면 상급 선거위원회나 법원에 제소할 수 있는데, 1996년 중앙선거위원회에 제소된 이의제기 수는 100건이 넘었다. 불만은 주로 선거유세 및 규정에 관한 것이다. 선거 후 중앙선거위원회는 선거기간 발생한 분쟁을 해결하기 위해 정부관료 및 사법부의 임원으로 구성된 회의를 주관하였다. 선거분쟁을 전담하는 특별 사법기구를 구성하는 안건이 검토되었다.

러시아 중앙선거위원회는 스스로를 '지역 선거관리기구 모델'이라고 여기고 다른 국가들의 선거여건을 향상시키기 위하여 노력해왔다. 대외적 선

---

213) 라파엘 로페즈 핀터, 앞의 논문, 234면.
214) IDEA, *International Observation of the 1996 Russian Presidential Elections : Lessons Learned to Facilitate Field Cooperation*, IDEA(Stockholm), 1997, p. 148.

거활동을 담당하는 국제 분과도 마련한 상태이다. 그에 따라 구소련 연방에 속하였던 국가들 및 위성국들은 러시아 선거관리기구 제도의 영향을 많이 받고 있다.

(5) 평가

러시아의 1993년 12월 중앙선거위원회 창설은 1990년대 초에 보수적인 의회와 진보적인 대통령 보리스 옐친 사이의 대결구도에서 대통령의 권한이 대폭 확대된 신헌법의 채택 여부에 관한 국민투표 결과 옐친이 승리한 산물이라고 볼 수 있다. 공산당의 권위에 저항하던 민주화 운동과 그 운동의 구심점 역할을 담당할 기구를 찾던 노력 끝에 대통령직은 시민들과 일체감을 가지는 중심적인 존재가 되었다.[215]

아이러니컬하게도 카리스마를 앞세운 대통령에로의 권력의 집중은 탈제도화를 동반하였다. 러시아 국민 대다수는 강대국의 지위를 유지하고 다른 강대국과 경쟁하기 위하여 강력한 대통령제가 필요하다고 믿는다. 러시아의 초대통령중심제는 정치문화적 연원은 독재 및 권위주의, 자유보다는 질서를 선호하는 경향에서 찾을 수 있다. 러시아의 초대통령중심제는 정권유지 및 정국 안정을 위한 목적을 위해 활용되는데, 행위의 반복과 정도의 지나침에 비추어 과도기의 불가피성으로 보기는 어렵다.[216]

러시아의 정치체제를 두고 민주적인 선거방식을 통해 정부가 구성되는 점에서 일반적인 권위주의와는 차이가 있으나, 탄생된 정부는 지지표 획득을 위한 수직적 책임을 질뿐 반대세력과 견제 권력기관의 비판을 정책에

---

215) 이홍섭, "러시아의 초대통령중심제 : 등장 배경, 성격 및 파급효과", 국제정치논총 제41권 제2호, 한국국제정치학회, 2001, 252~253면.
216) 이홍섭, "러시아式 '超대통령제' 도입 5년의 폐단", 쟁점과 연구 제84권, 한양대학교 아태지역연구센터, 1998. 12., 35면; 이홍섭, "러시아의 초대통령중심제 : 등장 배경, 성격 및 파급효과", 252~255면, 266면.

받아들이지 않는다는 점에서 '위임민주주의'라고 부른다. 위임민주주의 러시아에서 대통령과 관련된 행정기구의 거대한 규모는 국가의 다른 기구나 의회에 비해 압도적이다.[217] 러시아의 중앙선거위원회는 대통령선거를 정당화하여 대통령에 권위를 부여하는 기구라고 볼 수 있다.

엘친의 뒤를 이어 2000년 3월 대통령에 당선된 블라디미르 푸틴은 2004년 3월 다시 당선되어 연임에 성공하였다. 3선 연임을 금지하는 러시아헌법을 회피하고자 2008년 선거에서 푸틴은 그 후계자로 지목한 드미트리 메드베데프 대통령의 실세총리가 된다. 메드베데프가 제안한 개헌안이 2008년 상원에서 가결되어 대통령 임기는 4년에서 6년이 되었고 대통령의 연임이 가능하므로 2012년 당선된 푸틴은 2024년까지 집권할 수 있게 되었다.

푸틴은 자신의 '통합러시아당'이 원내 과반수를 획득하게 하기 위해 부정선거를 저질렀다는 의혹을 받고 있다. 2011년의 총선에서 투표율이 140%에 달하는 사태가 벌어졌다. 모스크바에서 연일 수 만 명의 시위가 이어졌다. 2012년 3월 4일 치러진 대통령선거에서 광범위한 부정선거가 있었다는 의혹 또한 제기되었다. 체첸 공화국의 한 투표소에서 푸틴의 득표수가 유권자수의 107%를 차지하였다.

러시아 당국은 투표소에 웹 카메라를 설치하는 등 대응책을 마련하였지만 인터넷 등에서는 광범위한 부정선거 의혹이 쏟아졌고 선거 직후 시위가 다시 시작될 것이라는 전망이 나오기도 하였다. 푸틴은 부정선거의 가능성을 인정하면서도 비율이 1% 정도여서 선거결과에의 영향이 미미하다고 주장한다. 러시아는 5단계의 방대한 선거관리기구를 두고 있지만 이러한 의혹 해소에 기여하지 못하고 있다.

---

217) 이홍섭, "러시아의 초대통령중심제 : 등장 배경, 성격 및 파급효과", 262~263면.

(6) 가설의 검증

러시아 중앙선거위원회는 옐친 대통령이 의회와의 정치투쟁에서 승리한 결과 도입된 제도로서 대통령선거의 권위를 뒷받침하는 기구이다. 이는 대통령제가 독립형 모델을 선택한 사례이다[가설 Ⅰ.1.(1) 입증]. 중앙선거위원회는 독립된 자체 사무처를 두고 있으나, 하위계층의 선거관리기구는 지방정부의 행정조직의 지원을 받는다. 이는 지방정부가 선거에 개입하는 원인이 되고 있다[가설 Ⅰ.1.(2) 입증 실패].

러시아는 초대통령중심제로서 대통령행정실, 대통령자문기구, 대통령공보비서실 등 여러 대통령보조 관료기구들이 설치되어 있다. 이들은 대통령에게 직접 보고하며, 기구들 간의 업무가 중복되어 있다. 중앙선거위원회는 대통령선거의 정당성을 확인하는 기구로 이해된다. 당초 선거위원회의 설립근거는 대통령령이었다. 러시아 선거위원회가 행정부로부터 엄격히 독립된 기구라고 보기는 힘들다[가설 Ⅰ.1.(3) 입증 실패].

러시아의 선거위원회는 연방정부나 지방정부의 각종 기관으로부터 직무수행에 관한 감독을 받지 아니하며 상급 선거위원회의 감독을 받을 뿐이다. 선거위원회는 매우 집권화된 독립형 모델에 속한다. 연방국가에서 집권화된 독립형 모델을 선택한 사례이다[가설 Ⅱ.1.(1) 및 Ⅱ.1.(2) 입증 실패].

러시아의 경우 독립형 모델이 역사적·정치적 배경을 토대로 의도적으로 선택된다는 가설은 타당하다[가설 Ⅳ.2.(2) 입증]. 2012년 기준으로 러시아의 민주화 지수 총점은 3.74점, 선거절차 및 다원주의 점수는 3.92점이다. 중앙집권적인 독립형 모델을 선택하는 것만으로 민주적 선거로 이어지는 것은 아니다. 러시아는 막강한 권한을 가진 선거위원회의 도입만으로 특정 정치인의 독주와 선거부정을 통제하지 못하는 점을 분명히 보여준다.

2. 짐바브웨

(1) 개관

1980년 독립한 짐바브웨 신정부는 새로운 선거제도를 도입하였다. 선거구획정을 담당하는 '획정위원회(the Delimitation Commission)'와 선거실시의 감독 책임을 지는 '선거감독위원회(the Electoral Supervisory Commission)'를 주요 내용으로 하는 선거관리구조를 마련하였다. 선거는 내무부에 속한 '선거등록총괄(the Registrar-General of Elections)'에 의해 실시되었다.

이와 같은 구조는 편파적이라고 인식되어 비판대상이었다. 획정위원회와 선거감독위원회 위원은 대통령이 임명하였다. 대통령이 '대법원장(the Chief Justice)'과 '사법서비스위원회(the Judicial Services Commission)'의 자문을 거쳐 임명하도록 정해졌지만, 대법원장과 사법서비스위원회의 추천에 구속될 필요는 없었다. 선거등록총괄은 선거 결과에 지대한 이해관계를 가지고 있는 집행부의 일부였다.

2004년 말에 내·외의 압력에 따라 '짐바브웨선거위원회(the Zimbabwe Electoral Commission)',[218] '투표자등록총괄(the Registrar-General of Voters)' 및 '선거법원(the Electoral Court)'을 도입하는 내용의 새로운 입법이 이루어졌다. 수정헌법 제17조는 2005년 선거감독위원회를 폐지하였다. 그 이후로도 투표자등록총괄은 존속하고 있다.

(2) 법률 체계, 기구 구조 및 권한

짐바브웨의 선거에 관한 법률 체계는 1979년 헌법, 2005년 수정헌법,

---

218) 짐바브웨선거위원회(www.zec.org.zw).

'선거위원회법(the Electoral Commission Act)' 및 선거법으로 구성된다. 이들은 선거제도가 운용되는 내용뿐 아니라 선거가 어떠한 조건에서 치러지는지에 관하여 규정한다. 선거위원회법은 짐바브웨선거위원회의 작용에 관하여 규정하는 데 비해, 선거법은 투표자등록총괄의 작용을 비롯한 선거과정의 활동에 관하여 정한다.

짐바브웨에서는 세 기구가 선거관리에 대해 책임을 진다.

첫째, 획정위원회이다. 획정위원회는 대통령에 의해 임명된다. 획정위원회 위원장은 대법원장 또는 대법원장에 의해 추천되는 대법원 또는 고등법원의 판사이다. 위원장 이외에 다른 구성원 3명은 대법원장의 추천에 의한다. 획정위원회는 5년에 한번 선거구를 설정할 책임이 있다. 대통령은 5년의 기간이 경과되기 전에도 선거구의 수정을 요청할 수 있다.

둘째, 짐바브웨선거위원회이다. 대법원 또는 고등법원의 판사자격이 있고 사법서비스센터의 자문을 거쳐 대통령이 임명하는 선거위원회위원장 이외에 위원 6명이 있다. 위원들 중 적어도 3명은 여성이어야 한다. '의회의 준법위원회(Parliamnetary Committee on Standing Rules and Orders)'가 제출하는 9명의 지명자리스트에서 위원은 임명된다.

짐바브웨선거위원회는, ① 의회선거, 대통령선거 및 레퍼렌덤의 준비, 실시 및 감독, ② 선거인 등록의 지시 및 감독과 선거등록의 편집 및 저장, ③ 투표용지와 다른 선거 물품의 디자인, 인쇄 및 배포와 투표소의 설치 및 운용, ④ 투표자 교육, 계몽운동의 실시, ⑤ 선거참관인의 자격인정에 대해 책임을 진다.

셋째, 선거인등록 및 유지를 담당하는 투표자등록총괄이 있다.

(3) 재정

종래 짐바브웨의 선거관리기구는 행정부를 거쳐 자금을 제공받았지만,

수정헌법 제61조는 짐바브웨선거위원회는 '연결수익자금(the Consolidated Revenues Fund)'에서 자금을 지원받는다고 정한다. 짐바브웨선거위원회는 투표자 교육과 관련하여 비정부조직과 연계된 외국 재원으로부터 지원을 받기도 한다. 짐바브웨에서 선거과정에 대한 자금지원은 국제적인 자금지원에 의존하는 비중이 크다. 선거위원회의 구성 및 활동도 국제지원의 채널이라고 볼 수 있다.

(4) 책임 및 전문성

짐바브웨선거위원회는 그 의무와 기능을 수행하고 선거의 절차와 과정을 조직함에 있어 어떠한 지시 또는 통제를 받지 않는다. 이는 자치권이 없던 선거감독위원회에 비해 환영할 만한 변화이다. 투표자등록과 관련 투표자등록총괄이 짐바브웨선거위원회에 보고하도록 한 것은 책임관계를 명확히 한 것이다.

기술적이고 행정적인 관점에서, 투표와 개표는 항상 유효적절하게 이루어져야 한다. 짐바브웨 선거공무원은 그들의 의무에 대한 인식 측면에서 좋은 평가를 받을 만하다. 하지만, 행정적 비효율이나 의도적 사기에 기인한 선거등록상 결함이 드러나기도 하였다. 2005년 3월의 선거부정에 관하여 짐바브웨선거위원회는 명확하게 설명하지 못하였고 다른 시기에 있은 다른 선거의 결과를 설명한 것은 비판대상이었다.

(5) 다른 기구들과의 관계

선거관리기구와 비정부 기구인 NGO 또는 야당 사이의 관계는 과거에는 긴장된 것이고 가장 나쁜 경우에는 적대적인 것이었다. 그런데, 2005년 3월과 9월 선거에 이르러 뚜렷한 관계의 해빙이 있었다. 짐바브웨선거위원회는 이슈를 논의하는 자리를 열었고 핵심적인 선거 관련자들이 협력하였다. 그러나 선거인 등록에 정당들이 접근하는 것에는 실패하였다.

(6) 평가

짐바브웨에서 선거관리를 개혁하는 과정은 과거 어려운 일이었다. 선거관리기구를 복수로 만드는 것이 우선적 개혁 방향으로 추진되었다. 2005년 3월 선거를 위해 짐바브웨선거위원회는 임명되기 전 이루어진 유권자등록과 선거구획정 같은 절차에 책임이 있다고 기대되었다. 개혁의 마지막 단계로 2005년 헌법 제17조를 수정하여 짐바브웨선거위원회는 별도의 예산을 가진 헌법기관이 되었다.

종래 선거관리기구가 대통령에 의해 임명되는 것과 재정적인 자치권이 없는 것이 선거관리기구에 대한 비판이었다. 의회가 선거관리기구의 임명에 관여하고 기구의 자금조항을 둠으로써 이러한 문제는 개선되었다. 짐바브웨선거위원회는 유권자등록, 후보등록뿐만 아니라 선거구획정까지 통제하고 있다. 하지만, 짐바브웨의 정치 상황은 개선되고 있지 못하다.

짐바브웨는 독립 무렵부터 소수 백인과 다수 흑인 간의 대립이 있었다. 1969년 이언 스미스는 다수 백인과 소수 흑인이 참여한 국민투표에서 찬성을 얻어 1970년 영국으로부터 독립을 선언하였으나 국제적 고립과 흑인 세력의 저항으로 어려움을 겪었다. 스미스는 흑인 온건파와의 타협으로 1979년 백인 28석, 흑인 72석으로 할당되는 총선거를 실시하였다. 이에 대해 흑인 지도자 시톨레는 선거가 불공정하다고 주장하였다.

1979년 총선도 흑인 과격세력이 배제된 것이어서 새 흑인 정권도 국제적으로 인정받지 못하여 1980년 총선을 재실시하였다. 1980년 선거결과 로버트 무가베가 총리가 되었고, 영국으로부터 독립하였다. 독립 이후로 정치정세는 안정을 찾지 못하여 1981년 2월 무가베파와 은코모파 사이의 무력충돌이 일어나 30여 명이 넘는 사망자가 발생하였다. 1982년 2월 은코모파 각료 4명이 쿠데타 음모혐의로 축출되었다.

무가베는 1987년 의원내각제에서 대통령제로 바꾸어 총리제를 폐지하고 대통령에게 모든 권한을 집중시켰고 자신이 대통령에 취임하였다. 무가베는 공산주의자로서 마오쩌둥의 계획경제체제를 받아들이고 1990년대에 이르러 일당 독재의 마르크스주의 국가를 건설하려 하였으나 국제 사회의 압력으로 뜻을 이루지 못하였다. 1990년과 1996년의 대통령선거에서 로버트 무가베는 80% 내지 90%의 득표율로 당선되었다.

국제적 여론의 악화로 2000년 총선에서는 야당의 참여를 허용하였으며, 모건 창기라이가 이끄는 민주변화동맹이 약진하였다. 무가베는 백인의 토지를 무상으로 몰수하여 경제를 혼란에 빠뜨렸으며 백인들의 탈출 행렬이 이어졌다. 2002년 무가베는 대통령선거에서 모건 창기라이와 격돌하였으나, 다시 다수표를 얻으며 당선되었다. 이 무렵 짐바브웨는 아프리카에서 가장 가난한 나라들 중 하나로 전락하였다.[219]

2008년 3월 총선과 대선이 있었다. 총선에서 창기라이가 이끄는 민주변화동맹이 최다 의석을 확보하였다. 대선 1차 투표에서 창기라이가 47.9%의 득표율로 43.2%의 무가베를 꺾었다. 2008년 6월 2차 투표가 예정되어 있었다. 무가베측은 창기라이의 선거운동을 조직적으로 방해했다. 창기라이는 부정이 개입되었다고 주장하면서 선거 무효를 주장하였으나, 무가베는 선거를 강행하여 창기라이가 불참한 가운데 85.5%의 득표율로 당선되었다. 국제 사회는 선거를 무효로 보아 짐바브웨에 대한 제재조치 강화를 결의하였다. 국내·외 비난에 직면한 무가베는 창기라이와 협상을 거쳐 헌법을 개정하여 총리직을 부활시키고 창기라이를 총리에 임명하였다.

---

219) 무가베와 그의 부인 그레이스는 호화생활을 하였으며 외국으로 많은 재산을 빼돌려 물의를 빚었다. 각국의 경제 제재와 식량난으로 초인플레이션 상황에 직면하자 여러 차례 화폐개혁을 단행하였으나 경제 혼란은 더욱 심해졌다.

(7) 가설의 검증

짐바브웨는 무가베가 33년 넘게 독재하고 있는 대통령제 국가이다. 짐바브웨에는 짐바브웨선거위원회가 있다. 대통령제가 독립형 모델을 선택한다는 가설은 타당하다[가설 I.1.(1) 입증]. 짐바브웨선거위원회는 의회에 의해 구성되나 위원장을 대통령이 임명하고 외국의 재원에서 지원을 받는 점은 선거위원회의 독립성에 손상을 가져온다[가설 I.1.(2) 입증 실패]. 짐바브웨선거위원회는 선거의 절차와 과정에서 다른 기관의 지시 또는 통제를 받지는 않는다[가설 I.1.(3) 입증].

짐바브웨는 단일국가이고 중앙집권적 독립형 모델이다. 국가선거와 지방선거를 나누어 선거관리를 담당시키지 않는 것으로 파악된다[가설 II.2.(1) 및 II.2.(2) 입증]. 짐바브웨선거위원회는 선거의 공정성 시비를 없애기 위하여 의도적으로 도입한 제도이다. 이로써 독립형 모델은 인위적으로 선택된다는 가설이 검증된다[가설 IV.2.(2) 입증].

짐바브웨의 2012년 기준 민주화 지수 총점은 2.67점, 선거절차 및 다원주의 점수는 0.50점이다. 민주화 지수를 구성하는 항목들 중에서 선거절차 및 다원주의 점수가 가장 낮다. 선거절차 및 다원주의의 민주화는 다른 민주화의 전제가 되는 것이다. 짐바브웨의 사례는 집권적인 독립형 모델이 민주적 선거를 실현한다기보다는 집권세력에 의해 악용될 수 있음을 보여준다.

Ⅵ. 입법례에 대한 비교·검토

1. 선거관리기구 모델의 의미

본 장의 선거관리기구 모델은 선거관리기구와 행정부 사이의 관계가 중심이다. 본질상 집행작용인 선거관리를 기능적 권력통제를 위하여 행정부로부터 분리하여 독립된 선거관리기구를 설치할 것인가에 따른 것이다. 선거관리기구 모델은 같은 모델 안에서도 그 형태가 다양하다. 선거관리기구는 제도로 형성된 것과 실제로 운영되는 것 사이에 차이가 있을 수 있다. 선거관리기구 모델의 구분 기준은 규범체계, 구성, 기구 구조, 권한과 책임, 재정, 다른 기관과의 관계 등이다.

선거관리기구 모델을 구분하는 기준 중 어느 기준을 중심으로 보느냐에 따라 특정 국가의 선거관리기구 모델이 다르게 평가될 수 있다. 한 국가의 선거관리기구 모델도 보는 관점에 따라 차이가 있다. 그 예로 프랑스를 독립형 모델로 보는 견해(허영, 김태홍)[220]도 있으며 혼합형 모델로 보는 견해(International IDEA, 로페즈 핀터)[221]도 있는 점을 들 수 있다. 미국의 경우에 관하여 혼합형 모델로 보는 견해(김태홍),[222] 혼합형과 정부형의 절충형 모델로 보는 견해(로페즈 핀터),[223] 정부형 모델로 보는 견해(International IDEA)[224] 등의 대립이 있다.

특정 국가의 선거관리기구를 어느 모델로 분류할 것인지의 문제는 법률체계, 기구 구조, 권한과 책임, 재정, 전문화 등 분석의 기준이 되는 요소들

---

220) 허영, 앞의 논문, 9~10면; 김태홍, 앞의 논문, 72면, 75면.
221) Alan Wall et al., *op. cit.*, p. 8, p. 14; 라파엘 로페즈 핀터, 앞의 논문, 20면, 61~62면.
222) 김태홍, 앞의 논문, 72면.
223) 라파엘 로페즈 핀터, 앞의 논문, 20면.
224) Alan Wall et al., *op. cit.*, p. 7.

을 종합적으로 고려하여야 한다. 규범상으로 인정되는 형식적 모습뿐만 아니라 실제로 어떻게 운영되는지도 중요하다. 각국의 선거관리기구의 역사적 전통, 운영되는 모습, 선거관리기구가 추구하는 방향 등을 검토하여 모델과의 근접 정도를 판단할 필요가 있다.

2. 선거관리기구 모델의 역사성·문화성

다른 제도 선택의 문제와 마찬가지로 각국이 선거관리기구 모델을 선택하게 된 계기에 있어서는 경험적 요소가 중요하다. 선거관리기구 모델을 설정하는 수단이 되는 헌법, 법률 등도 결국은 그 국가의 국민의 인식과 결단을 바탕으로 하기 때문이다. 물론 다양한 제도들을 파악하고 그 중에서 어떠한 제도를 선택할지를 결정함에 있어서는 이론적 검토가 있을 수 있다.

우리나라 헌정사에서 독립된 헌법기관으로 선거관리기구가 설정된 것은 경험의 산물이지 이론의 산물은 아니라는 주장도 있으나,225) 이러한 견해는 경험과 이론의 엄격한 분리와 양자택일 상황을 상정한 데에서 비롯된 부당한 것이다. 3·15 부정선거의 경험이 전국적 조직의 헌법기관인 선거관리기구를 낳게 된 결정적인 계기라고 볼 수 있지만, 제3차 개헌과 제5차 개헌에서 여러 전문위원의 의견개진과 공청회를 거치는 등 이론 차원의 검토가 있었다는 점은 앞서 살펴보았다.

미국에서 워터게이트 사건이 1971년 '연방선거운동법' 제정과 1975년 '연방선거위원회' 설립을 낳았고, 2000년 플로리다 재검표 사건이 2002년 '투표지원법' 제정과 '선거지원위원회'의 설립을 촉발시킨 것은 정치자금 및 선거관리에 관한 운영실패의 경험이 제도개선으로 이어진 대표적인 사례라고 볼 수 있다.

---

225) 김태홍, 앞의 논문, 61~62면.

역사적 경험과 문화적 전통이 각국의 선거관리기구 모델의 선택에 영향을 미친 예로는 여러 개를 들 수 있다. 서유럽 안에서 율령체계를 중시하는 로마·나폴레옹법 전통을 따르는 국가(프랑스, 스페인, 포르투갈 등)의 경우 혼합형 모델을 선택하는 반면, 지방자치의 경험을 중시하는 앵글로색슨 국가(영국, 미국 등)의 경우 원칙적으로 지방자치단체가 선거사무를 주관하고 중앙정부 또는 독립위원회의 관여를 최소화하고 있다. 러시아와 구소련 연방에 속하였던 국가들이 중앙집권적 독립위원회를 핵심으로 하는 독립형 모델을 선택한 것은 러시아 혁명 당시 선거위원회가 있었던 정치·문화적 배경과 국제기구들이 조기에 민주적 선거를 정착시키기 위하여 이들 국가의 선거관리를 담당하는 독립위원회의 설치를 지원한 역사적 사실이 맞물려서 제도적인 형태로 나타난 것이라고 평가할 수 있다.

3. 가설에 대한 검증

앞서 이론적 고찰을 위하여 세운 가설 및 각국의 선거관리기구를 비교·검토하여 검증한 결과를 개관하면, 아래와 같다.

〈표 8〉 가설 및 검증결과

가설	검증결과
대통령제 정부형태는 독립형 모델을 선택한다.	대통령제 국가들이 독립형 모델을 선택하므로 타당하다.
연방국가는 분권화된 선거관리기구를 선택하고 단일국가는 집권화된 선거관리기구를 선택한다.	다수 연방국가가 집권화된 선거관리기구를, 다수 단일국가가 분권화된 선거관리기구를 선택하기도 하므로 타당하지 않다.
선거관리를 선거실시와 선거감독으로 나누면, 후자는 독립위원회로 하여금 담당하도록 한다.	혼합형 모델 및 정부형 모델에서도 유사한 추세가 나타나므로 타당하다.
선진 민주주의 국가는 정부형 모델이다.	선진 민주주의 국가는 특정한 모델에 국한되

| 후발 민주주의 국가는 민주적 선거 조기 정착을 위해 정책적으로 독립형 모델을 선택한다. | 지 않는다.
후발 민주주의 국가는 민주적 선거 조기 정착을 위해 독립형 모델을 선택한다. |

(1) 정부형태와 선거관리기구 모델

대통령제의 경우 행정부로부터 선거관리기구의 조직적·기능적 독립성을 확보할 필요가 크므로 독립형 모델을 선택한다는 가설을 세웠다. 각국의 선거관리기구를 비교·검토한 결과 그에 부합하는 결과가 나왔다. 15개 국가들 중 대통령제 국가가 5개(미국, 멕시코, 필리핀, 러시아, 짐바브웨)인데, 그 중에서 4개가 독립형 모델이다. 본 연구의 검토대상이 된 국가들 이외에도 위 가설이 타당한지가 의문인데, 106개 대통령제 국가들 중에서 69개 국가들이 독립형 모델을 채택하고 있어서 비율은 65.09%이다. 이는 International IDEA 분석 214개 국가 중 54.8%가 독립형 모델인 비율보다 높다.[226]

미국에서 연방정부가 관여하는 선거는 대통령 선거인단 정·부통령 선거뿐이다. 연방헌법에 따르면, 선거는 주의 사무여서 선거실시에 대한 행정부 개입은 문제되지 않는다. 닉슨 정권의 선거방해, 정치헌금의 부정·수뢰·탈세 등이 문제된 워터게이트 사건 후 미국에서 연방선거위원회가 설치되었으나 연방선거위원회는 선거관리의 핵심요소를 담당하지 않는다. 미국은 대통령제 정부형태이지만 특수한 사례이므로 위 가설을 대입하기에 부적절하다.

국가원수이자 행정부 수반인 대통령이 국민으로부터 선출되면 행정부가 선거에 이해관계를 가지게 된다. 대통령제는 선거관리를 행정부로부터 독립시킨다는 가설을 설정할 수 있고 실제로 그러한 사례가 많다. 앞서 살펴

---

226) 중앙선거관리위원회, 각 국의 선거제도 비교연구, 5면; Alan Wall et al., *op. cit.*, pp. 304~323.

본 106개 대통령제 국가들도 이에 부합한다. 대통령제 정부형태인 우리나라는 독립형 모델이므로 역시 가설에 부합한다. 대통령제 국가에서 독립형 모델을 선택하는 것은 선거의 공신력을 확보하고 선거 패배자의 승복을 이끌어내는 데에 유리하기 때문이다. 독립형 모델은 대통령제의 엄격한 권력분립과 어울리기도 하다.

대통령제 국가의 선거관리기구는 행정부와의 관계에서 독자적 구성과 예산을 확보할 필요가 크다는 가설을 세웠다. 그에 부합하는 사례로는 멕시코가 있다. 선거위원회가 대통령에 의해 구성되는 필리핀, 지방기구가 지방정부의 지원을 받는 러시아 및 위원장이 대통령에 의해 임명되고 외국재원에 의존하는 짐바브웨는 가설에 맞지 않다. 멕시코, 필리핀, 짐바브웨는 선거관리기구의 구성과 운영이 행정부로부터 분립되어 있으나, 러시아는 초대통령중심제로서 권력이 엄격하게 분립되어 있다고 보기 힘들다.

의원내각제에서 의회가 선거관리기구 구성에 관여하는 사례가 있다. 영국에서 선거위원회의 위원은 의회가 선출한다. 일본 중앙선거위원회는 의회가 지명하고 총리가 임명한다. 캐나다에서 선거총괄관은 하원 결의로 임명되며 의회에 책임을 진다. 반면, 의원내각제임에도 독립형 모델을 선택한 국가들(오스트레일리아, 캐나다, 인도, 터키, 보스니아·헤르체고비나)도 다수 있다. 영국, 캐나다와는 달리 오스트레일리아는 선거위원회 구성에 정당의 관여는 없다. 인도선거위원회 위원은 대통령이 임명한다. 정당의 선거관리기구 구성에 대한 관여를 원천적으로 차단하는 국가로 터키를 들 수 있다. 의원내각제 선거관리기구가 의회에 의해 구성되고 의회에 책임을 지는 사례는 다수 있다(영국, 일본, 스페인, 캐나다, 보스니아·헤르체고비나).

프랑스 등 국가(불가리아, 스리랑카, 아르메니아, 크로아티아, 폴란드, 핀란드)의 이원집정부제와 선거관리기구 모델 간에 관계가 있는지에 대하여도 살펴보았으나, 프랑스는 혼합형, 스리랑카와 핀란드는 정부형, 나머지 국가들은 독립형 모델이다. 이원집정부제와 선거관리기구 모델 간의 상관성은 발견되지 않는다.[227] 가설에 대한 국가별 검증을 정리하면, 아래와 같다.

Ⅰ. 정부형태와 선거관리기구 모델

  1. 대통령제와 선거관리기구 모델의 관계

   (1) 대통령제에서 행정부가 선거에 개입할 수 있으므로 대통령제는 선거의 공정성 확보, 선거에 관한 공정성 시비 최소화 등을 위하여 독립형 모델을 선택한다.

     ∴ 멕시코○, 필리핀○, 러시아○, 짐바브웨○

   (2) 대통령제에서 선거관리기구는 행정부와 독자적인 구성과 예산을 확보한다.

     ∴ 멕시코○, 필리핀×(대통령이 임명), 러시아×(지방기구×), 짐바브웨×(외국 재원에 의존)

   (3) 대통령제는 통치권의 엄격한 분리를 특성으로 하므로 선거관리기구의 구성과 운영을 행정부로부터 분립시킨 독립형 모델이 상응한다.

     ∴ 멕시코○, 필리핀○, 러시아×(초대통령중심제), 짐바브웨○

  2. 의원내각제와 선거관리기구 모델의 관계

   (1) 의원내각제에서 내각은 선거로 구성되지 않으므로 의원내각제는 독립형 모델을 선택하지 않는다.

     ∴ 스웨덴○, 영국○, 일본○, 스페인○, 호주×(독립형), 캐나다×(독립형), 인도×(독립형), 터키×(독립형), 보스니아×(독립형)

   (2) 의원내각제에서 내각은 의회에 의해 구성되고 의회에 책임을 지므로 선거관리기구도 의회에 의해 구성되고 의회에 대해 책임진다.

     ∴ 영국○, 일본○, 스페인○, 호주×(총독이 임명하고 전문성에 기반), 캐나다○, 인도×(대통령이 임명), 터키×(사법부형), 보스니아○

   (3) 의원내각제에서 권력의 공화와 협조가 중요하므로 선거관리기구와 행정부 간의 교류와 협력이 문제되지 않는다.

     ∴ 스웨덴○, 영국○, 일본○, 스페인○, 캐나다×(독립형), 인도×(독립형), 터키×(독립형), 보스니아×(독립형)

Ⅰ.1.(1) 미국 : 연방선거는 선거인단의 대통령·부통령 선거밖에 없다. 대통령의 선거개입이 문제되지 않는다. 연방선거위원회는 선거관리기구가 아니다.

Ⅰ.1.(2), Ⅰ.1.(3) 미국 : 연방선거위원회 및 선거지원위원회는 선거관리기구가 아니다.

---

227) 중앙선거관리위원회, 각 국의 선거제도 비교연구, 5면; Alan Wall et al., *op. cit.*, pp. 304~323.

(2) 국가형태와 선거관리기구 모델

선거관리기구 모델의 설정이 해당 국가의 국가형태와 어떠한 관계에 있는지가 문제된다. 국가형태 중에서 단일국가인지, 연방국가인지를 중심으로 검토했다. 단일국가인지, 연방국가인지에 따라 선거관리기구의 분권화 정도에 차이가 있을 것이고 연방국가는 분권화된 선거관리기구를 선택한다는 가설을 세웠으나, 반드시 가설에 부합하지는 않았다. 미국, 오스트레일리아, 캐나다, 인도, 멕시코는 가설에 부합하였으나, 러시아, 보스니아·헤르체고비나는 부합하지 않는다.

단일국가는 집권화된 선거관리기구를 선택한다는 가설을 세웠는데, 단일국가이면서 분권화된 선거관리기구를 선택한 국가(스웨덴, 영국, 일본, 스페인, 프랑스)가 집권화된 선거관리기구를 선택한 국가(필리핀, 터키, 짐바브웨)보다 많다. 이는 연방국가는 아니나 연방국가에 가까울 정도로 지방분권화된 단일국가가 다수 있기 때문이다. 대표적인 예로, 이 책에서 검토한 영국, 일본, 스페인이 있고, 이 책의 검토대상은 아니었으나 19세기에 이르기까지 다수 도시국가들이 있었던 이탈리아가 있다.

연방국가는 국가형태에 부합하게 정부형 모델을 선택할 것이라고 가설을 세웠으나, 독립형 모델을 선택한 국가들이 많았다. 연방국가에서 독립형 모델을 선택한 사례로는 오스트레일리아, 캐나다, 인도, 멕시코, 러시아, 보스니아·헤르체고비나를 들 수 있다. 이러한 결과는 독립형이면서 분권화된 선거관리기구를 설정할 수 있기 때문인 것으로 보인다. 선거관리기구와 행정부 사이의 관계의 문제와 선거관리기구의 분권화의 정도와 양상의 문제를 다른 차원에서 검토하여야 한다는 결론에 이른다.

광대한 영토와 다양한 민족으로 구성된 오스트레일리아, 캐나다, 인도, 멕시코, 러시아의 경우 연방국가임에도 독립형 모델을 채택하고 있다. 연방국가에서 독립형 모델을 선택한 사례가 많다. 이와 같이 선거관리기구 모델 설정은 연방 차원에서 선거관리 관련 통일적 기준 마련, 선거를 통한 국가통합과 관련된다고 본다. 분권화 경향을 제도를 통해 인위적으로 묶으려는 노력의 일환으로 볼 수 있다. 국가형태에 어울리는 선거관리기구 모델을 설정하기보다는 선거를 통한 구심력 확보를 위해 선거관리기구 모델은 의도적으로 설정된다고 생각한다.

미국에서 선거사무는 주의 권한에 속하므로 연방의 선거에 대한 관여는 최소화된다. 미국 선거사무는 연방보다는 주가, 주보다는 선거구가 중심이다. 이는 미국 헌법이 선거사무를 주에 맡긴 헌법의 근본적인 틀을 지키기 위한 데에서 기인하고, '풀뿌리 민주주의', '자치'의 강조와도 관련이 있다고 본다.

일본은 지방자치가 활성화된 국가이다. 일본의 중앙선거관리회가 일정한 역할만 담당하고 나머지 권한은 총무성의 지휘·감독을 받는 지방자치단체의 각급 선거관리위원회와 지방자치단체가 담당한다. 각급 선거관리위원회는 지방자치단체의 교육위원회, 치안위원회 등 각종 위원회와 같은 수준에서 설치되어 운영되고 있다는 점도 확인된다. 일본은 혼합형 모델로 분류되고 지방자치 중심의 혼합형이라는 점에서 지방자치제도와 선거관리기구 모델 사이의 상관관계는 인정될 수 있겠다.

오스트레일리아와 캐나다의 경우 국가선거관리기구는 국가(연방)선거에 책임을 지는 반면, 지방선거관리기구는 지방선거에 책임을 진다. 오스트레일리아, 캐나다에서 선거사무를 실제로 담당하는 주체는 선거관리관이다. 인도의 경우, 국가선거관리기구는 주선거에 대한 일반적인 감독, 통제 및 지시를 담당하고, 선거실시는 국가선거관리기구에 의해 임명되는 고위직 공무원인 주선거공무원에게 책임이 있다. 러시아 중앙선거관리기구는 모든 연방선거에 책임을 진다.[228] 가설에 대한 국가별 검증을 정리하면, 아래와

228) 참고로, 브라질의 경우, 주선거관리기구는 일반적으로 모든 선거들을 운영할 책임을 지고, 국가선거관리기구는 선거결과 집계와 국가공무원을 위한 결과공표에 관

같다.

Ⅱ. 국가형태와 선거관리기구 모델
  1. 연방국가와 선거관리기구 모델의 관계
    (1) 연방국가는 연방과 주가 분권화되므로 분권화된 선거관리기구를 선택한다.
      ∴ 미국○, 호주○, 캐나다○, 인도○, 멕시코○, 보스니아×(집권), 러시아
        ×(집권)
    (2) 연방국가는 국가형태에 맞게 분권화된 정부형 모델을 선택한다.
      ∴ 미국○, 호주×(독립형), 캐나다×(독립형), 인도×(독립형), 멕시코×(독립
        형), 보스니아×(집권 독립형), 러시아×(집권 독립형)
    (3) 연방국가에서 연방선거와 주선거가 있다면 전자는 중앙(국가)선거관리기
      구가, 후자는 지방선거관리기구가 각각 담당한다.
      ∴ 호주○, 캐나다○
  2. 단일국가와 선거관리기구 모델의 관계
    (1) 단일국가는 분권화되지 않으므로 집권화된 독립형 모델을 선택한다.
      ∴ 스웨덴×(분권 정부형), 영국×(분권 정부형), 일본×(분권 혼합형), 스페인
        ×(분권 혼합형), 프랑스×(분권 혼합형), 필리핀○, 터키○, 짐바브웨○
    (2) 단일국가에서 국가선거와 지방선거 모두 중앙(국가)선거관리기구가 담당
      한다.
      ∴ 영국×(정부형), 일본×(혼합형), 스페인×(혼합형), 프랑스×(혼합형), 필리
        핀○, 터키○, 짐바브웨○

---

(3) 독립위원회의 선거감독

  선거관리는 통상적인 선거실시와 고도의 정책적 판단과 엄정한 정치적
중립이 요구되는 선거감독으로 구분될 수 있다. 이 중 전자의 기능은 내무
_____
련된다. 나이지리아의 경우, 국가선거관리기구는 연방과 주의 선거에 대해 책임을
맡는 데 반해 지방선거관리기구는 지방선거에 대해서만 책임진다. 스위스의 경우,
국가선거관리기구는 정책조정에 책임을 지는 반면에, 지방정부들이 선거를 관리
한다(Alan Wall et al., Ibid., pp. 18~19).

부 또는 지방자치단체가, 후자의 기능은 독립되고 전문성이 확보된 선거위원회가 각각 담당할 것이라는 가설을 세웠다. 이 중에서 최근 선거관리 분야에서 관심대상이 되는 사무는 후자이다. 각국 선거관리기구를 비교·분석한 결과 이 가설은 타당한 것으로 검증된다. 혼합형 모델 일본, 스페인, 프랑스에서 선거실시는 내무부나 지방자치단체가, 선거감독은 독립된 선거위원회가 각각 역할을 분담한다.

독립형 모델의 경우 독립된 선거위원회가 설치되어 있고, 이 기구가 선거관리에 관한 모든 사무를 책임지고 있다. 문제는 혼합형 모델과 정부형 모델의 경우 선거관리 사무를 어떻게 분장하느냐에 있다. 혼합형 모델에서 선거감독 기능은 사법부의 관여가 있는 독립된 위원회에서 한다. 프랑스와 스페인을 그 예로 들 수 있다. 이는 선거관리의 '사법화된 행정작용' 성격과 관련된다. 혼합형 모델인 프랑스에서 투표 감독 위원회는 위원장과 위원 1인이 판사이고, 선거운동 감독 국가위원회는 꽁세유데따 부소장이 위원장, 전·현직 판사가 위원이다. 정치자금 및 선거회계 국가위원회도 판사가 위원을 구성한다. 스페인 중앙선거위원회의 13명 위원들 중 8명은 대법원 구성원이고 위원장과 부위원장은 사법부 출신 위원 중에서 선출된다.

사법부가 선거관리기구에 관여하는 방식은 사법부 구성원이 선거관리를 직접 담당하는 방식(스페인, 프랑스, 터키, 짐바브웨)도 있다. 참고로 크로아티아, 라트비아, 폴란드, 루마니아 등에서도 법관이 선거관리위원으로 임명되는 제도를 두고 있으나 대법원장이 선거위원회 위원에 대한 직접적인 임명권을 가지고 있는 경우(우리나라가 이에 해당)는 찾아보기 어렵다. 선거관리기구 구성원 자격으로 법조인을 요구하는 국가도 있다. 러시아의 지역선거위원회와 선거구선거위원회의 위원장은 법조인에 한정된다. 필리핀 선거위원의 과반수는 경력 10년 이상 변호사이어야 한다. 오스트레일리아 중앙선거위원회의 위원장은 연방법원 판사 혹은 퇴임판사 중에서 임명하고 최고 행정관 임무를 수행하는 선거위원은 판사이다.[229]

선거의 경험이 부족하거나 선거의 공정성 논란을 겪은 국가일수록 정당 관여가 배제되고 사법부가 중심이 되는 경향이 있다. 사법부가 중심이 되는 것은 차선책이 될 수 있다. 하지만, 사법작용과 선거관리는 본질상 차이가 있다. 주권적 의사에 맞는 올바른 다수의 형성을 추구하는 선거관리와 소수자 보호를 목표로 하는 사법은 다르다. 사법부는 선거관리를 본업인 사법작용의 부차적인 것으로 여길 수 있다. 선진화된 선거관리는 사법부 종속적인 것이 아니어야 한다는 결론이 도출된다.

정부형 모델에서도 정치자금, 선거비용 통제 등을 다루는 독립된 선거위원회가 설치되는 추세에 있다는 점에 유념할 필요가 있다. 미국의 연방선거위원회와 영국의 선거위원회가 그 예이다. 이는 20세기 후반, 21세기 초반의 선거가 20세기 초반의 선거와 다른 양상인 점에 관한 공통된 인식에 근거한다. 여기에서 선거관리기구 모델들 간에 공통된 수렴점이 있다. 국가가 설치·운영하는 독립된 선거위원회가 정치의 투명화와 관련된 사무를 관장하여야 한다는 인식과 그 실천이다.

선거관리에 관한 중요 정책결정을 담당하는 독립위원회와 선거관리 실무를 담당하는 기구로 구분될 수 있다. 선거감독 사무를 독립된 선거위원회가 담당하는 예는 오스트레일리아, 프랑스, 인도, 멕시코가 있다. 독립위원회는 일반 행정기관과 분리·독립되는 경향이 있지만, 하부의 실무사무는 내무부 또는 지방자치단체에서 담당하는 것이 적절하다. 가설에 대한 국가별 검증을 정리하면, 다음과 같다.

Ⅲ. 선거실시와 선거감독
　1. 선거실시 사무와 선거관리기구 모델의 관계
　　(1) 선거실시 사무는 고도의 정치적 중립성과 정책판단을 요하는 작용이 아니

---

229) 법을 통한 민주주의 유럽위원회는 중앙선거위원회의 구성원 자격으로 법률 전문가뿐 아니라 정치학자, 수학자, 선거이슈에 관한 폭넓은 이해를 가진 사람 등이 요구될 수 있다고 본다.

> 므로 혼합형 모델에서 내무부와 지방자치단체가 담당한다.
>   ∴ 일본○, 스페인○, 프랑스○
> 2. 선거감독 사무와 선거관리기구 모델의 관계
>   (1) 선거감독 사무는 고도의 정치적 중립성과 정책판단을 요하는 작용이기 때문에 혼합형 모델에서 독립된 선거위원회가 담당한다.
>   ∴ 스페인○, 프랑스○
>   (2) 정치자금·선거비용 통제, 선거법제 정비도 선거관리에 포함된다는 인식의 변화로 인하여 정부형 모델에서도 독립된 선거위원회를 설립하는 추세이다.
>   ∴ 영국○, 미국○
>   (3) 선거감독 사무는 사법화된 행정이고 상시사무가 아니므로 합의제 행정관청에서 처리하기에 적합한 것이고 독립된 선거위원회가 담당한다.
>   ∴ 호주○, 프랑스○, 인도○, 멕시코○

Ⅲ.1.(1), Ⅲ.2.(1) 일본 : 중앙선거관리회(비례대표 중의원·참의원 선거), 지방선거관리위원회(지역구 중의원·참의원 선거 및 지방자치단체 선거), 총무성(선거사무 관장, 선거관리위원회 지휘·감독)이 사무를 분담한다.

(4) 상설의 독립 선거위원회와 민주적 선거

선거관리기구 모델별 EIU의 민주화 지수를 본다. 정부형 모델의 민주화 지수 평균은 8.68점, 혼합형 모델의 민주화 지수 평균은 7.99점, 독립형 모델의 민주화 지수 평균은 6.25점이다. 각국 선거관리기구의 배열도에서 확인된 바와 같이 정부형 모델에 해당하는 국가들은 모두 완전한 민주주의에 해당되고, 혼합형 모델은 결함 있는 민주주의에 해당되는 프랑스를 제외한 나머지(일본, 스페인)는 완전한 민주주의에 해당된다. 그에 비해, 독립형 모델은 완전한 민주주의 2개국(오스트레일리아, 캐나다), 결함 있는 민주주의 3개국(인도, 멕시코, 필리핀), 혼합 체제 2개국(터키, 보스니아·헤르체고비나), 권위주의 체제 2개국(러시아, 짐바브웨)이다.

독립형 모델을 선택한 국가들을 분석하면, 첫째 정당 난립에 따른 정치 혼란을 막기 위한 사례(터키), 둘째 일당독재와 부정선거 사건이 발생하여

정치개혁의 일환으로 도입한 사례(멕시코), 셋째 내전을 겪은 후 국제기구
의 개입이 있은 사례(보스니아·헤르체고비나), 넷째 권위주의적 정권이 선
거를 통한 정치권력을 합리화하는 장식적 도구로 독립형 모델을 사용하는
사례(필리핀, 러시아, 짐바브웨) 등이 있다. 다른 한편, 독립형 모델 캐나다,
오스트레일리아는 민주적 선거의 역사를 가지고 있기도 하다. 독립형 모델
을 선택하는 것이 민주적 선거의 주기적 실시에 장애요소가 된다고 볼 수
도 없다.

선거관리기구가 실제로 선거에서 정치적 중립을 지키느냐, 민주적 선거
실시에 기여하느냐의 문제는 너무나도 많은 변수를 가진 것이다. 민주적
선거가 정착되어 선거관리를 통상적인 행정부 사무로 취급해도 문제가 없
어서 정부형 모델을 채택하였을 수 있다(스웨덴, 영국, 미국). 선진 민주주
의 국가들은 대개 분권화된 선거관리기구를 운영하고 있다(스웨덴, 오스트
레일리아, 캐나다, 영국, 미국, 일본, 스페인). 강한 독립성을 확보한 독립형
모델을 설정하고 선거관리의 기능을 집중화함으로써 전문성과 노하우를
단기간에 쌓을 수 있다는 점은 수긍할 수 있다. 법을 통한 민주주의 유럽위
원회는 행정 당국의 정치권력으로부터의 독립에 관한 오랜 전통이 없는 경
우 독립적이고 공평한 선거위원회가 모든 수준에서 설치될 필요가 있다고
보며 최소한 선거부정의 의심을 없애기 위해서는 그러한 위원회가 필요하
다고 본다.230) 하지만, 독립형 모델의 선택이 민주적 선거로 직결된다고 단
정하기는 어렵다.

민주적 선거제도 정착은 선거관리 외에 선거제도, 사회구조, 정당관계
등 정치·사회적 환경과 제도의 복합적 영향 하에서 이루어진다. 대통령 임
기와 연임 가부도 민주적 선거에 중요한 요소이다. 대통령 단임제는 국가
기관의 정치적 중립을 이끌어낼 것이다. 정권교체를 실현할 수 있는 양당

---

230) http://www.venice.coe.int/webforms/documents/CDL-STD(2003)034-e.aspx(2013.
7. 11. 최종 방문).

제 발달도 선거의 민주화에 지대한 영향을 미칠 것이다. 양대 정당이 중도층의 지지를 확보하고자 정강, 정책, 공약을 수렴시킨다면 선거관리보다는 정당들 사이의 선거경쟁이 중요한 이슈가 될 것이다. 선진국에 진입하면 사회가 안정되고 저성장 국면에 접어들어 정치변동이 크지 않게 된다. 이럴 경우, 집행작용에 속하는 선거관리를 어느 기구가 담당하며 어떻게 운영할 것인지는 큰 정치쟁점이 되지 않을 것이다. 선거관리와 민주적 선거 사이의 관계는 특정 시점을 보고 판단할 것이 아니라 시계열적 분석이 필요한 문제이기도 하다.

상설의 독립 선거위원회를 설치·운영하는 독립형 모델을 구축하는 것이 민주적 선거를 이룩하는 데 결정적인 요소라는 견해가 있다.[231] 물론 독립형 모델이 주기적 선거의 실시와 선거 패배자의 선거결과에 대한 승복을 이끌어내는 데에 긍정적인 측면이 있다고 본다. 그러나 각국 사례를 비교·검토한 결과 독립형 모델 국가에서 민주적 선거가 실시되고 있지 못하고 민주화 지수가 낮은 사례도 다수 발견된다. 독립형 모델의 채택은 민주적 선거를 조기 정착시키려는 의도에서 비롯된 것이지 독립형 모델 채용으로 민주적 선거로 직결되는 것은 아니다. 가설에 대한 국가별 검증을 정리하면, 다음과 같다.

Ⅳ. 민주적 선거와 선거관리기구
  1. 선거관리기구 선택이 민주적 선거에 기여하는지의 문제
    (1) 독립형 모델이 선거의 공정성 확보, 민주적 선거에 기여한다.
      ∴ 스웨덴×(정부형), 영국×(정부형), 미국×(정부형), 일본×(혼합형), 스페인 ×(혼합형), 호주○, 캐나다○
    (2) 분권화된 선거관리기구가 선거의 공정성 확보, 민주적 선거에 기여한다.
      ∴ 스웨덴○, 호주○, 캐나다○, 영국○, 미국○, 일본○, 스페인○
  2. 민주주의 성숙도가 선거관리기구 선택에 영향을 미치는지의 문제
    (1) 선진 민주주의 국가는 행정에 대한 신뢰, 선거제도 안정화 등으로 인하여

---

231) 라파엘 로페즈 핀터, 앞의 논문.

제도개혁(독립형 모델 채택)의 유인이 약하므로 정부형 모델을 운영한다.
∴ 스웨덴○, 캐나다×(독립형), 호주×(독립형), 영국○, 미국○, 일본×(혼합형), 스페인×(혼합형)
(2) 후발 민주주의 국가는 민주적 선거를 조기 정착시키고 선거의 공정성 시비를 최소화하기 위해 인위적으로 독립형 모델을 선택한다.
∴ 인도○, 멕시코○, 필리핀○, 터키○, 보스니아○, 러시아○, 짐바브웨○
(3) 선진 민주주의 국가는 다양한 선거 실시, 정책결정권의 분산에 유리한 분권화된 선거관리기구를 운영한다.
∴ 스웨덴○, 호주○, 캐나다○, 영국○, 미국○, 일본○, 스페인○

4. 비교·검토의 정리

이상에서 비교·검토한 내용을 표로 정리하고자 한다. 가설을 통한 검증의 연구대상이 된 선거관리기구 모델, 선거관리 분권화가 정부형태, 국가형태와 관련성이 있는지, 민주화 지수와 관련성이 있는지 등에 관하여 정리된 표를 제시한다.

〈표 9〉 민주화 지수 등에 따른 각국 선거관리기구 비교·검토

민주화 정도	국가	민주화 지수	선거절차·다원주의	선거관리 기구 모델	선거관리 분권화	정부 형태	국가 형태
완전한 민주주의 (8~10)	스웨덴	9.73	9.58	정부형	분권	내각제	단일국
	오스트레일리아	9.22	10.00	독립형	분권	내각제	연방국
	캐나다	9.08	9.58	독립형	분권	내각제	연방국
	영국	8.21	9.58	정부형	분권	내각제	단일국
	미국	8.11	9.17	정부형	분권	대통령제	연방국
	일본	8.08	9.17	혼합형	분권	내각제	단일국
	스페인	8.02	9.58	혼합형	분권	내각제	단일국
결함 있는	프랑스	7.88	9.58	혼합형	분권	이원정부제	단일국

민주주의 (6~8)	인도	7.52	9.58	독립형	분권	내각제	연방국
	멕시코	6.90	8.33	독립형	분권	대통령제	연방국
	필리핀	6.30	8.33	독립형	집권	대통령제	단일국
혼합 체제 (4~6)	터키	5.76	7.92	독립형	집권	내각제	단일국
	보스니아· 헤르체고비나	5.11	6.92	독립형	집권	내각제	연방국
권위주의 체제(0~4)	러시아	3.74	3.92	독립형	집권	대통령제	연방국
	짐바브웨	2.67	0.50	독립형	집권	대통령제	단일국

제4절 소결

선거관리는 본질상 집행작용인데 행정부가 선거에 이해관계를 가진다는 전제 하에 기능적 권력통제이론을 토대로 선거관리기구와 행정부와의 관계를 주요 조건으로 정부형, 독립형, 혼합형의 3가지 선거관리기구 모델을 설정하였다. 독립형 모델이 대통령제 정부형태에서 채택된다는 가설, 선거관리기구 분권화가 연방국가·단일국가의 국가형태와 관련이 있다는 가설, 선거실시와 선거감독 중 선거감독을 독립된 선거위원회에 맡길 필요가 있다는 가설, 독립형 모델이 민주적 선거에 유리하고 선진 민주주의 국가는 정부형 모델을 운영한다는 가설을 세웠다.

이들 가설을 세분화한 가설을 검증하기 위하여 15개국의 선거관리기구에 관한 비교법적 고찰을 하였다. 선거관리의 3가지 모델의 특성을 알아보고 장점과 단점을 검토하였다. 국가별 선거관리기구 모델의 현황을 파악하고 분석하였다. 검토 결과, 민주화 지수가 높은 완전한 민주주의의 경우 정부형이나 혼합형 모델이 많다. 신생 독립국과 민주적 선거의 과도기에 있는 다수 국가들은 독립형 모델을 채택·운용하고 있다.

15개 국가(스웨덴, 영국, 미국, 일본, 스페인, 오스트레일리아, 캐나다, 프랑스, 인도, 멕시코, 필리핀, 터키, 보스니아·헤르체고비나, 러시아, 짐바브웨)의 선거관리기구를 비교·검토했다. 이하 비교법 연구에서 가설에 대한 검증을 거쳐 도출된 이론을 요약하고 기타 흥미로운 입법례에 관하여 몇 가지 언급한다.

첫째, 대통령제 국가는 독립형 모델을 선택한다. 대통령제 국가에서 국민에 의해 직접 선출된 대통령은 선거관리에 관한 이해관계가 있다. 대통령을 수반으로 하는 행정부로부터 선거관리기구를 분리시켜 형식적 독립성을 이루는 것이 선거의 공정성에 중요한 요소이다. 선거의 공정성에 관한 야당, 선거의 패배자, 국제사회 등의 문제제기에서 벗어나는 데에도 독립형 모델이 유리하다. 대통령제와 독립형 모델은 권력의 엄격한 분립 차원에서도 같은 방법론적 특색을 지닌다.

둘째, 다수 연방국가들은 선거관리의 통일성 확보, 국가통합 차원에서 독립형 모델을 채택한다. 선거관리기구 모델은 국가형태와 어울리는 것이 선택되기보다는 의도적으로 설계되는 것이다. 선거관리기구의 행정부로부터의 독립성 못지않게 선거관리기구의 특징을 결정하는 것이 분권화의 정도 및 양상이다. 연방국가에서도 보스니아·헤르체고비나, 러시아처럼 집권화된 경우도 있고, 단일국가에서도 스웨덴, 영국, 일본, 스페인, 프랑스처럼 분권화된 경우도 있어서 국가형태와 집권화 정도는 상관성이 떨어진다. 이는 단일국가이면서도 지방분권화가 상당 정도로 구현되는 국가들(영국, 일본, 스페인)이 많기 때문이다.

셋째, 선거관리는 선거실시와 선거감독 기능으로 나뉘는바, 양자를 모두 행정부에 맡기면 정부형 모델, 양자를 모두 독립위원회에 맡기면 독립형 모델이다. 고도의 정책적인 결정과 엄격한 중립성이 요구되는 것은 후자이다. 후자의 기능을 행정부로부터 독립된 전문성을 갖춘 기구에게 맡기려는 시도가 이루어지고 있다. 영국 선거위원회, 미국 연방선거위원회가 그 예이다. 이러한 변화는 정당국가의 발달, 선거에서의 민주주의 확대 및 그에 대한 국민적인 기대와 요구가 크다는 점을 반영한다.

넷째, 특정 선거관리기구 모델을 선택하는 것이 민주적 선거를 실시하는 유일한 요건은 아니라는 점이다. 선거관리기구 모델이 민주적 선거의 실시와 직접적 관계가 있는 것은 아니라고 검증되었다. 선거제도의 개선, 야당의 발달, 국민의 정치의식 신장이 필요하다. 정치발달 단계와 시대적 소명

제1절 선거관리위원회 제도개선의 관점

I. 선거의 기능 활성화

1. 경쟁적 선거를 위한 선거관리

민주정치의 특성으로 정치권력을 둘러싼 경쟁에서의 '결과의 불확실성'과 '승리의 임시성'이 있다. 민주적 선거를 통한 정치권력의 순환은 지대한 가치가 있다. 민주적 선거는 책임정치를 구현하는 장치이다. 민주적 선거는 사전에 합의된 규칙에 따라 실시되지만 어느 정치세력이 얼마만큼의 권력을 배분받는지는 사전에 단정하기 힘들다. 선거의 결과는 잠정적이어서 이번 선거의 승리자는 다음 선거에서 패배자가 될 수 있다.[1]

선거경쟁이 치열해지고 승리의 불확실성이 존재해야 민주적 선거가 가능하다. 경쟁적 선거는 민주적 선거를 위한 것이다. 경쟁적 선거는 피통치자에 책임을 지는 정부를 만든다. 피에르 팍테는 "민주주의에서는 오늘의 소수자가 내일이 다수자가 될 수 있다."고 말한다.[2] 경쟁적 선거의 요건에는 '선택 가능성'과 '선거의 자유'가 있다. 경쟁적 선거에서 여러 후보자들이나 정당들이 공정하게 경쟁해야 하므로 기회균등이 필수요소이다.

---

1) 양동훈, "제3세계의 민주화과정 : 개념화의 문제", 한국정치학회보 제28집 제1호, 한국정치학회, 1994, 455면.
2) "En démocratie, la minorité d'aujourd'hui peut devenir la majorité de demain."[Pierre Pactet, *Institutions politique droit constitutionnel*, Armand Colin(Paris), 1997, p. 86].

선거제도가 민주주의를 실현하는 기능을 발휘하려면 무엇보다도 경쟁적 선거가 구현되어야 한다. 선거관리는 선거의 기능을 활성화하는 작용이다. 선거가 지배체제를 형성·유지하는 기능뿐만 아니라 지배체제를 통제하고 지배체제에 변동을 가하는 기능을 다할 수 있도록 하는 작용이 선거관리이다. 선거관리는 경쟁적 선거가 실시되어 민주주의에 근접하게 하는 작용이다.

2. 선거의 자유를 위한 공정

선거에서 중요한 가치는 '자유'이다. 자유선거의 원칙은 세계인권선언, 시민적 및 정치적 권리에 관한 국제규약 등 국제규범에서 밝히고 있는 원칙이다. 세계인권선언은 모든 사람은 자국의 통치에 직접 또는 자유롭게 선출된 대표를 통하여 참여할 권리를 가진다고 정한다. 국민의 의사는 정부의 권위의 기초가 된다. 자국의 통치에 직접 참여하는 것이 바람직하다. 대표를 통해 자국의 통치에 참여하는 것도 가능한데, 이 경우 대표가 자유롭게 선출되는 것이 중요하다.

선거관리가 추구하는 목적인 선거의 공정은 어디까지나 선거의 자유를 위한 것이다. 공정성이 확보된 선거가 진정한 의미에서 자유로운 선거이다. 선거의 공정은 선거의 자유를 위한 것이어야 정당성을 확보한다. 국민의 자유로운 선택을 방해하는 선거운동은 제한되어야 하고 기회의 균등에 반하는 선거운동은 제한되어야 한다.[3]

선거관리를 담당하는 기구의 조직과 권한은 선거의 자유를 위한 것이다. 선거관리기구는 조직의 논리에 따라 조직을 키우고 권한을 확대하지 말아

---

3) 음선필, "한국 지방선거에서의 공정선거 확보방안", 유럽헌법연구 제7호, 유럽헌법학회, 2010. 6., 135면.

야 한다. 선거관리의 적절한 범위와 방식에 관한 문제는 선거관리가 자유선거의 원칙에 기여할 수 있는 것인가에 달려있다. 선거의 자유와 충돌된다면 다른 가치는 선거의 자유에 대해 과감하게 자리를 양보할 필요가 있다.

이와 관련하여 국민이 위축되면 어떠한 위대한 일도 실제로 성취할 수 없고 국가가 모든 것을 희생하여 완전한 기구를 만들었다고 해도 그 기구를 더욱 원활하게 운영하려고 한 나머지 스스로 배제한 바로 그 구성원의 활력 결여로 인하여 결국은 그 기구가 쓸모없게 되어버린다는 존 스튜어트 밀의 충고4)를 되새길 필요가 있다.

3. 선거에서의 기회균등

공정한 선거의 핵심적 내용을 이루는 것이 선거에서의 기회의 균등이다. 선거의 공정성은 선거운동에 국한되는 것이 아니라 선거과정 전체에서 요구되는 것이다.5) 선거관리는 선거의 전 과정에서 기회균등이 준수되는지를 다루어야 한다. 선거과정에서의 규제가 지나치면 또 다른 불평등이 형성될 것이다. 신인 정치인, 군소 정당 소속 후보자, 무소속 후보자는 선거경쟁에의 참여 자체를 두려워하고 주저할 것이기 때문이다.

헌법 제116조 제1항에 비추어, 선거운동에 대한 규제에서는 후보자 또는 정당 간에 공평한 기회를 확보하는 것이 무엇보다 중요하다. 왜냐하면, 헌법 제116조 제1항이 선거운동, 나아가 선거에 대한 규제를 위한 공익 목적으로 직접 선언한 것이 기회균등이기 때문이다. 선거 규제의 목적은 모든 후보자로 하여금 평등한 당선 기회를 가지도록 하는 데 있다.6) 이는 누구에게든지 선거승리의 불확실성이 존재하게 만들어 선거경쟁이 실질적으로

---

4) 존 스튜어트 밀(박홍규 역), 자유론, 문예출판사, 2009, 241면.
5) 음선필, "한국 지방선거에서의 공정선거 확보방안", 110면.
6) 정병욱, 선거법, 박영사, 2000, 737~738면.

이루어지게 하고 경쟁적 선거를 실현할 것이다.

많은 것을 제한하기만 하는 기계적 규제는 선거쟁점의 형성을 막고 활발한 참여를 방해한다. 선거과정에서 후보자의 자격과 능력, 정당의 공약과 정책에 대한 검증보다 선거법 위반 여부가 주된 쟁점으로 흐를 위험이 있다. 많은 선거결과가 선거쟁송에서 뒤바뀌는 문제를 낳는다. 이는 선거의 개방성을 약화시킬 것이고 선거경쟁에서 약자를 옭아매고 현상 유지를 원하는 강자를 지켜주는 결과를 낳게 된다. 이 경우 선거과정은 평등한 정치 참여를 위협하고 저하시킬 것이다.

경쟁적 선거에서는 여러 후보자들 또는 정당들이 공정하게 경쟁하여야 하므로 기회균등이 필수적인 요소이다. 선거관리는 공정한 선거를 목적으로 하는 작용이다. 선거관리기구가 추구하는 선거의 공정성은 진정한 의미에서의 선거의 자유를 위한 것이다. 선거의 공정은 선거의 자유와 모순되는 것이 아니라 상호 선순환적인 방식으로 구현될 수 있다.

II. 선거관리를 통한 현대적 권력분립

1. 정치발전적 행정작용

선거관리는 기능 측면에서 접근되어야 한다. 선거관리기구가 헌법이 부여한 역할을 넘어 활동하게 되면 본연의 역할 모델에서 정치발전형 모델로의 전환을 추진할 위험이 있다는 지적이 있다.[7] 선거관리는 민주정치의 발전에 기여하면서 민주정치의 발전 상황에 맞게 방향이 설정되는 것인 점에서 이러한 지적은 부당하다.

---

7) 김태홍, "헌법상 선거관리위원회의 권한과 구성상의 문제점", 공법학연구 제13권 제3호, 한국비교공법학회, 2012. 8., 61면.

선거관리가 정치발전적 행정작용 성격을 가진다는 것이 반드시 선거관리기구의 조직을 키우고 관련성이 없는 영역으로 권한을 확대해야 하는 것을 의미하지는 않는다. 선거관리 영역에서의 선택과 집중이 필요하다. 이는 민주정치의 발달 수준에 따라 설정되는 문제이다. 선거관리가 어떤 역할에 주안점을 둘 것인지는 정치공동체의 공통 인식을 통해 설정되는 사항이다.

우리는 3·15 부정선거에 대한 반성으로 제3차 개정헌법부터 선거관리위원회를 헌법기관으로 설정했다. 선거와 국민투표의 공정한 관리 및 정당에 관한 사무를 처리하는 기구의 역할이 민주정치 발전에 중요함을 헌법 스스로 인정하고 선거관리기구를 헌법기관의 지위로 격상시킨 것이다. 하지만, 워터게이트 사건이 계기가 되어 연방선거위원회를, 플로리다 재검표 사건에 대한 반성으로 선거지원위원회를 설치한 미국의 사례에 비추어 선거관리기구 모델이 고정불변의 것이 아니며 시대상황에 따라 얼마든지 변화될 수 있다는 점에 주의할 필요가 있다.

2. 사법화된 행정작용

선거관리는 업무의 방식에 따라 선거를 실시하는 사무(선거실시)와 선거실시를 감독하는 사무(선거감독)로 나뉜다. 전자는 집행기구로서의 선거관리에 속하고 후자는 감독기구로서의 선거관리에 속한다. 후자의 기능은 심판 역할이어서 특히 정치적 중립성과 공정성이 중요하다. 이는 사법작용과 유사한 성격을 가지게 된다. 공정성은 전통적으로 사법에서 요구되는 가치이다. 사법부가 우수한 엘리트로 구성되어 있고 권위를 확보한 나라에서 사법부가 선거관리기구를 구성하고 선거관리에 관여하는 것은 이러한 점을 반영한 것이다.

선거관리가 일반 행정작용과 달리 '사법화된 행정작용'의 특성을 가진다는 것은 사법기관이 선거관리기구를 직접 구성하거나 선거관리에 관여하는 것을 합리화하는 요인이다. 그러나 앞서 살펴보았듯이, 권력분립의 관점에서 선거관리는 올바른 다수의 형성을 목적으로 하는 행정작용이다. 선거관리는 소수보호를 목적으로 하는 사법작용과는 다른 국가작용이다. 선거는 다원적인 가치와 이해가 대립되는 영역이고 일도양단적인 사법의 영역과 차이가 있다. 선거에서는 다양한 가치와 이익의 표출 및 대립·조정이 요구된다.

사법부는 대법원을 정점으로 심급구조가 형성되어 있다. 판례 변경에는 전원합의체가 필요하다. 사법작용은 대심구조를 기반으로 엄격한 사실관계 확정과 그에 대한 법률의 해석·적용을 특성으로 한다. 선거관리와 사법작용은 본질적으로 다르지만 권력의 형식적 분립보다는 권력통제와 효율적인 기능수행의 관점에서 보면 각국이 처해있는 상황에 따라서는 사법부가 선거관리에 관여할 수도 있다고 본다. 우리나라의 경우가 그 전형적인 예이다.

사법부가 선거관리에 직접적·전면적으로 관여하는지 아니면 간접적·부분적으로 관여하는지의 형태도 다양하게 설정될 수 있다고 본다. 이 문제 관련 각국의 공통점이 있고 이론적으로 뒷받침된다면 준수되어야 하겠지만, 그렇지 않다면 정책적인 판단사항이 될 것이다. 우리나라의 선거관리위원회에 비추어 볼 때 선거관리에 대한 사법부의 관여는 최선책은 아닐지라도 차선책은 될 수 있다고 생각한다.

터키의 입법례와 같이 형식적으로 행정부에서 선거관리를 분리하여 상대적으로 정치적 색깔이 적은 사법부에서 관장하도록 하는 것은 소극적 의미의 정치적 중립이다. 반면에 정당의 관여는 적극적이고 실질적인 정치적 중립성을 실현할 수 있다. 이는 현대 정당정치에 부합한다. 권력의 기능적 균형과 통제는 정권교체가 가능한 유력 정당을 통해 확보될 수밖에 없다는 견해[8]에 주목한다. 정치적 다원성에 기반을 둔 선거관리기구가 정치발전적 행정작용의 성격에 부합한다고 보인다.

3. 기능적 권력통제에 입각한 선거관리

선거관리에서 엄격한 독립성과 정치적 중립성이 요구되던 시대에는 그 시대에 맞게 선거관리기구가 기능할 수 있고, 일정 정도의 기여도는 인정될 수 있다. 하지만, 선거관리가 사법작용과는 본질적으로 차이가 있고 정치발전적 행정작용의 성격을 가짐에도 현행제도처럼 사법부가 선거관리기구의 구성과 운영에 관여하는 것이 대한민국의 민주정치 발전 수준에 맞는지, 전국적으로 방대한 선거관리기구를 유지하는 것이 당위성 측면과 합리성 측면에서 타당한지 등에 관한 점검이 필요하다.

선거의 공정성이 권력의 정당화에서 대단히 중요한 점, 그에 관한 국민적 관심이 지대하다는 점은 간과될 수 없다. 그런데, 1987년 이후 우리나라에서는 주기적으로 선거가 실시되고 있다. 선거는 공정성을 생명으로 하는 사법부가 관여하여야 실시가 가능한 특별한 행사라기보다는 권력에 대해 민주적 정당성을 부여하고 평화적으로 정권담당자가 정해지는 일상적인 행사가 되었다.

뢰벤슈타인은 선거의 통제기능을 강조하였다. '선거관리'라는 국가작용은 선거가 선거민에 의한 의회, 행정부의 선출직 공직자에 대한 통제기능을 다할 수 있게 하여 책임정치를 구현하는 것을 사명으로 한다. 선거관리는 헌법원리인 민주주의와 권력분립에서 의미를 찾을 수 있는 국가작용이다. 대한민국헌법이 선거관리위원회를 헌법기관으로 설정한 것은 헌법적 결단이다. 각국 입법례에서 선거관리기구의 헌법기관적 지위를 인정하는 공통적 지향점이 확인된다. 선거관리기구를 단순한 헌법정책적 헌법기관으

---

8) 김태홍, 앞의 논문, 73면.

로 볼 수는 없다.

4. 집권화된 선거관리기구

선거관리기구와 행정부의 관계 못지않게 권력분립의 측면에서 중요한 요소가 선거관리기구 내에서의 집권화의 정도와 양상이다. 현대의 권력분립은 수평적·수직적 권력분립으로 이해되기 때문이다. 선거관리기구의 개선방향 모색에서 선거관리는 중앙집권적 통제보다는 민주주의가 적용되는 작용이라는 점에 유념할 필요가 있다. 대한민국헌법의 제6장 헌법재판소와 제8장 지방자치의 사이에 제7장 선거관리를 배치하고 있는 것은 선거가 '정치권력'을 형성하는 제도인 점, 선거에서 민주주의의 핵심요소인 '자치'가 중요한 점을 보여준다.

대한민국 선거관리위원회는 고도로 집권화된 구조이다. 이는 선거관리위원회와 다른 국가기관의 차원에서도 그러하고 선거관리위원회 내부 차원에서도 그러하다. 선거관리위원회는 다른 국가기관으로부터 엄격히 독립되어 있고 권한이 집중되어 있다. 법원의 심급구조와 유사하게 여러 단계의 위원회가 있다. 위원회의 사무를 보조하는 사무기구는 중앙선거관리위원회 사무처를 위시로 하는 '피라미드' 조직이고 전국에 소규모 사무소들이 파편화되어 흩어져 있다.

선거관리기구 모델을 설정함에 있어 특정 기구에게 집중된 선거관리는 또 다른 권력기관으로 부상할 수 있다는 점에 유념하여야 한다. 민주주의를 지향하는 기구가 역설적으로 민주주의를 저해하는 요소가 될 수 있다는 점은 경계될 필요가 있다. 집권화만이 선거관리에 유리하다는 시각은 바람직하지 못하다. 앞서 비교헌법학적 논의에서 각국 선거관리기구의 집권화와 분권화의 정도와 양상을 살펴보았다. 선거관리기구의 집권화 문제와 민주화 지수의 상관관계에 관하여 후에 논의한다.

Ⅲ. 선거관리기구 구성과 운영의 원리

1. 당위성과 합리성의 충돌

선거관리기구 구성과 운영의 원칙을 열거하면, 독립성, 공평성, 효율성, 전문성, 공정하고 신속한 판정, 투명성, 서비스마인드를 갖출 것이 있다. 이들 원리 중 핵심적인 것은 '독립성'과 '공평성'이다. 선거관리의 공정성을 위하여 행정부에서 형식적·기능적인 독립을 확보하는 데에서 선거관리기구에 관한 논의가 출발된 것이기 때문이다. 그 다음으로 중요한 선거관리기구의 원리는 '효율성'과 '경제성'이다. 독립성과 공평성이 '당위성'의 가치 측면에 바탕을 둔 것인 데에 비해, 효율성과 경제성은 '합리성'의 가치 측면에 바탕을 둔 것이다. 경우에 따라 당위성과 합리성은 충돌할 수 있다.

따라서 선거관리기구에 관한 발전방향을 찾는 문제에서 고려되는 선거관리기구 구성과 운영의 원리는 크게는 2가지라고 볼 수 있다. 하나는 국민적 합의에 근거한 당위성에서 도출되는 '독립성'과 '공평성'이다. 이는 '정의'로 표현될 수 있다. 다른 하나는 일반 행정조직에서도 고려되어야 할 합리성에서 도출되는 '효율성'과 '경제성'이다. 효율적이고 경제적인 선거관리기구로 바꾸려는 시도는 '선거의 공정한 관리'라는 당위적 목표에 의해 제약받게 된다.

선거관리기구 제도의 도입과 변경은 정치적인 배경에서 설정된 것이라는 점은 선거관리기구의 다른 측면의 원리인 효율성·경제성에 대한 제약요소가 될 것이다. 선거관리기구의 목적인 선거의 공정에 관한 국민적 합의가 형성되지 않은 상황에서 효율성·경제성만을 추구할 수는 없다. 부정선

거에 대한 반성으로 전국조직의 헌법기관으로 설치된 우리나라 선거관리
위원회의 경우 선거관리기구를 합리적으로 바꾸려는 시도는 당위적 측면
에서의 한계에 부딪칠 수 있다.

2. 선거관리기구 원리의 선택에서 고려사항

선거제도는 보편성보다는 개별성과 특수성을 바탕으로 조건이 이루어진
다.9) 선거관리기구의 구성과 운영에 관한 원리 선택에 있어 다른 정책 선
택에서와 같은 사항이 요구된다. 다양한 정책 대안들 중에서 정치적 당위
성 측면과 경제적 합리성 측면에서 최선의 것이 정치적으로 강한 지지를
얻음으로써 실현 가능성을 확보하고 정책으로 채택되어 선거관리기구가
구성·운영되는 것이다.10) 정치적 지지 확보 과정에서 해당 국가의 민주정
치 발달 수준을 고려하는 것이 중요하다.

민주화 초기 단계에서 선거관리기구가 강력한 위상과 권한을 갖는 것이
당위적으로 타당하고 현실적으로도 필요하다. 합리성 차원의 고려보다는
당위성 차원에서 선거관리기구에 투자를 하여야 하고 이를 통해 사회적 갈
등을 줄이고 정치 통합을 이룩함으로써 여러 비용을 줄일 수도 있어서 결
과적으로 합리성 차원에서도 목적을 달성할 수 있다. 이는 마치 민주적 선
거로 가는 레일을 부설하기 위한 기초공사에 많은 노력이 드는 것과 같다
고 묘사할 수 있겠다.

선거관리기구 모델별로 선거관리기구의 구성과 운영의 원리를 대입하면,
독립성과 공평성을 강조한다면 독립형 모델이 필요하겠으나 국가기관 간
의 협조를 이끌어내고 예산지출을 절감하는 등 효율성과 경제성을 추구한

---

9) 권영설, 헌법이론과 헌법담론, 법문사, 2006, 463면.
10) 정정길, 정책학원론(개정판), 대명출판사, 1998, 393면.

다면 정부형 모델이 요청된다. 모델 선택에서 고려할 요소는 해당 국가의 민주화 정도이다. 독립형 모델이 민주적 선거로 직결된다는 가설은 검증되지 못하였다. 선진 민주주의 국가들은 독립형 모델을 도입할 유인이 크지 않다. 독립형 모델은 정치개혁, 선거부정의 방지, 민주적 선거의 조기 정착 등을 위해 정책적으로 도입되는 것이다.

3. 민주정치의 발달에 따른 고려사항의 변화

민주주의를 처음 시도하는 단계에서 효율성과 경제성 차원보다는 당위성 차원에서 선거 및 선거관리에 대한 막대한 인력 투입과 예산 지출이 정당화된다. 최근에 독립을 이룬 국가들이나 전쟁, 내전, 혁명 등을 겪은 국가들의 경우 여러 정당들이 참여하는 선거를 처음 실시하면서 엄청난 비용을 지불할 수밖에 없다. 정치에 대한 불신이 높을수록 선거관리 비용은 커지는 경향을 보인다. 선거관리 비용이 막대함에도 선거의 공정성에 관한 시비를 줄이는 것이 더 중대한 공익이기 때문이다.

신생 독립국이나 민주적 선거의 과도기에 있는 국가들의 경우 입후보자들 간에 신뢰가 흔들릴수록 선거비용은 증대되고 여기에 사회불안까지 맞물릴 경우 이러한 경향은 심해진다. 예를 들어 보스니아·헤르체고비나는 국제기구가 선거관리를 지원하고 선거관리기구 설립을 주도한 사례이다. 짐바브웨의 경우에는 짐바브웨선거위원회가 비정부조직과 연계되어 외국 자금을 지원받아 유권자 교육을 실시하고 있다.

선거에 소요되는 인력과 예산의 비용은 주기적 선거가 정착되고 선거가 일상화됨에 따라 당위성보다는 효율성과 경제성에 입각한 논리가 설득력을 가지게 된다. 오랜 기간 선거를 치렀고 정권교체도 원만하게 수행한 역사가 있는 나라들의 경우 선거비용이 절감되는 것이 일반적이다. 선거를 여러 차례 치러낸 경험이 있고 정권교체를 경험한 나라들은 비용절감의 효과가 있는 선거관리 방법을 보다 쉽게 도입할 수 있다.[11]

IV. 선거관리기구 모델의 이론

1. 독립형 모델 채택의 근거

독립형 모델은 민주적 선거를 조기에 정착시키고 선거의 공정성 시비를 최소화하기 위하여 인위적으로 선택된 경우가 많다. 독립형 모델을 선택한 국가들을 보면, 신생 독립국으로서 국가통합을 위한 목적으로 도입한 경우(인도), 내전을 치른 경우(보스니아·헤르체고비나), 강력한 대통령제를 구축하기 위한 경우(러시아), 행정부의 선거개입을 차단하기 위한 경우(필리핀, 짐바브웨), 정치쇄신 차원에서 도입한 경우(멕시코) 등이 있다.

대한민국의 경우 내무부의 선거개입을 시정하기 위해 제3차 헌법 개정에서 독립형 선거관리기구 모델을 택하였다. 이러한 사실은 독립형 모델은 역사적·정치적 배경을 바탕으로 인위적으로 선택된다는 가설에 부합한다. 대한민국은 민주적 선거를 조기에 정착시키고 선거에 관한 공정성 시비를 해소하기 위해 헌법적 결단에 따라 독립형 모델을 채용하였다.

2. 대통령제와 독립형 모델

각국의 선거관리기구에 관한 비교·분석의 결과 대통령제 정부형태와 선

---

11) 라파엘 로페즈 핀터, "국가기구로서의 선거관리기관(Electoral Bodies as Institutions of Governance)", 중앙선거관리위원회, 1999, 137면.

거관리기구 모델 간 상응관계가 있다는 점이 밝혀졌다. 대통령제 국가는 행정부로부터 조직적·기능적 독립을 확보할 수 있는 독립형 모델이 적합하다는 가설은 타당하다. 선거관리는 정치발전적 행정작용이다. 국민에 의해 선출되는 대통령은 선거에 이해관계가 있다. 대통령제는 선거관리를 행정부로부터 분리시키는 독립형 모델이 명분상·실리상 필요하다.

의원내각제 국가는 독립형 모델(오스트레일리아, 캐나다, 인도, 터키, 보스니아·헤르체고비나), 정부형 모델(스웨덴, 영국), 혼합형 모델(일본, 스페인)로서 다양하다. 의원내각제는 선거관리기구가 의회에 의해 구성하고 의회에 책임을 진다는 가설을 세웠으나, 반드시 그에 부합하지는 않다. 의원내각제가 특정한 선거관리기구 모델을 선택한다는 원칙은 정립되기 어렵다.

대한민국 정부수립 당시 무소속이 다수였으나 정당 소속이 늘었다. 대통령 간선제에서 직선제로 바뀜에 따라 선거의 양상에 변화가 생겼다. 이러한 정치 환경의 변화는 선거관리기구 모델에 영향을 미쳤다. 제9차 개정헌법의 정부형태에 관하여는 견해가 대립되나, 대통령의 직접 선거제도를 채택하고 있으므로 '대통령제적'이라고 보는 것이 일반적이다. 논리 필연적 귀결은 아니겠으나, 독립형 모델은 대한민국 제9차 개정헌법의 정부형태인 대통령중심제와 어울린다고 볼 수 있다.

3. 단일국가와 선거관리기구의 집권화

단일국가가 독립형 모델을 선택한다는 가설, 연방국가가 정부형 모델을 선택한다는 가설은 사실이 아닌 것으로 판명되었다. 연방국가도 독립형 모델을 택하는 경우가 많다(오스트레일리아, 캐나다, 인도, 멕시코, 보스니아·헤르체고비나, 러시아). 단일국가에서 정부형 모델(스웨덴, 영국), 혼합형 모델(일본, 스페인, 프랑스)을 선택하는 등 국가형태와 선거관리기구 모델 간에는 상관관계가 없다.

선거사무가 여러 기관들에 나뉘어 있는 것은 집중화가 초래할 수 있는 폐해가 있기 때문이다. 기관별 권한의 분산 및 기관 간의 통제를 통하여 선거사무를 특정 기관에 일방적으로 유리하게 악용하지 않게 만들 필요가 있다. 프랑스의 경우 다양한 행정위원회들이 감독기능을 수행하고 있는 것은 중앙집권화된 선거관리기구에 대한 우려에서 비롯된 것이라고 보인다.

일본의 경우 중앙선거관리회가 비례대표 참의원 및 중의원의 선거만 관리하고, 나머지는 총무청이 지방자치단체의 선거관리위원회를 지휘하며 지방자치단체 선거관리위원회가 관리하도록 하는 것, 지방자치단체 선거관리위원회는 지방자치 내의 각종 위원회와 같은 차원으로 인식되고 있는 것은, 선거사무에서는 자치의 원리가 중요하다는 인식, 선거는 합의제기관과 독임제기관 등 여러 형태와 차원의 기구들의 협력을 바탕으로 실시되어야 한다는 인식에서 비롯된 것이다.

우리나라와 같은 단일국가는 국가형태에 맞게 중앙집권적인 선거관리기구를 선택할 것이라는 가설을 세웠으나, 오히려 그에 부합하지 않은 결과가 나왔다. 스웨덴, 영국, 일본, 스페인 등 선진 민주주의 국가의 경우 더욱 그러하다. 단일국가이면서 중앙집권적인 독립형 모델을 선택한 국가는 필리핀, 터키, 짐바브웨인데, 이들은 민주화 지수가 낮은 그룹에 속한다.

선거관리기구의 분권화 정도와 민주화 지수 간의 상관관계는 있다. 분권된 선거관리는 다양한 수준의 선거실시를 담당할 수 있고, 선거의 효율성 측면에서 정책결정권의 분산이 유리하다. 우리나라가 단일국가라고 해서 중앙집권화된 선거관리기구를 설정할 필연적 논거는 찾기 힘들다. 완전한 민주주의 수준에 맞는 선거관리위원회의 발전방향은 '분권화'라고 본다.

4. 선거실시와 선거감독에 따른 역할 분담

선거관리를 선거실시와 선거감독으로 나눈다면 전자의 기능은 내무부와 지방자치단체가, 후자의 기능은 독립된 선거위원회가 담당할 것이라는 가설을 세웠다. 혼합형 모델(일본, 스페인, 프랑스)은 이를 뒷받침하는 결과를 보여준다. 정부형 모델의 경우 정치자금 및 선거비용 통제, 선거법제 정비 등 고도의 정책적 판단과 정치적 중립을 요구하는 선거감독을 담당하는 독립된 위원회가 설립되고 있음이 확인된다(영국, 미국).

혼합형 모델을 채택한 국가들은 선거관리가 사법화된 행정작용이고 일반 행정작용과 차이가 있다는 시각에 입각한다. 각국 사례를 살펴보면, 유럽 대륙의 율령체계에 기초한 로마·나폴레옹법 전통의 국가들(프랑스, 스페인, 포르투갈 등)의 경우 선거감독은 사법부의 관여가 많고, 경험을 중시하는 영미법 전통의 국가들(영국, 미국 등)의 경우 분권화되어 있다는 점이 확인된다. 이는 율령체계에 입각하여 전체적 통일성 확보에 비중을 두는지, 민주주의를 경험하는 기회의 장인 지방자치에서 형성된 정치질서를 존중하는지에 따른 접근상의 차이라고 하겠다.

선거관리를 선거실시와 선거감독으로 나누면, 독립위원회로 하여금 선거감독을 담당하도록 하는 것은 어느 정도 공통적인 지향점이다. 선거실시 자체는 전국적 조직을 가지는 내무부나 지방자치단체로 하여금 담당하도록 하고 선거비용과 정치자금 등과 관련한 정치활동의 투명성 확보를 담당하는 국가기관을 설치하는 것이 바람직하다는 주장이 있다.12) 선거관리위원회를 계층별로 나누어 중앙선거관리위원회는 선거감독에 치중하고, 중앙 이외는 선거실시를 담당하게 하는 것도 현재와 같이 집권화된 선거관리기구 구조를 개선하는 방안이 될 수 있다.

선거를 나누어 국가 차원의 선거, 공정성 확보가 절실한 선거에서 사법

---

12) 성낙인, 헌법학(제13판), 법문사, 2013, 1207면.

기관의 선거관리에 대한 관여가 정당화될 수 있지만, 지방선거나 사회 영역의 선거에 있어 사법기관의 엄정한 관리보다 민주주의의 본질적 요소인 자치가 강조될 수 있다. 규제 영역을 나누어 선거부정의 문제, 경제력에 따른 선거의 기회균등을 침해할 수 있는 선거비용의 통제는 사법부 또는 사법부에 준하는 국가기관이 관여할 필요가 크지만, 통상적 선거사무의 실시는 자치에 맡기는 것이 타당하다.

5. 민주화 지수와 선거관리기구

선진 민주주의 국가(스웨덴, 영국, 미국)의 경우 정부형 모델을 유지하고 있는 것은 행정에 대한 높은 국민적 신뢰를 바탕으로 선거를 통한 정치권력을 둘러싼 경쟁이 제도화되어 있는 것에 기인한다는 가설이 검증되었다. 그러한 가운데 20세기 후반, 21세기 초반의 선거가 20세기 초반의 선거와 다른 양상으로 전개됨에 따라 정부형 모델의 국가(영국, 미국)에서도 선거관리기구에 관한 논의가 시작되고 있다는 점도 확인할 수 있었다.

2012년 기준 대한민국의 민주화 지수의 총점은 8.13점, 선거절차 및 다원주의의 점수는 9.17점이다. 우리나라는 총점이 8점 이상이어서 완전한 민주주의에 속한다. 우리나라의 총점은 미국보다 높고 선거절차 및 다원주의 점수는 미국과 같다. 2006년 7.88점, 2008년 8.01점, 2010년 8.11점, 2011년 8.06점, 2012년 8.13점으로 2008년부터 지속적으로 완전한 민주주의에 속하였다.[13] 그럼에도 불구 우리나라는 집권적 독립형 모델의 선거관리기구를 설치·운영하고 있다. 대한민국 선거관리위원회는 '몸(민주정치의 발달 수준)'에 맞는 '옷(선거관리기구)'이라고 보기 힘들다. 현행 선거관리위원회는 1960년대에 설정된 기본 구조를 바탕으로 조직과 권한이 확대된

---

13) the Economist Intelligence Unit, *op. cit.*, p. 13.

것에 불과하기 때문이다.

독립형 모델을 선택한 오스트레일리아, 캐나다가 선진 민주주의인 점에 비추어 볼 때 우리나라가 독립형 모델을 폐기하는 것이 '몸에 맞는 옷'이라고 볼 수는 없다. 문제는 선거관리위원회가 어떤 역할에 선택과 집중을 할 것이냐, 분권화를 시도할 것이냐 등에 있다. 선거관리를 제도의 취지에 맞게 실질적으로 작동시키고 위원회를 활성화하며 선거의 이해관계자의 참여를 증진시키느냐에 관심을 가지고 발전방향을 찾을 필요가 있다.

V. 한국 선거관리위원회의 현황

1. 규제위주 선거관리의 개혁

1948년 5월 10일 대한민국 제헌국회의원 선거에서 보통선거제를 도입한 것은 미국에서 흑인에게 보통선거권을 부여한 1966년보다 무려 18년이나 앞선 것이다. 우리나라의 공직선거법은 보통선거제의 도입에 따른 질서혼란을 예방하고 통치 주도권을 정당에게 빼앗기지 않으려는 목적으로 치안유지법 제정과 함께 도입된 일본의 규제 위주 선거법을 모델로 받아들여 만들어진 것으로 선거운동에 대한 후견적·획일적 규제를 가하는 체제를 따르고 있다는 지적이 있다.[14]

분단국가이자 이념대립이 극심했던 역사적·정치적 상황, 권위주의 전통이 상당 정도 남아있는 정치문화 가운데 선진국에서 오랜 투쟁 끝에 도입된 보통선거제를 급격하게 도입한 배경에 기인하여 우리나라는 '규제중심'

---

14) 송석윤, "선거운동 규제입법의 연원 : 1925년 일본 보통선거법의 성립과 한국 분단 체계에의 유입", 법학 제46권 제4호, 서울대학교 법학연구소, 2005, 37면, 40~41면, 44~49면.

선거법제를 도입하였고, 현재까지 그러한 상태가 유지되고 있다. 공직선거 법은 '선거운동규제법' 또는 '선거형법'으로 불려도 지나치지 않을 정도로 규제 중심의 사고방식에 기초하고 있다.

2005년 8월 4일 법률 제7681호로 '공직선거및선거부정방지법'에서 '공 직선거법'으로 법명이 바뀌었다. 이처럼 법명이 바뀐 것은 '선거부정방지' 를 위한 선거운동규제 중심에서 선거운동의 자유를 폭넓게 보장하는 것으 로의 패러다임의 전환을 반영한 것이다. 선거과정에 대한 지나친 규제는 선거실시 후 수많은 사법 판단으로 이어진다. 사법부에 의해 선거 당락이 좌우되게 되면 선거의 정당성이 훼손되는 결과를 낳는다.15) 이는 국민의 정치에 대한 불만과 무관심을 초래할 우려가 있다.

공직선거법의 선거운동(제59조), 선거에 영향을 미치게 하기 위한 행위 (제89조, 제90조, 제93조, 제103조), 선거에 부당한 영향을 미치는 행위(제9 조 제1항) 등 해석에서 이론의 여지가 있는 법문들은 선거관리위원회가 이 를 해석·집행함으로써 선거과정에 개입할 여지를 높이는 요인이다. 공직선 거법상 사전선거운동 금지, 호별방문 금지, 문서·도화의 배포, 연설회 등의 금지와 제한은 행정법적 범죄이다. 행정법적 선거범죄에 대해 형사법적 선 거범죄와 동일한 기준과 평가를 바탕으로 규제하는 것은 헌법상 무리라는 견해 또한 참작할 필요가 있다.16)

규제 위주의 복잡한 선거법제는 수범자로 하여금 법망을 무시하도록 만 들 수 있다. 법의 권위가 떨어지고 단속권 행사 여부와 어떻게 단속할 것인 지에 따라 선거의 결과에 영향이 있게 된다. 선거법 준수 여부에 대한 조사 및 단속에 많은 인력과 예산이 소요될 것이다. 선거법 해석을 둘러싼 이견 과 대립이 확대될 것이다. 선거과정에서 공직선거법의 해석 문제가 주된

---

15) 임성호, "규제중심 선거관리의 패러독스 : 18대 총선과 한국 대의민주주의", 현대 정치연구 제1권 제2호, 서강대학교 현대정치연구소, 2008, 5~36면.
16) 문광삼, "정치적 자유권에 관한 연구", 서울대학교 대학원 법학과 박사학위논문, 1985, 229~231면.

쟁점이 되는 것은 목적과 수단이 바뀌는 것이다.

대표적인 선거운동에 대한 규제는 선거운동기간의 제한이다. 선거운동기간의 제한을 통해 사전선거운동을 엄격히 단속하는 것은 의정보고를 할수 있는 현역 국회의원이 아닌 정치신인이 자신을 유권자에게 알릴 수 있는 기회를 원천적으로 차단한다.[17) 선거운동기간의 지나친 제약은 기득권을 가진 후보자나 주요 정당에 유리하고 공약·정책에 관한 치열한 논쟁과 검증에 장애요소가 된다. 이는 후보자와 정당이 지역감정, 네거티브 등 단기에 부각되는 요소를 선거에서 호소하는 문제를 야기한다.

유권자가 올바른 선택을 위한 정보수집과 의사형성을 할 수 없을 정도로 선거운동기간을 짧게 설정하는 것은 선거에서의 공개적이고 자유로운 토론을 저해한다. 이는 자유선거 원칙의 관점에서 타당하지 못하다. 선거운동기간을 지나치게 단기로 제한함에 따라 기존 정치인과 신진 정치인 간의 불평등을 초래하고 짧은 기간 내에 후보자나 정당은 유권자에게 자신을 알리고 지지를 호소하여야 하므로 금품·향응의 제공 등 불법 선거운동을 선택하는 원인이 될 수도 있다.[18)

선거의 공정성을 목적으로 하는 선거관리는 필요하다. 그러나 선거관리위원회를 선거운동의 주관기관으로 보는 시각은 부당하다. 선거에서의 엄정한 중립이 선거관리기구를 헌법기관으로 설정한 취지이다. 관권, 금권 등의 권력이 선거과정에 개입하여 기회균등을 해치는 선거운동에 대해서는 규제를 가해야 한다. 그 외에는 선거운동의 자유가 보장되어야 한다. 선거관리는 선거에서의 기회균등에 초점을 맞추어야 한다. 선거운동에 대한 규제 위주의 대응은 시정될 필요가 있다.

---

17) 성낙인, "선거제도와 선거운동", 저스티스 제130호, 한국법학원, 2012. 6., 25면.
18) 조재현, "자유선거의 원칙", 공법연구 제30권 제4호, 한국공법학회, 2002, 103면, 109~110면.

2. 민주주의 체제의 공고화와 선거관리

선거관리가 시대적·지역적 공동체를 바탕으로 한다는 점은 앞에서 살펴보았다. 선거관리는 그 공동체에 기여할 수 있어야 한다. 새뮤얼 헌팅턴은 정치적 제도화를 "조직과 절차가 가치와 안정성을 얻는 과정이다. 정치체계의 제도화 수준은 그것의 조직과 절차의 적응성, 복합성, 자율성, 통합성에 의해 정의된다."고 말한다.19) 선거관리기구 모델을 설정함에 있어 민주적 선거제도의 발달단계가 고려되어야 한다.

선거관리는 절차적 측면의 민주주의를 위한 것이므로 민주주의의 발전 수준이 중요하다. 한국의 민주주의가 어느 지점에 있느냐, 어떠한 시대적 과제를 안고 있느냐에 관하여는 다양한 견해가 있을 수 있다. 이는 민주주의를 보는 관점에 따라 차이가 있을 수밖에 없는 문제이다. 이코노미스트 인텔리전스 유닛의 민주화 지수를 참고하고 선거의 주기적 실시와 정권교체의 가능성 측면에서 보면, 대한민국의 경우 민주적 선거의 공고화 단계에 접어들기 시작하였다고 생각한다.

대한민국에서는 정치권력을 둘러싼 게임의 규칙에 관한 사회 전반적인 합의가 이루어지고 있다고 보인다. 이 단계는 게임의 규칙에 관한 사회구성원들의 합의를 기초로 하는 합헌적 질서가 상당한 기간 유지됨으로써 그것이 쉽게 붕괴되지 않는 틀로 자리 잡는 과정이라고 볼 수 있다.20) 선거제도 및 그 과정이 익숙해지고 있다. 민주주의의 발달 상황을 점검하고 그에 맞는 선거관리의 선택이 필요하다.

---

19) Samuel Huntington, *Political Order in Changing Society*, Yale University Press (New Haven, Connecticut), 1968, p. 194.
20) 이행, "민주적 공고화와 대통령제 : 협의민주주의적 관점에서", 선거와 한국정치, 한국정치학회, 1992, 398면.

3. 정당에 기반한 선거위원회

민주정치 발전을 궁극적 목적으로 하는 선거관리기구가 담당하는 영역은 민주주의가 중시되어야 하는 영역이다. 선거관리기구가 조직을 키우고 불필요한 예산을 낭비하며, 권한 범위를 무관한 사항으로 확대하는 것은 오히려 민주주의의 저해요소가 될 수 있다. 관권선거는 관권이 선거에 간섭하는 경우뿐 아니라 관권이 선거를 지원한다는 명목으로 선거에 개입하는 경우에도 발생할 수 있다는 점에 주의할 필요가 있다.

민주주의의 관점에서 행정부로부터 독립된 선거위원회이면서 위원회 구성에서 정당에 기반을 두는 방안이 제시된다. 정치인, 전문가, 분석가 및 상담가는 정당에 기반을 둔 선거위원회가 합의를 이끌어내는 데 효율적이고 중요한 역할을 한다고 본다. 그 논거로 선거관리기구의 유권자 동원과 투표관리에 도움을 주는 점, 선거에 참여하는 후보자들 간 협상과 합의로 정책이 결정되는 점, 선거와 관련된 정치적 권리를 행사하는 가운데 제도가 정착되는 점을 든다.[21]

현재 민주화를 추진하고 있는 제3세계 국가들의 대부분은 탄탄한 국가조직이 없고 중립적이고 전문적인 정부기관이 존재하지 않는다. 이들 국가에서 선거행정은 선거에 참여하는 정당을 모두 신뢰할 수 없다는 인식을 바탕으로 하여 정당의 관여를 배제하는 선거위원회를 구성하기도 한다. 모든 정당들을 불신한다면 정당들로 하여금 상호 통제하도록 함으로써 선거부정이 방지될 수도 있다. 선거관리에서 복수정당제의 존재와 여·야의 견제는 현대적 권력분립에서 요구되는 것이기도 하다.

제3차 개헌 당시 중앙선거위원회의 구성에서 정당추천 6인은 여·야의 정치세력의 반영이며 정치세력들 사이의 중립지대로서 3인을 대법원장이 추천하도록 하는 절묘한 형태의 기구를 구성하여 선거관리를 성공적으로

---

21) 라파엘 로페즈 핀터, 앞의 논문, 64~65면.

하였다는 의견이 있다.22) 정당추천을 인정하더라도 중립위원은 필요하다. 법을 통한 민주주의 유럽위원회도 정당의 위원회의 구성에 대한 관여를 인정하면서 최소한 한 명의 사법부 구성원이 위원회에 포함되어야 한다고 본다.23) 이는 양쪽의 대립되는 입장을 적극 반영하여 토론이 이루어지고 중립위원에 의한 중재와 의결이 가능한 제도이다.

선거관리기구의 실질적 중립성을 확보하기 위해서는 정당추천제가 필요하다고 생각한다. 선거관리기구의 구성 및 운영에서 정치 세력관계와 변동 상황을 반영하는 것이 중요하다. 정당은 대표자를 선거위원회에 보냄으로써 선거위원회에서의 논의에 의견을 반영할 수 있고 위원회에서 의결된 사항을 현실정치에 반영할 수 있다. 이로써 현장감 있는 논의와 현실에의 실효적 적용이 가능하게 될 것이다. 정당의 관여는 선거관리위원회를 활성화하는 데에 도움이 될 것이다.24)

오늘날 선거관리의 영역에서 중요한 것은 정당 상호간의 경쟁, 공정한 룰에 대한 합의 및 선거과정에서의 공정성, 객관성, 투명성의 보장이다. 후보자, 정당, 유권자들의 최대한 많은 참여와 감시 속에서 룰에 대한 합의가 이루어질 수 있고 절차에 대한 수용성을 높일 수 있다. 인도선거위원회가 모든 정당들과 상의를 거쳐 법적 토대는 없지만 정당들 간의 합의에서 정당성이 확보되는 모델코드를 공표하고 이를 통해 선거과정을 운영하는 사례는 많은 교훈을 준다.

---

22) 김태홍, 앞의 논문, 79~80면의 각주 64).
23) http://www.venice.coe.int/webforms/documents/CDL-STD(2003)034-e.aspx(2013. 7. 11. 최종 방문).
24) 음선필, "한국 지방선거에서의 공정선거 확보방안", 116면.

4. 참여형 선거관리

민주주의가 견고하게 정착되기 위한 세 가지 전제조건으로서 독립적인 시민사회, 통치과정 전반에 대한 안정적인 합의, 헌법 질서와 법치주의를 제시하고, 이들 전제조건은 관료체계와 제도화된 경제사회가 함께 존재할 때 충족될 가능성이 커진다고 보는 견해가 있다.25) 유권자, 시민·사회단체 등이 선거관리에 적극적으로 기여할 수 있도록 하고, 그러한 과정 속에서 선거관리의 선진화가 이룩될 것이다. 폭넓은 참여를 바탕으로 실질적인 견제와 균형을 달성한다면 독립성과 공평성에 유리하다.

선거는 민주적 정치에서 중요한 요소인 '경쟁, 참여, 책임'을 실현하는 수단이다. 선거과정에서 정치적 경쟁과 참여가 이루어지고 정부의 책임성이 시민들에 의해 이루어질 때에 선거는 민주정치의 제도로서 기능한다. 선거관리는 참여형으로 전환될 것이 요청된다. 지금부터 '참여형 선거관리'이라는 용어를 사용한다. 참여형 선거관리를 하게 되면 선거관리기구에서 상식에 부합하는 의사결정을 기대할 수 있으며 선거관리기구의 규제에 대한 수용성을 제고할 것이다. 참여형 선거관리는 국가 주도의 선거관리보다 예산절감의 효과를 가져와 경제성에 부합한다.

참여형 선거관리에서는 정당이나 후보자뿐 아니라 일반시민이 선거관리기구의 구성과 활동에 참여할 수 있는지, 참여한다면 그 방법이 문제된다. 민주주의의 확대라는 차원에서 정당, 후보자뿐만 아니라 유권자, 시민·사회단체 등이 선거관리에 적극적으로 참여함으로써 선거가 '민주주의의 축제'가 될 수 있도록 해야 한다.26) 참여형 선거관리는 참여 주체의 감시가 이루어져 선거관리기구의 원리인 '투명성'을 증진시킬 것이다. 이를 위해

---

25) Juan J. Linz, and Stepan Alfred, "Toward Consolidated Democracies", *Journal of Democracy* 7(2), Johns Hopkins University Press(Baltimore), 1996, p. 20.
26) 서울 종로구 인의동 소재 선거연수원 건물에 역대 대통령 모습 등 선거관련 그림을 그린 것은 국민에게 친근한 기구로 자리 잡겠다는 의지의 표현으로 보인다.

선거관리기구의 활동은 가급적 공중에 공개되어야 한다.

여기에서 선거관리는 시민권을 바탕으로 한 규범과 원칙에 근거한다. 시민들은 정치 행위자로서 건전한 상식과 판단력, 자치능력을 발휘할 것이다. 시민들은 정치과정에서 경쟁과 참여를 통해 대표선출과 정부구성을 포함한 공적인 결정을 집단적으로 논의하고 집행하며 책임을 진다. 대표자와 정부는 시민들에게 책임을 지는 선순환 구조가 형성된다.27) 이로써 사법부의 전문성과 권위에 의존하던 선거관리가 아니라 시민적 지지를 바탕으로 한 선거관리가 가능할 것이다.

5. 제도개선을 위한 공론화의 필요성

장기적 계획을 가지고 민주적 선거제도를 처음 실시하는 상황에서는 선거관리기구에 투자할 필요가 있지만, 결코 투자를 위한 투자가 되어서는 아니 될 것이다. 조직논리에 입각하여 선거관리기구 제도개선의 방향을 선택해서는 아니 된다. 민주정치의 발달 정도를 감안하고, 국가의 재정 형편을 고려하면서 그에 맞는 적절한 인력과 예산을 투입할 필요가 있다.

선거관리위원회를 법률이 아니라 헌법에 근거를 둔 기구로 설정한 것은 헌법적인 결단이다. 이는 일종의 정치적 당위성에 기반을 둔 것이다. 헌법은 선거 및 국민투표의 관리와 정당에 관한 사무를 일반 행정업무와 분리시키고 이를 독립된 헌법기관인 선거관리위원회에 맡김으로써 관권의 선거 및 국민투표에 대한 부당한 간섭을 제도적으로 배제하는 기능적인 권력통제장치를 마련한 것이다.28)

우리가 처해 있는 상황이 어떠한지, 선거관리의 시대적 소명이 무엇인지

---

27) 양동훈, 앞의 논문, 454면.
28) 강경근, 헌법, 법문사, 2002, 861면.

밝혀야 한다. 선거관리의 모델 선택에 관한 다양한 관점에서의 주장이 제기될 필요가 있다. 이를 위해서는 무엇보다도 공론화가 필요하고 그에 관하여 합의를 도출하는 과정이 중요하다. 선거관리기구 모델의 선택은 일방적으로 관철될 수 없는 것이다. 그에 관한 공론화를 거친 합의가 반드시 요구되는 문제이다.

　2013년 3월 30일 중앙선거관리위원회는 공직선거법에서 대선 23일, 총선 14일로 되어 있는 선거운동기간의 제한을 폐지하는 것, 선거 180일 전부터 광고, 인쇄물 등의 사용을 제한하는 등 선거운동에 대한 규제 중심의 법제를 개선하는 것, 선거비용 관리를 강화하는 것 등을 내용으로 하는 공직선거법 개정안을 여러 정당들에 제시한 바 있다. 이러한 개정안은 선거 당일만 빼고 언제든지 선거운동을 할 수 있게 허용하는 것이다. 이는 선거관리위원회가 정당에 대한 설득과 국민적 이해를 바탕으로 선거법제 개혁을 추진하는 모습을 보여주는 좋은 사례이다.

제2절 선거관리위원회의 지위와 조직

I. 선거관리위원회의 헌법상 지위

1. 헌법기관의 위상

(1) 헌법기관의 위상에 관한 문제점

선거관리를 담당하는 기구에 대해 헌법에서 구성과 그 위원의 지위, 권한을 직접 정하는 것은 다른 국가기관과의 체계상 문제가 있고 그와 같은 입법례를 찾기 힘들다고 지적하는 입론도 가능하다. 선거관리에 관한 규정만을 헌법 제9조에 두고 선거관리기구의 구성, 조직, 운영 등에 관하여는 법률에 위임하여 법률로써 정하는 것이 타당하다는 것이다.

만약 선거관리에 관한 문제를 시장경제질서에 대한 정부 개입(헌법 제119조 제2항)과 유사한 문제로 보면,29) 시장경쟁질서에서 공정하고 자유로운 경쟁을 촉진하는 것을 목적으로 하는 '공정거래위원회'라는 기관에 착안하여 선거관리위원회의 선거 및 정당 사무 처리는 선거의 플레이어인 정

---

29) 지오반니 사르토리는 인민이 권력을 갖기 위한 필수불가결 조건은 무제한적인 권력을 막는 데 있고 민주주의의 정치에 대한 관계는 시장체계의 경제에 대한 관계와 같으므로 소비자를 보호하기 위해 경제력 집중을 금지하는 것보다 더 좋은 방법이 없는 것처럼 자유를 유지하는 데에는 (복수의)정당들로 하여금 상호 경쟁하도록 하는 것보다 더 좋은 방법은 없다고 본다[지오반니 사르토리(이행 역), 민주주의 이론의 재조명 I, 인간사랑, 111면, 125면].

당이 규제로 인하여 경기에 참여하는 데 위축되는 일은 없도록 하는 법률
기관이면 충분하다는 주장도 가능하다.

선거관리위원회의 조직 확대와 권한의 강화는 국민 입장에서 선거관리
위원회가 '권력기관화'되었다고 인식되고 있다는 비판이 제기되기도 한
다.30) 이 같은 지적은 1987년 헌법 개정 이후 민주주의가 정착되어 가는
시대적 변화를 반영한 문제제기라고 보인다. 향후 헌법 개정 과정에서 이
문제에 관한 충분한 논의를 거쳐 국민적 공감대를 바탕으로 개선될 사항이
라고 본다.

(2) 선거관리위원회의 위상 검토

1) 민주주의 실현을 위한 선거관리

선거관리위원회의 위상 문제는 헌법재판소의 위상이 강화된 것과 관련
하여 살펴볼 필요가 있다. 이들 두 기관은 전통적인 3대 권력기관에 속하
지 않으면서 대한민국헌법을 특징짓는 기관으로서 설치·운영되고 있다. 선
거관리기구는 헌법재판기관의 설치 문제와 맞물려서 논의된 바 있다. 헌법
재판소는 무엇이 기본적 가치를 갖는 기본권이냐의 측면에서, 선거관리위
원회는 민주주의의 실현을 위한 길이 무엇인가에 관한 측면에서 고민하고
그 역할을 모색하여야 한다.

업무상 전문성과 중립성을 강하게 요구받는 두 기관의 자율성과 독립성
을 확보하면서 이들 헌법기관이 권력기관으로서 자리매김하는 것에 대한
점검이 필요하다. 선거관리위원회가 헌법에 있으니 당연히 위상이 강화되어
야 한다는 입장과 현대적 권력분립에 입각하여 민주적 선거를 위한 선거관
리의 중요성 때문에 위상이 강화되어야 한다는 입장 사이에는 차이가 있다.

우리나라의 경우 3·15 부정선거가 있고, 5·16 이후 선거위원회가 예산

---

30) 김태홍, 앞의 논문, 68면.

지원을 받지 못한 채 내무부 지시로 해체되어 내무부에 흡수된 뼈아픈 역사가 있다. 선거관리위원회의 주된 업무대상인 선거는 정치권력의 창출이라는 정치권의 이해관계와 밀접하게 관련된 것이다. 선거관리는 헌법에 보장된 외형상의 독립과 조직 구성상의 중립성에도 불구하고 정치권의 영향, 특히 집권세력으로부터의 외풍을 타지 않을 수 없다.31)

부정·부패가 만연한 선거는 선거의 존재가치 자체를 훼손하는 점에서 심각한 문제이다.32) 초기 민주적 정치체제는 불완전하고 불안정하다. 오랜 권위주의 통치의 유산, 관행 그리고 이를 지지하는 세력의 저항이 있다. 민주적 정치의 공고화는 바로 그 '허약한 민주주의' 정치체제가 발전하는 것이다.33) 한국의 민주주의가 어느 위치에 있는지에 관한 점검이 요청된다.

2) 현대적 권력분립 관점의 선거관리

현대 권력분립원칙에서는 국가기관 상호 간의 통제가 중요한 의미를 가진다. 뢰벤슈타인의 동태적 권력분립이론은 통치권력을 '정책결정', '정치적 결정의 집행'과 '정책통제'로 나누는데, 핵심은 '정책통제'에 있다. 입헌주의 성립시기에는 정부-국왕과 의회 간에서만 통제가 작용하였으나, 선거민이 기타 두 권력보유자 간의 조정자로서 자기고유의 통제기능을 발휘할 수 있게 됨으로써 '3각형식 권력구조'로 전환된다. 통제기능은 모든 권력보유자, 즉 정부·의회와 선거민에게 배분된다.

정책통제 기능은 여러 권력보유자들이 협조할 때 국가행위를 성립할 수 있게 하는 것, 정치적 책임을 강조하고 관철하는 것 두 가지에서 이루어진다. 이들 중 동태적 권력분립이론에서의 핵심은 후자에 있다. 정치적 책임

31) 박경애, "선관위의 힘과 한계", 지방자치 제30권, 현대사회연구소, 1991. 3., 34면.
32) 김주수, "선거사와 선거관리-부정부패선거문제를 중심으로-", 연구논단 제2권 제2호, 중앙선거관리위원회, 1969. 12., 10면.
33) 양동훈, 앞의 논문, 472면.

은 한 권력보유자의 타 권력보유자에 대한 통제를 가장 효과적인 것이 되게 하였다. 선거민의 선출직 국가기관에 대한 통제가 제대로 작동할 때 선출직 국가기관도 통제받는 권력이 되어 책임정부가 실현될 것이다.

민주적 선거는 '정치적 공론화의 장'이기도 하다. 선거과정에서 다양한 가치와 이해관계가 표출된다. 국민의 참정권을 실현하는 선거의 또 다른 기능이 있다. 선거관리는 선거에서 후보자에 대한 검증이 활발하게 이루어지고 올바른 선택으로 이어지도록 하는 기능을 한다. 공동체의 운명을 결정하는 지도자의 선택은 선거민과 무관하지 않다. 선거과정에서 현안이 충분히 논의되고 방향이 모색되며 정치과정에서 민중의 힘이 오롯이 발현될 수 있도록 해야 한다.

제5차 헌법 개정 심의 과정에서의 위원들의 논의를 되짚어본다. 선거관리위원회를 순전히 헌법정책상의 헌법기관으로 보는 시각[34]은 타당하지 못하다. 헌법에서 선거관리기구는 정부에 대해 대립한 위치를 가질 것인지의 문제와 관련이 있다고 본 김도창(金道昶) 위원의 지적, 선거관리기구를 '넓은 의미의 행정기관'으로 보면서 '정부와 대립된 위치와 지위'를 가진다면 헌법조항에 들어갈 수도 있다는 박일경(朴一慶) 위원의 지적은 현대적 권력분립의 관점에서 이해될 수 있다.

3) 선거감독 중심의 선거관리

국민에 의해 직접 선출되는 의회와 행정부에 대한 선거민의 통제가 실질적인 것으로 작동될 수 있도록 선거를 공정하게 관리하는 국가기능은 헌법상 중요하다. 선거관리위원회의 개선방안을 모색함에 있어서 권한 확대보다 시급한 것은 선거관리의 목표와 방향을 바로 잡는 것이다. 국회의원과 대통령을 통제하는 주체는 바로 선거민이다. 선거과정에서 선거민은 선출직 공직자를 통제할 수 있어야 한다.

---

34) 김태홍, 앞의 논문, 60면.

선거가 민주주의원리에 가깝도록 운영된다면 그 기능을 제대로 수행하는 것이 되는데, 이것을 가능하게 하는 것이 바로 '경쟁적 선거'이다. 경쟁적 선거를 위해서 '선거승리의 불확실성'이 요구된다. 경쟁적 선거는 선거의 자유가 요소이고, 진정한 의미에서의 선거의 자유는 공정을 통해 실현된다. 선거관리의 목적은 선거의 공정이다. 선거관리는 선거의 평온을 추구함으로써 경쟁적 선거를 치를 수 없다.

선거관리는 기능적 권력통제를 실현하기 위한 것이다. 민주적 선거 과도기에 있는 국가, 신생독립국뿐 아니라 선진국에서도 선거감독을 담당하는 국가기구를 설치하여 관리하기 시작한다. 이는 현대의 선거가 민주주의 측면에서 새로운 의미를 가지고 있음을 반증한다. 선거관리, 그 중에서 '선거감독'이라는 고도의 정책적 판단을 요하는 기능은 민주적 선거의 실시를 위한 기능을 수행한다는 측면에서 헌법상 위상을 확보할 수 있다.

워터게이트 사건 이후 미국에서 주정부가 처리하기 어렵거나 부적절한 사무를 처리하는 연방선거위원회가 설립되었다. 선거비용과 정치자금에 관한 문제는 전국 단위 정당에서 첨예하게 발생하는 것이다. 선거비용에 대한 통제는 선거에서의 경제력 차이에 따른 기회불균등을 막기 위한 것이다. 정치과정에서의 투명성 확보는 정치에 대한 국민의 신뢰회복으로 이어질 것이다. 선거관리위원회가 이러한 감독기능에 초점을 둔다면, 선거관리위원회의 헌법적 위상은 보다 확고해질 것이다.

2. 중앙선거관리위원회 위원장

(1) 현직 대법관의 위원장 겸임

1) 헌법적 관행

현행 헌법 제114조 제2항은 "위원장은 위원 중에서 호선한다."고 정한다. 선거관리위원회법 제5조 제2항은 각급 선거관리위원회의 위원장은 당해 선거관리위원회위원 중에서 호선한다고 규정하고 있다. 헌법과 선거관리위원회법은 위원장의 자격으로 대법관일 것을 요구하지 않지만, 1963년부터 50여 년 동안 현직 대법관을 겸하는 위원이 위원장으로 선출되면서 일종의 헌법적 관행으로 자리 잡았다.

법관 자격을 요구하는 헌법재판소 재판관[35]과 달리 중앙선거관리위원회 위원장의 자격요건은 없으며 위원 중에서 호선된다고만 규정하고 있음에도 불구하고 위원장의 자격으로 대법관을 요구하는 헌법적 관행이 유지되고 있다.

2) 관행의 긍정적·부정적 요소

대법관의 중앙선거관리위원회 위원장 겸임 관행은 미군정부터 유지되어 온 관행이다. 이는 대법관 자격을 가진 사람은 사법부에 오랫동안 재직한 경력이 있는 점, 대법관 임명될 당시 이미 인사청문회와 헌법 제104조 제2항에 따라 국회의 동의를 거쳐 임명되었으므로 검증된 사람이고 민주적 정당성이 간접적으로나마 뒷받침되는 점, 대통령이 임명하는 위원이 위원장으로 호선된다면 선거관리위원회의 독립성과 중립성에 문제가 있는데 이를 막을 수 있는 점[36] 등에서 긍정적인 측면이 있다.

---

35) 헌법 제111조 ② 헌법재판소는 법관의 자격을 가진 9인의 재판관으로 구성하며, 재판관은 대통령이 임명한다.

기타 1948년부터 65년 넘게 헌법적 관행이 유지되고 있어서 관행을 따르면 큰 무리가 발생하지 않고 실력과 인품이 검증된 대법관이 위원장을 맡으면 권위를 확보하고 조직을 무난하게 이끌 수 있다고 기대되는 점, 현직 대법관이 위원장을 겸임하는 것은 위상을 높이고 다른 기관의 협조를 이끌어내는 데에 유리한 점 등도 장점으로 들 수 있다.

반면에, 가장 큰 문제는 이러한 관행이 헌법에 위배될 수 있다는 점이다. 즉, 헌법과 선거관리위원회법에 대법관이 중앙선거관리위원회 위원장을 겸임한다는 조항을 두지 않음에도 불구 사실상 대법원장 지명제로 운영되는 것은 헌법에 반할 소지가 있다. 선거소송 사건을 재판하는 대법관이 중앙선거관리위원회 위원장을 겸임하는 것은 자기가 판단한 사건의 재판을 맡는 것이어서 부당하다. 선거관리기구의 위상과 역량을 사법부 권위에 의존하는 것은 한국의 정치발달의 상황에 맞지 않는다.

3) 개선방안

현직 대법관인 위원이 위원장을 겸임하도록 하는 것은 중앙선거관리위원회의 독립성과 중립성에서 문제가 있다.[37] 이러한 관행은 시정되는 것이 마땅하다. 헌법과 선거관리위원회법에는 중앙선거관리위원회 위원장은 위원 중에서 호선된다고 규정되어 있을 뿐이다. 입법적 개선 없이도 호선에서 대법관이 아닌 위원을 위원장으로 선출하면 될 것이다. 대통령이 지명하는 위원은 위원장에 호선되지 않는 식으로 운영하는 것이 선거관리위원회를 행정부로부터 독립된 기구로 정한 취지에 부합한다.

현직 대법관인 위원이 중앙선거관리위원회 위원장을 겸임하는 것은 위원장이 비상임인 것과 무관하지 않다. 우리나라 대법관의 업무량은 1인당

---

36) 중앙선거관리위원회, 선거관리위원회의 헌법상 지위와 권한에 관한 연구 : 헌법 제7장 선거관리에 관한 개정을 중심으로, 2009, 46면.
37) 성낙인, 헌법학(제13판), 1208면.

연간 3천 건을 넘을 정도로 과중하다. 대법관은 형식적인 중앙선거관리위원회 위원장으로 겸임하게 되고 위원회 업무를 부차적인 것으로 여길 수 있다. 대법관이 비상임 중앙선거관리위원회 위원장을 겸임하는 것은 지방자치선거, 교육자치선거, 재·보궐 선거 등 선거가 자주 실시되는 현실에 부합하지 않는다.

또한, 헌법기관인 중앙선거관리위원회의 위상과 중요도 등을 감안할 때 민주적 정당성을 확보하지 못한 위원이 위원장이 되는 것은 문제라고 볼 수 있다. 위원장의 선임을 헌법재판소의 장(헌법 제111조 제4항)과 같이 국회의 동의를 거쳐 대통령이 임명하도록 하는 방안이 있다.[38] 이는 선거관리위원회의 헌법기관의 위상에 맞고 위원장의 의전상 지위가 확보되는 점에서 긍정적이다. 하지만, 개헌을 거쳐야 하고 대통령과 국회의 인사 개입이 있을 수 있으므로 그 도입은 현실적으로 어렵다.

(2) 위원장의 비상임

현행 규범체제에서 중앙선거관리위원회 위원장은 비상임이다. 선거가 자주 실시되지 않는 경우 비상임 체제도 나름대로 합리적인 측면이 있다. 중앙선거관리위원회의 원활한 의사결정과 업무처리에 위원장의 비상임은 부적합하다. 선거가 일상화되고 주민투표·주민소환이 활성화되며 위탁선거 등 선거관리위원회 업무량이 증가된 상황에서 위원장의 비상임은 기구의 효율적 운영에 저해요소가 될 수 있다.[39]

공정하고 효율적인 선거관리와 선거·정치문화의 개선이라는 책무를 충실하게 수행하는 최고의 선거관리기구이자 헌법기관의 장임에도 유일하게

---

38) 중앙선거관리위원회, 선거관리위원회의 헌법상 지위와 권한에 관한 연구 : 헌법 제7장 선거관리에 관한 개정을 중심으로, 46면.
39) 중앙선거관리위원회, 선거관리위원회의 헌법상 지위와 권한에 관한 연구 : 헌법 제7장 선거관리에 관한 개정을 중심으로, 49면.

비상근 명예직인 중앙선거관리위원회 위원장을 상근체제로 전환하여 그 신분을 정무직으로 설정하는 것을 골자로 하는 선거관리위원회법 일부개 정 법률안이 최규식 등 20명 의원에 의하여 2005년 11월 28일 발의된 바 있다(의안번호 제3475호).

위 법률안의 주요내용은, 중앙선거관리위원회에 두는 상임위원 제도를 폐지하고 중앙선거관리위원회 위원장 유고 시 선임위원이 직무를 대행하 도록 하는 것(안 제5조 제5항), 위원장은 정무직으로 하며 대우와 보수를 헌법재판소장의 예에 의하도록 하는 것(안 제12조 제2항), 위원장의 직무 를 보좌하기 위해 중앙선거관리위원회 위원장에 비서실을 두도록 하는 것 (안 제15조의3) 등이다.

위 법률안은 중앙선거관리위원회 위원장의 대우를 헌법재판소의 장과 동등하게 하고, 위원장의 비상임 문제를 해소하는 점에서 긍정적이다. 이로 써 중앙선거관리위원회의 위상은 강화될 것이다. 상임위원 체제의 폐해가 시정될 수 있다. 2006년 2월 14일 소관 행정자치위원회에서 위 법률안은 원안가결이 되었지만, 법제사법위원회에 상정된 채 처리되지 못하였으며, 2008년 5월 29일 제17대 국회의 임기만료로 폐기되고 말았다.40)

위 법률안과 같이 선거관리위원회법을 개정하여 중앙선거관리위원회의 위원장을 상임으로 정하더라도 헌법에 충돌되는 문제는 없으며 입법정책 적 사항일 뿐이다. 각국의 입법례(캐나다, 멕시코, 필리핀 등)는 상근 위원 장 체제로 운영하고 있다. 영국 선거위원회도 상근 위원장 체제이다. 중앙 선거관리위원회 위원장을 상임으로 하고 위원장으로 하여금 사무처를 감 독하도록 하자는 지적41)은 타당하다.

---

40) 대한민국국회 의안정보시스템
    likms.assembly.go.kr/bill/jsp/BillSearchResult.jsp(2013. 4. 23. 최종 방문).
41) 김태홍, 앞의 논문, 82면.

(3) 위원장의 임기

중앙선거관리위원회의 위원장이 상임으로 바뀐다면, 자연스럽게 임기를 유지할 수 있을 것이다. 그간 현직 대법관인 위원이 위원장을 겸임하고 있고 대법관 임기가 종료되면 자연스럽게 위원장을 그만두었다. 위원장의 임기가 헌법상 6년으로 규정되어 있음에도 평균 재임기간은 3년에 못 미친다. 이와 관련하여 상세한 내용은 후에 살펴본다.

이 문제에 관해 선거관리위원회 관계자는 "역대 선관위원장들이 대부분 중도하차하는 바람에 선관위 내부에서는 위원장의 임기를 제대로 보장하는 게 독립성 보장을 위해 가장 시급한 과제로 꼽히고 있다."고 지적한다.42)

중앙선거관리위원회 위원장을 비롯한 선거관리위원회 위원의 임기제가 독립성과 정치적 중립성을 보장하기 위한 장치임에도 불구하고 임기를 채운 위원장이 한 명도 없다는 것은 심각한 문제가 아닐 수 없다. 위원장과 위원의 임기제가 원칙적으로 지켜지도록 운영할 필요가 있다.

II. 정치적 중립성

1. 정치적 중립성의 제도적 보장

(1) 행정부로부터의 독립

선거관리와 국민투표의 관리, 정당에 관한 사무를 행정부의 관할 하에 두는 경우 자유롭고 공정한 사무 운영을 기대하기 어렵다는 인식을 바탕으

---

42) "김능환 선관위원장, 관행 깨고 임기 보장받는다"(중앙일보 2012. 4. 30.자 기사).

로 대한민국헌법은 선거관리위원회를 행정부로부터 독립된 헌법기관으로 설정하고 있다. 이는 관권선거, 즉 관권의 선거에 대한 개입을 근원적으로 막겠다는 헌법적인 의지의 표현이다.

선거관리를 기능적인 측면에서 본다면 직무상의 독립성이 조직상의 독립성보다 중요하다고 할 것이다. 이러한 관점에서 선거관리기구가 어느 기관에 소속되는지의 문제는 형식적인 것 외에 특별한 의미를 가지기 어렵다는 입론도 가능하다. 그러나 어디에 소속되는지가 기구의 구성과 운영에 영향을 미친다는 전제 하에 우리나라의 경우 행정부로부터 조직상 독립된 선거관리기구를 설치·운영하고 있다.

(2) 위원회의 구성

헌법상 중앙선거관리위원회는 대통령이 임명하는 3인, 국회에서 선출하는 3인과 대법원장이 지명하는 3인의 위원으로 구성된다(제114조 제3항). 현행 헌법은 제8차 개정헌법과 같이 대통령, 국회와 대법원장이 중앙선거관리위원회 구성에 3인씩 관여하도록 하고 있다. 고전적 3권분립의 정신에 입각한 선거관리기구 구성이다. 이는 3권이 최고 선거관리기구의 구성에 똑같이 관여하면 중립적일 것이라는 관념에 기초한 것이다.

중앙선거관리위원회는 구성방법, 정치적 중립성 및 신분보장 등에 있어서 헌법재판소와 가장 유사하다. 이를 두고 '입법부·집행부·사법부 간의 공화와 협조'라고 평가하기도 한다.[43] 헌법재판소와 중앙선거관리위원회는 구성상 차이가 있다. 헌법재판소 재판관 중 3인은 국회에서 선출하는 자를, 3인은 대법원장이 지명하는 자를 결국 대통령이 임명하는 데 비해(헌법 제111조 제3항), 중앙선거관리위원회는 대통령이 임명하는 3인, 국회에서 선출하는 3인과 대법원장이 지명하는 3인의 위원으로 직접 구성되

---

43) 권영성, 헌법학원론(개정판), 법문사, 2010, 759면.

는 점(제114조 제2항 전문)에서 다르다.

대법원장은 중앙선거관리위원회 위원을 직접 지명한다. 관례적으로 대법원장은 대법관 1인과 법원장급 2인을 지명하고 있다. 2013년 4월 기준 중앙선거관리위원회 위원회 구성을 보면, 대법원장은 대법관 1인 및 법원장급 2인을 지명하고 있다.44) 위원들 중에는 법조인이 6명으로 전체의 3분의 2를 차지한다. 법조인이 위원 중 '절대다수'인 것은 법률전문가이고 비교적 덜 정치적인 점이 원인으로 보인다.

선거관리기구의 구성방법을 ① 헌법기관의 합동행위에 의하여 구성하는 방법, ② 의회에 의하여 선출하는 방법, ③ 사법기구형의 세 가지로 나누면서 우리나라의 경우 첫 번째 유형에 해당된다고 볼 수는 있으나, 실질적으로는 사법부 우위의 구성방식으로 보는 견해45)도 있다.

중앙선거관리위원회와 시·도선거관리위원회에 위원장을 보좌하고 그 명을 받아 소속 사무처의 사무를 감독하게 하기 위하여 각 1인의 상임위원을 둔다(선거관리위원회법 제6조 제1항). 같은 조 제2항은 중앙선거관리위원회 상임위원은 위원 중에서 호선한다고 정한다. 각급 선거관리위원회위원 중 상임이 아닌 위원은 명예직으로 한다(제12조 제1항 본문). 관례적으로 중앙선거관리위원회 상임위원은 대통령이 임명한다.

헌법 제114조 제4항이 위원의 정당가입과 정치관여를 금지할 뿐 정당의 위원추천을 배제하지 않는바, 중앙선거관리위원회의 구성에서 정당이 위원을 추천할 수 있는지가 문제된다. 선거관리위원회법 제4조 제2항 내지 제4항이 시·도선거관리위원회, 구·시·군선거관리위원회 및 읍·면·동선거관리위원회의 위원으로 일정수를 정당원이 아닌 자 중 국회에 교섭단체를 구성

---

44) 2013년 4월 현재 중앙선거관리위원회 위원장은 이인복 대법관이 겸임하고 있고, 대법원장 지명 중앙선거관리위원회 위원은 사법연수원장 최병덕, 대전고등법원장 조병현이다.

45) 중앙선거관리위원회, 선거관리위원회의 헌법상 지위와 권한에 관한 연구 : 헌법 제7장 선거관리에 관한 개정을 중심으로, 37면.

한 정당이 추천한 사람이 될 수 있다고 규정하는 것을 반대 해석하면 현행 법상 중앙선거관리위원회 위원은 정당의 추천이 허용되지 않는다고 보는 것이 타당하다.

(3) 위원장의 호선

헌법 제114조 제2항 후문은 중앙선거관리위원회의 위원장은 위원 중에서 호선한다고 규정한다. 현직 대법관인 위원이 중앙선거관리위원회 위원장으로 선출되는 것에 관하여는 헌법이나 법령에서 규정하고 있지 않다. "중앙선거관리위원회의 위원 중에서 대법관인 위원을 위원장으로 선출되는 것이 관례로 되어 있습니다."라고 선거관리위원회는 밝히고 있다.46) 중앙선거관리위원회 위원장이 대법원장에 임명된 예가 다수 존재한다.

헌법재판소장은 국회의 동의를 얻어 재판관 중 대통령이 임명하는 데 반해(헌법 제111조 제4항), 중앙선거관리위원회 위원장은 위원 중에서 호선한다(제114조 제2항). 중앙선거관리위원회 위원장이 선임되는 방법은 국회의 동의를 얻어 대통령이 임명하는 대법원장(제104조 제1항)과도 다르다.

중앙선거관리위원회 위원장이 대통령의 임명장을 받지 않도록 한 것은 정치적 중립성을 제도적으로 뒷받침하기 위한 제도적 장치이다.47) 중앙선거관리위원회 위원장의 선임방법에 관하여 대법원장, 헌법재판소장보다 더욱 엄격한 정치적 중립을 보여준다. 헌법은 중앙선거관리위원회를 행정부의 수장인 대통령으로부터 철저히 거리를 두게 한다. 이는 기구 구성상 가능한 한 정치권력과 선거관리기구의 연결고리를 제거함으로써 정치적 중립성을 확보하고 운영상 공정성에 관한 의심을 제거한다는 취지에서 비롯된 것이다.

---

46) www.nec.go.kr/nec_new2009/necintro/nec_org_election1.jsp(2013. 4. 18. 최종 방문).
47) 졸고, "선거쟁점 관련 찬·반활동에 대한 선거관리위원회의 규제", 134면.

(4) 위원에 대한 인사청문

선거관리위원회법은 대통령, 국회, 대법원장이 중앙선거관리위원회 위원을 임명·선출·지명하기 전에 국회의 인사청문을 거치도록 한다(제4조 제1항). 이는 국회로 하여금 중앙선거관리위원에 대한 인사청문의 기회를 가지도록 하여 위원의 자격을 검증하는 취지가 있고, 헌법기관으로서 중앙선거관리위원회의 구성에 민주적 정당성을 간접적으로나마 부여하려는 것이다.

국회는 국회에서 선출하는 중앙선거관리위원회 위원에 대한 임명동의안을 심사하기 위하여 인사청문특별위원회를 둔다(국회법 제46조의3). 국회법 제46조의3의 규정에 의한 심사 또는 인사청문을 위하여 인사청문회를 연다(제65조의2 제1항). 국회 상임위원회는 대통령이 임명하는 중앙선거관리위원 후보자와 대법원장이 지명하는 중앙선거관리위원회 위원 후보자에 대한 다른 법률에 따른 인사청문의 요청이 있는 경우 인사청문을 실시하기 위하여 인사청문회를 연다(제2항).

선거관리위원회법 제4조 제1항은 중앙선거관리위원회 위원의 임명·선출·지명 전에 인사청문을 거치도록 하고, 이 조항은 국회법 제65조의2 제2항의 '다른 법률'에 해당된다. 인사청문특별위원회의 구성·운영 및 인사청문회의 절차·운영 등에 관하여 필요한 사항은 인사청문회법에서 정하고 있다. 중앙선거관리위원회 위원은 국회 동의를 요하는 직이 아니어서 국회 인준이 필요하지 않지만, 후보자는 국회 인사청문회에 참석해야 한다.

(5) 위원의 자격

공무원이 선거관리위원회 위원이 되는 데에는 제한이 있다. 법관과 법원공무원 및 교육공무원 이외의 공무원은 각급 선거관리위원회 위원이 될 수 없다(선거관리위원회법 제4조 제6항). 공무원의 정치적 중립성(헌법 제7조

제2항)보다 엄격한 이중의 정치적 중립성을 요구받는 공무원에 자격을 한정한 것이다.

법관은 "법관은 헌법과 법률에 의하여 그 양심에 따라 독립하여 재판한다."고 규정한 헌법 제103조, 교육공무원은 "교육의 정치적 중립성은 법률이 정하는 바에 의하여 보장된다."고 규정한 헌법 제31조 제4항에 따라 일반 공무원의 정치적 중립성(제7조 제2항)과 함께 정치적 중립성을 이중으로 요구받는 직역이기 때문이다. 법관은 법원공무원 및 교육공무원에 우선하여 위촉된다(선거관리위원회법 제4조 제5항).

시·도선거관리위원회의 상임위원은 일정한 자격이 요구된다. 시·도선거관리위원회 상임위원은 당해 선거관리위원회 위원 중 법관·검사 또는 변호사의 직에 5년 이상 근무한 자, 대학에서 행정학·정치학 또는 법률학을 담당한 부교수 이상의 직에 5년 이상 근무한 자, 3급 이상 공무원으로서 2년 이상 근무한 자에 해당하고 선거 및 정당사무에 관한 식견이 풍부한 자 중에서 중앙선거관리위원회가 지명하되 상임위원으로서의 근무상한은 60세이다(선거관리위원회법 제6조 제3항).

(6) 위원의 임기

중앙선거관리위원회 위원의 임기는 6년이다(헌법 제114조 제3항). 중앙선거관리위원회를 포함하여 각급 선거관리위원회 위원의 임기는 6년이다(선거관리위원회법 제8조). 2000년대 이후 중앙선거관리위원회 위원장을 살펴보면, 6년 임기를 채운 위원장은 아무도 없다. 유지담 5년 3개월, 손지열 10개월, 고현철 2년 3개월, 양승태 2년, 김능환 2년이다.[48]

---

48) 1963년 사광욱 위원장부터 제16대 양승태 위원장까지 14명의 중앙선거관리위원회 위원장의 임기는 평균 2년 11개월이다. 이명수 의원은 중앙선거관리위원회 위원장 대부분이 임기의 절반도 채우지 못하고 있다면서 선거업무의 중요성을 감안할 때 '선관위원장 상임제'를 도입해 중앙선거관리위원회 위원장이 헌법상 보장된 임기

중앙선거관리위원회 위원장은 대법관의 임기가 만료되면 사퇴하는 것이
관례였다. 김능환(金能煥) 위원장은 대법관 임기가 2012년 7월초까지였다.
김 위원장은 2012년 4월 11일 총선 직후 양승태(梁承泰) 대법원장에게 중
앙선거관리위원회 위원장직 사퇴서 및 위원결원통보서를 제출했다. 양 대
법원장은 선거관리위원회는 헌법상 독립기관이므로 대법관 임기가 만료되
었다고 위원장을 사퇴하는 관행은 옳지 않다고 하면서 임기를 채우거나 최
소한 2012년 12월 대통령선거까지 맡아달라고 말하였다. 이에 김능환 위원
장은 대통령선거까지 맡기로 하였다.49)

제5차 개정헌법 제107조 제3항은50) 중앙선관리위원회 위원은 연임될 수
있다는 명문의 규정을 두고 있었다. 제2대, 제3대, 제4대 중앙선거관리위원
회 위원장을 역임한 주재황은 1968년 2월 23일부터 1981년 4월 16일까지
13년 1개월 25일 동안 위원장으로서 재임하였고 1982년 헌법위원회 위원
장이 되었다. 헌법과 선거관리위원회법에 중앙선거관리위원회 위원의 연임
에 관하여 정해진 바가 없다. 제5차 개정헌법의 연임조항이 사라진 점을
감안하면 헌법의 의미는 연임할 수 없는 것으로 해석된다.

(7) 위원의 대우 및 신분보장

위원은 탄핵 또는 금고 이상의 형의 선고에 의하지 아니하고는 파면되지
아니한다(헌법 제114조 제5항). 중앙선거관리위원회 위원의 신분을 법관과
동일하게 보장하고 있는 것은 정치적 중립을 위한 것이다. 중앙선거관리위
원회 이외의 각급 선거관리위원회도 중앙선거관리위원회와 같은 수준의

를 마칠 수 있도록 해야 한다고 지적했다["이명수 '연관위원장 평균 임기 2년 11개
월'"(연합뉴스 2011. 2. 22.자 기사)].
49) "김능환 선관위원장, 관행 깨고 임기 보장받는다"(중앙일보 2012. 4. 30.자 기사).
50) 대한민국헌법[시행 1963. 12. 17.][헌법 제6호, 1962. 12. 26. 전부개정]
제107조 ③ 위원의 임기는 5년으로 하며 연임될 수 있다.

임기 및 신분이 보장되는지가 문제된다. 이는 법률유보의 한계와 관련된다.

검토컨대, 중앙선거관리위원회 위원과 그 이외의 선거관리위원회 위원
은 대우 및 신분보장 수준에 차이가 있다고 보는 것이 타당하다. 중앙, 시·
도, 구·시·군 등 선거관리위원회에 따라 보수와 실비보상이 다르다.51) 중
앙선거관리위원회에 비해 각급 선거관리위원회는 현실정치와 밀접하게 관
련된다. 다만, 정치상황은 가변적이므로 정당추천 위원은 다른 위원만큼 신
분보장이 강하지 않다고 해석된다.

헌법은 제114조 제3항 내지 제6항에서 '위원은'이라고 정하고 있다. 제2
항에서 중앙선거관리위원회 위원의 구성 및 위원장 호선, 제7항에서 중앙
선거관리위원회의 규칙제정권을 규정하는 점 등에 비추어 볼 때 헌법 제
114조 제3항 내지 제6항은 중앙선거관리위원회 위원에 관한 것으로 해석
된다.

(8) 위원의 정당가입 및 정치활동 금지

중앙선거관리위원회의 위원은 정당에 가입하거나 정치에 관여할 수 없
다(헌법 제114조 제4항). 중앙선거관리위원회의 위원에 관한 헌법소원 사
건은 아니지만 선거관리위원회 기구의 성격에 비추어 소속 공무원에 대
한 정치적 중립성이 다른 공무원보다 강하게 요청되는지가 문제된 사건
이 있다.

사건의 발단은 선거관리위원회 소속 일반직·기능직에 대하여 적용되는
인사행정규칙인 선거관리위원회 공무원규칙이 2009년 11월 20일 중앙선거
관리위원회규칙 제317호로 개정되어 제233조 제3항에서 선거관리위원회
소속 공무원의 정치적 행위를 다른 국가기관 소속 공무원 경우보다 엄격히
제한한 것에서 기인한다.52) 개정 규칙 조항이 결사의 자유, 단결권, 평등

---

51) 선거관리위원회법 제12조, 선거관리위원회법 시행규칙 제12조.

권, 노동조합 가입·결성권을 침해하고 명확성원칙에 위배된다고 주장하면서 선거관리위원회 소속 공무원들이 헌법소원을 제기하였다.

헌법재판소는 2012. 3. 29. 2010헌마97 결정53)에서 재판관 전원의 일치된 의견으로 선거관리위원회 공무원규칙 제233조 제3항, 선거관리위원회 공무원 윤리강령 제3조 제2항, 제3항, 제4항에 대해 합헌결정을 내리면서 이들 조항은 공무원의 정치활동 제한을 규정한 국가공무원법 제65조의 위임을 받은 것이며 선거관리위원회의 업무 내용과 성격을 고려하여 국가공무원법 제65조의 정치활동 규제에 관한 내용을 구체화하고 있으므로 위임범위를 일탈하였다고 볼 수 없다고 판단하였다.

위 결정에서 헌법재판소는 선거관리위원회는 민주주의의 근간이 되는 선거와 투표, 정당 사무에 대한 관리업무를 행하는 기관이고 그 소속 공무원은 다른 어떤 공무원보다도 정치적으로 중립적인 입장에서 공정하고 객관적으로 직무를 수행할 의무를 지며 선거관리위원회 공무원이 특정 정당이나 후보자에 대한 지지·반대 등 특정한 정치적 성향을 보이는 단체에 가입·활동한다는 사실 자체만으로 그 직무수행에 대한 국민의 신뢰가 상실될

---

52) 선거관리위원회 공무원규칙 제233조(정치적 행위) ①, ② (생략)
③ 제1항 및 제2항 외에 공무원이 다음 각 호의 어느 하나에 해당하는 행위를 하는 것은 법 제65조 제4항에 따른 금지되는 정치적 행위에 해당된다.
1. 최근 5년 간 공직선거(교육의원선거 및 교육감선거를 포함한다. 이하 이 항에서 같다)에 있어 특정 정당이나 후보자(후보자가 되려는 자를 포함한다. 이하 이 항에서 같다)를 지지·반대한 단체에 가입하는 행위
2. 공직선거에 있어 특정 정당이나 후보자를 지지·반대하거나 할 것을 표방한 단체에 가입하는 행위
3. 정당을 설립할 것을 표방하거나 특정 정당 또는 후보자와 정책·선거 연대를 하는 등 정치적으로 중립하지 아니한 단체에 가입하는 행위
4. 제1호부터 제3호까지에 해당하는 단체의 조직 및 활동에 관여하거나 그 단체의 운영·활동에 필요한 재원을 제공하는 행위
53) 헌재 2012. 3. 29. 2010헌마97 결정, 판례집 24-1상, 578면. 정부법무공단, 2009. 10. 30.자 '선거관리위원회 공무원규칙 일부 개정안 관련' 자문의견서.

수 있으므로 그런 단체의 정치활동이 주된 것인지 여부와 상관없이 그 단체에의 가입, 활동을 금지할 필요가 있고, 국민들이 선거관리위원회 공무원에게 기대하고 요구하는 정치적 중립성과 직무수행에 있어서의 공정성과 객관성에 비추어 볼 때 심판대상조항은 과잉금지원칙에 위배되어 정치적 표현의 자유 등을 침해하지 않는다고 설시하였다.

2. 독립성 관련 문제

(1) 감사원의 감사를 받는지 여부

행정부에 속한 감사원이 헌법기관인 선거관리위원회에 대해 감사를 하는 것이 인정되는지가 문제된다. 감사원이 중앙선거관리위원회 사무처에 대한 감사를 시도한 적이 있다.

2010년 3월 22일 법률 제10163호로 제정되어 2010년 7월 1일 시행되는 공공감사에 관한 법률 제2조 제2호는 '중앙행정기관'이란 정부조직법 제2조에 따른 부·처·청과 감사원, 국가인권위원회, 국민권익위원회, 공정거래위원회, 금융위원회, 방송통신위원회 및 그 밖에 대통령령으로 정하는 기관을 말한다고 규정하고, 같은 법에서 위임한 사항과 그 시행에 필요한 사항을 규정함을 목적으로 하는 공공감사에 관한 법률 시행령안 제2조는 법 제2조 제2호의 '대통령령으로 정하는 기관'으로 '2. 중앙선거관리위원회 사무처'를 열거하고 있었다.

선거관리위원회는 헌법 제4장 정부에 속하지 않는 독립한 헌법기관이고, 헌법 제4장 제4관에 있는 감사원과 다른 차원의 위상을 가지므로 선거관리위원회가 감사원의 감사를 받는 것을 전제로 공공감사에 관한 법률 시행령안이 중앙선거관리위원회 사무처를 중앙행정기관에 포함시키는 것은 이에 부합하지 않는다. 선거관리위원회에 대한 감사원의 감사를 전제로 하는 시행령안에 의하면 결과적으로 대통령 직속기구인 감사원이 정당에 관한 사무 등을 하는 선거관리위원회에 대한 감사기관이 되므로 선거관리위원회의 정치적 중립성을 해할 가능성이 있다.[54]

국회 사무처, 법원행정처, 헌법재판소 사무처가 감사원의 감사를 받는 중앙행정기관에 속하지 않는 것과 비교하면, 중앙선거관리위원회 사무처가 감사원 감사를 받는 것은 부당하다. 선거관리위원회는 선거관리위원회 사무기구에 관한 규칙, 선거관리위원회 감사규정에 따라 자체 감사기구의 조직과 활동이 이루어진다. 중앙선거관리위원회는 자체적으로 감사관과 감사과를 두고 있다.[55] 이에 대해 중앙선거관리위원회의 적극적인 의견 개진이 있었다. 그 결과, 공공감사에 관한 법률 시행령 제2조는 법 제2조 제2호에서 대통령령으로 정하는 중앙행정기관으로 '국무총리실, 행정중심복합도시건설청'만을 열거하는 것으로 정해졌다.

(2) 위원회 회의록에 대한 정보공개 여부

일각에서 선거관리와 관련된 모든 정보를 국민과 정당에 즉시 공개해야 한다고 주장하나,[56] 이러한 주장은 선거관리위원회의 합의제 행정기구 특성상 회의록 등을 전면적으로 공개하는 것은 부작용이 크다는 점, 선거관리위원회는 정치적으로 민감한 공직선거법 등 정치관계법을 해석·운용하는 기구이므로 선거관리의 공정성 및 정치적 중립성을 보장하여야 하는 점에 비추어 타당하지 못하다. 선거관리위원회는 회의의 충실화와 내실화를

---

54) 정부법무공단의 2010. 4. 27.자 '공공감사에 관한 법률 시행령안에 대한 의견' 자문의견서, 3~5면.
55) www.nec.go.kr/nec_new2009/necintro/nec_org_election1.jsp(2013. 4. 19. 최종 방문).
56) 이성환, "선거관리의 공법적 문제", 공법연구 제28집 제4호 제1권, 한국공법학회, 2000. 6., 91면.

도모하기 위하여 회의과정에서 누가 어떠한 발언을 하였는지에 관해 외부에 공개되지 않도록 보장할 필요성이 다른 공공기관보다 크기 때문이다.

공직선거법 제278조 제정 및 공직선거관리규칙 개정 관련 회의록에 대한 정보공개청구가 공공기관의 정보공개에 관한 법률 제9조 제1항 제5호의 의사결정과정 또는 내부검토과정에 있는 사항에 해당되어서 비공개대상인지가 문제된 사건에서, 공직선거법 제278조 제정 및 공직선거관리규칙 개정에 관한 회의록이 공개될 경우 중앙선거관리위원회 업무의 공정한 수행에 현저한 지장을 가져온다고 인정할 만한 상당한 이유가 있다고 보아 원고 패소판결을 선고한 예가 있다.[57]

3. 중앙선거관리위원회의 구성

(1) 위원회 구성에 대한 3권의 독자적 관여

중앙선거관리위원회의 구성에 대통령, 국회, 대법원장이 3인씩 관여하도록 하는 것은 고전적 권력분립에 바탕을 둔 것이다. 제7차 개정헌법에서 대통령이 9인을 임명하고, 그 중 3인은 국회에서 선출하는 자를, 3인은 대법원장이 지명하는 자를 임명하도록 하였으나(제112조 제2항, 제3항), 제8차 개정헌법에서 국회, 대법원장이 직접 위원 3인씩 선출, 지명하도록 바뀐 것이다(제115조 제2항).

이러한 구성 방식이 기능적 권력분립에 맞는지에 관한 점검이 필요하다. 기관의 협조 하에 다른 헌법기관을 구성하는 것은 뢰벤슈타인의 정책통제 기능에 속한다. 그런데, 대통령, 국회, 대법원장은 중앙선거관리위원회 구성에 있어 각기 국가기능을 완전히 자율적으로 자기책임 하에 권한을 행사

---

57) 서울행정법원 2010. 9. 17. 선고 2009구합23709 판결.

한다. 이는 상호 의존성을 바탕으로 하여 중앙선거관리위원회를 구성하는 것이 아니라 권한행사의 독자성에 기초한 것이다.

중앙선거관리위원회 위원의 구성이 헌법사항인지, 아니면 법률사항이어서 법률로써 헌법과 다르게 정할 수 있는지가 문제된다. 선거관리위원회법에서 정당추천명부를 만들어 정당에서 위원이 될 사람을 정하도록 할 수 있다는 견해도 있지만,[58] 중앙선거관리위원회 구성은 헌법이 직접 정하는 헌법사항이므로 선거관리위원회법에서 헌법과 다르게 정하는 것은 불가능하다고 보아야 한다.

헌법은 대법원장, 대법관 및 헌법재판소장에 대해 대통령이 임명권을 행사함에 있어 국회의 동의를 요하도록 규정한다(제104조 제1항, 제2항, 제111조 제2항, 제4항). 합리적 권력구조론 내지 기능적 권력관계론 관점에서 중앙선거관리위원회의 구성이 3부(대통령, 국회, 대법원장)의 공화와 협조를 규정하고 있는 것이라고 보는 견해도 있으나,[59] 중앙선거관리위원회의 구성은 대법원장, 대법관, 헌법재판소장의 경우와 달리 공화와 협조가 아니라 권한의 형식적 분배에 치중한 시스템으로 판단된다.

(2) 대통령과 국회의 인사에 대한 영향력 행사

대통령이 지명하는 3인과 국회에서 선출하는 위원 3인이 대통령이나 국회로부터 정치적 영향을 받는다는 점에서 정치적으로 편향된 주장이나 활동을 해온 인물은 위원이 되지 못하도록 걸러내는 장치가 필요하다는 개선안이 제시되기도 한다.[60]

대통령이 임명하는 위원 3인에 국회에서 선출하는 위원 중 여당 몫 위원

---

58) 김태홍, 앞의 논문, 79~80면.
59) 권영성, 앞의 책, 951면.
60) 이준일, "선거관리와 선거소송 : 헌법적 쟁점을 중심으로", 저스티스 제130호, 한국법학원, 2012. 6., 60면.

1인을 합하면 4인이다. 대법원장이 지명하는 3인도 대법원장의 임명권자가 대통령이므로 대통령의 입장을 무시할 수 없다. 대통령의 영향을 받지 않는 위원은 국회에서 야당 몫으로 선출된 위원 1인뿐이라는 비판이 제기된다.61) 3대 권력 간의 형식적 분립에 입각하면 위원회 구성이 공정하다고 보이지만 실질적으로는 대통령이 주도권을 쥐게 된다.

중앙선거관리위원회를 실질적으로 이끌어가는 상임위원을 관례상 대통령이 임명하는 점도 고려하면, 행정부로부터 엄격한 독립을 지키는 취지에서 3권이 독자적으로 기구구성에 관여하도록 설계된 위원회 구성은 실제로는 대통령에게 영향력 행사 가능성을 남겨 두고 있음을 확인할 수 있다. 대법원장이 지명하는 현직 대법관이 위원장을 겸임하는 관행은 적어도 외형상 독립성을 지키고 있는 모습을 보이기 위한 것일 수 있다.

(3) 대법원장의 위원 3인 지명

민주적 정당성이 취약한 대법원장이 위원 3인을 지명하는 것에 관하여 비판적인 견해가 있다. 선거소송에서 선거관리위원회는 일방당사자이다. 선거소송을 재판하는 법관이 선거관리위원회 위원이 되는 것은 이익충돌의 여지가 있다. 이러한 이유에서 대법원장이 중앙선거관리위원회 위원 3인을 지명하는 제도는 헌법상 문제가 있다는 주장이 있다.62)

대법원장의 민주적 정당성이 약하더라도 사법부의 최고수장으로서 공정성이 생명이고 전문성이 중요한 선거관리위원회라는 헌법기관의 구성에 힘을 발휘할 수 있는 여지를 허용한다는 점에서 대법원장의 지명 자체는 문제되지 않으나 대법관을 포함 현직 법관들을 지명하는 관례를 형성하여 제도적 이익충돌을 야기하는 것은 제도의 조화로운 운영상 바람직하지 못

---

61) 김태홍, 앞의 논문, 79면.
62) 성낙인, 헌법학(제13판), 1208면.

하므로 선거소송에 관여하는 현직 법관을 중앙선거관리위원회 위원에 선임하는 관행은 개선되어야 한다는 견해 또한 있다.[63]

또 다른 측면에서 정치적 중립기관인 사법부 수장인 대법원장으로 하여금 정치적으로 민감한 현안을 다룰 중앙선거관리위원회 위원을 3인이나 지명하게 하는 것은 지나친 부담으로 작용한다는 주장도 있다.[64] 다원적 정치세력의 집합체인 국회는 적극적으로 중립성을 보호하는 데 비해 대통령과 대법원이 중앙선거관리위원회 구성에 관여하는 것은 다원성과 중립성을 훼손할 위험이 있다는 지적이 있다.[65]

공정성을 추구하는 '선거관리'라는 국가작용을 담당하는 기구 특성상 위원회 구성에서 중립 위원이 필요한 측면은 무시할 수 없다. 다만, 사법부 수장이 최상급 선거관리기구의 구성에 직접 관여하는 입법례를 찾기 어려운 점은 앞서 언급하였다. 현대적 권력분립에 비추어 대통령, 국회, 대법원장이 3인씩 관여하는 것이 과연 어떠한 논거에서 설득력을 가지는지는 의문이다.

(4) 위원회 구성에 국회 동의를 얻도록 하는 방안

중앙선거관리위원회 위원은 독립성과 자치성이 사법부보다는 약하나 일반 행정공무원보다는 강하고, 국민으로부터 직접 선출된 대통령과 국회의원보다는 지위가 약하다. 선거관리위원회 구성에서 의회 내 절대 다수결로 선출되도록 하거나 각 정당과 사회단체가 함께 특별 다수결로 선임하도록

---

63) 김종철, "선거관리위원회에 대한 국민의 민주적 통제, 어떻게 할 것인가?", 임종인 의원 주최 (준)사법기관 개혁을 위한 연속 대토론회-네 번째(2007. 4. 3.), 임종인의원실, 2007, 14~15면; 김종철, "정치개혁을 위한 선관위의 역할과 과제", 선거관리 제50권, 중앙선거관리위원회, 2003. 11., 79면.
64) 이성환, "선거관리의 공법적 문제", 93면.
65) 전광석, 한국헌법론, 법문사, 2004, 403면.

함으로써 선거관리기구의 지위를 강화할 수 있다는 견해가 있다.66)

헌법은 중앙선거관리위원회 위원 9인의 구성에 국회의 동의를 받는다고 규정하고 있지 아니하다. 중앙선거관리위원회의 위원 중 3인은 국회에서 선출하고, 3인은 국민에 의해 직접 선출된 대통령이 지명하는 것으로 정하여 중앙선거관리위원회 위원이 민주적 정당성을 간접적으로 확보할 수 있도록 규정하고 있다. 여기서 대법원장에 의한 지명은 민주적 정당성을 바탕으로 한 것이 아니다.

헌법이 아닌 국회법과 인사청문회법에서 중앙선거관리위원회 위원이 국회에서 인사청문의 대상이 되어 검증을 받도록 한다. 이로써 일정정도의 민주적 통제 요소가 가미되어 있기는 하다. 중앙선거관리위원회 위원이 국회의 동의를 받게 하는 것은 민주적 정당성 확보에 따른 위원의 지위 강화에 도움이 될 것이다. 다만, 위원회 구성에서 국회 동의를 얻도록 하는 것은 헌법 개정으로 해결될 과제이다.

4. 위원회 구성에 대한 정당의 관여

(1) 정당가입이 금지되는 위원의 범위

헌법 제114조 제4항은 "위원은 정당에 가입하거나 정치에 관여할 수 없다."고 규정한다. 이 조항에서의 위원이 중앙선거관리위원회의 위원만 포함하는지, 아니면 선거관리위원회의 위원 전체를 의미하는지가 문제된다.

헌법 제114조 제2항, 제6항이 중앙선거관리위원회의 위원구성 및 규칙 제정권을 정하는 점, 제7항이 "각급 선거관리위원회의 조직·직무범위 기타 필요한 사항은 법률로 정한다."고 규정하여 중앙선거관리위원회 이외의 위

---

66) 라파엘 로페즈 핀터, 앞의 논문, 135면.

원회 위원의 정당 가입 및 정치 관여 금지는 법률에 유보되어 있는 점 등
에 비추어 제3항 내지 제5항은 중앙선거관리위원회에 관해 규정한 것이고
제4항은 중앙선거관리위원회의 위원에 적용된다고 해석하는 것이 타당하
다. 따라서 중앙선거관리위원회의 위원 외의 각급 선거관리위원회 위원은
정당에 가입할 수 있고 정치에 관여할 수 있다는 내용으로 선거관리위원회
법이 규율하는 것도 가능하다고 본다.

(2) 위원의 정당가입 금지

선거관리위원회법 제4조 제2항 내지 제4항은 중앙선거관리위원회 이외
의 선거관리위원회 정당 추천 위원의 자격으로서 정당원이 아닌 자일 것을
요구하고 있다. 법 제9조 제1호는 정당에 가입하거나 정치에 관여한 때를
선거관리위원회 위원의 해임·해촉 또는 파면의 사유로 규정한다. 현행 선
거관리위원회법에 따르면, 위원이 정당에 가입하는 것은 금지되고 이는 해
임 등의 사유가 된다.

선거관리위원회법은 헌법이 정하고 있지 않은 각급 선거관리위원회 위
원의 정당가입 금지도 규정하고 있는 셈이다. 읍·면·동선거관리위원회 위
원의 정원수는 2만 명을 초과한다. 소위 '진짜 선거관리위원회'라고 불리는
구·시·군선거관리위원회의 위원의 정원수도 2천 명을 넘는다. 이렇게 많은
사람들이 정당가입에 제한을 받도록 하는 것은 정당가입 자체를 문제시하
는 인식에서 비롯된 것이 아니면 가능하지 않다.

가령 멕시코 연방선거기구는 의결권과 토론참여권이 있는 위원이 9명이
고 의결권 없이 토론참여권만 있는 위원이 15명으로 구성된다. 이는 우리
법제에도 시사점을 준다. 정당에 가입된 위원은 의결권 없이 토론에 참여
할 수 있다는 내용으로 선거관리위원회법을 개정하는 것이 바람직하다.

(3) 정당에 기초한 위원회 구성의 방안

선거관리위원회 구성에서 독자적인 민주적 정당성을 국민이 부여하였는
지의 관점에서 접근하자는 견해가 있다.67) 선거관리위원이 민주적 정당성
을 직접적으로든 간접적으로든 부여받는 것은 권위를 확보하고 역동적으
로 기능하는 데 중요하다.

사법부 구성원이 선거관리기구를 형성하는 것이 반드시 배척되어야 하
는 것은 아니다. 제도 개선을 모색함에 있어 정당의 선거관리기구에 대한
참여가 조직의 활성화에 이바지하는지, 민주적 선거에 기여할 수 있는지를
중심으로 검토하여야 한다.

선거관리기구 구성원이 정당에 기반을 두더라도 정치적 중립성과 독립
성을 유지할 수 있다. 오히려 여러 정당의 당원으로 선거관리위원회를 조
직하는 것이 위원회의 운영을 어느 한 쪽으로 치우치지 않게 하는 현실적
방안이 될 수 있다.68) 위원회 구성에서 정치세력의 비율이 반영되어 위원
회 운영의 실질화 및 활성화를 가져올 필요가 있기도 하다.

5. 비상임 선거관리위원

중앙선거관리위원회 위원의 비상임화는 중앙선거관리위원회의 헌법기관
으로서 위상에 걸맞지 않다. 선거관리업무에 관여하는 비상임 위원들은 다
른 업무를 처리하다가 실무자가 기안하여 올리는 안건을 사후적으로 추인
하는 의사결정 방식이 될 수도 있다는 비판이 있다. 이 견해는 일부 위원만
을 상임위원으로 하는 현행 시스템의 폐지를 주장한다.69)

---

67) 김태홍, 앞의 논문, 61면.
68) 라파엘 로페즈 핀터, 앞의 논문, 135~136면.
69) 김태홍, 앞의 논문, 82면, 85면.

위원회 내의 의사결정이 중심이 아니라 사무기구가 기안하여 올린 사항을 추인하는 위원회로 운영된다면 선거관리위원회는 합의제에 기초한 조직이어야 한다는 원칙에 배치된다. 결과적으로 선거관리기구를 합의제를 중심으로 하는 조직으로 설정한 취지가 무색하게 될 수 있다.

6. 선거관리위원의 자격

(1) 사법부의존적 구성

중앙선거관리위원회를 비롯하여 각급 선거관리위원회의 구성에서 법조인이나 법관이 겸직하는 경우가 많다. 이를 두고서 '사법부종속형'이라고 평가하기도 하다.[70] 국가기능 차원에서 특수한 행정 분야인 선거관리의 최고책임자를 사법작용을 담당하는 법관이 관여하는 것은 적절하지 않다는 견해도 있다.[71]

우리나라 선거관리위원회가 사법부의존적 기관으로 구성되어 운영되고 있고 선거소송을 일반법원에서 관장하는 것은 재판의 한쪽 당사자가 재판을 담당하는 점에서 문제가 있다. 이러한 법제에서는 선거소송을 일반법원이 아니라 헌법재판소가 관장하는 것이 타당할 것이다. 다만, 그 개선은 헌법개정사항이므로 현행 제도에서는 시행되기 힘들다.

선거범죄조사권을 행사하여 공직선거법위반 사건을 조사하여 고발하거나 수사의뢰를 한 위원장이 다시 관할 구역 내에서 당해 선거범죄 사건의 형사재판을 담당하더라도 제척사유가 아니라는 판례[72]가 있기는 하나, 이

---

70) 박상철, "중앙선거관리위원회의 정상화", 국회보 제466호, 국회사무처, 2005. 9., 166면.
71) 김태홍, 앞의 논문, 81면.
72) 대법원 1999. 4. 13. 선고 99도155 판결.

경우 공정성에 심각한 의혹이 제기될 수 있다고 보인다.

사법부중심의 위원회 구성은 선거관리위원회가 재정신청을 한 사건을 선거관리위원회 위원인 법관이 재판하는 상황을 초래할 수 있다.[73] 선거소송의 당사자인 선거관리위원회 위원을 선거소송의 심판자인 법관이 겸임하는 것은 이익의 충돌을 야기한다. 지나치게 법조인 중심으로 위원회가 구성되면 역동적 정치상황에 대한 대응력이 떨어진다는 비판도 제기된다.[74]

법관이 선거관리위원회의 일정 분야에서 그 역량을 발휘할 수 있는 점은 인정되나, 선거행정 업무를 경험하기 힘든 법관에게 업무를 전적으로 맡기는 것은 적절하지 않다. 이러한 설정은 기능적 권력분립에도 부합하지 않는다.

(2) 공무원의 위원자격

선거관리위원회법 제4조 제5항은 '법관과 교육공무원' 이외의 공무원은 각급 선거관리위원회 위원이 될 수 없다고 규정한다. 제3차 개헌 후 선거위원회법 제4조 제6항은 검사·경찰관 또는 군인은 선거위원이 될 수 없다고 규정하였다. 제3차 개정헌법 제75조의2 바로 앞 조항인 제75조 제2항은 경찰의 중립을 보장하기에 필요한 기구에 관한 규정을 두어야 한다고 정하였다.

시·도 이하 각급 선거위원회의 의원구성에 있어 제헌국회의원선거부터 선거위원회 위원 중 현직공무원이 정수의 3분의 1이었다. 시·도선거위원회 부위원장에 주로 시·도의 내무국장이, 선거구선거위원회의 부위원장에 구·시·군의 내무과장이 선출되었다. 공무원이 선거위원회 구성원을 차지한 것

---

73) 성낙인, 헌법학(제13판), 1208면.
74) 중앙선거관리위원회, 선거관리위원회의 헌법상 지위와 권한에 관한 연구 : 헌법 제7장 선거관리에 관한 개정을 중심으로, 41면.

이 관권선거를 야기한 원인이라는 인식에서 비롯된 일종의 반작용이다.

공무원들 중에서 법관, 법원공무원 및 교육공무원만이 각급 선거관리위원회의 위원이 될 수 있다는 것은 지나치게 제한적이라고 볼 수 있다. 재판과 교육이라는 본업을 수행하는 공무원이 아니고 재판을 보조하는 법원공무원이 다른 직종의 공무원과 큰 차이가 있는지 역시 의문이다.

(3) 위원자격 요건의 개선

헌법재판소, 중앙선거관리위원회 등에 대한 관여를 통한 사법부의 역할 강화가 대한민국헌법의 중요한 특징 중의 하나이다. 중앙선거관리위원회는 선거소송에서 당사자가 된다. 선거관리위원회 위원장을 비롯한 다수 선거관리위원회 위원을 법관으로 구성하는 것은 선거소송에서 이해충돌을 야기한다.[75) 선거관리위원회의 업무는 고도의 정치적 중립성과 법리판단을 요하는 것도 있지만, 통상 행정업무이다.

현직 법관보다는 퇴임법관이 적합하다는 견해가 있다.[76) 퇴임법관을 위원으로 임명하는 것은 선거소송의 이해충돌의 문제를 극복하고 오랜 법조경력을 활용하는 점에서 긍정적이다. 선거관리위원회의 독립적 위상 확보를 위해서는 현직 법관이 아닌 명망 있는 재야 법조계의 인사를 위원장으로 기용하여 위원회 업무에 전념할 수 있게 상근체제를 갖추는 것이 바람직하다.[77)

단순히 법관이라는 자격요건만을 중시할 것이 아니다. 법률적 소양, 특히 정치관련 법제에 관한 소양이 있는 학식과 덕망이 있는 사람을 위촉요건으로 하는 것이 타당하다. 위원회 업무를 수행함에 있어 법률적 소양과

75) 성낙인, 헌법학(제13판), 1208면.
76) 김종철, "선거관리위원회에 대한 국민의 민주적 통제, 어떻게 할 것인가?", 15면.
77) 조용, "선관위의 위상정립이 시급하다", 지방자치 제32권, 현대사회연구소, 1995. 5., 47면.

함께 정치적 외압에 굴하지 않고 공명정대한 심판의 역할을 하겠다는 의지와 노력이 중요하다. 이는 위원회의 전문성 강화와 중립성 확보에 필수 요소이다.

7. 선거관리위원의 임기와 수

중앙선거관리위원회 위원의 임기 6년은 헌법상으로 보장되고 있다. 선출직 공무원의 임기가 통상 4년인 점을 감안하면 정치상황이나 정치세력의 교체변동에 적응력이 떨어져 부당하다는 지적이 있다.[78]

아울러 선거관리위원회를 구성하는 위원 수가 많을 경우 근본적인 쟁점이나 운용상의 문제에 대한 결정을 내리는 데 어려우므로 위원의 수가 적을수록 효과적으로 운용될 것이라고 보는 견해가 있다.[79]

Ⅲ. 합의제기구

1. 합의제에 기초한 기구

(1) 합의제에 기초한 기구 구성

국가기관은 기관의 구성주체가 단수인지 복수인지에 따라 독임제기관과 합의제기관으로 분류될 수 있다. 중앙선거관리위원회를 포함한 선거관리위원회는 합의제기관으로 보는 것이 일반적이다.[80] 헌법재판소는 2008. 1.

---

78) 김태홍, 앞의 논문, 80면.
79) 라파엘 로페즈 핀터, 앞의 논문, 136면.
80) 권영성, 앞의 책, 1061면; 성낙인, 헌법학(제13판), 1207면; 정종섭, 헌법과 정치제

17. 2007헌마700 결정[81])에서 "선거관리위원회는 공정한 선거관리 등을 위하여 설립되어 국회, 정부, 법원, 헌법재판소와 병립하는 독립한 합의제 헌법기관"이라고 보았다.

선거관리위원회는 외형상 중앙선거관리위원회를 위시로 하는 각급 선거관리위원회로 구성되어 있다. 선거관리위원회는 정책결정을 하는 기구인 합의제기구와 위원회의 결정을 집행하는 사무총장을 필두로 하는 독임제기구로 이루어져 있다. 혼합형 모델은 두 가지 기구의 성격이 다르기 때문에 별개로 나누어 놓은 것인데 비해, 대한민국 선거관리위원회에는 합의제기구와 독임제기구가 공존하고 있다.

형식적 측면에서 선거관리위원회는 합의제기구라고 볼 수 있지만, 실질적 측면에서는 합의제와 독임제가 결합된 기구라고 보는 것이 조직의 규모 차원 및 기구를 움직이고 뒷받침하는 조직의 존재를 인정하는 점에서 타당하다. 선거관리위원회에 관하여 '합의제'라고 단정하는 것보다는 '합의제에 기초한 기구구성'을 가진다고 보는 것이 실제에 부합한다.

(2) 합의제의 특성

행정기관 소속 위원회의 설치·운영에 관한 법률 제2조 제1항을 토대로 합의제행정기관에 관하여 입법해석을 하면, '합의제행정기관'이란 위원회, 심의회, 협의회 등 명칭을 불문하고 행정기관 소관 사무에 관한 자문에 응하거나 조정, 협의, 심의나 의결 등을 하기 위한 복수의 구성원으로 이루어진 기관이다.[82])

행정기관 소속 위원회의 설치·운영에 관한 법률 제5조 제1항은 합의제

도, 박영사, 2010, 761면.

81) 헌재 2008. 1. 17. 2007헌마700, 판례집 20-1상, 156면.

82) 김수진, "합의제 행정기관의 설치에 관한 조례제정의 허용 여부", 행정판례연구 제15권 제2집, 한국행정판례연구회, 2010, 364면.

행정기관을 설치할 수 있는 요건으로 ① 업무의 내용이 전문적인 지식이나 경험이 있는 사람의 의견을 들어 결정할 필요가 있을 것, ② 업무의 성질상 특히 신중한 절차를 거쳐 처리할 필요가 있을 것, ③ 기존 행정기관의 업무와 중복되지 아니하고 독자성이 있을 것, ④ 업무의 계속성·상시성이 있을 것을 들고 있다.

행정조직법상의 합의제는 독임제에 비해 다수인이 국가행정에 참여하는 길을 열어주어 신중하고 신뢰할 수 있는 조직으로 기능하도록 하는 조직구성의 기술적인 수단이다. 합의제행정기관의 위원들은 광범한 경험과 지식을 구비하여 판단의 신중성과 합리성이 보장된다. 위원들은 위원회에서 일원에 불과하므로 특정위원이 독주할 수 없다.[83]

합의제에서 위원회 소관 사항 중 가장 중요한 것은 위원회의 의결을 거쳐 집행되도록 한다. 육성·지원하는 행정작용에는 독임제가 유리하나, 감독·판단하는 행정작용에는 합의제가 유리하다. 합의제의 장점으로 행정의 신중성·합리성·안정성을 보장하는 점, 업무집행의 조정을 증진하는 점, 행정계획의 수행상 협력을 얻는 데에 유리한 점, 행정관리에서 민주적 공정성을 확보할 수 있는 점, 행정업무의 질을 향상시킬 수 있는 점이 있다.[84]

(3) 합의제에 기초한 구성의 취지

선거관리기구의 형태는 의사결정기구의 형태에 따라 합의제와 독임제로 나뉜다. 합의제는 선거의 공정한 관리를 위해 주요결정사안을 합의제 의사결정기구인 위원회 의결로 결정하고 이를 집행하도록 하는 유형이며, 독임제는 주요 결정권 및 집행권이 기관장 1인에게 집중되는 유형이다.[85] 캐나

---

83) 독립행정기관에 관하여는 김소연, "독립행정기관에 관한 헌법학적 연구-프랑스의 독립행정청 중심으로-", 서울대학교 대학원 법학과 박사학위논문, 2013 참조.
84) 윤영구, "헌법상의 선거관리위원회의 지위", 선거관리 제1권 제1호, 중앙선거관리위원회, 1968. 12., 7면.

다는 독립형 모델이면서 독임제기구를 설치하고 있다. 이는 선거총괄관이 의회에 의해 선출되고 의회에 직접 책임을 지므로 책임 소재를 명확히 하는 취지가 있다.

정치관계법의 해석·적용은 정치적 이해관계의 대립이 치열한 분야이다. 정치관계법은 시대변화 및 정치발전에 따라 수시로 변화한다. 정치관계법의 해석에 관한 다양한 시각이 공존하고 정치적 이해관계가 첨예하게 대립되므로 신중한 토론과 합의가 요구된다. 선거관리위원회를 합의제로 설정한 것은 그 업무의 성질상 합의에 의한 의사결정이 보다 공정하고 합리적인 업무처리를 보장할 것이라는 믿음에 기초한 것이다.

합의제는 독임제에 비해 의사결정의 전문성과 신중성이 확보된다. 참고로, 법을 통한 민주주의 유럽위원회는 선거위원회에 가중된 의결정족수(예컨대, 구성원의 3분의 2 이상의 찬성)를 요구하는 것이 바람직하다고 보고 그 논거로 가중된 의결정족수가 위원회로 하여금 합의에 의한 의사결정에 이르게 하는 데 유리한 점을 든다.[86]

선거관리기구에서 정책결정 및 고도의 정책적 판단을 요하는 역할은 독임제보다 합의제가 유리하다. 반면에, 합의제는 의사결정에서 책임 소재가 불분명하고 신속하고 명확한 의사결정을 내리는 데에는 한계가 있다.

선거관리위원회는 사무기구를 설치하고 있다. 사무기구는 선거실시를 담당하는 일상적인 집행기관이다. 통상적 집행작용인 선거실시 사무는 사무기구가 주축이 되어 수행하고 있다. 선거관리 사무를 비상적 사무와 통상적 사무로 나눈다면, 선거관리위원회 사무의 중심은 위원회에서 담당하는 비상적 사무에 있음을 헌법과 선거관리위원회법은 위원회에 기초한 기구구성을 통하여 보여준다.

---

85) 이성환, "선거관리의 공법적 문제", 91면.
86) http://www.venice.coe.int/webforms/documents/CDL-STD(2003)034-e.aspx(2013. 7. 11. 최종 방문).

2. 위원회의 운영

(1) 진정한 의미의 독립위원회

독립위원회는 '독립된 행정위원회'이다. 독립(행정)위원회에서 '독립'이란 행정부로부터의 독립을 가리킨다. 독립행정위원회는 행정을 담당하는 동시에 소관 사항의 정치적 중립성·기술적 전문성·이해관계의 대립 등을 감안하여 업무 관련 입법기능 및 사법기능까지 행사하기도 한다.

특정 당파에 의하여 영향을 받지 않고 보다 광범위한 입장을 반영하며 장기적 안목에서 주도면밀한 조사를 기초로 기술적·합리적인 정책을 수립하는 것이 필요한 분야, 정당의 압력에서 벗어나 공정하고 중립적이며 능률적으로 운영·실시되어야 하는 분야, 각 방면의 이해관계자의 광범위한 참여를 필요로 하는 분야 등에 독립위원회가 설치된다.87)

헌법상 독립위원회에는 중앙선거관리위원회 및 감사위원회(제98조88))가 있다. 엄격한 정치적 중립성이 요구되는 선거관리의 속성상 정부와 별도로 독립성을 갖춘 위원회에 관한 규정을 둔 것이다. 중앙선거관리위원회는 특수 행정조직이자 '진정한 의미의 독립위원회'이다. 중앙선거관리위원회는 헌법상 대통령과는 별개의 조직으로서 대통령으로부터 완전히 독립되어 있다.89)

중앙선거관리위원회는 독립성의 정도가 가장 높은 행정위원회이다. 위원회 구성, 위원의 임기, 신분보장, 자체규범 제정 측면 및 업무처리와 관

---

87) 田中二郎, 新版 行政法 中卷, 弘文堂(東京), 1988, 53~54面.
88) 대한민국헌법 제98조 ① 감사원은 원장을 포함한 5인 이상 11인 이하의 감사위원으로 구성한다.
   ② 원장은 국회의 동의를 얻어 대통령이 임명하고, 그 임기는 4년으로 하며, 1차에 한하여 중임할 수 있다.
89) 유진식, "헌법개정과 독립위원회의 법적 지위", 공법연구 제38집 제2호, 한국공법학회, 2009, 209~210면.

련하여 대통령이나 그 밖의 어떠한 행정기관의 간섭도 받지 않는다(헌법 제114조). 위원회의 경비는 독립하여 국가예산에 계상되어 있다(선거관리 위원회법 제18조 제1항). 중앙선거관리위원회는 업무상으로 대통령의 간섭 을 받지 아니하며, 대통령과의 공식적인 연락방법이 존재하지 않는다.[90]

(2) 위원회의 및 회의록

중앙선거관리위원회 위원회의는 위원장의 소집요구 또는 위원 3분의 1 이상의 요구로 회의가 소집된다(선거관리위원회법 제11조 제1항). 회의는 위원 과반수 출석으로 개의하며, 출석위원 과반수 찬성으로 의결한다(제10 조 제1항). 중앙선거관리위원회 위원회는 매월 1회 정례 회의를 개최하고 있고, 그 밖에 선거 관련 법규의 유권해석, 선거법위반 여부 판단 등 필요 시 임시회의를 개최하고 있다.

위원회의에 상정되는 안건은 ① 주요 업무추진상황 보고, ② 선거관리의 상황 등 현안 보고, ③ 정치관계법(공직선거법·정당법 등)에 관한 개정의 견 및 중앙선거관리위원회규칙 제·개정에 관한 심의, ④ 정치관계법에 대 한 유권해석 및 위법여부에 대한 결정, ⑤ 시·도선거관리위원회 위·해촉, 5급 이상 공무원 임용 등 인사에 관한 의결 등이다. 중앙선거관리위원회 위원회의의 회의록은 개최 시마다 회의내용을 기록하여 중앙선거관리위원 회 위원장·상임위원·사무총장이 서명·날인한 후 다음 회의에 보고(열람)하 는 영구보존 문서이다. 위원회의의 회의록에는 위원회의에 부의된 안건 및 안건에 대한 문답, 심의, 토론 등 의사결정과정에 이르는 발언내용이 기재 된다.

중앙선거관리위원회는 정보공개법 제9조 제1항 제5호 비공개대상 정보 에 해당된다고 보아 통상적으로 회의록을 비공개를 하고 있다.[91] 다만,

---

90) 유진식, 앞의 논문, 211~212면.

2004년 노무현 대통령 탄핵심판 사건과 관련하여 헌법재판소의 요청에 따라 당사자에 대한 '비공개' 조건으로 관련 회의록을 제출한 사례가 있다.

행정절차법 제3조 제2항 제4호는 각급 선거관리위원회의 의결을 거쳐 행하는 사항에 대하여는 행정절차법이 적용되지 않는다고 규정한다. 이 조항은 선거관리위원회는 합의제 행정기관으로서(선거관리위원회법 제4조) 선거관리위원회 의결을 거치는 사항은 다양한 측면을 종합적으로 고려하여 신중하게 내려지는 판단이므로 그 결정의 독립성·공정성이 확보될 필요가 있다는 데에 그 취지가 있다.

(3) 위원회의 의사·의결정족수

중앙선거관리위원회는 위원 과반수의 출석으로 개의하고 출석위원 과반수의 찬성으로 의결한다(선거관리위원회법 제10조 제1항). 중앙선거관리위원회는 합의제기구인 점에서 감사위원회와 같지만, 심의기구인 국무회의와는 다르다. 감사위원회의 의결정족수는 재적 감사위원의 과반수의 찬성이므로(감사원법 제11조 제2항), 중앙선거관리위원회의 의결정족수보다 높다.

중앙선거관리위원회를 비롯한 선거관리위원회는 합의제기관이므로 직무 관련 합의에서 위원장과 위원들은 법적으로 동등한 지위에 놓인다. 위원장은 회의소집권을 가지므로 회의를 소집하고 주재한다. 위원장은 표결권이 있고, 가부동수인 경우 결정권을 가진다(선거관리위원회법 제10조 제2항).

---

91) 서울행정법원 2010. 9. 17. 선고 2009구합23709 사건의 진행 중 중앙선거위원회 위원들에게 회의록 공개 여부에 관한 의견을 구한 결과 전원이 '공개반대' 의견이었다.

3. 독임제와의 결합

(1) 독임제와의 결합의 불가피성

선거관리위원회가 합의제를 기초로 구성되는 기구이면서 사무총장을 정점으로 하는 사무기구가 비대하게 확대되어 있는 것은 선거실시 등 통상적 사무에는 독임제가 적합하기 때문이다. 선거관리위원회는 형식적 측면에서 합의제기관이지만, 실질적으로 합의제와 독임제가 결합되어 있다고 볼 수 있다. 문제는 합의제에 독임제를 가미하는 것임에도 원칙과 예외가 바뀌어 독임제가 합의제를 좌우할 수 있다는 것이다. 이를 표로 정리하면, 아래와 같다.

〈표 10〉 선거관리기구의 역할에 따른 장점

감독기능 국한의 장점	감독과 단순집행 총괄의 장점
• 위원회조직을 확대하지 않아도 됨 • 감독기구와 집행기구 사이에 일종의 견제와 균형을 이룰 수 있음 • 상호 검토를 통해 선거관리에 신중을 기할 수 있음	• 책임의 소재가 명확함 • 선거사무의 유기적 통합이 가능함 • 선거관리기구의 완결성이 확보되어 내무부 등에 흡수통합 되는 일이 발생할 가능성이 줄어듦

(2) 상임위원의 실질적인 사무 주도

독립성에 있어 법형식(헌법인지 아니면 법률인지)도 중요하나, 독립위원회와 행정부의 관계, 위원의 임명절차, 임기 등도 중요하다. 선거관리기구의 '사법화된 행정'조직의 성격은 중앙선거관리위원회 조직에서 확인된다.
중앙선거관리위원회의 상임위원은 위원장을 보좌하고 그 명을 받아 소속 사무처의 사무를 감독한다(선거관리위원회법 제6조 제1항). 상임위원은 사무처 사무를 감독함으로써 사무처를 주관한다. 위원장은 대법원장이, 상임위원은 대통령이 인사에 각각 관여하도록 함으로써 기구 구성에서 혼합형 모델적인 모습이 나타난다.

Ⅳ. 선거관리위원회의 조직

1. 선거관리위원회의 전체조직

(1) 선거관리위원회의 종류

선거관리위원회는 중앙선거관리위원회, 시·도선거관리위원회, 구·시·군선거관리위원회 및 읍·면·동선거관리위원회의 4단계로 조직되어 있다(선거관리위원회법 제2조 제1항). 중앙선거관리위원회는 대통령선거와 임기만료에 따른 국회의원선거를 실시할 때마다 선거일 전 180일부터 선거일 후 30일까지 공관에 재외선거관리위원회를 설치·운영한다. 대통령의 궐위로 인한 선거 또는 재선거의 경우 선거 실시사유가 확정된 날부터 10일 이내에 재외선거관리위원회를 설치한다(공직선거법 제218조 제1항).

시·도선거관리위원회, 구·시·군선거관리위원회 및 읍·면·동선거관리위원회의 관할구역은 각각 당해 행정구역으로 한다(선거관리위원회법 제4조 제3항). 지방자치단체의 행정기관에 대응하여 17개의 시·도선거관리위원회, 250개의 구·시·군선거관리위원회 및 3,478개의 읍·면·동선거관리위원회를 각각 두고 있다.

(2) 선거관리위원회 전체조직의 특성

1) 전국적 조직

대한민국의 선거관리위원회는 전국적 조직을 가지는 기구이다. 독립형 선거관리기구 모델을 채택하더라도 전국적 조직을 두지는 않을 수 있다. 외국의 입법례를 보면, 캐나다선거청은 독립형 모델이지만 실무는 308개 선거구를 선거관리관이 담당하고, 인도의 경우 인도선거위원회를 독립 위원회로 두면서도 주된 선거활동은 500여 개 선거구에서 선거담당공무원이 담당하고 있다.

선거관리위원회의 종류에는 중앙선거관리위원회 이외에 특별시·광역시·도선거관리위원회, 구·시·군선거관리위원회, 읍·면·동선거관리위원회가 있다(선거관리위원회법 제4조 제1항). 선거관리위원회는 4단계 구조이다. 특별시·광역시·도, 구·시·군 및 읍·면·동에 각각 이에 대응하여 특별시·광역시·도선거관리위원회, 구·시·군선거관리위원회 및 읍·면·동선거관리위원회를 설치한다(제2항 본문).

2) 중앙집권적 조직

선거관리기구의 중앙집권화 문제는 조직 차원에서 접근할 수 있고 권한 차원에서 접근할 수도 있다. 선거관리기구가 여러 단계로 구성되면, 각급 선거관리기구에 서로 다른 기능이 귀속된다. 위계적 구조를 가지는 선거관리기구는 통일적인 업무수행을 할 수 있다. 이 경우 상급 선거관리기구는 하급 선거관리기구에 대해 구속력을 가지게 되고 선거관리기구는 중앙부처나 지방자치단체의 다른 기관으로부터 간섭을 받지 않게 된다.

중앙집권적 시스템과 분권적 시스템은 모두 장단점을 가지고 있다. 이들 시스템 선택에서 각국의 물리적인 크기는 중요한 요소이다. 대체로 국토가 넓은 국가, 연방 국가의 경우 작은 국가나 단일 국가에 비해 분권화 정도가 높다고 가정하였으나, 러시아의 경우에서 확인되듯이, 그 반대일 수도 있다. 지나친 분권화에 따른 폐단을 막기 위하여 의도적으로 집권적 독립형 모델을 설정할 수도 있기 때문이다.

신생 또는 발전도상의 민주국가의 적어도 초기단계에서는 중앙집권적인 형태를 띠다가 선거를 두세 번 치른 다음 그 권한을 하부로 위임하는 경로를 택하게 되는 경향이 있다. 보다 확고한 민주주의 국가에서는 권한의 위임이 더욱 많이 이루어진다. 앞서 민주화 지수가 높은 국가들은 대체로 분권화된 선거관리기구를 운영하고 있다는 점을 확인하였다.

선거관리 제도에 있어 미국과 대한민국은 대조적인 두 유형을 보여준다. 미국은 극단적인 분권화 제도이다. 대한민국은 선거관리위원회가 행정자치부 등 다른 기관과의 관계에서 선거관리를 총괄적으로 책임지는 구조이며 선거관리위원회 내에서 중앙에서 시·도로, 시·도에서 구·시·군으로, 구·시·군에서 읍·면·동으로 각각 상급 선거관리기구가 하급 선거관리기구를 지배하는 고도로 중앙집권화된 구조이다.

각급 선거관리위원회 구성에서 상급 위원회가 하급 위원회의 위원을 위촉한다(선거관리위원회법 제4조 제2항 내지 제4항). 중앙선거관리위원회는 선거관리위원회 담당사무를 통할하며, 각급 선거관리위원회는 사무를 수행함에 있어 하급 선거관리위원회를 지휘·감독한다(제3조 제3항).

중앙선거관리위원회는 선거사무를 통할·관리하며, 하급선거관리위원회, 재외선거관리위원회와 재외투표관리관의 위법·부당한 처분을 취소하거나 변경할 수 있다(공직선거법 제12조 제1항). 각급 선거관리위원회는 해당 하급 선거관리위원회의 처분이 위법·부당하다면 이를 취소하거나 변경할 수 있다(제2항, 제3항). 선거소청에서 당해 선거구선거관리위원회 위원장(또는 당선인)을 피소청인으로 삼아 상급 선거관리위원회에 소청할 수 있다(제219조 제1항 내지 제3항).

3) 상설조직

대한민국헌법 제114조 제1항은 "선거관리위원회를 둔다."고 규정하여 선거관리위원회를 헌법상의 상설기구로 설정하고 있다. 선거관리위원회를 상설기구로 정한 것은 법령을 성실히 준수함으로써 선거와 국민투표의 관리와 정당에 관한 사무에 공정을 기하는 데에 그 목적이 있다.[92]

선거관리기구가 상설기구가 되는 경우 정기적으로 업무계획을 수립하고 검토한 후 의회에 대해 책임을 바탕으로 보고하며 의회에 의해 예산이 책정되도록 하여야 한다. 회계연도 개시 전 중앙선거관리위원회는 국회 안전행정위원회 전문위원에게 일반회계 세입·세출예산안을 제출하여 검토를 받으며, 매년 예산안 및 기금운용계획안 성과계획서를 제출하여 검토를 받고 있다.

그에 비해, 재외선거관리위원회는 한시기구이다. 이는 재외선거관리가 대통령선거와 비례대표 국회의원선거의 관리에 한정되는 점, 재외선거관리위원회의 유지에 많은 비용이 드는 점을 감안한 것이다. 재외선거관리위원회는 대통령선거와 임기만료에 따른 국회의원선거를 실시할 때마다 중앙선거관리위원회가 공관에 한시적으로 설치·운영하는 것이다.

선거관리기구를 임시(한시)기구로 설치·운영하는 것의 장점은, 재정지출을 절감할 수 있는 것, 전문성을 가진 다른 기관의 인력을 활용할 수 있는 것, 타성에 젖은 상설기구에 비하여 능률적으로 일할 수 있는 것 등을 들 수 있다. 반면에, 임시기구의 단점으로는 재정 지원의 적정한 규모를 알 수 없는 것, 선거관리의 일관성이 결여되는 것, 지속적·전문적 운영이 곤란한 것 등을 들 수 있다.[93]

상설의 선거관리기구를 설치·운영하는 것의 장점은, 임시기구보다 적정한 조직 및 운영이 가능하게 되는 것, 광범위한 임무와 권한을 부여받게 되

---

92) 윤영구, 앞의 논문, 9면.
93) 중앙선거관리위원회, 각국의 선거관리기관, 2003, 12~13면.

어 능률적으로 일을 처리할 수 있는 것 등을 들 수 있고, 단점은 임시기구
보다 비용이 많이 소모되는 것을 들 수 있다.94)

(3) 사무기구 및 소속 공무원

중앙선거관리위원회에 사무처를 두고(선거관리위원회법 제15조 제1항),
사무처에 사무총장 1인, 사무차장 1인을 둔다(제2항). 시·도선거관리위원
회에 사무처와 필요한 과를 두며 처장은 2급 또는 3급, 과장은 4급 또는
5급인 일반직국가공무원으로 보한다(제10항). 구·시·군선거관리위원회에
사무국 또는 사무과를 두며 국장은 4급, 과장은 4급 또는 5급인 일반직국
가공무원으로 보한다(제11항).

5급 이상 공무원의 임면은 중앙선거관리위원회의 의결을 거쳐 중앙선거
관리위원장이 행하고 6급 이하 및 기능직공무원의 임면은 사무총장이 행한
다(선거관리위원회법 제15조 제12항). 각급 선거관리위원회 소속 공무원에
대해 선거관리위원회법에 특별한 규정이 없는 경우 국가공무원법 중 행정
부 소속 공무원에 관한 규정을 적용한다(제14항).

선거관리위원회 소속 공무원 임용을 위한 채용시험·승진시험·기타 시험
은 국가공무원법을 적용하여 사무총장이 실시하되, 시험의 일부 또는 전부
를 '총무처장관'에게 위탁하여 실시할 수 있다고 선거관리위원회법 제15조
의3 제1항은 규정한다. 1998년 정부조직법 개편으로 사라진 '총무처장관'
이 현행법에 버젓이 명시된 것은 문제가 있다.

선거관리위원회 상임위원 및 사무기구에 임용된 전체 공무원(일반직·별
정직·기능직)의 수는 거의 매년 증가하고 있는 추세이다. 중앙선거관리위
원회의 경비는 독립하여 국가예산에 이를 계상하여야 하고(선거관리위원회
법 제18조 제1항), 중앙선거관리위원회 경비 중 예비금을 둔다(제2항). 중

---

94) 중앙선거관리위원회, 각국의 선거관리기관, 13면.

앙선거관리위원회의 예비금은 중앙선거관리위원회의 의결을 거쳐 지출한다(제3항).

선거관리위원회 2013년도 세출예산안은 3,492억 9,800만 원이 편성되었다. 그 중에서 인건비는 1,553억 9,500만 원으로 44.5%를 차지한다.[95] 선거관리위원회의 조직 확대, 상근직원의 증가 등에 따른 비용이 증가되는 것은 문제이다. 다른 한편 정부의 전체 예산 가운데 선거관리위원회 예산이 차지하는 비율은 대통령선거와 국회의원선거가 동시 실시된 2012년을 제외하고는 0.1% 내지 0.2%이다. 선거관리위원회의 헌법기관으로서의 위상에 비해서는 미미하다고 볼 수도 있겠다.[96]

〈표 11〉 선거관리위원회 공무원의 정·현원 현황

연도 (년)	정무직		일반직		별정직		기능직		기타		계	
	정원	현원	정원	현원	정원	현원	정원	현원	정원	현원	정원	현원
2006	3	3	2,129	2,088	17	16	399	399	1	1	2,549	2,507
2007	3	3	2,172	2,169	18	18	401	400	1	1	2,595	2,591
2008	3	3	2,219	2,186	19	18	406	408	1	1	2,648	2,616
2009	3	3	2,219	2,209	19	18	406	408	1	1	2,648	2,609
2010	3	3	2,246	2,235	19	19	408	405	1	1	2,677	2,663

---

95) 선거관리위원회 예산은 2011년도 2,532억 원, 2012년도 8,097억 원, 2013년도 3,492억 원이다. 2012년도 예산이 2011년도, 2013년도 예산에 비해 2~3배 이상 크다. 이는 국회의원선거 및 대통령선거가 2012년 동시에 실시되고 2012년부터 재외선거를 치르기 때문이다. 2011, 2012 및 2013 회계연도의 중앙선거관리위원회 소관 일반회계 세입·세출예산안 검토보고서 참조.

96) 연도별 선거관리위원회 예산안의 정부 예산안 대비 점유율(2009~2013년도)

구 분	정부 예산안(A)	선관위 예산안(B)	점유율(B/A)
2009년도	1,885,621	2,159	0.11
2010년도	2,007,815	2,757	0.14
2011년도	2,111,271	2,533	0.12
2012년도	2,232,861	8,097	0.36
2013년도	2,355,586	3,493	0.15

(단위 : 억원, %)

| 2011 | 3 | 3 | 2,281 | 2,227 | 19 | 19 | 373 | 369 | 1 | 1 | 2,677 | 2,619 |
| 2012 | 3 | 3 | 2,367 | 2,356 | 20 | 20 | 320 | 313 | 1 | 1 | 2,711 | 2,693 |

(4) 파견근무의 요청 및 지시·협조의 요구

선거관리위원회는 선거사무와 국민투표사무에 관하여 관계 행정기관에 필요한 지시를 할 수 있으며, 선거관리위원회로부터 지시를 받은 행정기관은 따를 의무가 있다(헌법 제115조). 각급 선거관리위원회는 선거·국민투표 사무를 수행하기 위해 필요한 경우 국가기관 또는 지방자치단체에 대하여 그 소속공무원의 파견근무를 요청할 수 있다(선거관리위원회법 제15조 제15항).

각급 선거관리위원회는 선거인명부 작성 등 선거사무와 국민투표사무에 관하여 관계행정기관에 필요한 지시를 할 수 있다(선거관리위원회법 제16조 제1항). 각급 선거관리위원회는 선거사무를 위해 인원·장비의 지원 등이 필요한 경우 행정기관에 대해 지시 또는 협조요구를, 공공단체 및 은행법 제2조에 따른 은행에 대해 협조요구를 할 수 있다(제2항). 지시를 받거나 협조요구를 받은 행정기관·공공단체 등은 우선적으로 이에 응하여야 한다(제3항).

2. 중앙선거관리위원회의 기구 구조

(1) 기구 구조의 특성

중앙선거관리위원회는 위원장, 상임위원 및 위원으로 구성된다. 중앙선거관리위원회의 위원장은 중앙선거관리위원회를 대표한다. 중앙선거관리위원회에 사무처와 인터넷선거보도심의위원회, 중앙선거방송토론위원회를 둔다.97) 중앙선거관리위원회 위원장은 국무위원급 상임위원을 보좌기관으로 두어 위원장의 명을 받아 실무를 담당하는 사무처를 감독하도록 하고, 국무위원급인 사무처의 장으로 하여금 위원장의 지휘를 받아 실무와 사무조직을 관장하게 하는 구조이다(선거관리위원회법 제12조 제2항, 제15조 제3항, 제4항).

대법관인 위원장이 대통령에 의해 임명된 상임위원의 보좌를 받는 구조이다. 위원장, 상임위원과 사무처가 권한을 나누고 견제하게 하는 구조라면 긍정적으로 볼 수 있다. 위원회와 사무처의 관계는 위원회 상임위원이 위원장의 명을 받아 사무처를 감독하는 특이한 감독관계이다. 형식상으로는 위원회가 중심이지만, 상임위원을 제외하고는 위원장과 위원들이 비상임이므로 사무처가 선거관리위원회를 실질적으로 이끌어가는 모습이다.

(2) 상임위원

중앙선거관리위원회 위원들은 비상임이며 이는 비상임 위원장을 전제로 설정된 체계이다.98) 상임위원의 재임기간은 3년으로 하되, 중앙선거관리위원회 위원의 잔여임기가 3년 미만인 때에는 그 잔여임기까지로 한다(선거관리위원회법 시행규칙 제9조 제2항). 실무적으로 상임위원은 3년마다 대통령으로부터 신임을 받는 것으로 운영되고 있다.

중앙선거관리위원회 위원장이 사고가 있을 때에는 상임위원이 그 직무를 대행하며 위원장·상임위원이 모두 사고가 있을 경우 위원 중에서 임시위원장을 호선하여 위원장의 직무를 대행케 한다(선거관리위원회법 제5조 제5항).

---

97) www.nec.go.kr/nec_new2009/necintro/nec_org_election1.jsp(2013. 4. 19. 최종 방문).
98) 김종철, "선거관리위원회에 대한 국민의 민주적 통제, 어떻게 할 것인가?", 16면.

(3) 사무처

중앙선거관리위원회에 사무처를 둔다(선거관리위원회법 제15조 제1항). 사무처에는 사무총장 1인과 사무차장 1인을 둔다(제2항). 중앙선거관리위원회 사무총장은 위원장의 지휘를 받아 처무를 장리하며 소속 공무원을 지휘·감독한다(제3항). 중앙선거관리위원회 사무차장은 사무총장을 보좌하며 사무총장이 사고가 있을 때에는 그 직무를 대행한다(제5항).

사무총장은 정무직으로 하고 보수는 국무위원의 보수와 동액으로 한다(제4항). 사무차장은 정무직으로 하고 보수는 차관의 보수와 동액이다(제6항). 실장은 1급, 국장은 2급 또는 3급, 보좌기관은 2급 내지 4급, 과장은 3급 또는 4급인 일반직국가공무원으로 보한다. 다만, 보좌기관 중 1인은 3급 상당 또는 4급 상당인 별정직국가공무원으로 보할 수 있다(제9항).

(4) 사무처의 조직

중앙선거관리위원회 사무처는 사무총장, 사무차장, 2실(기획관리실, 선거정책실), 6국(기획국, 관리국, 행정국, 법제국, 조사국, 홍보국), 1관(감사관), 1원(선거연수원)이다. 사무처 소속직원은 국가공무원이며, 선거관리위원회는 직원의 채용·승진임용·전보 등을 자체적으로 실시하여 인사의 독립성이 유지되고 있다.

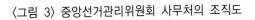

〈그림 3〉 중앙선거관리위원회 사무처의 조직도

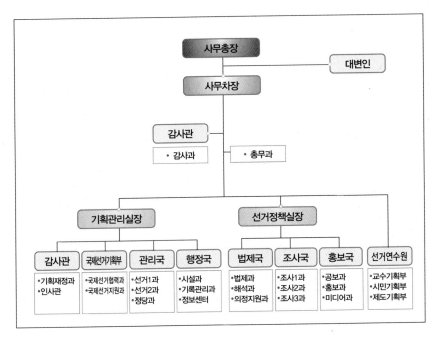

인터넷선거보도심의위원회

- 심의팀
- 심의운영팀
- 심의지원팀

중앙선거방송토론위원회

- 방송토론팀
- 토론지원팀

(5) 선거연수원

선거·정당사무에 관한 공무원 교육과 선거·정당관계자에 대한 연수를 위해 중앙선거관리위원회 사무처에 선거연수원을 둘 수 있다(선거관리위원회법 제15조의2 제1항). 선거연수원에는 원장 1인을 두며, 2급 또는 3급인 일반직 국가공무원으로 보한다(제2항). 선거연수원의 조직과 운영에 관하여 필요한 사항은 중앙선거관리위원회규칙으로 정한다(제3항).

3. 상설 사무기구

(1) 상설 사무기구의 지나친 확대

선거관리위원회가 조직과 인력이 선거 시에는 기능을 하기에 미흡하고 선거가 지난 뒤에는 과잉되는 현상을 보여 왔다는 지적이 있다.[99] 제8차 헌법 개정의 헌법연구반 보고서(1980년 3월)에서 "선거관리위원회가 선거가 있는 때에는 기능을 하는 데 미흡하고, 선거가 없을 때에는 과잉되는 문제"가 보고된 바 있다.

1963년 이후로 선거관리위원회의 조직 확대가 계속되고 있다. 상설 사무기구는 정직원 2,000명 이상이다. 인구 증가 및 선거 일상화 현실이 선거관리위원회의 조직 확대를 어느 정도는 정당화하는 근거가 될 수 있겠다. 조직 확대를 합리화하기 위해 권한 강화를 추구하는 것은 아닌가, 선거관리위원회가 순수한 선거관리와 무관한 사무까지 관장하는 것이 타당한가에 관하여 문제의식을 가질 필요가 있다.

국가기관이 정치발전을 일정 수준까지 선도할 수 있지만, 그 이상의 정

---

99) 법제처, 헌법심의자료 헌법연구반 보고서(1980. 3.), 1980, 403면.

치발전은 시민의 자발적 역량에 맡길 필요가 있다. 이는 민주화 지수와 선거관리기구 모델 사이의 관계에 관한 가설을 검증한 것에서 확인된다. 선거관리위원회가 전국적 조직으로 설정된 상황에서 이를 활용하자는 입장도 있을 수 있으나, 그보다는 정당, 유권자 등의 선거관리에 대한 참여가 증진되는 것이 완전한 민주주의의 수준에 맞다.

(2) 사무처의 권한 강화

선거관리위원회의 사무기구는 선거관리위원회법 제15조가 법적 근거이다. 중앙선거관리위원회 비상임 위원장이 조직의 수장으로 되어 있기는 하나 중앙선거관리위원회 상임위원은 위원장의 명을 받아 실무를 담당하는 사무처를 감독하고(같은 법 제6조 제1항), 사무총장은 위원장의 지휘를 받아 실무와 사무조직을 관장한다(제15조 제3항).

중앙선거관리위원회는 위원장과 상임위원 간에, 상임위원과 사무총장 간에 역할의 분담과 견제가 이루어지는 시스템이다. 사무총장이 상임위원이 되는 경우100)가 다수 있어 사무총장에게 힘이 실릴 수밖에 없는 구조이다. 정무직이고 보수는 국무위원의 보수와 동액으로 하는 사무총장(선거관리위원회법 제15조 제4항)과 정무직이고 보수는 차관의 보수와 동액으로 하는 사무차장(제6항)은 그 위상이 높다.

이에 관하여 '몸뚱이가 머리를 움직이는 기형적 형태'라고 보기도 한다. 그 해결책으로 중앙선거관리위원회 위원장이 선거관리 경력이 있는 전문가를 직접 사무총장으로 임명하여 실무를 총괄하도록 하여 책임소재를 명확하게 해야 한다는 견해가 있다.101) 선거관리 실무를 장악하는 사무총장

---

100) 그러한 예는 제4대 이긍호(李亘鎬), 제7대 김형준(金瀅駿), 제8대 한원도(韓元道), 제9대 김봉규(金奉圭), 제13대 김호열(金弧烈), 제15대 현 상임위원 이종우(李鍾宇)이다.
101) 김태홍, 앞의 논문, 83면.

이 필요하겠지만, 사무총장에게 권한이 집중되는 것은 위원회의 제도적 취지를 살리지 못하게 만드는 요인이 될 수 있다.

(3) 상설조직의 장점

선거관리는 다수 인원이 대량자원을 취급하는 사무이다. 여러 가지 문제에 대처하기 위하여 합리적인 관료 조직이 필요하다. 상설조직은 선거가 없는 동안 선거인명부의 정비, 각종 규칙 제정, 보궐선거·지방선거의 실시, 유권자에 대한 계몽 및 정보제공, 정당소속원에 대한 연수실시 등을 담당하면서 다음 선거기간을 맞이한다.

상설조직에 장점이 있다. 전문성을 갖춘 공무원 다수가 참여한 선거관리기구는 최첨단 장비의 도움 없이도 능률적·효과적으로 선거관리를 담당할 수 있다. 상설 선거관리기구 설립은 조직의 효율성·전문성에서 유리할 수 있다. 그러나 선거행정은 단지 일자리를 제공하는 사업 정도로 이용되어서는 아니 되며, 효율성·전문성을 추구하여야 한다.

중앙선거관리위원회는 각종 선거를 치르는 과정에서 터득한 노하우를 축적하고 이를 토대로 선거관리의 발전방향을 모색해야 한다. 매번 임시 선거관리기구의 설립에 들어가는 초기 비용을 줄이고 예산운용 방법을 터득하여 자원을 효율적으로 활용하며 일정 기간에 걸쳐 축적된 기구의 총체적 전문성 및 경험에 힘입어 여러 혜택을 얻을 수 있어야 한다.102)

---

102) 라파엘 로페즈 핀터, 앞의 논문, 151면.

4. 선거관리위원회 조직의 개선방안

(1) 중앙과 지방의 역할분담

중앙선거관리위원회가 선거관리위원회 조직의 정점에서 각급 선거관리위원회에 대한 각종 인사권, 예산편성권, 업무의 지시·감독권을 가지고 있는 것은 분권화에 맞지 않는다. 중앙선거관리위원회는 국가선거(대통령 및 국회의원선거), 국민투표, 정당·정치자금 사무의 총괄적인 감독기구로 존속하면서 선거관리의 집행기구는 지방선거관리위원회에 위임하는 것이 타당하다.

선거사무의 중요성에 비추어 국가가 선거관리를 관장할 필요가 있다. 지방선거에 대한 관리사무가 자치사무이지만 그 담당기관을 일반행정기관과 구분되는 독립기관으로 구성하여 지방선거를 관리하도록 할 필요가 있어서 지방선거관리사무를 국가기관으로서 선거관리위원회가 담당하고 있다고 보는 것이 헌법재판소의 입장이다.[103]

헌법재판소는 2005헌라7에서 지방선거사무를 자치사무로 판단한다. 지방선거사무의 경우 자치사무이므로 선거의 공정성을 위하여 지방선거관리위원회가 지방자치단체의 협조를 받아 업무를 추진하도록 하는 것은 가능하다. 이는 분권화된 선거관리방식이 선진 민주국가에서 채용되고 있는 점에 비추어 바람직한 방향이다. 독립형 모델과 선거관리기구 분권화 간의 결합은 완전한 민주주의에 속한다고 평가받는 오스트레일리아, 캐나다의 입법례에서 살펴보았듯이 가능하다.

집권화 문제는 선거관리의 역할에 따라 구분될 수 있다고 본다. 중앙선거관리위원회는 전체적으로 통일성을 기할 필요가 있고 장기적인 계획을 바탕으로 추진하는 사업, 정치관계법의 제·개정을 비롯한 제도개선, 정치

---

103) 헌재 2008. 6. 26. 2005헌라7 결정, 판례집 20-1하, 340~367면.

자금과 선거비용 통제에 치중하고 나머지 통상적인 사무는 각급 선거관리
위원회에 위임하여 효율을 기할 필요가 있다. 이를 통하여 선거관리의 효
율성 및 경제성을 제고할 수 있다.

　선거관리위원회법 제15조 제12항은 5급 이상 공무원의 임면은 중앙선거
관리위원회의 의결을 거쳐 중앙선거관리위원회위원장이 행하고 6급 이하
및 기능직공무원의 임면은 사무총장이 행한다고 규정한다. 이는 지나치게
중앙에 집중된 인사구조이다. 중앙선거관리위원회가 직원의 채용 및 교육
과 관련하여 일정 기준을 만들어 각급 선거관리위원회에 배포하되 각급 선
거관리위원회가 직원을 채용하고 교육을 담당하게 하는 것이 분권화 추세
에 부합한다.

(2) 지방조직의 비상설화

　선거관리기구가 전적인 임시기구인 경우 상설기구를 설치하는 것이 과
제라면, 선진 민주주의 국가에 이르렀음에도 상설 선거관리기구가 비대화
된 경우 선거관리기구의 효율성과 경제성의 차원에서 제도개선에 접근할
필요가 있다. 우리나라 선거관리위원회의 경우 소규모 사무소들이 선거구
마다 파편화되어 존재하는 구조이다. 선거관리위원회의 단계 구조에서 어
떤 계층을, 같은 계층의 선거관리위원회에서 어떤 분과를 임시기구로 설정
하는 것이 효율적·경제적인지가 문제된다.

　선거관리위원회가 임시기구로 설정될 경우 조직의 존폐 여부, 권한 범위
등에 관하여 불안정한 지위에 놓일 것이다. 선거관리위원회는 인원과 예산
을 확보하고자 정치권의 눈치를 보지 않을 수 없다. 조직의 안정성과 경제
성은 충돌되는 문제이다. 중간계층의 선거관리기구는 반드시 상설기구일
필요가 없다. 이 문제를 일률적으로 단정하기는 어렵다. 중간계층의 선거관
리기구가 담당하는 직무에 따라 상설로 할 것인지가 결정된다고 보는 것이

타당하다.

중간계층의 선거관리기구의 임무가 선거개시 몇 달 전부터 수행되는 것으로 충분하다면 임시기구로도 가능하겠으나, 상급 선거관리기구의 책무를 필수적으로 보완하거나 상시적 운영이 필요한 사무인 경우 상설기구로 둘 필요가 있다. 그에 비해 최하급 선거관리기구는 상설기구일 필요는 없고, 해당 국가의 행정계층구조에 맞게 적절하게 설치되면 된다.

(3) 상근직원의 최소화

선거관리위원회의 규모와 권한을 조정할 필요가 있다고 보는 견해가 있다. 우리나라의 선거관리위원회는 완전한 민주주의 국가들에 비해 상대적으로 큰 편이다. 선거관리위원회가 본연의 선거관리 사무과 관련성이 떨어지는 기능에 관여하는 것도 문제이다. 선거관리위원회가 큰 규모를 유지하려다 보니 많은 권한을 요구하게 되고 결과적으로 선거관리가 규제적인 성격을 가지게 될 가능성도 존재한다.[104]

상근직원의 수는 해당 국가의 영토 크기의 영향을 받는 문제이다. 상설 선거관리기구를 유지하는 것과 상설 선거관리기구의 상근직원을 필요한 정도로 배치하는 것은 양립할 수 있다. 하지만, 선거요원의 전문성이 부족하거나 일부 선거담당 직원의 경우 특정 정당의 후원을 받거나 심지어 정부로부터 압력을 받아 채용되는 사례도 확인된다.[105]

선거관리직원이 상근으로 채용되면 신분이 상대적으로 안정적으로 보장될 것이다. 신분의 안정적 보장은 선거관리직원으로 하여금 맡은 바 임무를 적극적으로 수행하는 데에 보다 유리한 여건을 조성한다는 분석이

---

104) 홍재우, "민주주의와 선거관리 : 원칙과 평가-제5회 전국동시지방선거를 중심으로-", 의정연구 제16권 제3호 통권 제31호, 한국의회발전연구회, 2010. 12., 156면.
105) 라파엘 로페즈 핀터, 앞의 논문, 141~142면.

있다.106) 반면, 선거관리기구 각급별 상설 전문선거요원의 수를 최소한으로 유지하는 것은 비용을 줄이고 경제성을 도모하는 방안으로 제시되기도 한다.107)

해법은 중앙선거관리위원회는 상근직원으로 구성하지만, 각급 선거관리위원회는 상근직원을 최소의 인원만 두고 선거나 국민투표와 같이 많은 인원이 소요될 때마다 임시직원을 고용하는 방식이다. 상근직원·임시직원을 대상으로 하는 적절한 교육프로그램을 개발·실시하여 일관되고 신속하게 업무가 처리되게 하는 것이 비용을 절감하고 효율을 극대화하는 방안일 것이다.

캐나다선거청은 오타와에 평소에는 500명 정도의 직원을 두고 있으나, 선거나 국민투표가 실시되는 기간 동안 전국에 걸쳐 선거관리직원 235,000명 이상 채용하고 있는 점을 살펴보았다. 캐나다 국민은 선거과정과 선거청에 대해 높은 신뢰를 가지고 있다. 선거나 국민투표 때마다 선거관리직원을 확충하고 있는 캐나다의 사례는 참고할 가치가 있다.

각급 선거관리위원회에 관하여 법률로 정하도록 하므로 선거관리위원회법을 개정하여 각급 선거관리위원회의 조직과 기능을 축소하는 것도 가능하다. 선거가 치러질 때에는 행정자치부, 지방자치단체의 협조를 받거나 비정규직을 채용하거나 변호사, 교수 등 외부 인력을 활용하여 인력난을 해소할 수 있다. 철저하게 심사하여 직원을 채용하고 직원 교육을 강화하여 업무에 차질을 빚지 않도록 해야 한다.

---

106) IFES, "Models of Election Commissions in Africa", IFES(Washington D.C.), 1995.
107) 라파엘 로페즈 핀터, 앞의 논문, 137면.

(4) 감사기구의 자치권 강화

선거관리위원회의 조직과 권한이 비대화되면서 예산 낭비 및 근무기강 해이가 문제된다. 공공책임성 확보의 차원에서 선거관리위원회의 재무 상태, 정책추진, 활동에 관한 검사와 감독이 실질화될 필요가 있다. 선거관리위원회의 조직 확대에 따라서 직무감찰의 필요성이 커진다. 선거관리위원회가 행정부로부터 독립된 위원회여서 감사원의 감사를 받지 않는다면, 자체 감사기구를 강화하는 것이 요구된다.

선거관리위원회는 엄격한 독립성이 요청되는 기구이다. 외부 감사가 외압으로 이어진다는 우려가 있다면, 선거관리위원회 내에 설치된 독립감사기구에 관한 검토가 요구된다. 이와 관련 멕시코 연방선거기구의 감사실이 강화되어 있는 점에 주목한다. 멕시코 연방선거기구는 감사실을 설치하여 연방선거기구의 수입과 지출을 감시하는 업무를 담당하도록 하고 그 직무상 및 운영상의 자치권을 누리도록 하고 있다.

제3절 선거관리위원회의 권한

I. 선거관리

1. 선거실시에 관한 권한

(1) 선거인명부 작성

공직선거법 제37조는 선거인명부의 작성에 관하여 직접적으로 구·시·군의 장에게 권한을 부여하고, 제39조 제1항은 관할구·시·군선거관리위원회 및 읍·면·동선거관리위원회가 이를 감독한다고 규정한다. 제41조 제1항은 선거인명부에 대한 이의신청을 규정한다. 제2항은 구·시·군의 장은 신청이 이유 있다고 결정한 때에는 즉시 선거인명부를 정정하고 신청인·관계인과 관할구·시·군선거관리위원회에 통지하여야 한다고 규정한다. 이의신청에 대한 결정에 불복이 있는 이의신청인이나 관계인은 통지를 받은 날의 다음날까지 관할구·시·군선거관리위원회에 서면으로 불복을 신청할 수 있다 (제42조 제1항).

공직선거법 제43조의 명부누락자구제제도를 살펴보면, 제41조 제1항의 이의신청기간만료일의 다음 날부터 제44조 제1항의 선거인명부확정일 전일까지 구·시·군의 장의 착오 등의 사유로 인하여 정당한 선거권자가 선거인명부에 누락된 것이 발견된 때에는 해당 선거권자 또는 구·시·군의 장은 주민등록표등본 등 소명자료를 첨부하여 관할구·시·군선거관리위원회에

서면으로 선거인명부 등재신청을 할 수 있다. 제43조 제2항은 선거인명부 등재신청이 있는 때에는 관할구·시·군선거관리위원회는 그 신청이 있는 날의 다음 날까지 심사·결정하되, 그 신청이 이유 있다고 결정한 때에는 즉시 관계 구·시·군의 장에게 통지하여 선거인명부를 정정하게 하고 신청인에게 통지하여야 하며, 이유 없다고 결정한 때에는 그 뜻을 신청인과 관계 구·시·군의 장에게 통지하여야 한다고 규정한다.

(2) 후보자등록

공직선거후보자등록은 대통령선거에서는 선거일 전 24일부터, 국회의원선거와 지방자치단체의 의회의원 및 장의 선거에서는 선거일 전 20일부터 2일간 각각 관할 선거구선거관리위원회에 서면으로 신청되어야 한다(공직선거법 제49조 제1항).

(3) 선거실시 준비

선거관리위원회는 선거일 전 일정시점부터 예비후보자 등록을 비롯해 선거인명부의 작성·감독, 후보자 등록, 선거운동 관리, 투표·개표 과정을 거쳐 당선인을 결정한다. 선거관리위원회는 선거과정의 일련 절차에 필요한 준비를 담당한다. 선거벽보를 붙이는 활동(공직선거법 제64조), 선거공보를 나누어주는 활동(제65조) 등이 여기에 포함된다.

그 밖에도 선거관리위원회는 선거가 있을 때마다 선거권자의 주권의식의 함양을 위해 적절한 방법으로 필요한 계도를 실시하고(선거관리위원회법 제14조 제2항), 공명선거의 실현을 위해 홍보를 담당한다. 선거관리위원회는 각종 선거가 공정하게 실시되는 가운데 유권자의 적극적인 참여가 이루어질 수 있도록 다양한 방법으로 홍보활동을 전개하고 있다.

(4) 투·개표 관리

구·시·군선거관리위원회는 각 투표구마다 투표에 관한 사무를 관리하는 투표관리관 1인을 둔다(공직선거법 제146조의2 제1항). 투표관리관은 국가나 지방자치단체의 소속 공무원 또는 각급 학교의 교직원 중에서 위촉된다(제2항). 읍·면·동선거관리위원회는 선거일 전일까지 관할 구역 안의 투표구마다 투표소를 설치하여야 한다(제147조 제1항). 개표사무는 구·시·군선거관리위원회가 행한다(제172조 제1항). 공직선거법 제10장(제146조 내지 제171조)에서 투표에 관하여, 제11장(제172조 내지 제186조)에서 개표에 관하여 각각 규정하고 있다.

(5) 당선인 결정

대통령선거에서 중앙선거관리위원회는 유효투표의 다수를 얻은 자를 당선인으로 결정하고, 이를 국회의장에게 통지하여야 한다(공직선거법 제187조 제1항 본문). 유효투표의 다수를 얻은 자가 당선인으로 결정되면, 중앙선거관리위원회 위원장은 이를 공고하고, 지체 없이 당선인에게 당선증을 교부한다(제3항).

선거구선거관리위원회는 당해 국회의원지역구에서 유효투표 중의 다수를 얻은 자를 당선인으로 결정한다(공직선거법 제188조 제1항 본문). 국회의원지역구 당선인이 결정된 경우 선거구선거관리위원회 위원장은 이를 공고하고 지체 없이 당선인에게 당선증을 교부해야 하며, 상급선거관리위원회에 보고해야 한다(제6항). 중앙선거관리위원회 위원장은 국회의원당선인이 결정된 때에는 그 명단을 즉시 국회에 통지하여야 한다(국회법 제2조 제1항). 의원이 궐원된 때에는 국회의장은 15일 이내에 대통령과 중앙선거관리위원회에 이를 통지하여야 한다(제137조).

중앙선거관리위원회는 비례대표국회의원선거에서 유효투표총수의 100분의 3 이상을 득표하였거나 지역구국회의원총선거에서 5석 이상의 의석을 차지한 각 정당에 대하여 당해 의석할당정당이 비례대표국회의원선거에서 얻은 득표비율에 따라 비례대표국회의원의석을 배분한다(공직선거법 제189조 제1항). 중앙선거관리위원회는 제출된 정당별 비례대표국회의원 후보자명부에 기재된 당선인으로 될 순위에 따라 정당에 배분된 비례대표 국회의원의 당선인을 결정한다(제4항).

지역구시·도의원과 지역구자치구·시·군의원의 선거에 있어서는 선거구 선거관리위원회는 당해 선거구에서 유효투표의 다수를 얻은 자를 당선인으로 결정한다(공직선거법 제190조 제1항 본문). 지방자치단체의 장 선거에서 선거구선거관리위원회는 유효투표의 다수를 얻은 자를 당선인으로 결정하고 이를 당해 지방의회의장에게 통지하여야 한다. 최고득표자가 2인 이상인 때에는 연장자를 당선인으로 결정한다(제191조 제1항 본문).

(6) 관계 행정기관에 대한 지시·협조요구

대한민국헌법 제115조 제1항은 각급 선거관리위원회는 선거인명부 작성 등 선거사무에 대해 관계 행정기관에 필요한 지시를 할 수 있다고 정한다. 선거인명부의 작성에 관하여 각급 선거관리위원회가 사무를 지시하고 실제 선거사무는 관계 행정기관에서 실시할 수 있음을 헌법은 예정하고 있다고 보인다.

각급 선거관리위원회는 선거인명부 작성 등 선거사무와 국민투표사무에 관하여 관계행정기관에 필요한 지시를 할 수 있고(선거관리위원회법 제16조 제1항), 선거사무를 위해 인원·장비 지원 등이 필요한 경우 행정기관에 대해 지시나 협조요구를, 공공단체 및 은행법 제2조에 따른 은행에 대해 협조요구를 할 수 있다(제2항). 각급 선거관리위원회로부터 지시를 받거나 협조요구를 받은 행정기관·공공단체 등은 우선적으로 이에 응하여야 한다 (제3항).

2. 선거감독에 관한 권한

(1) 선거운동 관리

선거운동의 자유는 자유선거의 원칙에서 비롯된 기본권이다. 선거운동의 자유에 대한 제한은 기본권제한이므로 헌법 제37조 제2항에 의하면 법률에 근거한 것이어야 한다.[108] 선거운동은 선거관리위원회의 관리 하에 법률이 정하는 범위 안에서 하되, 균등한 기회가 보장되어야 한다(헌법 제116조 제1항).

(2) 선거비용 관리

선거관리위원회는 선거운동에 사용되는 비용(선거비용)을 관리하고 있다. 선거관리위원회가 선거비용을 관리하는 방법에는 크게 두 가지가 있다.

첫째, 선거관리위원회는 선거비용의 한도와 방식을 결정한다. 선거관리위원회는 '선거별로 허용되는 선거운동에 소요되는 비용'을 선거 때마다 총액으로 결정하여 공고하고, 정당·후보자에게 '선거비용 수입·지출 요령' 등에 관하여 안내하고 있다.

둘째, 선거관리위원회는 선거비용 수입·지출에 대한 조사권한(공직선거법 제134조)이 있다. 이를 '선거비용실사권'이라고 한다. 선거관리위원회는 정당과 후보자가 보고한 선거비용 수입·지출에 대해 사실 여부를 확인·조

---

108) 졸고, "선거쟁점 관련 찬·반활동에 대한 선거관리위원회의 규제", 122면.

사하고, 허위보고 등 위반사항이 있으면 고발, 수사의뢰 등의 조치를 취하고 있다.

(3) 선거범죄(정치자금범죄)조사권

공직선거법과 정치자금법은 선거관리위원회의 위원·직원에게 선거범죄와 정치자금범죄에 대한 조사권을 부여하고 있다. 공직선거법 제272조의2 제1항에서 각급 선거관리위원회 위원 및 직원이 선거범죄 혐의가 있다고 인정되는 경우 그 장소에 출입하여 관계인에 대해 질문·조사를 하거나 관련서류 기타 조사에 필요한 자료의 제출을 요구할 수 있도록 한 것은 각급 선거관리위원회의 위원 및 직원이 그 혐의사실을 조사하여 선거범죄를 적발하고 그 증거를 수집할 수 있도록 하기 위한 데에 취지가 있다(대법원 2001. 7. 13. 선고 2001도16 판결).

선거범죄 및 정치자금범죄에 대한 조사권의 내용은 장소 출입, 자료제출 요구, 질문·조사, 증거물품 수거, 현장조치, 정치자금 조사를 위한 금융거래자료의 제출 요구 등이 있다. 선거범죄 및 정치자금범죄에 대한 조사권은 행정조사 및 행정상 즉시강제의 법적 성격이 있다. 선거범죄 및 정치자금범죄에 대한 조사권은 수사기관의 수사권과는 근본적으로 성격을 달리한다. 공직선거법·정치자금법은 행정조사기본법과의 관계에서 특별법관계에 있기 때문에, 선거범죄 등에 대한 조사권에 행정조사기본법 제9조 내지 제13조가 적용되지 않는다.[109]

---

109) 이종우, "선거범죄 등에 관한 조사권의 성격과 위헌성 여부 등 연구", 선거관리 제54권, 중앙선거관리위원회, 2008, 23면.

(4) 중지·경고·시정명령권

각급 선거관리위원회의 위원·직원은 직무수행 중에 선거법위반행위를 발견한 경우 중지·경고 또는 시정명령을 하여야 한다(선거관리위원회법 제14조의2). 외국에 거주하는 사람이 재외선거인 등록신청을 하면 투표권을 인정하게 되는데, 외국에서 생활하면서 선거에 참여하여 불법적인 선거운동을 하는 경우 재외선거관리위원회가 재외선거인의 불법 선거운동에 대해 중지·경고 또는 시정명령을 하는 것이 해당국, 즉 거주국의 주권을 침해하는 것은 아닌지가 문제된다.

이 문제에 관해 공직선거법 일부 개정 법률안(대안) 등에 관한 국회 법제사법위원회 제1차 회의에서 이한성 위원이 질의하였다. 중앙선거관리위원회 사무총장은 이 제도는 위법 행위자에 대해 중지하고 자제하도록 요청하는 것이기 때문에 무방하다고 답변하였다. 대상자가 대한민국의 국민인 점, 강제력이 없는 조치인 점에 비추어 볼 때 재외선거관리위원회의 조치는 가능할 수 있으나, 국제법상 '상호주의'와 충돌될 수도 있으므로 보다 심도 있는 검토와 보완이 필요하다고 본다.110)

(5) 수사의뢰·고발권

각급 선거관리위원회의 위원·직원은 발견한 선거법 위반행위가 선거의 공정을 현저하게 해치는 것으로 인정되거나 중지·경고 또는 시정명령을 불이행하는 때에는 관할 수사기관에 수사의뢰 또는 고발을 할 수 있다(선거관리위원회법 제14조의2).

---

110) 제281회 국회 법제사법위원회 제1차 회의 회의록(2009. 2. 2.), 7~8면.

(6) 신고·제보자에 대한 포상금 지급

음성적인 금품·향응제공과 불법정치자금의 근원을 차단하고 국민들의 자발적인 신고를 유도하기 위하여 선거법위반행위나 정치자금범죄를 선거관리위원회 또는 수사기관이 인지하기 전에 범죄행위를 신고·제보한 사람에게 최고 5억 원의 포상금을 지급하고 있다. 기부행위위반 사례를 신고한 사람에게도 최고 5억 원의 포상금을 지급하고 있다(공직선거법 제262조의3).

(7) 금품·음식물을 제공받는 자에 대한 과태료 부과

누구든지 선거에 관하여 기부행위가 제한되는 자로부터 기부를 받거나 기부를 권유 또는 유도하는 자에게는 최고 3천만 원 한도 내에서 그 제공받은 금액 또는 음식물·물품 가액의 10배 이상 50배 이하에 상당하는 금액(주례의 경우 200만 원)의 과태료를 부과한다(공직선거법 제261조 제6항).

(8) 재정신청

선거관리위원회는 매수 및 이해유도죄, 선거의 자유 방해죄, 허위사실공표죄, 기부행위 금지제한 등 위반죄, 선거비용 부정지출죄 등 죄질이 무거운 선거범죄를 고발한 경우 검사로부터 불기소 통지를 받은 날부터 10일 이내에 불기소처분을 한 검사 소속 지방검찰청 소재지를 관할하는 고등법원에 그 당부에 관한 재정을 신청할 수 있다(공직선거법 제273조).

(9) 선거쟁송

지방선거에서 선거의 효력 또는 당선의 효력에 이의가 있는 선거인 등은 해당 선거관리위원회위원장이나 당선인을 피소청인으로 삼아서 상급 선거관리위원회에 소청을 할 수 있다(공직선거법 제219조 제1항 내지 제5항). 해당 선거관리위원회의 담당자는 답변서를 제출하여 대응하고(제6항), 상급 선거관리위원회는 선거소청을 결정하는 권한이 있다(제220조).

대통령선거 또는 국회의원선거에서 선거 효력에 이의가 있는 선거인 등은 당해선거구 선거관리위원회 위원장을 상대로 대법원에 소를 제기할 수 있다(공직선거법 제222조 제1항). 지방선거소청결정에 불복이 있는 소청인은 선거관리위원회 위원장을 상대로 대법원 또는 고등법원에 소를 제기할 수 있다(제2항).

대통령선거 또는 국회의원선거에서 당선 효력에 이의가 있는 정당 또는 후보자는 당선인 등을 상대로 대법원에 소를 제기할 수 있다(공직선거법 제223조 제1항). 지방선거에서 당선 효력에 관한 소청결정에 불복이 있는 소청인 또는 당선인인 피소청인은 해당 소청에 대해 당선인 또는 선거관리위원회 위원장을 상대로 대법원 또는 고등법원에 소를 제기할 수 있다(제2항).

3. 선거실시 및 선거감독의 개선방안

(1) 선거인명부 관련 사무

1) 지방자치단체의 선거인명부 사무

공직선거법 제39조 제1항에 의하면, 선거인명부의 작성에 관하여는 관할구·시·군선거관리위원회 및 읍·면·동선거관리위원회가 감독한다. 선거인명부는 선거일 전 7일에, 부재자신고인명부는 부재자신고기간만료일의 다음 날에 각각 확정되며 해당 선거에 한하여 효력을 가진다(제44조 제1항).

선거관리위원회가 관장하는 투표소는 선거개시일 2~3일 전에 선거인명부를 받는다. 관할구·시·군선거관리위원회 및 읍·면·동선거관리위원회는 선거인명부에 대한 실질적인 감독을 하지 못하고 있다. 개선방안으로 선거인 명부 감독을 실질화하는 것, 선거인명부의 작성 및 수정 업무를 선거관리위원회가 관장하도록 하는 것이 제시될 수 있다.

2) 선거인명부 문제로 선거권을 행사하지 못한 사례

금고 이상의 형의 선고를 받고 그 집행이 종료되지 아니하거나 그 집행을 받지 아니하기로 확정되지 아니한 자는 선거권이 없다(공직선거법 제18조 제1항 제2호). 선거관리위원회는 선거권 행사 가능성과 관련되는 전과가 있는지에 대해 검찰이 해당 지방자치단체에 통보한 것을 바탕으로 파악할 수밖에 없다.

1심, 2심 유죄 실형을 선고받았다가 3심에서 무죄판결을 선고받았는데 선거인명부에서 빠져 선거권을 행사하지 못한 사건이 있었다. 그 사람은 투표소에 가서 선거관리위원회 담당 직원에게 선거권을 주장하였으나 거절당하였다. 선거관리위원회 담당 직원은 선거인명부에서 빠졌다면 선거권을 행사할 수 없다고 답변하였는데, 이는 검찰이 무죄판결을 받은 것을 동사무소에 보내지 않았기 때문이다. 해당 유권자는 국가배상을 청구하였다. 제1심에서는 손해배상금이 550만원으로 인정되었고, 항소심에서는 화해권고에 따라 500만원 인용으로 확정되었다.[111]

---

111) 청주지방법원 2010. 12. 22. 선고 2010가단16618 판결. 항소심 사건 청주지방법원 2011나598에서 지급금액 500만원으로 화해권고가 성립되었다.

3) 지방자치단체에의 이관

선거관리의 핵심 업무인 선거인명부의 작성, 열람·정정 권한을 지방자치단체에 부여하면서 각급 선거관리위원회에 감독권이나 불복심사권만을 부여한 것이 헌법에 위반되는 입법이라는 주장이 있다. 입법자는 헌법이 각급 선거관리위원회에 부여한 선거관리위원회의 권한을 구체화하고 각급 선거관리위원회가 지방자치단체에 대해 업무를 지시하는 형태로 법을 개정할 필요가 있다는 견해이다.112)

그러나 이러한 견해는 타당하지 못하다. 선거인명부 작성 및 열람·정정 사무는 선거관리의 필수 요소이지만, 착오가 없으면 충분한 것이다. 선거인명부는 통합적으로 전산 관리되고 상시명부제를 도입하여 착오를 줄이는 방향으로 개선되어야 한다. 선거법에 선거인명부 작성의 형식적인 권한을 선거관리위원회에 부여하더라도 선거관리위원회의 조직과 인원 등을 감안하면 그 사무는 지방자치단체에 권한을 위임할 수밖에 없을 것이다.

4) 지방자치단체의 선거인명부 작성

선거인명부는 주민등록과 밀접한 관련이 있다. 주민등록 사무는 행정자치부와 지방자치단체에서 관장하므로 구·시·군의 장이 선거인명부를 작성하는 것은 불가피하다. 선거권자 확정은 검찰, 동사무소와 선거관리위원회가 나누어 담당한다. 선거인명부의 작성을 어느 한 기관이 집중적으로 관리하는 것이 책임소재를 명확히 하고 업무 혼선을 방지하기 위해 필요하다. 선거인명부의 작성 사무는 업무의 성격 및 인적·물적 상황을 감안하면 지방자치단체가 주관해도 무방하다.

---

112) 이준일, 앞의 논문, 40면.

(2) 선거구획정에 대한 관여

국회의원선거구획정위원회는 국회의장이 교섭단체대표의원과 협의하여 11인 이내의 위원으로 구성하되, 학계·법조계·언론계·시민단체 및 선거관리위원회가 추천하는 자 중에서 위촉하여야 한다(공직선거법 제24조 제2항). 선거구획정위원회 위원 중에 선거관리위원회가 추천하는 사람이 위촉되어야 한다. 헌법 제41조 제3항이 국회의원의 선거구에 관한 사항은 법률로 정하도록 규정하므로 선거관리위원회가 선거구획정에 그 이상으로 관여하는 것은 국회의 권한을 침해하고 헌법에 저촉될 수 있다.

헌법재판소 2000. 3. 30. 99헌마594 결정은 나라마다 선거구획정에 관한 절차에 차이가 있다고 밝혔다. 헌법재판소는 선거구 간 인구균형 및 행정구역, 지세, 교통사정, 생활권 내지 역사적, 전통적 일체감 등 여러 가지 정책적·기술적인 요소를 고려하여 어느 지역을 1개의 선거구로 구성할지의 문제는 물론이고, 언제까지 선거구를 획정하여 입법화할지의 문제도 기본적으로는 폭넓은 입법형성의 자유에 속한다고 할 것이며, 입법결과가 입법재량의 한계를 현저하게 벗어나지 않는 한 헌법위반이 된다고 볼 수는 없다고 판단하였다.[113]

선거구 간 인구편차는 국회 헌법연구자문위원회 2009년 8월 보고서에서 쟁점이었다. 선거구 간의 인구편차의 기준이 현행 헌법에 마련되어 있지 않다. 위원회는 선거구 인구의 과도한 차이는 표의 등가성에 반하여 선거에 관한 평등권 등을 침해하므로 선거구 간 인구편차의 기준을 헌법사항으로 정하되 상한 인구수와 하한 인구수의 비율이 2:1임을 밝힐 필요가 있다고 결론을 내렸다.[114]

---

113) 헌재 2000. 3. 30. 99헌마594 결정, 공보 제44호, 352~353면.
114) 헌법연구자문위원회, 헌법연구 자문위원회 결과보고서, 2009, 303~305면. 헌재 2014. 10. 30. 2012헌마190 결정에서 인구수의 비율이 2:1을 넘어서는 선거구구역표는 선거권 및 평등권을 침해한다는 판단이 내려졌다.

(3) 선거관리위원회 조치에 대한 쟁송수단의 문제점

선거관리위원회의 조치에 대해 헌법소원이 아닌 행정소송을 통해 통제를 하는 것에 관하여, 각급 선거관리위원회에서 공직선거법의 해석을 주도하는 위원장이 현직 법관인 사정이 있고, 이는 법원이 선거관리위원회의 조치의 위법 여부를 판단하는 데에 적잖은 부담을 줄 것이라는 점이 지적될 수 있다.

중앙선거관리위원회의 공직선거법에 대한 해석은 관행상 중앙선거관리위원회 위원장을 겸임하는 현직 대법관 1인을 비롯한 고위직 법관 2인에 의해 주도될 가능성이 크다. 따라서 선거관리위원회의 법해석과 그에 따른 조치의 위법성을 행정법원에서 확인하고 취소하는 것은 용이하지 않다고 보인다.

중앙선거관리위원회가 내린 결정에 대한 재판관할은 대법원이 맡게 되고(공직선거법 제223조 제1항), 지방선거 관련 선거소송에서 각급 선거관리위원회가 피고가 되는데(같은 제222조 제1항 내지 제3항), 이와 같은 선거소송의 관할은 법원의 독립성 측면에서 부당하다는 의견이 있다.115)

선거소송 및 선거범죄에 대한 형사재판을 일반 법원의 관할에 속하게 하는 것은 다음과 같은 문제가 있다. 선거관리위원회의 구성 및 운영에 관여하는 법원이 선거소송에 관여하는 문제, 선거범죄의 재판이 당선에 영향을 미쳐 정치적인 문제가 사법판단에 의해 좌우되는 문제이다. 선거범죄에 대한 재판은 3심이므로 오래 걸린다는 점도 지적할 수 있다. 선거범죄 확정판결이 내려지기까지 상당 시간이 소요되고 임기 말에 이르러서야 확정판결이 나오는 것은 선거재판을 신속하게 처리하도록 한 취지(제1심 6개월, 제2심 및 제3심 3개월)에 반하는 문제도 있다.116)

---

115) 송기춘, "헌법상 법원의 구성원리와 법원의 구성", 경남법학 Vol. 16, 경남대학교 법학연구소, 2000, 142면.

선거소송은 헌법재판의 성격이 있다. 선거소송을 사법부가 담당하는 것은 법관에게 정치적 부담을 지운다. 제3차, 제5차 헌법 개정에서 선거관리기구 문제를 선거소송의 관할 및 헌법재판소의 설립 문제와 관련지어 논의한 것도 같은 이유에서이다. 헌법은 선거소송을 헌법재판소 관할로 규정하지 않는다(제111조 제1항). 헌법재판소가 선거소송을 담당하기 위해서는 헌법 개정이 필요하다. 장차 헌법 개정이 이루어지면 헌법재판소가 선거소송을 관장하는 방향으로 개선될 필요가 있다.

(4) 선거범죄 등 조사권 개선방안

공직선거법 제272조의2 제1항 선거범죄조사권, 제272조의3 통신관련 선거범죄의 조사권은 행정조사의 성격을 가진다. 선거관리위원회의 조사권과 수사기관의 수사권의 충돌, 조사권의 한계, 합리적인 조사권 행사 방안, 선거관리위원회에 수사권을 부여할 것인지 여부가 문제된다. 선거범죄에 대한 선거관리위원회의 단속이 자의적이며 불공정하다는 문제도 제기된다.[117]

선거범죄에 대한 단속권 및 수사권은 수사기관의 권한이다. 선거관리위원회가 수사기관과 중첩적으로 단속권과 수사권을 보유하는 방안이 제시될 수 있다. 수사기관이 선거과정에 개입하여 정치적 중립을 지키지 못하는 것이 비판받는 이유는 편향적·자의적인 권한행사 때문이다. 하지만, 경찰과 검찰이 행사하는 단속권과 수사권을 선거관리위원회가 행사한다고 하더라도 규제기관이 바뀔 뿐 근원적인 문제가 해결되지 않는다. 선거관리위원회가 이러한 비판에서 자유로울 수는 없다고 보인다.

강제력을 동원할 수 있는 수사권과 선거관리위원회가 행사할 수 있는 조사권의 한계가 무엇인지가 문제된다. 선거관리위원회가 어떠한 방식으로

---

116) 이준일, 앞의 논문, 61면.
117) 임성호, 앞의 논문, 16면 이하.

조사할 수 있는지, 어느 범위를 넘어서면 수사에 해당되어 수사기관으로 이관하여야 하는지도 그와 관련되는 문제이다.

선거관리위원회 임직원에게 특별사법경찰권을 주어야 한다는 견해도 있다. 이 경우 선거관리위원회는 수사에 관하여 검사의 지휘를 받는다. 이는 선거관리위원회의 헌법기관으로서의 위상, 독립성 및 정치적 중립성에 맞지 않다. 선거관리위원회에 수사권을 부여하는 방안은 적절치 않다.118)

선거관리위원회 위원·직원은 선거비용 등 정치자금의 수입·지출에 관한 조사를 위하여 금융기관의 장에게 정치자금법 위반 혐의가 있다고 인정되는 상당한 이유가 있는 자의 계좌개설 내역, 통장원부사본, 계좌이체의 경우 거래상대방의 인적 사항, 수표에 의한 거래의 경우 당해 수표의 최초 발행기관, 발행의뢰인의 인적사항을 요구할 수 있다(정치자금법 제52조 제2항). 금융실명거래 및 비밀보장에 관한 법률과 달리 금융거래자료 제출요구는 필요최소한 범위로 제한되어 있다.

금융거래자료 제출 요구대상 대부분은 선거비용에 관한 사항이다. 원칙적으로 선거일 이후 6월을 경과하면 선거범죄의 공소시효가 완성된다. 따라서 선거비용과 관련된 당선무효제도의 실효성 확보를 위해서는 금융거래자료의 신속한 제출요구가 요구된다.

감사원법 제27조 제2항, 공직자윤리법 제8조 제5항, 독점규제 및 공정거래에 관한 법률 제50조 제5항, 상속세 및 증여세법 제83조 제1항, 제2항, 특정 금융거래정보의 보고 및 이용 등에 관한 법률 제10조 제3항, 과세자료의 제출 및 관리에 관한 법률 제6조 제1항에서 법관의 영장 없는 금융거래자료 제출 요구권을 규정하는 점, 사법절차에서 엄격한 영장주의가 적용되는 계좌추적과 그 성격을 달리하는 점 등을 고려하면 금융거래자료의 제출 요구는 헌법에 위반되지 아니한다.119)

---

118) 이종우, "선거범죄 등에 관한 조사권의 성격과 위헌성 여부 등 연구", 32~35면.
119) 이종우, "선거범죄 등에 관한 조사권의 성격과 위헌성 여부 등 연구", 31면.

선거관리위원회는 계좌를 어느 정도까지 조사할 수 있는지가 문제된다. 실무적으로 선거관리위원회 위원·직원이 조사대상자에 대해 통장원본을 1번 제출을 요구하는 것까지는 허용되나 그 이상을 요구하는 것은 계좌를 추적한 것이어서 허용될 수 없다는 기준에 따라 운영하고 있다. 이에 관하여 보다 다양한 상황에 적용할 수 있는 구체적인 기준의 마련이 필요하다.

(5) 참여를 통한 효율성 제고

선거관리위원회는 선거부정감시단을 활용하여 선거부정을 감시하고 적발하는 활동을 적극적으로 독려하고 있고 선거범죄를 신고한 사람에게 포상금을 지급하는 제도를 운영하고 있다. 신생 또는 발전도상의 민주주의 국가들은 선거경쟁에 참여하는 모든 정당들이 선거관리기구의 구성에 참여함으로써 독립적·효율적으로 선거관리가 이루어지도록 한다.[120]

선거관리에 참여하는 사람에 대한 연수방법, 교육용책자 등을 널리 배포할 필요가 있다. 정당, 후보자, 유권자 등의 자발적 참여 가운데 통일된 기준을 마련한다면 기준을 알리고 수용성을 제고하는 데 유리할 것이다. 이미 주요 정당들은 구성원의 연수와 교육에 관한 자료를 축적하고 있다. 선거관리위원회는 이러한 자료를 정당과 공유하고 통합함으로써 자료의 중복을 피하고 비용을 절감하며 상호 신뢰를 도모할 수 있다.

(6) 선거법위반에 대한 조치

선거관리위원회에 헌법기관으로서 높은 위상과 함께 많은 단속권한을 부여하는 것은 첨예한 정치 쟁점에 선거관리위원회가 관여하여 공정성 시비를 야기할 수 있다. 이들 권한은 선거관리를 위하여 필수적으로 인정되

---

120) 중앙선거관리위원회, 각국의 선거관리기관, 15면.

는 것이지만 그 행사 요건에서 선거법위반이라는 유권적 판단이 수반된다. 이와 관련 권한이 남용될 경우 선거운동의 자유 등 기본권을 침해하고 선거경쟁 참여자들 간의 갈등을 심화시킬 것이다.

중앙선거관리위원회는 2012년 선거법위반행위 총 2,092건을 적발했다고 밝혔다. 선거별로 2012년 제19대 총선에서 1,594건을, 18대 대선에서 498건을 적발하였다. 조치내역별로 경고 등의 조치가 1,457건으로 가장 많았으며 고발 366건, 수사의뢰 269건이었다. 선거관리위원회는 2012년 두 차례 선거에서 선거법 안내 및 위법행위 예방활동 등을 하는 공정선거지원단을 가동하였다. 지원단이 적발하여 조치한 건수는 전체의 20.9%인 437건에 이른다.121)

이에 관하여 선거관리위원회는 "조사결과 구체적 증거를 확보하여 범죄성립에 확신이 있으면 고발하여야 하고, 범죄정황은 있으나 증거가 부족한 경우 수사의뢰를 해야 하는 것은 법률이 선관위에 부과한 책무"라면서 "공직선거법과 정치자금법 위반에 관한 신고·제보가 접수되어 이를 조사하고 조치한 것은 법률에 따른 것"이라고 보는 입장이다.122)

실무상 선거관리위원회 임원·직원이 고발하는 경우 기소되는 비율이 높다. 상대적으로 수사의뢰를 하는 경우 불기소되는 비율이 상당하다. 사실상 선거관리위원회가 정보와 자료를 확보하고 있어서 선거관리위원회의 조치에 따라 선거범죄 수사의 향방이 좌우되기 때문이다. 이와 관련 선거관리위원회가 고발과 수사의뢰 조치권을 지나치게 남용하고 있다는 주장이 있다.

국회 행정안전위원회 강기윤 의원이 중앙선거관리위원회로부터 제출받은 국정감사 자료에 따르면 2008년부터 2012년 8월까지 선거관리위원회가 검찰에 고발·수사의뢰한 사례 2,082건 가운데 245건(11.8%)이 검찰조사 결과 무혐의 처분을 받은 것으로 나타났다. 강 의원은 "선관위의 신중하지

---

121) "선관위, 지난해 선거법 위반 2092건 적발"(뉴시스 2013. 2. 15.자 기사).
122) "선관위 "범죄정황 수사의뢰는 법률상 책무""(연합뉴스 2012. 9. 28.자 기사).

못한 결정이 한 개인의 정치생명을 위협하는 결과를 가져올 수 있다."고
말하면서 "선관위는 고발 및 수사의뢰 조치를 취하기 전 세밀한 자체조사
후 신중하게 조치권을 행사해야 한다."고 지적한다.123)

수사기관의 공식적인 수사가 개시되기도 전에 선거관리위원회의 자체
조사의 결과가 보도자료 등을 통하여 상당 부분 공표되면서 선거관리위원
회의 공명선거의 정착이라는 의도와 달리 최소한의 권익마저 침해당하는
피해자가 발생하고 있다는 지적이다. 수사와 형사재판을 거쳐 실체적 진실
이 밝혀지지 전에 선거관리위원회 조사결과가 보도자료나 언론을 통해 공
표되면 선거결과에 대한 회복할 수 없는 침해를 야기하기 때문이다.

피의사실공표를 금지하는 형법 제126조를 개정하자는 의견이 있다. 선
거관리위원회는 수사권이 없으므로 형법 제126조의 적용을 받지 않는데
법을 개정해서 선거관리위원회도 피의사실 공표를 하지 못하도록 하자는
것이다.124) 수사권과 조사권 사이에는 차이가 있으므로 형법 제126조에 선
거관리위원회를 포함시킬 수 없다. 다만, 선거관리위원회는 자체 조사 결과
를 발표함에 있어 그것이 선거결과에 미칠 지대한 영향 등을 감안하여 신
중할 필요가 있다.

공직선거법과 정치자금법이 행정질서벌로 규정하고 있는 과태료를 선거
관리위원회가 부과하고 징수하는 조치에 대하여 소송을 제기하면 법원에
서 대부분의 경우 감경하는 것이 문제된다. 즉, 선거범죄·정치자금범죄에
대한 선거관리위원회의 과태료 부과·징수의 수용성이 문제되고 있다.

선거범죄·정치자금범죄에 대해 선거관리위원회가 50배 이하의 과태료를
부과할 수 있는 것은 선거범죄·정치자금범죄의 감소에 상당한 정도로 기여
한 측면이 인정되나 과태료 금액이 과도하고 획일적인 점은 부인할 수 없

---

123) "[국감 브리핑] 강기윤 의원 "선관위 검찰 고발·수사의뢰 남발""(News1 2012.
　　10. 6.자 기사).
124) ""일방적 제보 의존… 무책임 공표" 선관위 수사의뢰·고발 문제 많다"(문화일보
　　9. 28.자 기사).

다. 선거관리위원회가 부과한 과태료를 법원이 빈번하게 취소하는 것은 선거관리위원회 결정의 공신력이 떨어뜨리고 선거관리위원회가 대국민 서비스 제공 및 역할을 해나가는 데에 장애요소가 되고 있다.

그에 대한 해결책으로 과태료를 50배 이하보다 낮추는 방안, 50배 이하보다 낮은 30배, 40배 등을 부과하는 구체적인 사유를 규정하는 방안, 대상자가 자수나 자백을 하는 경우 과태료를 50배 이하에서 감경되도록 하여 소송제기를 줄이는 방안, 이의제기를 하지 않고 일정기간 내에 납부한 경우 감경되도록 하는 방안 등이 제시될 수 있다.

(7) 전자투표

투표하고 개표하는 작업에 전자적인 장비를 활용할 수 있게 하는 것이 효율적이고 경제적이다. 이 문제와 관련하여 "선거정보를 보다 전문적으로 관리하기 위해 정보기술을 도입하는 데에는 많은 비용이 든다. 또 컴퓨터 기술을 이용하면서 감수해야 할 위험부담에 따르는 비용도 그 이상이다. 하지만 정보혁명을 피해가려는 것이야말로 가장 엄청난 대가를 치르는 길일 것이다."는 언급[125]이 있다.

재외국민 선거권과 선상투표 도입 과정에서 전자투표 문제도 논의되었다. 선상투표 방법으로 일본의 경우 팩스가 이용되고 있다. 인터넷 투표를 도입하자는 것이 민주당의 입장이었으나, 당시 한나라당은 반대하였었다.[126] 인터넷 투표의 도입은 해킹 등의 위험으로부터 보안이 지켜진다는 전제 하에서 가능하다. 이는 투표연령대, 투표율 등과 관련되는 문제이다.

---

125) Harry Neufeld, "Computerizing Electoral Administration", Paper presented at the colloquium for African Election Administrators(Zimbabwe Victoria Falls), 1994.
126) 대한민국국회, 제281회 법제사법위원회 회의록, 국회사무처, 2009, 8면, 14~17면, 20~21면.

이에 관하여 정당 간의 합의가 이루어져야 하는데 당장은 합의도출이 쉽지 않을 듯하다.

(8) 투표지분류기

2012년 4월 11일 제19대 국회의원선거와 관련하여 투표지분류기를 사용하는 것에 대해 법적 근거가 없고 절차에 위반되며 전산조작이 존재한다는 의혹을 제기하면서 선거무효소송을 제기한 사례가 있다. 그 밖에도 투표지분류기 관련 법적 분쟁이 다수 제기되었다.

투표지분류기는 전자투표와는 차이가 있다. 투표지분류기는 육안에 의한 확인·심사를 보조하고자 기표된 투표지를 이미지로 인식하여 후보자별로 또는 미분류투표지로 분류하고 미분류투표지를 제외한 후보자별 투표지를 집계하는 기계장치에 불과하다. 투표지분류기를 둘러싼 갈등과 법적 분쟁을 줄이기 위해서는, 그에 관한 국민의 정확한 이해를 돕는 안내가 필요하다.

4. 재외국민선거관리의 개선방안

(1) 도입 배경

헌법재판소는 2007. 6. 28. 2004헌마644, 2005헌마360(병합)[127]을 통하여 재외국민 선거권을 인정하지 않는 공직선거법 등에 대해 헌법불합치 결정을 내렸다. '잠정적용 헌법불합치' 결정은 재외국민에 대한 선거권 부여가 헌법적 요청이더라도 선거기술적인 측면과 선거의 공정성 확보 측면에

---

127) 헌재 2007. 6. 28. 2004헌마644 등 결정, 공보 제129호, 763~779면.

서 해결할 많은 어려움이 존재하기 때문이다. 이는 선거관리담당 기구, 재외국민 등에 대한 신원확인 절차, 투표 방식 등에 관하여 입법자가 충분한 논의와 사회적 합의를 거쳐 제도를 만들기 위한 것이다.

위 헌법불합치 결정에 따라 2009년 1월 19일 개최된 제280회 국회 정치개혁특별위원회에서 재외국민에게 선거권을 부여하는 문제가 논의되었다. 재외국민에게 참정권을 주는 것에 관하여 의견이 일치되었고 2012년 총선과 대선에서 시행하되, 문제가 있으면 개선하는 방향으로 결론이 내려졌다.128)

(2) 재외선거인등록의 요건

국가보안법위반 혐의로 수사를 받던 재일동포가 여권기간이 만료되어 외교통상부장관에게 여권발급 신청을 하였으나 거부처분이 내려졌다. 그러자 그 재일동포는 거부처분 취소소송을 제기하였다. 서울행정법원은 2011. 12. 21. 선고 2011구합19086에서 여권발급거부처분이 적법하다고 판결하였다. 위 재일동포는 행정소송 계속 중에 공직선거법 제218조의5 제2항이 '여권 소지 여부'에 따라 국내 거주 국민과 재외국민, 여권 보유 재외국민과 미보유 재외국민을 합리적인 이유 없이 차별하고 여권 미보유 재외국민의 선거권을 침해하며 보통선거의 원칙에 위반되어 위헌이라고 주장하면서 헌법소원심판을 청구하였다. 헌법재판소의 다수의견은 심판대상조항이 재외선거인 등록신청 시 여권을 제시하도록 한 것은 선거권 없는 자의 선거참여를 방지하여 선거의 공정성을 확보하기 위한 것으로서 청구인의 선거권을 침해하지 아니하고 평등권을 침해한다고 볼 수 없으므로 합헌이라고 판단하였다.129)

공직선거법 제218조의5 제1항에 의하면, 재외선거인은 매선거마다 재외

---

128) 대한민국국회, 제280회 정치개혁특별위원회회의록 제3호, 국회사무처, 2009.
129) 헌재 2014. 3. 24. 2011헌마567 결정, 판례집 26-1하, 135~149면.

선거인등록신청을 해야 한다. 재외선거인이 재외공관이 아닌 중앙선거관리위원회에 재외선거인등록을 신청한 것이 받아들여지지 않자 거부처분 취소소송을 청구하였으나, 제1심에서는 기각되었고 제2심에서 각하된 사례가 있다.[130) 항소심인 서울고등법원 2012누21118은 해당 선거가 끝났고 입법개선이 이루어졌으므로 권리보호이익이 없다고 보았다. 청구인은 행정소송 계속 중 헌법소원을 제기했다. 최근 개정된 공직선거법은 인터넷, 우편에 의한 재외선거인등록이 가능한 것으로 바뀌었다.

(3) 낮은 참여율의 문제점

제19대 국회의원선거에서 재외선거권자 223만 3,193명 중에서 2.53%에 불과한 5만 6,356명만이 참여하였다. 이에 재외선거의 참여율을 높이기 위하여 불편함에도 불구하고 선거에 참여할 만한 유인책이 있어야 하고 재외국민 대표를 국회의원으로 선출할 수 있는 제도 개선이 필요하다고 주장하면서 '해외선거구 제도'[131)나 '재외국민 비례대표 할당제도'[132)가 대안이며 그 중 후자가 현실적이라는 지적이 있다.[133)

중앙선거관리위원회는 재외국민의 선거참여 확대를 주요 내용으로 하는 공직선거법 개정의견을 2012년 7월 1일 국회에 제출하였다. 개정의견은

---

130) 서울행정법원 2012. 6. 14. 선고 2012구합4333 판결. 서울고등법원 2013. 1. 16. 선고 2012누21118 판결. 서울행정법원 2012. 6. 14. 선고 2012아995 판결에서 원고가 제기한 위헌법률심판제청신청은 기각되었으며, 원고는 헌법재판소법 제68조 제2항 헌법소원을 제기하였다.

131) '해외선거구제도'란 현행 선거구를 재조정하여 재외국민 대표에게 의석을 배분하는 제도이다.

132) '재외국민 비례대표 할당제도'란 각 정당의 비례대표후보자 명단에 한인회회장 등 재외국민의 이익을 대변할 수 있는 후보자를 추천하도록 하는 제도이다.

133) "재외국민 대표도 국회로 보내야 김대근 형사정책연구위원 19대 국회의원 재외선거 문제점 분석"(법률신문 2013. 3. 28.자 기사).

55개 주요 공관에 파견된 재외선거의 직무를 수행하는 과정에서 파악된 문제점에 대한 개선방안과 현지 한인단체와 교민의 의견을 적극 반영하였다. '영구명부제 도입', '재외선거인 등록신청 대리 제출 허용' 의견이 제시되었다.[134]

중앙선거관리위원회가 재외선거 분야에서 마련한 공직선거법 개정의견의 주요내용은 ① 재외선거인 등록신청 순외 접수제도 도입, ② 재외선거관리위원회 관할구역의 선거권자 수가 4만 명을 넘는 경우 공관 외의 장소에 재외투표소 추가 설치·운영, ③ 영구명부제 도입, ④ 재외선거인의 배우자, 직계존비속 대리등록 신청 허용, ⑤ 제한적 우편투표제도 도입, ⑥ 재외투표기간에 투표하지 못하면 귀국 시 지정된 투표소에서 투표가 가능하도록 하는 것 등이 있다.

II. 국민투표관리

1. 국민투표의 관리

헌법 제72조의 규정에 의한 외교·국방·통일 기타 국가안위에 관한 중요정책, 헌법 제130조의 규정에 의한 헌법개정안에 대한 국민투표에 관하여 필요한 사항은 국민투표법, 같은 법 시행령, 시행규칙에서 따로 규율하고 있다. 국민투표의 일정은 대통령의 국민투표일 및 국민투표안 공고, 국민투표안 게시 및 국민투표 운동, 선거관리위원회가 관장하는 투·개표, 대통령의 확정·공포 등이다.

국민투표법은 외교·국방·통일 기타 국가안위에 관한 중요정책과 헌법개정안에 대한 국민투표에 관하여 필요한 사항을 규정함을 목적으로 한다(제

---

134) "선관위, 재외선거 개정의견 국회 제출"(재외동포신문 2012. 7. 2.자 기사).

1조). 국민투표법 제6조는 국민투표의 사무는 중앙선거관리위원회가 통할·관리하며, 하급 선거관리위원회의 위법·부당한 처분에 대하여 이를 취소하거나 변경할 수 있다고 규정한다.

국민투표법 제14조 제1항은 국민투표를 실시할 때에는 그때마다 구청장·시장·읍장·면장은 국민투표일공고일 현재로 그 관할 구역 안에 주민등록이 되어 있는 투표권자 및 재외동포의 출입국과 법적 지위에 관한 법률 제2조에 따른 재외국민으로서 같은 법 제6조에 따른 국내거소신고가 되어 있는 투표권자를 투표구별로 조사하여 국민투표일 공고일로부터 5일 이내에 투표인명부를 작성하여야 한다고 규정한다.

국민투표법 제15조에 의하면, 투표인명부의 작성에 관하여는 관할구·시·군선거관리위원회가 이를 감독한다(제1항). 구·시·읍·면의 장과 투표인명부작성에 종사하는 공무원이 정당한 이유 없이 투표인명부작성에 관하여 관할구·시·군선거관리위원회의 지시·명령 또는 시정요구에 불응하거나 직무를 태만히 하거나 위법·부당한 행위를 한 때에는 관할구·시·군선거관리위원회 또는 시·도선거관리위원회는 임면권자에게 체임을 요구할 수 있다(제4항). 체임요구가 있는 때에는 임면권자는 정당한 이유를 제시하지 아니하는 한 이에 응하여야 한다(제5항).

중앙선거관리위원회는 공고된 국민투표안을 투표권자에게 주지시키기 위하여 게시하여야 한다(국민투표법 제22조 제1항). 국민투표안의 게시는 인구 100인에 1매의 비율로 한다. 다만, 구·시에 있어서는 인구밀집상태 및 첩부장소 등을 감안하여 중앙선거관리위원회가 정하는 바에 따라 인구 500인에 1매 비율까지 조정하여 첩부할 수 있다(제2항).

2. 개선방안

(1) 국민투표의 중요성

국민투표제도는 국가 주요 사안에 대해 국민의 의사를 직접 묻는 방식이라는 점에서 직접민주주의적인 제도를 헌법에 도입한 것이다. 국민투표제도는 한편으로는 의회나 정당에 대항한 하나의 무기로 인식되고, 다른 한편으로는 독재자 등에 의한 '개인적 권력'을 위한 무서운 도구로도 간주될 수 있다.[135)]

지금까지 국민투표가 6차례 실시되었다. 장차 개헌론이 제기될 수 있고 통일 등 중요정책에 대한 국민투표가 실시될 가능성 또한 배제할 수 없다. 통일이라는 민족의 대업과 관련하여 대통령의 국민투표회부권한 발동이 있을 수 있다.[136)] 대통령과 국회가 각각 국민에 의해 선출되고 임기가 보장되는 2원적 민주적 정당성 체제에서 양대 권력기관의 대립 국면을 해소하는 측면에서 국민투표의 기능적 가치가 있기도 하다.

(2) 국민투표법 개정의 필요성

국민투표에 필요한 사항을 규정하는 것이 국민투표법이다. 국민투표 관리 사무의 중요성에도 불구하고 현행 국민투표법은 최근 개선된 재외투표인, 투표연령 등을 제외하면 낡은 법률이다. 국민투표는 헌법 개정을 위한 절차이기도 하고 대통령이 국가 중요사안에 관한 레퍼렌덤을 하는 수단으로도 활용될 수 있는 제도임에도 말이다.

국민투표는 직접민주주의를 위한 중요한 수단이다. 국민의 주권적 의사

---

135) 성낙인, 선거법론, 법문사, 1998, 185면.
136) 성낙인, 선거법론, 203면.

의 표명이 되는 국민투표가 민주주의 관점에 비추어 어떠한 방식으로 실시
되어야 하는가에 관하여 논의가 필요하다. 그에 관한 충분한 논의와 검토
를 거친 다음 공직선거법을 비롯한 전체 법체계에 맞도록 국민투표법 개정
이 이루어져야 한다.137)

제9차 헌법 개정을 위한 절차로서 1987년 10월 27일 국민투표가 실시된
이후 오늘날까지 국민투표가 실시되고 있지 않다. 그에 비해 공직선거법은
선거운동의 자유와 관련하여 '원칙적 자유·예외적 제한'의 방식을 채택하
였고 그동안 선거의 자유를 확대하기 위한 노력이 시도되었다.

현행 국민투표법은 20세기적인 선거규제 중심을 고수하고 있다. 국민투
표법은 국민투표법에 규정된 이외의 방법으로 국민투표에 관한 운동을 할
수 없다고 규정한다(제27조). 이러한 원칙적 금지·예외적 허용 방식은 선
거운동방법을 개별적으로 규정하고 있었던 공직선거법의 종전의 모습 그
대로이다. 이는 현행 공직선거법과는 체계상 조화될 수 없다. 국민투표법의
벌금액도 현실적이지 못하다.

국민투표법은 실질적인 내용이 개정되고 있지 못하다. 중앙선거관리위
원회는 국민투표법 개정에 관한 일련의 과정에서 '국민투표법'을 해석·집
행하는 주무부서로서의 역량을 발휘할 필요가 있다. 중앙선거관리위원회는
국민투표제도 개선방안을 연구하고 자료를 축적하여 국민투표법 개정에
관한 의견을 제출하여야 한다.

---

137) 중앙선거관리위원회, 선거관리위원회의 헌법상 지위와 권한에 관한 연구 : 헌법
　　제7장 선거관리에 관한 개정을 중심으로, 91~92면.

Ⅲ. 정당 및 정치자금 사무

1. 정당사무 관리

(1) 선거관리위원회의 정당사무 담당

'정당'이란 국민의 이익을 위하여 책임 있는 정치적 주장이나 정책을 추진하고 공직선거의 후보자를 추천 또는 지지함으로써 국민의 정치적 의사형성에 참여함을 목적으로 하는 국민의 자발적 조직을 말한다(정당법 제2조). 선거에 임하여 정당은 경쟁하고 대립한다. 현대정치에서 정당은 정견을 결정하고 선거에 출마할 후보자를 선정하며 선거운동의 주체가 된다.138) 정당에 관한 사무에서 국가의 중립성은 확보되어야 한다.139)

경쟁적 선거의 여건으로 모리스 뒤베르제는 복수정당제와 정당들 사이의 경쟁을 든다. 정권교체가 가능하도록 건전한 야당을 육성하는 것은 경쟁적 선거를 위하여 중요하다. 헌법과 정당법에서 정당에 관한 사무를 선거관리위원회로 하여금 관장하도록 한 것은 정당을 보호하기 위해 중립성과 공정성이 보장되어야 하는데, 중립적 기관인 선거관리위원회에 그 사무를 맡길 필요가 있기 때문이다.140)

(2) 정당의 보호와 육성

헌법상 정당의 설립은 자유이며, 복수정당제는 보장된다(제8조 제1항). 헌법은 정당민주주의를 요구하고(제2항), 정당의 목적이나 활동이 민주적

---

138) 박승재, "한국민주주의와 선거 : 선거제도의 토착화를 위한 하나의 시론", 한국정치학회보 제4권, 한국정치학회, 1971. 8., 42면.
139) 한수웅, 헌법학(제2판), 법문사, 2012, 1255면.
140) 문홍주·이상규, 축조 신선거법해설, 법문사, 1963, 29면.

기본질서에 위배될 때에도 반드시 위헌정당해산 절차를 거쳐 해산되도록 한다(제4항).

정당의 보호·육성은 경쟁적 선거와 관련이 있다. 각종 공직선거에서의 정당의 후보자 추천 및 선거운동은 정당의 정치활동 중에서 가장 중요한 부분이다. 이를 통해 정당은 국민과 국가(선출직 공직)를 연결하는 매개체 역할을 한다.[141]

독립된 헌법기관인 선거관리위원회는 정당의 설립과 활동의 자유가 보장될 수 있도록 노력하여야 한다. 선거관리위원회는 정당 등록·변경·소멸 등에 관한 감독사무 및 정당발전을 지원하는 업무를 담당하고 있다. 선거관리위원회는 정당 사무를 관장하는 기구로서 정당의 건전한 보호와 육성의 책임을 진다.

2. 정당사무의 구체적 검토

(1) 정당등록 사무 처리

선거관리위원회는 정당과 관련된 각종 사무를 담당한다. 정당의 창당준비위원회 결성신고, 등록신청, 등록증 교부, 등록의 공고, 정당에 대한 보고·자료 등의 제출요구, 정기보고 접수, 등록취소 등 광범위한 사무가 선거관리위원회의 관할에 속한다(정당법 제22조 내지 제30조).

---

141) 정병욱, 앞의 책, 4면; 졸고, "정당민주주의에 대한 연구 : 특히 정당의 공천을 중심으로", 서울대학교 대학원 법학과 석사학위논문, 2003, 10~11면.

(2) 정책정당 발전 지원

선거관리위원회는 '건전한 정당발전 기반조성'을 핵심적 추진과제의 하나로 든다. 이를 위하여 당내 민주주의 정착을 위한 제도 개선·지원, 건전한 정당 발전을 위한 역할 강화, 정치자금 투명성 확보, 건전한 후원문화 조성 등을 추진하고 있다.

선거관리위원회는 '정책 중심의 선거'를 실천하고 정책으로써 경쟁하는 정치풍토 조성에 기여하고자 '정당·정책 정보시스템'을 운영하고 있다. 선거관리위원회 홈페이지에 접속하면 '정책·공약 알리미'에서 정당의 선거공약, 후보자공약, 당선자 공약을 조회할 수 있고 정당 현황 등을 확인할 수 있다. 정책 중심의 선거가 실시되어야 선거가 정책선택의 민주적 기능을 발휘할 수 있기 때문이다.

선거관리위원회는 '매니페스토(Manifesto) 정책선거'가 치러지도록 하기 위해 노력한다. 지금까지 수많은 선거에서 유권자는 혈연, 지연, 학연 등 후보자나 정당과의 연고관계에 의존하여 투표해왔다. 선거관리위원회는 정당과 후보자가 정책으로 경쟁하고 유권자가 정책을 중심으로 후보자를 선택하는 선진 선거문화를 정착시키고자 한다.

(3) 정당의 당내경선 관리

국고보조금 배분대상이 되는 정당은 당내경선사무 중 경선운동, 투표 및 개표에 관한 사무의 관리를 당해 선거의 관할 선거구 선거관리위원회에 위탁할 수 있다. 선거관리위원회가 당내경선의 투·개표에 관한 사무를 수탁관리하는 경우 그 비용은 국가가 부담한다. 투표 및 개표참관인의 수당은 당해 정당이 부담한다(공직선거법 제57조의4 제1항, 제2항). 정당이 당내경선을 위탁하여 실시하는 경우 경선 및 선출의 효력에 대한 이의제기는 당해 정당에 하여야 한다(제57조의7).

3. 정치자금사무의 종류

정당법에서 인정하고 있는 정치자금에는 당비, 후원금, 기탁금, 보조금과 정당의 당헌·당규에서 정한 부대수입 그밖에 정치활동을 위해 제공되는 금전이나 유가증권 그 밖의 물건이 있다(정치자금법 제3조 제1호). 당비는 당원이 정당에 직접 납부하는 정치자금이다.

정당의 건전한 육성, 선거에서의 공정성 확보, 정당과 후보자의 거대자본으로부터의 재정적인 독립을 통한 민주적 내부질서 유지와 건전한 민주정치의 실현을 위하여 정치자금에 대한 법적 규제가 필요하다. 선거관리위원회는 정치자금의 적정한 제공을 보장하고 부패의 원인을 제거함으로써 깨끗한 정치풍토를 조성하기 위해 정치자금의 수입과 지출을 공개하는 등의 방식으로 규제한다.

선거관리위원회가 담당하는 정치자금에 관한 사무는 ① 후원회등록 사무, ② 후원금 모금 및 기부상황 감독, ③ 국고보조금 지급 및 그 지출 감독, ④ 기탁금 수탁 및 배분, ⑤ 정당 및 후원회 등의 회계보고 접수 및 확인·조사, ⑥ 정치자금 모금지원 및 정치자금 사무처리 지원 등이 있다.

4. 정치자금사무의 구체적 검토

(1) 후원회 등록절차

'후원회'란 정치자금의 기부를 목적으로 관할 선거관리위원회에 등록되어 설립·운영되는 단체를 의미한다. 후원회의 대표자는 관할 선거관리위원회에 후원회지정권자의 지정을 받은 날부터 14일 이내에 후원회등록을 신청한다. 후원회의 대표자는 후원회의 명칭, 소재지, 정관 또는 규약, 대표자, 인영이 변경될 경우 변경이 생긴 때로부터 14일 이내에 변경등록을 신청한다(정치자금법 제7조).

(2) 기탁금 및 국고보조금 배분

중앙선거관리위원회는 기탁금 모금에 직접 소요된 경비를 공제하고 지급 당시 국고보조금 배분율에 따라 기탁금을 배분·지급한다(정치자금법 제23조 제1항).

뿐만 아니라, 국가는 법률이 정하는 바에 의하여 정당운영에 필요한 자금을 보조할 수 있다(헌법 제8조 제3항). 정당의 보호·육성을 위하여 국가가 정당에 지급하는 금전이나 유가증권이 '(국고)보조금'이다(정치자금법 제3조 제6호). 국고보조금은 '경상보조금(제23조 제1항)' 및 '선거보조금(제2항)'이 있고, 각종 선거에 여성후보자를 추천하는 정당에 지급하기 위한 '여성추천보조금(제26조)'과 장애인후보자를 추천한 정당에 지급하기 위한 '장애인추천보조금(제26조의2)'이 있다.

중앙선거관리위원회는 보조금(경상보조금)을 매년 분기별 균등 분할하여 정당에 지급하고, 보조금(선거보조금)을 당해선거의 후보자등록마감일 후 2일 이내에 정당에 지급한다(정치자금법 제23조 제4항). 중앙선거관리위원회는 정당에 지급한 보조금에 대해 법에서 정한 용도에 맞게 사용하는지 확인하고 위반 정도에 따라 금액을 회수하거나 감액조치를 하여 공적자금에 대한 사후감독을 한다.

보조금에 관한 회계보고를 허위·누락한 경우와 용도를 위반하여 사용한 경우 그 금액의 2배에 상당하는 금액을, 정기회계보고를 하지 아니한 때에

는 중앙당의 경우 지급한 보조금의 100분의 25에 상당하는 금액을, 시·도
당의 경우 중앙당으로부터 지원받은 보조금의 2배에 상당하는 금액을 각각
회수하고, 회수가 어려운 때에는 그 이후 당해 정당에 지급할 보조금에서
감액하여 지급한다(정치자금법 제29조).

  보조금을 지급받은 정당이 해산되거나 등록이 취소된 경우 또는 정책연
구소가 해산하거나 소멸한 경우 지급받은 보조금은 지체 없이 정당, 정책
연구소에서 정한 바에 따라 처리되어야 한다(정치자금법 제30조 제1항).
중앙선거관리위원회는 정당이 반환하여야 할 보조금을 반환하지 아니한
때에는 국세체납처분의 예에 의하여 강제징수할 수 있다(제2항).

5. 개선방안

(1) 정당의 기능과 선거관리

  정당은 본질적으로 사회에 속하지만 일반 결사와 다르게 국가 영역을 지
향하는 교차점에 헌법상 지위가 있다.[142] 정당은 국민의 의사를 수렴하여
국가의 정책결정에 반영하는 역할에 그치지 않고 공직선거에 후보자를 추
천하여 직접 국가기관을 구성하는 역할도 수행한다는 점에서 다른 정치적
결사와 차이가 있다. 정당은 사회에 깊이 뿌리를 내려서 사회 구성원의 다
양한 의사를 정확하게 파악하고 이를 국가의 정책결정으로 수렴·반영시킬
수 있는 조직과 활동이 필요하다.[143]

  정당이 행하는 기능과 선거관리기구가 행하는 기능에는 중첩되는 부분
이 있다. 정당은 낡은 제도인 데 비해 선거관리기구는 새로운 제도라는 주

---

142) 졸고, "정당민주주의에 대한 연구 : 특히 정당의 공천을 중심으로", 16~17면.
143) 송석윤, 헌법과 정치, 경인문화사, 2007, 194면.

장이 있다.144) 선거위원회 없이 다른 공평한 기구가 선거에 관한 문제를 오랫동안 처리해온 경우 정당들은 그 기구의 지시를 따를 것이다.145) 자연스럽게 선거에서 경쟁하는 정당들 사이에서 공정한 경쟁의 룰이 확립되게 되면 선거관리의 기능은 축소될 수 있다.

(2) 정치자금·선거비용 규제의 당위성

선거를 통한 대표제가 민주주의의 실현 과업을 수행함에 있어서 한계에 이르는 것은 대표의 정당성 확보와 대표를 중심으로 이루어지는 정치활동의 투명성 유지 문제에 있다. 정치활동 중 가장 격렬한 현장이 선거이다. 정치활동에 소요되는 정치자금에 대한 규제와 선거과정에 지출되는 선거비용에 대한 통제는 정치활동의 투명성 유지 및 그에 대한 국민의 신뢰회복을 위한 것이다.146)

정치자금에 대한 법제의 정비 및 부패방지법, 공직자윤리법 제정 등 정치활동의 부패에 대한 각국의 법적 규제는 강화되고 있다.147) 각국의 선거관리기구를 살펴보더라도 그러한 경향이 나타나고 있다. 미국에서 연방선거위원회가 설립된 것은 대통령의 재선을 위한 정치자금 불법수수를 통제하기 위한 데에서 비롯된다. 정치자금과 선거비용에 대한 선거관리위원회의 규제업무에는 어려움이 따르지만, 민주정치 발전을 위해 그 역할은 보다 강화될 필요가 있다.

정치자금과 선거비용에 대한 관리에서는 경제적 불평등이 정치적 불평

---

144) 라파엘 로페즈 핀터, 앞의 논문, 136면.
145) http://www.venice.coe.int/webforms/documents/CDL-STD(2003)034-e.aspx(2013. 7. 11. 최종 방문).
146) 성낙인, 선거법론, 376~377면.
147) 성낙인 "부패방지법제의 현황과 과제", 공법연구 제24집 제3호, 한국공법학회, 1996, 161~188면.

등으로 연결되고 정치적 불평등이 다시 경제적 불평등으로 이어져 지배와 피지배가 고착화되는 현상을 막아야 한다는 점에 초점을 맞추어야 한다. 이러한 노력은 선거에서 기회균등을 보장하고 경쟁적 선거를 실현하기 위하여 요구된다. '기회의 균등'이라는 관점에서 선거관리기구는 정치자금과 선거비용에 대해 규제하여야 한다.

(3) 정치자금의 공개와 투명성 확보

선거비용의 출처, 사용처, 관리, 회계, 정산에 대해 제한을 두고 투명성을 요구하고 있는 것은 선거관리가 효율성 못지않게 공정성을 추구하는 데에서 기인한다. 선거규제는 단순히 경쟁을 막는 것을 추구하는 것이 아니라 인적·물질적 자원 등이 풍부한 후보나 정당과 그렇지 못한 후보나 정당 간의 기회균등(헌법 제116조 제1항) 하에서 이들이 경쟁할 수 있는 토대를 마련하기 위한 것이다.[148]

정치자금과 선거비용이 음성화된다면 정치권력과 거대자본은 유착에서 벗어나지 못한다. 이는 정치에 대한 국민적 불신을 가중시키고 정당에 대한 국고보조의 설득력을 약화시킬 것이다. 선거공영제, 국고보조제는 정치자금에 대한 규제를 정당화시키는 논거라고 볼 수 있다. 선거관리기구는 각 정당이 정치자금과 선거비용의 현황을 일반 국민에게 제대로 공시하도록 하는 방안을 강구하여야 한다.

선거관리기구는 정치자금의 투명성을 확보하기 위해 정당이 정치자금을 적법하게 모집하고 집행하는지를 철저히 감독해야 한다. 정치자금법 제42조 회계보고서 등의 열람 및 사본교부와 이의신청은 강화될 필요가 있다. 현행법상 열람기간 3개월은 지나치게 짧다. 선거관리위원회 홈페이지에 공개되는 사항을 선거비용 수입·지출명세서에 한정하는 것도 시정되어야 한

---

148) 홍재우, 앞의 논문, 140면.

다. 사본교부 신청대상에는 영수증 기타 증빙서류 사본과 정치자금의 수입·지출 관련 예금통장사본을 포함시킬 필요가 있다.[149]

정치자금 제공자, 선거관리기구, 정당 3자 사이에 사전협조와 조율을 거쳐서 선거과정에 대한 신뢰와 투명성을 제고한다면 선거를 보다 효율적으로 계획할 수 있고 규제비용 절감 효과가 예상된다. 정당 내·외부자가 정치자금을 감시하고 신고·진정·고발을 하고, 국민이 정치자금에 대한 관리·감독에 참여하는 것은 정치자금 규제의 효율성·경제성에 기여할 것이다.[150]

Ⅳ. 중앙선거관리위원회규칙 제·개정

1. 규칙제정권

중앙선거관리위원회는 '법령의 범위 안에서' 선거관리·국민투표관리 또는 정당사무에 관한 규칙을 제정할 수 있고, '법률에 저촉되지 아니하는 범위 안에서' 내부규율에 관한 규칙을 제정할 수 있다(헌법 제114조 제6항). 국회(제64조 제1항), 대법원(제108조) 및 헌법재판소(제113조 제2항)의 경우 '법률에 저촉되지 않는 범위 안에서' 업무와 내무규율에 관한 규칙을 제정할 권한을 가진다. '법령의 범위 안에서' 제정되는 것은 지방자치단체의 자치에 관한 규칙이 있다(제117조 제1항).

---

149) 음선필, "정당 정치자금의 투명성 강화 방안", 홍익법학 제13권 제4호, 홍익대학교 법학연구소, 2012. 12., 164~167면.
150) 음선필, "정당 정치자금의 투명성 강화 방안", 177~178면.

2. 법적 성격

헌법기관의 규칙제정권은 기관의 내부적 질서를 자율적으로 규정하도록 하여 독자성과 독립성을 보장하기 위하여 헌법에서 제공하는 행위수단이다. 규칙제정권은 한편으로 다른 국가기관의 간섭으로부터 헌법기관을 보호하고 다른 한편으로 내부조직과 의사절차의 원활한 기능과 효율성을 확보한다.151) 중앙선거관리위원회의 규칙제정권은 '자율입법권'이다.

'공직선거관리규칙'은 중앙선거관리위원회가 헌법 제114조 제6항 소정의 규칙제정권에 의하여 공직선거및선거부정방지법에서 위임된 사항과 대통령·국회의원·지방의회의원 및 지방자치단체의 장의 선거의 관리에 관한 필요한 세부사항을 규정함을 목적으로 제정된 법규명령이나, 1995년 6월 27일 실시한 제1회 전국동시지방선거를 위하여 중앙선거관리위원회가 각급 선거관리위원회에 배포한 '개표관리요령'은 개표관리 및 투표용지의 유·무효를 가리는 업무에 종사하는 각급 선거관리위원회 직원 등의 업무처리지침 내지 사무처리준칙에 불과하므로 국민과 법원을 구속하는 효력이 없다는 것이 대법원 판례이다.152)

헌법재판소는 "공직선거에관한사무처리예규는, 각급 선거관리위원회와 그 위원 및 직원이 공직선거에 관한 사무를 표준화·정형화하고, 관련법규의 구체적인 운용기준을 마련하는 등 선거사무의 처리에 관한 통일적 기준과 지침을 제공함으로써 공정하고 원활한 선거관리를 기함을 목적으로 하는 것이므로, 개표관리 및 투표용지의 유·무효를 가리는 업무에 종사하는 각급 선거관리위원회직원 등에 대한 업무처리지침 내지 사무처리준칙에 불과할 뿐 국민이나 법원을 구속하는 효력이 없는 행정규칙이라고 할 것이어서 이 예규 부분은 헌법소원 심판대상이 되지 아니한다."라고 판단한 바

---

151) 한수웅, 앞의 책, 1152면.
152) 대법원 1996. 7. 12. 선고 96우16 판결.

있다.153)

3. 대통령령과의 관계

(1) 문제점

헌법 제114조 제6항은 중앙선거관리위원회가 법령에 저촉되지 아니하는 범위 안에서 사무에 관한 규칙제정권을 가지고 법률에 저촉되지 아니하는 범위 안에서 내부규율에 관한 규칙제정권을 가진다고 한다. 중앙선거관리위원회의 사무에 관한 규칙 제정권이 대통령령(시행령)보다 하위에 있는지가 문제된다.

(2) 견해의 대립

헌법상 독립기관인 중앙선거관리위원회의 소관사무에 대한 하위입법권을 행정권이 가지는 것은 규범체계상 혼란을 초래하고 비논리적이라는 견해가 있다.154) 중앙선거관리위원회가 국회, 대법원 및 헌법재판소와 같은 헌법기관인 점과 헌법의 체계를 고려하면, '법령의 범위 안에서'를 '법률에 저촉되지 않는 범위 안에서'라고 해석된다고 보기도 한다.155)

대통령령을 선거관리위원회의 자율입법권의 한계로 보는 것은 행정권으로부터 독립된 기관에 선거관리라는 헌법사무를 부여한 헌법 자체의 취지에 부합하지 아니하므로 선거관리위원회의 본질적 소관사무로서 법률에서 직접 대통령령 등의 행정입법에 위임하고 있지 않은 사항의 경우 중앙

---

153) 헌재 2000. 6. 29. 2000헌마325 결정, 판례집 12-1, 963면 이하.
154) 권영성, 앞의 책, 997면; 이성환, "선거관리의 공법적 문제", 94면.
155) 이성환, "선거관리의 공법적 문제", 94면.

선거관리위원회규칙이 대통령령보다 우월한 효력을 가진다고 보는 견해가 있다.[156)

중앙선거관리위원회가 집행부로부터 독립된 지위를 갖는 헌법기관이지만 헌법에서 중앙선거관리위원회에 부여한 기능이 집행작용이라는 점에 비추어 헌법조문 그대로 '법령의 범위 안에서'라고 해석된다는 견해도 있다.[157)

(3) 검토

1962년 제5차 개정헌법 제107조 제6항 이후로 계속해서 '법령'이라는 용어를 사용하여 온 점, 1987년 제9차 헌법 개정 당시 중앙선거관리위원회의 독립기관성을 존중하여 내부규율에 관한 자율입법권을 명문규정으로 정하고 '법률'이라는 용어를 쓰면서 소관사무에 대한 규칙제정의 한계를 '법령'으로 하는 규정을 그대로 둔 점을 간과할 수는 없다. '법령'을 법률로 보는 견해는 문리해석에 반한다.

헌법 제114조 제6항을 문리적으로 해석하면 대통령령이 중앙선거관리위원회 규칙보다 우월하다고 볼 수 있겠다. 선거관리위원회가 선거의 공정한 관리 및 정당 사무에 관한 중심적인 헌법기관인 점을 감안하여 실무상 선거관리위원회규칙을 존중하고 가급적 그에 모순되는 내용의 대통령령을 제정하지 않는 방향으로 운영하는 것이 현대적 권력분립에 부합한다.

4. 실무의 운영례

선거관리위원회법의 하위입법에는 대통령령이 없고 중앙선거관리위원회

---

156) 김종철, "선거관리위원회에 대한 국민의 민주적 통제, 어떻게 할 것인가?", 18면.
157) 이준일, 앞의 논문, 43~44면.

시행규칙만 있다. 선거관리위원회법 시행규칙이 제정된 이후 오랜 기간 동
안 사문화되었으면서 존속하였던 선거관리위원회법 시행령은 2012년 3월
30일에서야 대통령령 제23694호로 폐지되었다.

공직선거법의 하위입법으로 대통령령인 공직선거법 시행령과 중앙선거
관리위원회규칙인 공직선거관리규칙이 있다. 법제처의 국가법령정보센터
법령체계도를 참조하면, 공직선거관리규칙은 시행령으로 분류되어 있
다.158) 공직선거법 시행령이 공직선거법에서 위임된 사항과 그 시행에 관
하여 필요한 사항을 정하는 데 비해, 공직선거관리규칙은 공직선거법에서
위임된 사항과 그 밖에 대통령·국회의원·지방의회의원 및 지방자치단체의
장의 선거의 관리에 필요한 세부사항을 정한다.

공직선거법은 직접적으로 대통령령에 위임할 사항과 중앙선거관리위원
회규칙에 위임할 사항을 나눈다. 중앙선거관리위원회 규칙은 공직선거법
시행령과 대등하게 취급되고 있다. 대통령령과 중앙선거관리위원회규칙이
정하는 사항은 중첩되지 않으므로 충돌되지 않는다. 대통령령에서 주로 실
체적 부분을, 중앙선거관리위원회 규칙에서 주로 절차적 부분을 규율하고
있다. 학설상 논의와 별개로 실무적으로 이 같은 방식으로 시행령과 규칙
간의 충돌을 해결하고 있다.

---

158) www.law.go.kr/lsStmdInfoP.do?lsiSeq=137286(2013. 4. 25. 최종 방문).

V. 기타

1. 정치관계법 제·개정에 관한 의견 제시

(1) 의의

선거제도는 헌법에서 명문으로 인정하고 있는 것을 제외하고 공직선거법 등 정치관계법의 개정을 통해 바뀔 수 있다. 특정 정치세력에 유리하게 정치관계법이 개정되는 것은 다른 정치세력을 경쟁에서 배제하는 결과를 가져온다. 정치관계법이 편파적으로 만들어지고 그것을 통하여 형성된 질서가 고착화되면 정권교체는 요원한 일이 된다. 따라서 모든 이해관계자의 참여 속에 공정한 경쟁의 규칙을 만들어야 한다.

1992년 11월 11일 법률 제4496호로 개정된 선거관리위원회법 제17조 제1항은 행정기관이 선거(위탁선거 포함), 국민투표 및 정당관계법령을 제정·개정 또는 폐지하고자 할 때에는 미리 당해 법령안을 중앙선거관리위원회에 송부하여 그 의견을 구하도록 규정하고, 제2항은 중앙선거관리위원회는 선거·국민투표 및 정당관계법률의 제정·개정 등이 필요하다고 인정하는 경우 국회에 그 의견을 서면으로 제출할 수 있다고 규정한다.

(2) 정치관계법 개혁의 어려움

공직선거법 등 정치관계법은 다양한 정치세력들이 정치권력을 차지하기 위하여 치르는 전투의 룰을 정하는 규범이다. 집권한 세력은 그 집권을 영구화하기 위해 정치권력을 둘러싼 경쟁의 규칙과 상황을 자신에게 유리하게 편제하고 이를 토대로 경쟁을 피하며 집권을 고수하고 싶은 유혹을 떨치기 어렵다.

여·야 국회의원 동수로 국회에서 정치개혁특별위원회를 구성하여 이를 통해 정치관계법의 제·개정을 하고 있는 것은 어느 편에 유리한 정치관계법 제·개정이 이루어지는 것을 막기 위한 데에 그 취지가 있다. 선거법을 여당이나 야당이 일방적으로 강행 처리하는 것이 금지되는 것은 상식으로 통하고 있다.

정치개혁특별위원회에서 합의가 이루어지지 않는다면, 어떠한 방법으로 사회적 인식 수준에 맞는 정치관계법의 개혁을 이루어나갈 것인지가 문제된다. 여당과 야당을 불문하고 주요 정당 현역 의원들은 이미 기득권을 누리는 기성 정치인이다. 주요 정당의 핵심 정치인은 신인 정치인, 소수 정당의 원내 진출을 막는 데에는 의견의 일치를 볼 것이다.

(3) 헌법재판소의 정치개혁 선도

선거구획정의 인구편차, 게리맨더링, 1인 2표제의 도입, 재외선거권 등 문제는 정치적 이해관계가 민감한 것이다.[159) 예컨대, 지역적 연고를 둔 정당들에게 선거구 인구편차의 축소는 수도권 의석의 확대, 지방 의석의 축소를 가져온다. 이는 지역적 색채가 강하지 않은 수도권에서 불확실한 승패를 걸고 싸워야 하는 리스크를 의미한다. 1인 2표제는 다수대표제 및 그와 결합된 지역구의석배정을 비례대표의석배정으로 연계시킨 비례대표제로 인하여 그동안 원내 진출이 어려웠던 소수 정당들에게 원내에 진출할 기회를 제공할 것으로 예상되었다.

민심을 의석수로 전환하는 것이 대표라면 대표성에 정면으로 반하는 선거법이 오랜 기간 유지되었던 것은 그에 관한 주요 정당들의 이해관계가 일

---

159) 선거법과 선거제도에 대한 결정례로는 헌재 1995. 12. 27. 95헌마224 등 결정(선거구인구편차와 게리맨더링); 헌재 2001. 7. 19. 2000헌마91 결정(비례대표국회의원 의석배분); 헌재 2001. 10. 25. 2000헌마92 등 결정(선거구인구편차); 헌재 2007. 6. 28. 2004헌마644 등 결정(재외국민 선거권) 등이 있다.

치하였기 때문이다. 정치관계법 개정에서 여·야 동수로 합의가 이루어져야 한다는 것도 걸림돌이 될 수 있다. 국회 의안정보시스템을 분석하면, 의회기 내에 원안 또는 수정안이 가결된 공직선거법 개정 사례는 극히 드물다.

가령 제18대 국회(2008년~2012년)에서 제안된 공직선거법 개정안은 227개인데, 그 중 가결된 것은 8개로 통과율 약 3.52%에 불과하다. 제18대 국회의 전체 법률안 13,913개(의원발의 12,220개, 정부발의 1,693개) 가운데 가결된 것이 2,353개(의원발의 1,663개, 정부발의 690개)이고 통과율이 약 12.16%에 이르는 것에 비하면 현저히 낮은 수치와 비율이다.[160]

이러한 가운데 정치관계법의 개혁을 선도해왔던 기관이 바로 헌법재판소이다. 헌법재판소가 과감하게 정치관계법에 관하여 위헌 또는 헌법불합치 결정을 내렸고, 국회가 그 결정을 반영하여 그나마 정치관계법의 개혁이 이루어진 것이다. 민주주의원리를 기준으로 삼아 헌법재판소가 전국구 비례대표 의석배분 방식을 통제하기도 하였다.[161] 하지만, 헌법재판은 어디까지나 사법작용이다. 정치발전의 주체는 국회가 되어야 한다.

(4) 개선방안

1) 중앙선거관리위원회의 역할 강화의 필요성

공직선거법 등 정치관계법 주무부처는 '중앙선거관리위원회'라고 명시되어 있다. 선거관리위원회는 정치관계법을 집행하면서 노하우를 쌓고 있는 헌법기관이기도 하다. 중앙선거관리위원회는 공직선거법 등 정치관계법과 선거제도 연구, 입법적 개선안 제시 등에 역량을 집중하여야 한다. 정치관계법의 입법적 방향제시에 관한 선거관리위원회의 역할강화의 필요성이

160) 국회의안정보시스템[likms.assembly.go.kr/bill/jsp/StatFinishBill.jsp(2013. 5. 18. 최종 방문)].
161) 헌재 2001. 7. 19. 2000헌마91 등, 판례집 13-2, 77~102면.

크다.162) 법을 통한 민주주의 유럽위원회는 중앙선거위원회가 선거법 제·
개정 과정에서 논쟁을 촉진하고 정치 이슈를 해결하는 열쇠가 되는 기관이
라고 본다.163)

'합의'를 통한 정치관계법의 제·개정은 국민 화합과 민주주의 구축 차원
에서 중요한 수단이 된다. 정치관계법의 입법과정에 각 정당이 참여하여야
정치적 이해관계와 상관없이 포용력과 실효성을 확보하게 된다. 선거관리
위원회는 민주적 정치와 새로운 선거제도를 정착하는 데에 결정적인 역할
을 할 수 있을 뿐만 아니라 모든 정당들이 선거과정에 참여하도록 이끌어
야 한다. 이와 관련 중앙선거관리기구가 선거입법과 실무개선을 제안하는
스웨덴의 사례, 선거입법과정에서 선거위원회와 행정부가 협력하는 영국과
스페인의 사례를 참조할 필요가 있다.

최근 중앙선거관리위원회는 권역별 비례대표제, 석패율제 등 정치관계
법 개정 의견을 국회에 제출한 바 있다.164) 중앙선거관리위원회는 정치관
계법 개혁 논의가 당파적인 이익에 치우치는 것이 아니라 민주정치의 발전
을 추구하는 방향으로 진행되도록 입법자료와 의견을 제시해야 한다. 중앙
선거관리위원회는 정치관계법을 집행하는 주무부서로서 소관 법률 제·개
정 과정에서 제도개선안을 제안하기에 적절한 위치에 있다.165)

---

162) 음선필, "한국 지방선거에서의 공정선거 확보방안", 145면.
163) http://www.venice.coe.int/webforms/documents/CDL-STD(2003)034-e.aspx(2013.
　　7. 11. 최종 방문).
164) "선관위, 권역별비례대표·석패율제 도입 제안"(연합뉴스 2015. 2. 24.자 기사).
165) 제16~18대 국회(1999~2011년)에서 선거관리위원회 제출 선거관계법 개정 의견
　　의 내용, 국회통과 여부 등을 분석한 결과 선거관리위원회가 선거관계법 제·개정
　　과정에서 매우 긍정적이고 발전적인 기여를 해오고 있다는 평가로는 이형건, "선
　　거관리위원회의 입법기능에 관한 연구 : 선거관리위원회의 의견제출권을 중심으
　　로", 울산대학교 대학원 법학과 박사학위논문, 2012.

2) 입법적 개선에 관한 대국민 홍보

선거관리위원회는 정치관계법의 입법적 개선을 위한 노력으로서 대국민 홍보를 할 필요가 있다. 이는 선거관리위원회의 입법의견이 국민적 공감대를 형성하여 정치개혁으로 나아가는 데에 큰 기여를 할 것이다. 중앙선거관리위원회가 국민의 이해와 지지를 바탕으로 정치관계법 개정의견을 내면 여론을 의식하지 않을 수 없는 주요 정당들도 민주정치의 발전을 위한 정치관계법의 개정에 나설 것이기 때문이다.

3) 헌법소송 계류 중인 사건에 대한 대처

실무상 공직선거법에 관한 위헌법률심판이나 헌법소원 사건의 경우 형벌조항은 법무부가, 기타 조항은 중앙선거관리위원회가 각각 의견을 내고 있다. 중앙선거관리위원회는 헌법소송 계류 중인 사건에서 적극적으로 의견을 개진하고 입법의 배경, 외국 입법례를 충분히 제시해야 한다. 중앙선거관리위원회는 필요시 입법개선을 요구하는 의견을 제시하여 정치관계법에 대한 헌법재판소 규범 통제가 실무에 대한 정확한 인식과 풍부한 자료를 바탕으로 이루어질 수 있도록 노력을 기울여야 한다.

4) 통일시대 정치통합을 위한 준비

선거관리위원회는 민족의 정치통합에 따른 새로운 국가공동체 형성을 준비하는 중추적 국가기관으로 역할을 다하여야 한다. 선거관리위원회는 통일시대에 대비하여 정치관계법과 선거제도·정당제도를 어떻게 구상하고 실현할 것인지 등에 대해 연구할 책임이 있다.

선거연수원이 발주한 2013년도 연구용역 가운데 '통일한국의 정치통합을 위한 선거관리위원회의 역할 및 단계별 대응방안'이 있다. 선거관리기구가 선거제도를 통한 정치공동체 통합에 기여한 사례로 인도, 보스니아·헤르체고비나 등을 들 수 있다. 독일과 같이 통일을 이룩한 국가의 총선거

사례에 대한 연구도 필요하다는 점도 아울러 지적한다.

2. 위탁선거관리

(1) 제도연혁 및 법률체계

1987년 11월 7일 법률 제3938호로 개정된 선거관리위원회법은 선거관리위원회로 하여금 공공단체의 선거(위탁선거)에 관한 사무를 관리하도록 정하였다. 그럼에도 농·수·축협 등의 임원에 대한 선거관리를 선거관리위원회에 위탁하는 근거가 되는 조항을 두지 않아서 오랫동안 위탁선거가 실시되지 못하고 있었다.

선거관리위원회법 제3조 제1항 제4호 개정으로 선거관리위원회가 국가 및 지방자치단체의 선거 이외에 법령의 규정에 따라 이 법에 의한 선거관리위원회가 관리하는 공공단체의 선거(위탁선거)에 관한 사무를 담당하게 되었다. 위탁선거의 위탁절차 기타 그 관리에 필요한 사항은 중앙선거관리위원회규칙으로써 정한다(선거관리위원회법 제3조 제5항).

선거관리위원회는 2004년 12월 31일 농업협동조합법, 수산업협동조합법과 산림조합법의 개정에 따라 조합원이 투표로 직접 선출하는 농협조합장선거, 축협조합장선거, 수협조합장선거, 산림조합장선거를 위탁관리한 이래 2006년 중소기업중앙회장선거, 2009년 농협중앙회장선거, 2010년 수협중앙회장선거, 정비사업조합임원선거를 관리하였다. 2011년 12월 임기 만료되는 농협중앙회장선거와 2011년 9월 새마을금고임원선거도 선거관리위원회가 위탁관리를 함으로써 공공단체의 위탁선거에 대한 관리가 점차 확대되고 있다.

2011년 6월 30일 기준 연도별 위탁선거 관리 현황을 살펴보면, 총 2,238

건이고, 그 중에서 국립대학총장선거 62건, 농협중앙회장선거 1건, 수협중
앙회장선거 1건, 중소기업중앙회장선거 1건, 농협조합장선거 1,663건, 축협
조합장선거 191건, 수협조합장선거 126건, 산림조합장선거 171건, 정비사
업조합 등 선거 10건, 공동주택임원선거 12건이다.[166]

(2) 위탁선거의 종류

중앙선거관리위원회는 농업협동조합 중앙회가 2011년 12월 임기가 만료
되는 농협중앙회장의 선거관리를 위탁한다고 신청해옴에 따라 선거사상
처음으로 수탁관리를 하였다. 그 근거는 공공단체 위탁선거 관리규칙 제4
조이고, 관할 위원회는 서울특별시선거관리위원회이다. 선거관리위원회의
담당사무는 후보자등록사무, 투·개표사무, 계도·홍보, 불법행위 단속·조사
사무 등 선거관리의 전반을 관리하는 것이다.

대학의 장 후보자 추천 선거는 소재지를 관할하는 구·시·군 선거관리위
원회에 위탁하여야 한다고 규정하는 교육공무원법 제24조의3 제1항[167]에
관하여 헌법재판소는 매우 자의적인 것으로서 합리적인 입법한계를 일탈
하였거나 대학의 자율의 본질적인 부분을 침해하였다고 볼 수 없다는 이유
로 합헌으로 결정하였다.[168]

2010년 서울대학교 총장선거는 당연위탁선거여서 서울특별시 관악구 선

---

166) "농협중앙회장선거 최초로 중앙선관위에 위탁 관리"(중앙선거관리위원회 2011.
   6. 30.자 보도자료).
167) 교육공무원법(2005. 5. 31. 법률 제7537호로 개정된 것)
   제24조의3(대학의 장 후보자 추천을 위한 선거사무의 위탁) ① 대학의 장 후보자
   를 추천할 때 제24조제3항제2호에 따라 해당 대학 교원의 합의된 방식과 절차에
   따라 직접선거로 선정하는 경우 해당 대학은 선거관리에 관하여 그 소재지를 관
   할하는 「선거관리위원회법」에 따른 구·시·군선거관리위원회(이하 "구·시·군선
   거관리위원회"라 한다)에 선거관리를 위탁하여야 한다.
168) 헌재 2006. 4. 27. 2005헌마1047 등 결정, 판례집 18-1상, 601면 이하.

거관리위원회가 관리하였다. 대학의 자율성과 자치가 헌법상 요구되고 있
는 특수성을 존중하여 서울특별시 관악구 선거관리위원회는 투표, 검표 등
형식적 사무만 관리하였을 뿐 선거운동 등 실질적인 사무까지는 관장하지
않았다.

위탁관리의 대상인 선거의 종류 및 그에 대한 법적 근거를 살펴본다. 이
중 공동주택입주자대표회의 회장, 감사 및 동대표의 선거는 '공공단체의
위탁선거'가 아니라 '민간단체에 대한 선거지원'이다. 이를 표로 정리하면
아래와 같다.

〈표 12〉 위탁선거의 종류

위탁관리대상 단체선거	법적 근거	시행일	성격
농협중앙회장	농업협동조합법 제130조 제8항	2009. 12. 10.	의무적
수협중앙회장	수산업협동조합법 제134조 제7항	2010. 10. 13.	의무적
중소기업중앙회장	중소기업협동조합법 제123조 제6항	2006. 7. 29.	임의적
농협조합장	농업협동조합법 제51조 제4항	2005. 7. 1.	의무적
축협조합장	농업협동조합법 제107조 제1항	2005. 7. 1.	의무적
수협조합장	수산업협동조합법 제54조 제2항	2005. 7. 1.	의무적
산림조합장	산림조합법 제40조의3 제2항	2005. 5. 1.	의무적
대학의 장 후보자 추천	교육공무원법 제24조의3 제1항	2005. 9. 1.	의무적
정비사업조합임원	도시및주거환경정비법 제21조 제3항	2010. 4. 15.	임의적
새마을금고임원	새마을금고법 제23조의2	2011. 9. 9.	임의적
공동주택입주자대표회의 회장, 감사 및 동대표	주택법 시행령 제50조의2	2010. 7. 6.	임의적

(3) 개선방안

각종 공공단체와 민간의 선거분야에서 선거관리위원회의 지원영역이 확
대되고 있는 것은 선거관리위원회의 공정성 및 전문성을 인정하고 있는 사
회 전반의 평가 및 그 신뢰를 바탕으로 생활주변 선거를 개선하기 위한 노

력과 관련된다. 선거관리위원회는 생활주변에서부터 깨끗한 선거문화가 뿌리 내리고 모든 선거로 확산될 수 있도록 최선을 다하고 있다.

오늘날 선거는 선출직 공무원을 뽑는 국가영역에 한하는 것이 아니라 사회영역에까지 확대되고 있다. 선거관리위원회는 핵심 추진과제의 하나로 '위탁선거 확대에 따른 대국민 서비스 강화'를 든다. 위탁선거의 관리가 단순히 선거관리위원회의 확대된 조직에 대하여 역할을 부여하기 위한 것은 아닌지가 문제된다.

위탁선거를 선거관리위원회가 담당하는 것이 시민의 정치적 역량을 무시하고 국가인력과 예산의 낭비를 초래한다는 지적이 있다.169) 하지만, 선거관리위원회가 공직선거 외의 선거에 대한 관리를 맡는 것은 민주시민의 역량을 무시한 시각에서 비롯된 것이 아니다. 앞서 오스트레일리아에서 비의회선거를 선거위원회가 관리하고 있다는 점을 살펴보았다.

민주주의가 보편적 가치로 자리를 잡기 위해 공직선거에 대한 관리에서 쌓은 노하우를 공직 이외의 선거에 대한 관리에 전수하는 것은 가능하다. 다만, 이러한 시도는 해당 선거에서 민주시민의 역량이 축적되기까지 한시적인 것에 그쳐야 할 것이다. 관에서 주도하는 민간영역의 선거에 대한 관리는 민주주의가 확장되고 민주주의의 싹이 트는 기초를 제공할 것이지만, 결국 생활주변 민주적 선거는 시민의 자발적 의지와 노력에 맡겨야 꽃을 피울 수 있다는 점에 유념할 필요가 있다.

---

169) 김태홍, 앞의 논문, 77면.

3. 유권자 교육 및 정보제공

(1) 의의

각급 선거관리위원회는 선거권자의 주권의식의 앙양을 위해 상시계도를 실시한다. 중앙선거관리위원회는 상시계도를 위한 사업을 적당하다고 인정하는 단체에 위탁하여 행하도록 할 수 있다(선거관리위원회법 제14조 제1항, 제3항). 주권의식 앙양을 위한 계도는 선거관리위원회가 상시 담당하는 사무이다.

(2) 구체적 내용

정치관계법은 개정이 빈번하게 이루어지고 해석상으로 모호한 부분이 많이 있다. 정파들 간에 입장차가 첨예하게 나타나는 영역이기도 하다. 헌법재판소의 위헌결정이나 헌법불합치결정에 의해 정치관계법의 개선이 이루어기도 한다.

선거관리위원회는 국민, 후보자, 정당, 다른 정부기관 및 하급 선거관리위원회의 공직선거법, 정당법, 정치자금법 등 정치관계법에 관한 각종 질의에 대해 답변하는 업무를 수행한다. 선거관리위원회는 정치관계법에 관한 문답집을 만들어 홈페이지 등을 통해 공지하고 있다. 여기에는 상급 선거관리위원회와 하급 선거관리위원회의 해석이 모두 반영되어 게시되고 있다.

선거관리위원회는 민주시민의식 함양과 깨끗한 선거문화 기반 조성을 위해 미래의 유권자인 학생을 대상으로 학교교육 교육과정별로 체계적으로 선거·정치제도에 대한 기본교육을 하고 있으며, 새내기 유권자를 대상으로 매년 성년의 날을 전후하여 다양한 홍보활동을 전개하고 있다. 선거관리위원회는 여론주도층에 대해 주기적으로 선거정보를 제공하며, 여러 기관·단체와 일반인에게 공명선거강연, 심포지엄과 토론회 개최, 지역 고유축제 등과 연계한 대국민 캠페인을 지속적으로 실시하고 있다.

선거연수원은 소속위원·직원에 대한 전문교육뿐 아니라 선거·정당·후원회의 관계자와 대학생·교사·일반국민에 대한 연수를 실시하고 교육자료를 개발·보급하고 있다. 선거관리위원회는 통일 후 정치공동체의 실질적 통합을 위해 민주시민 교육 방안에 대한 체계적인 연구 및 준비를 하고 있다.

(3) 개선방안

1) 직원의 전문성 향상

선거관리위원회 직원의 전문성 강화가 우선이다. 선거관리위원회 유권해석의 신뢰성을 보장하기 위해서는 선거관리위원회 소속 직원의 실력을 향상시킬 필요가 있다. 정치관계법에 관한 전문가의 비중을 높이거나 변호사 등 법률전문가를 대거 채용하여 선거관리위원회 유권해석의 타당성과 설득력을 뒷받침하는 것도 하나의 방안이 될 수 있다.

2) 시민교육 기능 강화

민주적 정치문화를 위하여 민주주의에 대한 시민교육이 중요하다.[170] 선거관리위원회는 유권자와 정당 소속원에 대한 계몽 업무 이외에도 민주시민 의식이 자리를 잡을 수 있도록 노력해야 한다. 선거관리위원회는 학교에서 시민교육을 이루어질 수 있도록 지원하고 노동조합, 복지기관, 동호회 등 비정치적 단체에서 치러지는 선거에 대해 지원하는 활동을 할 수 있다.

---

170) 양동훈, 앞의 논문, 477면.

3) 선거·정당제도 연구

실시한 선거에 대한 평가가 이루어져야 하고, 시대적 변화에 맞는 정치 관련 법제의 개선을 위한 연구가 시도되어야 한다. 선거관리위원회는 정치 관계법 개선에 대해 연구하고 법 개정에 의견을 반영하는 역할을 수행하여 야 한다. 일선 선거실무가의 경험을 토대로 선거관리의 개선방안을 연구하여 자료집을 발간·배포하는 것도 하나의 방안이 될 수 있다.

4. 국제적 교류·협력

(1) 의의

중앙선거관리위원회는 외국 선거관계자 연수, 민주시민교육 경험의 해외 전파 등 다양한 국제 교류·협력 활동을 전개하고 있다. 중앙선거관리위원회는 민주주의 발전도상국에 대한 선거·행정장비의 지원은 물론 외국 선거관계자 연수와 연계한 프로젝트형 사업추진 등으로 후발 민주국가에 대해 종합적·체계적 선거지원을 하고 있다.

중앙선거관리위원회는 2008년 아시아선거기구협의회에 가입하여 부회장국에 선출된 이래 집행위원회 개최 등 선거관리기구협의회에서 적극적 역할을 수행하고 있으며, 외국 선거관리기구와 양해각서(MOU) 체결을 통해 정례적 세미나와 국제회의를 개최하는 등 선거관리기구 간의 국제 교류를 확대하고 있다.

2013년 10월 14일 '세계선거기구협의회(Association of World Election Bodies, A-Web)' 창립총회가 대한민국 송도에서 개최되었다. 이인복 중앙선거관리위원회 위원장은 A-Web 총회에서 임기 2년의 초대의장으로 선출되었다. A-Web은 '함께 성장하는 민주주의'를 모토로 각국 선거제도와 선

거관리 노하우를 공유하고 교류하는 기구로서 세계 105개국과 유엔개발계
획 등 13개 국제기구가 참여하고 있다.171)

(2) 민주적 선거 지원은 항구적 세계평화에 기여

임마누엘 칸트는 '영구 평화론'에서 영구 평화를 위한 제1의 확정 조항
으로서 "모든 국가의 시민적 정치 체제는 공화 정체이어야 한다."는 것을
든다. 이 시민적 체제는 첫째 한 사회의 구성원의 '자유'의 원리에 의해, 둘
째 모두가 공통된 입법에 의존하는 '의존'의 원리에 의해, 셋째 '평등'의 원
칙에 의해 확립된다.172) 이 체제에서는 전쟁 여부를 결정할 때 국민적 동
의가 필요하다. 국민은 전쟁의 재앙을 몸소 겪게 되므로 전쟁을 감행하는
데 신중할 것이기 때문이다.173)

칸트는, 한 국가의 형태는 국가의 최고 권력에 대한 소유의 차이에 따른
분류(군주제, 귀족제, 민주제)와 국민에 대한 통치방식에 따른 분류(공화정
체, 전제정체)가 있는데, 후자는 헌법에 근거한다고 본다. 국민에게는 통치
방식이 중요하다. 국민 입장에서는 통치권이 정당성을 부여받고 통제받는
방식이 주권의 보유 못지않게 의미가 크기 때문이다.

민주적 선거에 의해 통치권이 정당성을 획득하고 책임정치가 구현되는
국가들 사이에는 가능한 전쟁을 회피할 것이다. 지배계층은 전쟁을 통해
영토와 전리품을 얻는다. 민중은 참혹한 전쟁에 나가 싸우다 죽고 전쟁비
용을 대며 참화를 보수한다. 선거가 민주주의를 구현하는 제도적 장치로
작동하도록 국제적 차원에서 지원하고 협력하는 것은 전쟁을 억제하고 항

---

171) "[인터뷰] '세계선거관리기관협의회' 초대의장 이인복 대법관"(법률신문 2013.
　　　10. 17.자 기사).
172) 임마누엘 칸트(이한구 역), 영구 평화론 : 하나의 철학적 기획(개정판), 도서출판
　　　서광사, 2008, 26면.
173) 임마누엘 칸트(이한구 역), 앞의 책, 28면.

구적인 세계평화를 이룩하는 데에 긍정적이다.

(3) 민주주의 제도 관련 국제협력 증대

보스니아·헤르체고비나의 사례에서 확인되듯 갈등으로 찢어진 국가나 매우 긴장된 국가에서 국제공동체는 두 가지 방식으로 사고를 방지할 전략을 추구할 수 있다. 하나는 선거위원회의 기술적 능력을 신장시키는 것이다. 다른 하나는 여러 정당들과 선거위원회 간에 중재를 하는 것이다.174) 이러한 노력과 함께 중요한 것은 해당 국가가 궁극적으로 민주적 선거를 자립해서 실시해나갈 수 있도록 지원하는 것이다.

국제사회는 주요 민주적 정치체제를 선택한 국가들의 안정과 번영은 그 국가들의 정치적 위상과 입지를 향상시킨다고 본다. 해당 국가의 국민은 그들의 정치체제가 우월한 정치적 선택의 결과라고 신뢰하게 된다. 아울러 민주적 정치체제의 선진국은 다른 국가의 민주화 운동과 민주적 선거를 지지하고 지원한다. 국제적 기구와 조직은 민주적 가치와 원칙을 위해 민주주의의 세계화에 기여하고 있다.175)

(4) 선거지원 국제기구 및 선거관리기구 협의체

선거 관련 국제기구에는 국제연합의 하부조직인 유엔개발계획(United Nations Development Programme, UNDP), 국제선거제도재단(International Foundation for Electoral Systems, IFES), International IDEA(International Institute for Democracy and Electoral Assistance), 아프리카 민주주의 지속가능성을 위한 선거기구(Electoral Institute for the Sustainability of Demo-

---

174) Robert Alan Pastor, *op. cit.*, p. 18.
175) 양동훈, 앞의 논문, 477~478면.

cracy in Africa, EISA) 등이 있다.

대륙별로 또는 지역별로 선거관리기구 협의회 6개가 구성되어 있다. 아프리카(Association of African Election Authorities, AAEA), 카리브(Association of Caribbean Electoral Organizations, ACEO), 중·동유럽(Association of Central and Eastern European Election Officials, ACEEEO), 오세아니아(Pacific Islands, Australia and New Zealand Electoral Administrators' Network, PIANZEA), 아메리카(Unión Interamericana de Organismos Electorales, UNIORE), 남아프리카(Southern African Development Community, SADC)에 협의회들이 구성되어 있다.

(5) 국제적 협력 강화의 방향

이처럼 선거와 관련된 국제기구는 4개이고, 대륙별 선거관리기구 협의회는 6개이다. '세계선거기구협의회(A-WEB)'는 각국 선거 관련 정보·경험 등 교류의 활성화와 개발도상국에 대한 체계적인 선거지원을 통하여 세계 민주주의의 발전을 도모하는 것을 목적으로 하는 기구이다.

선거관리위원회는 대한민국헌법의 중요한 특성이다. 선거관리위원회는 그간 괄목할 만한 발전을 이루었고 세계에 알릴만한 자랑스러운 제도이며 가치를 가진다. A-WEB 사무처 유치 못지않게 대한민국 선거관리위원회 제도에 대한 국제적 차원에서의 홍보가 시급하다. 보다 적극적으로 선거관리위원회의 발전상을 세계 각국에 알리고 민주적 선거의 과도과정에 있는 국가들에 도움을 줄 필요가 있다.

제4절 소결

한국 선거관리위원회는 헌법상 필수적인 기관이다. 합의제에 기초한 기구 구성이다. 위원회는 법조인이 대다수를 구성하고 있고, 현직 대법관이 비상임 위원장을 겸임하고 있다. 위원회뿐 아니라 사무처 중심의 방대한 상설 사무기구가 있다. 사무처 소속 직원 수는 증가추세이다. 선거관리위원회는 중앙, 시·도, 구·시·군 및 읍·면·동의 위계가 있는 중앙집권적 조직이다.

선거관리위원회는 선거실시에서 출발하였으나 국민투표 관리, 정당·정치자금 사무 등으로 업무영역을 넓히고 있다. 선거관리 사무는 선거실시와 선거감독으로 나뉜다. 지방자치 수준에서의 직접민주제 실천으로 주민투표, 주민소환이 활성화되고 있다. 중앙선거관리위원회규칙 제정, 정치관계법개정 관련 의견 개진, 위탁선거의 관리, 민주시민 교육 및 정보제공, 국제기구나 선거관리기구 협의체와의 협력 추진 등 선거관리위원회의 권한과 책임은 날로 증대되고 있다.

이하에서 대한민국 선거관리위원회제도의 개선방안에 관하여 다룬 내용을 요약·정리한다.

첫째, 규제 위주의 선거관리에서 선거의 자유를 최대한 보장하여 경쟁적 선거를 구현하는 선거관리로의 전환이 필요하다. 대한민국 민주정치의 발달상황 및 선거관리의 소명에 대한 공론화를 거친 후 방향이 설정되어야 한다. 우리나라는 대통령제 정부형태이므로 독립형 모델이 이에 상응한다. 독립형 모델이 민주적 선거에 장애요소가 되는 것은 아니다. 정당, 유권자 등의 선거관리에 대한 참여를 증진하는 선거관리가 긍정적이다.

둘째, 선거관리위원회의 위상은 기능적 권력통제의 측면에서 접근되어야 한다. 선거관리위원회의 역할은 정치자금의 투명성 확보를 통한 국민의 정치에 대한 신뢰 제고, 선거비용 통제를 통한 선거과정에서의 기회균등의 보장에 역점을 두어야 한다. 현직 대법관이 중앙선거관리위원회 비상임 위원장을 담당하는 관행은 시정되어야 한다. 대통령, 국회, 대법원장이 중앙선거관리위원회 구성에 3인씩 관여하는 것은 권한의 형식적 분립에 치중한 것이다. 위원회의 활성화와 실질적 중립성 보장을 위해 여·야 3인씩 관여하고 중립위원 3인을 두는 구성 방식이 타당하나, 이는 헌법개정이 필요한 문제이다.

셋째, 선거관리위원회의 조직 차원에서 합의제에 기초한 기구구성, 중앙집권적 조직, 조직 확대, 상설 조직에 관하여 살펴보았다. 통상적 사무를 다루는 사무기구가 불가피하기는 하지만, 사무기구가 위원회를 좌우하지 않기 위해 위원장의 상임화가 필요하고, 사무기구의 효율화가 필요하다. 통상적 사무는 지방조직에 위임한다. 중앙조직의 사무는 정치발전적 업무에 집중한다. 지나치게 방대한 조직은 민주주의의 발달 상황에 맞추어 개선이 요구된다.

넷째, 선거관리위원회의 권한 차원에서 몇 가지를 지적한다. 선거인명부의 작성과 업데이트는 전산화되어야 하고, 유관기구 간의 원활한 협조체계가 구축되어야 한다. 선거의 신뢰를 확보하기 위해 선거인명부 업무에 혼선이 없도록 해야 한다. 정당, 유권자 등의 자발적 참여가 수반되면 예산을 절감하고 상호간 견제를 통해 선거의 공정성을 담보하는 데에 수월할 것이다. 전자투표는 도입이 쉽지 않은데, 도입 시기가 빠를 수도 있고 늦을 수도 있겠지만, 결국은 도입될 것이라고 예상한다. 실무적으로 선거범죄에 대한 조사권과 수사권 간의 경계와 선거범죄에 대한 고발·수사의뢰의 구분이 문제되므로 기준 마련이 필요하다. 선거범죄에 대한 조치권을 남용하는 것은 기본권 침해 소지가 있으므로 신중하게 시행되어야 한다. 재외선거제도와 관련하여 재외선거인 등록요건, 낮은 참여율의 해결방안 등에 관한 이론적·실무적 노력이 요구된다. 다가올 통일시대에 대비하여 국민투표제도의 개선에 관한 연구뿐만 아니라 국민투표법 개정 등 실천이 요구되는 시점이다. 정치자금의 현실적 기준을 제시하고 이를 통해 정치자금을 양성화하며 정치의 투명성을 강화하여야 한다. 중앙선거관리위원회는 정치관계법 제·개정에 관한 역할을 다하고 국민적 공감을 바탕으로 민주정치 발전에 기여해야 한다. 선거와 민주주의를 지원하는 국제기구 및 선거관리기구 협의체와의 교류·협력을 증진하고 민주적 선거 과도기에 있는 국가들을 돕는 역할을 확대하는 것은 민주적 선거의 보편화를 통한 항구적 세계평화에 이바지할 것이다.

아울러 언급하고 싶은 사항은 본 장에서 검토한 개선방안은 결코 완결된 것이 아니라는 점이다. 선거관리위원회 제도의 개선방안에 관한 끊임없이 새로운 아이디어가 제시되고 치열한 논쟁이 이루어지며 실제 정책에 반영될 필요가 있다고 생각한다. 본 장은 어디까지나 제안을 하는 것에 불과하다. 선거관리제도의 발전방향은 한창 현재진행형의 논쟁 가운데에 위치해 있다. 또한, 선거관리 실무와 이론 간의 교류와 협력이 절실히 요청된다는 점을 지적하고 싶다. 이론적 체계화 및 그것의 실무에의 적용과 함께, 실무 운영의 과정에서 노정된 문제점을 다시 이론 차원으로 끌어올려 검토할 필요가 있다. 그래야 선거관리에 관한 논의는 생명력이 있을 것이다. 실천적 학문으로서 선거관리에 관한 다양한 연구가 이루어졌으면 한다.

제5장

결   론

제1절 연구의 정리

선거는 본래 엘리트통치에서 나왔다. 대중으로부터 선출된 사람은 대중과 구별된다. 보통·평등선거의 확립, 정당제도의 발달 등으로 선거는 민주적 기능도 가지게 되었다. 선거의 의미와 기능을 발휘하기 위해 경쟁적 선거가 치러져야 한다. 경쟁적 선거는 선택의 가능성, 선거의 자유가 보장되는 선거이다. 국민 의사가 선거 결과로 나타나는 선거절차가 보장되어야 주권적인 '권력주체로서의 국민'이 될 수 있다. 경쟁적 선거는 민주주의의 최소한의 조건이다.

민주주의의 기초는 토론에 의한 정부에 있다. 선거는 자유로워야 하고 유권자들은 정보를 충분하게 취득할 수 있어야 하며 자율적인 여론의 형성이 이루어져야 한다. 선거에서 기본권은 최대한 보장되어야 한다. 헌법재판소는 자유선거의 원칙이 민주국가 선거제도에 내재하는 법원리라고 본다. 선거의 자유는 세계인권선언, 시민적 및 정치적 권리에 관한 국제규약 등 국제규범에서 선언되고 있는 원칙이기도 하다.

선거관리위원회 나아가 선거관리기구가 지향하여야 할 목표는 관리의 효율성·능률성 못지않게 선거가 민주주의 이상을 실현하는 데에 적합하게 기능하는 것에 있다고 본다. 관권에 의한 선거부정은 국민으로부터의 동의를 집권자 마음대로 인위적으로 만들어낸 '조작적 동의'가 아닐 수 없다. 진정한 의미에서의 선거의 자유는 선거의 공정을 통하여 달성된다.

선거관리는 선거실시와 선거감독이 있다. 선거실시가 통상적 행정작용이라면 선거감독은 고도의 정책적 판단을 요하는 작용이다. 선거관리는 선거의 공정을 목적으로 한다. 선거의 공정은 소극적으로는 선거법 위반이 없는 것을 의미하고 정치적 중립성을 포함하는 의미이다. 선거의 공정은 선거과정에서의 기회균등 실현이 요체이다. 선거관리는 공정한 경쟁선거의 실시를 추구하여야 한다.

선거관리는 선거제도가 선거민의 공직자에 대한 정치적 통제 기능을 발휘할 수 있게끔 하는 기능적 권력통제이고, 그 법적 성격은 정치발전적 행정작용이다. 선거관리기구는 선거가 정부에 대해 통제하는 기능을 담당하는지와 관련이 있다. 선거관리기구가 정부에 대립된 위치와 기능을 가지면 헌법조항에 들어갈 수 있다. 신흥 민주주의 국가들은 서구 국가들의 민주주의와는 다른 형태의 민주주의가 나타나고 확장되는 흐름에 있다. 선거관리기구는 제3의 민주화 물결의 국가들에서 민주주의의 설계와 공고화에 중요한 역할을 하고 있다.

이 책에서 행정부로부터의 독립성을 핵심적인 조건으로 15개 국가들의 선거관리기구 모델을 정부형, 독립형, 혼합형 모델로 나누어 살펴보았다. 고찰대상은 법률 체계, 기구구성, 기구구성의 근거, 중앙집권화 여부, 다른 기관과의 관계, 재정, 운용례 등이다.

선거관리기구 모델을 통해 세운 가설의 검증을 거쳐 몇 가지 원칙이 정립된다. 대통령제는 독립형 모델을 택하는 경우가 많다. 연방국가가 정부형 모델을 선택하는 것은 아니지만 대체로 분권화된 선거관리기구를 채용한다는 것이다. 혼합형 모델은 선거감독을 독립 선거위원회가 담당하고 있고 정부형 모델도 최근 유사한 개선이 진행되고 있다는 점이다. 완전한 민주주의 국가는 정부형 모델, 혼합형 모델로도 민주적 선거를 치르고 있다는 점이다.

독립형 모델을 선택한 요인은 민주적 선거의 조기 도입 시도, 선거부정 사건 발생에 따른 대처, 권위주의 정권을 합리화하는 장식적 도구로의 활용 등이 있다. 선거관리기구 모델이 민주적 선거의 실시 여부를 판단하는 절대적 기준이 아니다. 혼합형 모델이 선거실시와 선거감독을 여러 기구들에 분장한 것은 선거관리가 '사법화된 행정'임을 반영한 것이다. 정부형 모델의 국가도 최근 정치자금 및 선거비용에 대한 통제, 정치과정의 투명성 담보, 선거관리의 통일성·일관성 확보 취지에서 독립 위원회를 설립하는 추세이다.

선거관리기구의 설치근거를 헌법에 두는 것과 선거관리기구를 독립된 선거위원회로 디자인하는 것 못지않게 민주적 선거를 실질화하는 것이 중요하다는 점을 확인할 수 있다. 필리핀 선거위원회는 권한이 막강하고, 러시아는 5단계의 집권적인 선거위원회를 두고 있다. 독립형 모델의 짐바브웨에서 선거를 통한 독재를 선거관리기구가 전혀 견제하지 못하고 있다. 이들 국가에서 부정선거 시비가 끊이지 않고 있는 것은 광범위한 권한을 가진 독립된 선거위원회가 민주주의의 실질화를 위한 기구로 제대로 작동하지 못할 수 있음을 보여준다.

대한민국 선거관리위원회는 3·15 부정선거에 대한 반성으로 이루어진 제3차 헌법 개정의 결과 독립된 헌법기관이 되었다. 1963년부터 '선거위원회'에서 '선거관리위원회'로 명칭이 바뀌어 오늘에 이른다. 선거관리위원회는 약 50년 동안 조직 확장 및 권한 강화의 역사를 가진다. 헌법은 헌법적 결단에 의해 헌법기관이자 독립기관으로 선거관리위원회를 설치하였다. 서구식 선거제도를 갑작스럽게 들여왔지만 사회 전반에 권위주의 정치문화가 뿌리 깊게 자리 잡고 있는 가운데 관권선거를 막기 위한 것이다. 선거에서의 정치적 중립성을 확보하기 위하여 선거관리위원회를 헌법기관으로 도입한 취지는 정당하다고 본다.

선거관리위원회의 근본적인 틀은 수정할 필요가 없다고 생각한다. 1987년부터 헌정질서가 안정화되었고 평화적 정권교체도 두 차례 이루어졌다. '선거의 일상화시대'에 살고 있다고 해도 과언이 아니다. 안정된 헌정질서, 선거를 통한 정권교체, 선거의 패배자의 결과에 대한 승복이 있는 마당에 헌법적 당위성의 측면뿐 아니라 합리성 측면의 원리인 효율성, 경제성 차원에서 시대적 상황에 맞는 선거관리기구 모델을 설정하고 운영할 것인지에 관한 고민이 필요한 시점이다.

선거관리위원회의 방대한 조직이 있으니 무언가 기능해야 한다는 식의 접근은 잘못되었다. 막연하게 규제 및 단속 권한을 행사해야 한다고 볼 수는 없다. 선거의 공정은 진정한 의미의 선거의 자유를 위한 것이다. 선거관리위원회가 또 하나의 권력기관이 되고 선거의 자유에 대한 침해나 침해우려를 낳아서는 아니 될 것이다. 어디까지나 선거관리기구는 절차적 측면에서 민주주의에 다가가도록 하는 장치임에 유념할 필요가 있다.

선거관리기구는 가능한 한 많은 국민의 신뢰를 얻어야 한다. 완전한 민주주의 국가에서의 선거관리기구는 사법부에 의지한 권위에서 나아가 국민의 성원과 지지에서 권위를 찾아야 한다. 민주주의를 실현하는 사명에 부응하고 현대적 권력분립원칙에 적합한 선거관리는 '참여형'이라고 본다. 정당, 후보자, 유권자, 시민사회단체 등이 선거관리위원회에서 활발히 참여하고 논의하며 위원회에서 결정된 기준과 의결사항을 실무에 적용하는 것이 정치의 선진화로 가는 길이다.

중앙선거관리위원회는 통상적 선거실시 사무는 지방조직이나 지방자치단체에 이관하고 정치관계법 제·개정에 관한 의견의 제시, 정치자금 및 선거비용 통제, 시의적절한 정치관계법 유권해석 및 기준 마련, 선거 및 정당제도 개혁, 민주시민 교육과 정보제공, 국제적인 협력과 지원 등 정치의 선진화에 기여하는 역할에 선택과 집중을 하여야 한다. 중앙선거관리위원회 위원장을 상임으로 전환하고 위원회를 활성화하는 것도 시급하다.

헌법재판소 판단을 통해 정치발전이 선도되는 것도 문제이다. 국회가 정치발전을 이끌어갈 필요가 있다. 선거관리위원회는 공직선거법 등 정치관계법을 다루는 주무관청으로서 합리적인 제도개선 의견을 개진함으로써 주요 정당들의 이해관계에 따라 이루어지는 정치관계법 제·개정에 중심을 잡아줄 필요가 있다. 이러한 측면에서 정치관계법의 선진화를 위한 선거관리위원회의 역할이 가지는 의미가 크다.

중앙선거관리위원회와 각급 선거관리위원회 간의 역할분담이 필요하다. 중앙선거관리위원회의 경우 장기적 안목을 바탕으로 하는 정치발전적 제도개선 업무에 역점을 두어야 한다. 각급 선거관리위원회는 하위 단계로 내려갈수록 상시적 기능보다는 선거가 치러지는 때마다 행해지는 업무에 치중한다. 각급 선거관리위원회는 필요에 따라 임시직원을 확충할 수 있다. "어떠한 정부도 풀타임 선거공무원을 한 움큼보다 더 많이 채용할 여유는 없다."는 지적은 이러한 관점에서 경청할 만하다.[1]

이 책에서 이론적 논의를 한국적인 현실에 적용하여 선거관리위원회 제도에 대해 검토하였다. 중앙선거관리위원회를 비롯한 선거관리위원회의 지위, 조직 및 권한을 중심으로 논의한 후 개선방안을 제시하는 순으로 고찰하였다. 연구과정에서 깨달은 점은 선거관리와 선거관리기구에 관한 연구가 부족하다는 사실이다. 선거관리, 선거관리기구에 관한 이론적 논의와 실무에서 겪는 복잡한 문제를 정리하고 해결하려는 노력이 함께 경주되어야 할 것이다.

---

1) "Few Governments can afford to employ any more than a handful of election officers full-time."(Robert Alan Pastor, *op. cit.*, p. 10).

제2절 연구에서 얻은 교훈

본 연구를 통해 다음과 같은 교훈을 얻을 수 있었다.

첫째, 선거관리기구의 '독립성 및 중립성' 확보는 헌법상으로 중대한 결단이라는 점이다. 선거관리는 양대 권력인 입법권과 행정권의 행사주체를 결정하는 선거과정을 관장하는 것이다. 선거관리는, 선거가 민주주의를 실현하는 제도로 기능하는 데 중요한 역할(민주주의 실현)을 하고, 선거가 선출되는 권력인 입법권·행정권을 기능적으로 통제하게 하는 작용(기능적 권력통제)이므로, 행정부와는 형식상 분리되고 실질적으로 행정부를 통제할 수 있도록 구성될 필요가 있다는 점에서, 정치발전적 행정작용의 성격을 가진다.

둘째, 우리나라의 경우 3·15 부정선거에 이은 4·19를 겪은 역사를 바탕으로 선거관리기구가 헌법기관이 되었다. 헌법전 한 개 장에서 '선거관리'를 규정한 것은 독특하다. 관권의 선거개입과 부정선거에 대한 철저한 반성, 선거의 공정성을 반드시 확보하겠다는 헌법적 의지의 표시이다. 이러한 근본적 헌법결단은 오늘날에도 유지된다고 본다. 신생 독립국이나 민주적 선거를 시작하는 나라에서 독립 선거위원회를 설립하는 추세가 있는 것은 우리의 과거 역사와 유사하다. 대한민국 선거관리위원회가 선거의 주기적 실시와 선거의 공정성 확보에 상당 정도 기여한 점은 결코 부인할 수 없다.

셋째, 선거관리기구는 선거의 룰을 확인·집행하며 선거과정이 공정하게 치러질 수 있게 하는 심판관 역할을 한다. 선거관리기구는 정당과 정치자금 사무, 국민투표 등도 담당하여 민주주의를 수호하고 발전시키는 기능을 한다. 선거관리기구는 국민과 선출된 대표 간의 유대관계 및 소통을 형성하는 중요한 역할을 한다. 이를 통해 정치과정의 민주화가 제고되는 것이다.

넷째, 선거관리기구의 독립성을 확보하는 핵심적 방안은 '견제와 균형'이 실질적으로 이루어지도록 하는 것이다. 선거관리기구의 실질적 독립성이 중요하다. 선거관리기구가 신뢰성 있고 효율적이며 실질적으로 독립되기 위해서는 중립적이고 공정한 선거공무원뿐 아니라 시의적절한 재정적 지원이 뒷받침되어야 한다.

다섯째, 선거관리위원회의 역할의 '선택과 집중'이 시도되어야 한다. 우리나라 선거관리위원회의 조직과 권한은 확대일로였다. 중앙선거관리위원회는 거시적이고 정책적인 역할에 치중하고 그 역할을 중심으로 재편성되는 것이 바람직하다. 각급 선거관리위원회의 상설기구는 최소화하고 선거기간에 인원과 예산을 확충하는 것이 효율적이다.

여섯째, 보다 민주주의에 다가가는 선거관리기구의 실질적 독립성은 참여에 의해 달성될 것이다. 시민과 정당의 선거관리기구의 구성과 활동에 대한 적극적 참여를 통해 견제와 균형이 확보될 것이다. 국가 주도 선거관리에서 정당과 다양한 정치세력의 선거관리 참여 방식으로 바뀌어야 한다. 신뢰성 있고 효율적인 선거의 수행은 정당·언론·시민에 의한 계속적인 감시를 요구한다. 민주적 선거라는 제도의 씨를 뿌리고 가꾸는 거시적이고 장기적인 발전은 경쟁적 정당들의 활동, 국민과 정부 사이의 소통과 신뢰 구축에서 이룩될 것이다.

일곱째, 규제위주 선거관리의 개혁이 필요하다. 규제위주 선거법제 개혁 노력도 함께 요구된다. 준수될 가능성이 떨어지는 공직선거법 등 정치관계법, 선거관리기구의 활동에 관한 이해부족, 국민의 참여 부재는 국민이 정치에 접근할 길을 멀게 만들며 정치를 여전히 동떨어진 것으로 느끼게 하는 것은 아닌지에 대해 되짚어볼 필요가 있다. 국민이 정치에 적극적으로 참여할 수 있는 통로가 봉쇄되고 선거마저 참여의 자리가 되지 못하면 국민은 자신이 제대로 대표되고 있다고 여기지 않을 것이다. 결국, 정치에 대한 국민 대다수의 소외, 무관심과 불신 그리고 불만과 갈등의 누적으로 이어질 것이다.

여덟째, 선거관리, 선거관리기구에 대한 체계적이고도 본격적인 연구가 절박하다는 점을 언급한다. 이 책을 준비하면서 언어적 장벽으로 인하여 러시아, 스페인, 터키 등의 사례는 원문 자료를 활용하지 못하고 부득이 영문 번역 자료를 사용할 수밖에 없었다. 원문 자료의 방대한 수집과 축적이 필요하다. 세계 각국의 현황과 문제점을 실시간으로 파악해야 한다. 해외에서 이미 완성된 문헌자료에 대한 번역부터 이루어져야 한다.

아홉째, 선거관리, 선거관리위원회라는 제도를 도입하고 발전시키는 노력이 중요하지만, 그에 못지않게 사회·경제적 발전, 정치구조 변화에 주목할 필요가 있다고 보인다. 선거제도 등 정치제도 분야에 대한 연구는 여러 학문 영역들 간의 교류와 협력이 필요하다. 선거관리와 선거관리기구에 관한 헌법학적 연구는 정치학, 행정학 연구와 함께 행해져야 하며, 학제간의 연구가 필수적이라는 점을 다시 한 번 강조한다.

참고문헌

I. 단행본

1. 국내(가나다순)

강경근, 헌법, 법문사, 2002.

계희열, 헌법학(상)(제2보정판), 박영사, 2002.

권영설, 헌법이론과 헌법담론, 법문사, 2006.

권영성, 헌법학원론(개정판), 법문사, 2010.

김광수, 선거와 선거제도, 박영사, 1997.

김철수, 헌법학신론(제20전정신판), 박영사, 2010.

대외경제정책연구원, 인도편람(증보판), 대외경제정책연구원 지역정보센터, 1996.

대한민국국회, 세계의 헌법 : 35개국 헌법 전문 I, 국회도서관, 2010.

_____, 세계의 헌법 : 35개국 헌법 전문 II, 국회도서관, 2010.

_____, 제281회 법제사법위원회 회의록, 국회사무처, 2009.

_____, 헌법개정심의록(제1집), 1967.

_____, 헌법개정심의록(제2집), 1967.

_____, 헌정사자료 제5집 헌법개정회의록(제4대국회), 국회도서관, 1968.

문홍주·이상규, 축조 신선거법해설, 법문사, 1963.

박승재, 현대선거론 : 선거제도의 정치적 효과, 법문사, 1977.

법제처, 헌법심의자료 헌법연구반 보고서(1980. 3.), 1980.

서울대학교 정치학과 교수 공저, 정치학의 이해, 박영사, 2003.

성낙인, 공직선거법과 선거방송심의, 나남, 2007.

_____, 대한민국헌법사, 법문사, 2012.

_____, 선거법론, 법문사, 1998.

_____, 프랑스헌법학, 법문사, 1995.

_____, 헌법학(제13판), 법문사, 2013.

송석윤, 헌법과 정치, 경인문화사, 2007.

유훈, 행정학원론(제6정판), 법문사, 1997.
이정식 외 15, 정치학, 대왕사, 1999.
전광석, 한국헌법론, 법문사, 2004.
정병욱, 선거법, 박영사, 2000.
정요섭, 선거론, 박영사, 1965.
정정길, 정책학원론(개정판), 대명출판사, 1998.
정종섭, 헌법과 정치제도, 박영사, 2010.
_____, 헌법연구 1(제3판), 박영사, 2004.
조홍식, 사법통치의 정당성과 한계, 박영사, 2009.
중앙선거관리위원회, 각국의 선거관리기관, 2003.
_____, 각 국의 선거제도 비교연구, 2009.
_____, 선거관리위원회사(1963~1993), 1993.
_____, 선거관리위원회의 헌법상 지위와 권한에 관한 연구 : 헌법
    제7장 선거관리에 관한 개정을 중심으로, 2009.
_____, 헌법상 선거관리제도 연구자료(Ⅰ), 2008.
_____, 호주의 선거제도, 선거관리 제29권, 1983.
_____, (국제선거지원과), 주요 국가의 선거관리기관(해외통신원 지
    정과제 제2013-1호), 2013.
최종두, 민주정치와 선거론, 태창문화사, 1985.
한국사회과학연구협의회(김광웅 외 21), 사회과학방법론, 박영사, 1983.
한수웅, 헌법학(제2판), 법문사, 2012.
한승조, 한국민주주의와 정치발달, 법문사, 1976.
허영, 헌법이론과 헌법(신5판), 박영사, 2011.
헌법연구자문위원회, 헌법연구 자문위원회 결과보고서, 2009.
헌법재판소, 선거운동의 자유와 선거의 공정성, 2011.

※ 번역서(가나다순)

데이비드 파렐(전용주 역), 선거제도의 이해, 한울 아카데미, 2012.
디터 놀렌(신두철 역), 선거법과 정당제도, 엠애드, 2004.
모리스 뒤베르제(이동윤 역), 사회과학방법론-이론과 실제-, 곡풍출판사, 1995.
모리스 뒤베르제(김병규 역), 정치제도와 헌법 1, 삼영사, 1980.
몽테스키외(이명성 역), 법의 정신, 홍신문화사, 2011.

버나드 마넹(곽준혁 역), 선거는 민주적인가-현대 대의 민주주의 원칙에 대한 비판
　　적 고찰, 후마니타스, 2011.
벤자민 R. 바버(이선향 역), 강한 시민사회 강한 민주주의, 일신사, 2006.
앤드루 세이어(이기홍 역), 사회과학방법론, 한울아카데미, 2006.
임마누엘 칸트(이한구 역), 영구 평화론 : 하나의 철학적 기획(개정판), 도서출판
　　서광사, 2008.
자크 랑시에르(허경 역), 민주주의는 왜 증오의 대상인가, 인간사랑, 2011.
존 로크(강정인·문지영 역), 통치론, 까치, 2011.
존 스튜어트 밀(박홍규 역), 자유론, 문예출판사, 2009.
지오반니 사르토리(이행 역), 민주주의 이론의 재조명Ⅰ, 인간사랑, 1990.
찰머스 존슨(진덕규 역), 혁명과 사회체계, 학문과 사상사, 1982.
칼 뢰벤슈타인(김기범 역), 현대헌법론, 교문사, 1975.
필립스 쉬블리(김계동 역), 정치학개론 : 권력과 선택, 명인문화사, 2008.

2. 국외(ABC순)

가. 영미(ABC순)

Berger, David P., *Why Do Some Founding Elections Succeed and Ohters Fail?*,
　　Political Science Department Emory University(Atlanta), 1998.
Dimock, Marshall E., *Modern Politics and Administration*, American Book
　　Co.(New York), 1949.
Dundas, Carl W., *Let's Talk about Elections*, Commonwealth Secretariat
　　(London), 1997.
Goodwin-Gill, Guy S., *Free and Fair Elections : International Law and
　　Practice*, Inter-Parliamentary Union(Geneva), 1994.
Huntington, Samuel, *Political Order in Changing Society*, Yale University
　　Press(New Haven, Connecticut), 1968.
IDEA, *International Observation of the 1996 Russian Presidential Elections :
　　Lessons Learned to Facilitate Field Cooperation*, IDEA(Stockholm),
　　1997.
IFES, "Models of Election Commissions in Africa", IFES(Washington D.C.),
　　1995.
Katz, Richard S., *Democracy and Elections*, Oxford University Press(Oxford),

1997.

Kothari, Rajni, *Politics in India*, Orient Longman(Delhi), 1970.

Kumar, Krishna(ed.), *Postconflict Elections, Democratization, and International Assistance*, Lynne Rienner (Boulder), 1998.

López-Pintor, Rafael, *Electoral Management Bodies as Institutions of Governance*, United Nations Development Programme(New York), 2000.

Mackenzie, William James Millar, *Free elections : an elementary textbook*, George Allen and Unwin(London; New York), 1958.

Massicotte Luis, Blais André, and Yoshinaka Antoine, *Establishing the Rules of the Game : Election Laws in Democracies*, University of Toronto Press(Toronto), 2004.

Nas, Tevfik F., *Economics and Politics of Turkish Liberalization*, Lehigh University Press(Bethlehem, Pennsylvania), 1992.

Wall, Alan et al., *Electoral Management Design : The International IDEA Handbook*, The International Institute for Democracy and Electoral Assistance (Stokholm), 2006.

White, Leonard D., *Introduction to the Study of Pubic Administration*, Macmillan(New York), 1926.

나. 독일(ABC순)

Loewenstein, Karl, *Verfassungerecht und Verfassungspraxis der Vereinigten Staaten*, Springer(Berlin), 1959.

Michels, Robert, *Zur Soziologie des Parteiwesens in der modernen Demokratie : Untersuchungen über die* oligarchischen Tendenzen des Gruppenlebens, W. Klinkhardt(Leipzig), 1911.

다. 프랑스(ABC순)

Pactet, Pierre, *Institutions politique droit constitutionnel*, Armand Colin(Paris), 1997.

라. 일본(ひらがな순)

田中二郎, 新版 行政法 中卷, 弘文堂(東京), 1988.

Ⅱ. 논문

1. 국내(가나다순)

김문현, "정당국가현상과 대표제 민주주의", 공법연구 제24집 제4호, 한국공법학
　　회, 1996.

_____, "현대 민주국가에 있어서의 선거의 의미와 과제", 공법연구 제28집 제4호
　　제1권, 한국공법학회, 2000. 9.

김소연, "독립행정기관에 관한 헌법학적 연구-프랑스의 독립행정청 중심으로-", 서
　　울대학교 대학원 법학과 박사학위논문, 2013.

김수진, "합의제 행정기관의 설치에 관한 조례제정의 허용 여부", 행정판례연구 제
　　15권 제2집, 한국행정판례연구회, 2010.

김종철, "선거관리위원회에 대한 국민의 민주적 통제, 어떻게 할 것인가?", 임종인
　　의원 주최 (준)사법기관 개혁을 위한 연속 대토론회-네 번째(2007. 4. 3.),
　　임종인의원실, 2007.

_____, "정치개혁을 위한 선관위의 역할과 과제", 선거관리 제50권, 중앙선거관
　　리위원회, 2003. 11.

김주수, "선거사와 선거관리-부정부패선거문제를 중심으로-", 연구논단 제2권 제2
　　호, 중앙선거관리위원회, 1969. 12.

김철수, "헌정 40년의 소모", 고시연구(1988년 7월호), 고시연구사, 1988

김태홍, "헌법상 선거관리위원회의 권한과 구성상의 문제점", 공법학연구 제13권
　　제3호, 한국비교공법학회, 2012. 8.

남재희, "미국의 연방선거위원회와 선거운동자금제도", 선거관리 제45권, 중앙선
　　거관리위원회, 1999. 12.

문광삼, "정치적 자유권에 관한 연구", 서울대학교 대학원 법학과 박사학위논문,
　　1985.

문성현, "영국의 정치부패방지제도", 한국부패학회보 제9권 제1호, 한국부패학회,
　　2004. 1.

박경애, "선관위의 힘과 한계", 지방자치 제30권, 현대사회연구소, 1991. 3.

박상철, "중앙선거관리위원회의 정상화", 국회보 제466호, 국회사무처, 2005. 9.

박승재, "한국민주주의와 선거 : 선거제도의 토착화를 위한 하나의 시론", 한국정
　　치학회보 제4권, 한국정치학회, 1971. 8.

백좌흠, "독립 인도의 국가성격에 관한 연구", 인도연구 제6권 제2호, 한국인도학
　　회, 2001.

성낙인, "선거제도와 선거운동", 저스티스 제130호, 한국법학원, 2012. 6.

_____, "부패방지법제의 현황과 과제", 공법연구 제24집 제3호, 한국공법학회, 1996.

송기춘, "헌법상 법원의 구성원리와 법원의 구성", 경남법학 Vol. 16, 경남대학교 법학연구소, 2000.

송석윤, "선거운동 규제입법의 연원 : 1925년 일본 보통선거법의 성립과 한국 분단체계에의 유입", 법학 제46권 제4호, 서울대학교 법학연구소, 2005.

양 건, "선거과정에서의 국민 참여의 확대", 공법연구 제20집, 한국공법학회, 1992.

양동훈, "제3세계의 민주화과정 : 개

념화의 문제", 한국정치학회보 제28집 제1호, 한국정치학회, 1994.

연광흠, "선거관리조직의 효율적 개선방안 : 투표구선거관리위원회를 중심으로", 연세대학교 관리과학대학원 석사학위논문, 1999.

유진식, "헌법개정과 독립위원회의 법적 지위", 공법연구 제38집 제2호, 한국공법학회, 2009.

윤영구, "헌법상의 선거관리위원회의 지위", 선거관리 제1권 제1호, 중앙선거관리위원회, 1968. 12.

윤영미, "선거의 공정성에 관한 검토 : 공직선거법 제93조 제1항 문서 등 배부 금지규정에 대한 과도한 광범성 법리에 따른 위헌성 검토를 중심으로", 헌법학연구 제16권 제3호, 한국헌법학회, 2010. 9.

음선필, "선거의 완전성", 홍익법학 제15권 제3호, 2014

_____, "정당 정치자금의 투명성 강화 방안", 홍익법학 제13권 제4호, 홍익대학교 법학연구소, 2012. 12.

_____, "한국 민주주의의 발전과 선거제도", 사회과학연구 제10권 제2호, 순천향대학교 교수학습개발센터, 2004.

_____, "한국 지방선거에서의 공정선거 확보방안", 유럽헌법연구 제7호, 유럽헌법학회, 2010. 6.

이성환, "선거관계법에 대한 헌법재판소 결정의 문제점", 헌법실무연구 제1권, 박영사, 2000.

_____, "선거관리의 공법적 문제", 공법연구 제28집 제4호 제1권, 한국공법학회, 2000. 6.

이용필, "민주정치에 있어서 선거·정당 그리고 정부", 선거관리 제32권, 중앙선거관리위원회, 1986. 10.

_____, "선거의 기원과 발전", 선거관리 제31권, 중앙선거관리위원회, 1985.

이종우 "정치발전을 위한 선거관리위원회의 역할과 과제", 의정논총 제4권 제1호,

한국의정연구회, 2009. 6.

_____, "선거범죄 등에 관한 조사권의 성격과 위헌성 여부 등 연구", 선거관리 제 54권, 중앙선거관리위원회, 2008.

이준일, "선거관리와 선거소송 : 헌법적 쟁점을 중심으로", 저스티스 제130호, 한 국법학원, 2012. 6.

이철호, "선거관리위원회의 위상과 과제", 선거연구(창간호), 중앙선거관리위원회, 2010.

이 행, "민주적 공고화와 대통령제 : 협의민주주의적 관점에서", 선거와 한국정치, 한국정치학회, 1992.

이형건, "선거관리위원회의 입법기능에 관한 연구 : 선거관리위원회의 의견제출권 을 중심으로", 울산대학교 대학원 법학과 박사학위논문, 2012.

이홍섭, "러시아式 '超대통령제' 도입 5년의 폐단", 쟁점과 연구 제84권, 한양대학 교 아태지역연구센터, 1998. 12.

_____, "러시아의 초대통령중심제 : 등장 배경, 성격 및 파급효과", 국제정치논총 제41권 제2호, 한국국제정치학회, 2001.

임성호, "규제중심 선거관리의 패러독스 : 18대 총선과 한국 대의민주주의", 현대 정치연구 제1권 제2호, 서강대학교 현대정치연구소, 2008.

전종익, "위헌심판의 심사기준-선거운동과 표현의 자유를 중심으로-", 법학 제18권 제1호, 서울대학교 법학연구소, 2010. 5.

정만희, "선거제도에 관한 헌법재판소 판례의 평가", 공법학연구 제7권 제1호, 한 국비교공법학회, 2006.

정종섭, "단체의 선거운동 제한의 위헌여부-공직선거및선거부정방지법 제87조를 중심으로-", 헌법판례연구 2, 박영사, 2000.

정태호, "선거관리위원회의 선거운동에 관한 행정지도와 기본권구제 : 헌재 2008. 1. 17. 2007헌마700 결정의 중앙선거관리위원회 선거법준수촉구조치의 공권력성 인정의 함의 분석을 중심으로", 헌법학연구 제17권 제2호, 한국 헌법학회, 2011. 6.

조 용, "선관위의 위상정립이 시급하다", 지방자치 제32권, 현대사회연구소, 1995. 5.

조재현, "자유선거의 원칙", 공법연구 제30권 제4호, 한국공법학회, 2002.

최순문, "선거관리위원회의 사명", 선거관리 제1권 제1호, 중앙선거관리위원회 1968. 12.

허 영, "중앙선거관리위원회의 헌법상 지위와 권한", 선거관리 제41권, 중앙선거 관리위원회, 1995. 12.

홍재우, "민주주의와 선거관리 : 원칙과 평가-제5회 전국동시지방선거를 중심으로
　　-", 의정연구 제16권 제3호 통권 제31호, 한국의회발전연구회, 2010. 12.
졸　고, "민주주의와 선거 : 민주주의와 대표제의 개념을 중심으로", 선거연구(제5
　　호), 중앙선거관리위원회, 2014. 12.
＿＿＿, "선거쟁점 관련 찬·반활동에 대한 선거관리위원회의 규제", 선거연구(창간
　　호), 중앙선거관리위원회, 2010.
＿＿＿, "정당민주주의에 대한 연구 : 특히 정당의 공천을 중심으로", 서울대학교
　　대학원 법학과 석사학위논문, 2003.

　※ 번역논문(가나다순)

라파엘 로페즈 핀터, "국가기구로서의 선거관리기관(Electoral Bodies as Institutions
　　of Governance)", 중앙선거관리위원회, 1999.
모리스 뒤베르제(백상건 역), "현대 민주정치에서의 정당의 구실", 선거관리 제5권
　　제1호, 중앙선거관리위원회, 1972. 6.
크리스티안 스타크, "국회의원선거와 정치개혁 : 한국과 독일을 중심으로", 한국공
　　법학회 주최 2000년도 한·독국제학술대회, 한국공법학회, 2000.

　2. 국외(ABC순)

Baxter, Joe, "Techniques to Effective Election Management", African Election
　　Administration Colloquium (Victoria Falls, Zimbabwe), 1994.
Beer, Samuel, "The Roots of New Labour : Liberalism Rediscovered", *The
　　Economist Vol. 7*, 1998. 2.
Birch, Sarah, "Electoral Management Bodies and the Electoral Integrity :
　　Evidence from Eastern Europe and the Former Soviet Union", *Project
　　on Electral Malpractice in New and Semi-Democracies Working Paper
　　No. 2*
Bunce, Valerie, "Ingredients of a Resilient Democracy", *More Than Elections
　　How Democracy Transfer Power*, eJournal USA(Washington D.C.),
　　2010.
Castañeda, Jorge G., "La Herencia : Arquelogia de la Sucesion Presidencial en
　　Mexico", Extra Alfaguara(Aguilar, Altea, Taurus, Alfaguara, S.A. de
　　C.), 1999.

Centeno, Miguel Angel, "The Failure of Presidential Authoritarianism : Transition in Mexico", *Politics, Society, and Democracy*, Westview Press(Boulder, Colorado), 1998.

Elklit, Jørgen, and Reynolds, Andrew, "A Framework for the Systematic Study of Election Quality", *Democratization Vol. 12* No. 2, Frank Cass (London), 1999.

_____, "The Impact of Election Administration on the Legitimacy of Emerging Democracies : A New Comparative Politics Research Agenda", *Commonwealth & Comparative Politics Vol. 40 No. 2*, Routledge(London), 2002.

Gill, M. S., "India : Running the World's Biggest Elections", *Journal of Democracy Vol. 9 No. 1*, The Johns Hopkins University Press (Baltimore), 1998.

Harris, Peter, "An Electoral Administration : Who, What and Where", Paper prepared at IDEA for the South Pacific Electoral Administratiors(Fiji), 1997. 10.

Hartlyn, Jonathan "Crisis-Ridden Elections (Again) in Dominican Republic : Neopatrimonialism, Presidentialism, and Weak Electoral Oversight", *Journal of Interamerican Studies and World Affairs 36/4*, Sage Publications(New York), 1994.

Huber Evelyne, Rueschemyer Dietrich, and Stephens John D. "The Paradoxes of Comtemporary Democracy : Formal, Participatory and Social Democracy", *Comparative Politics Vol. 29 No. 3*, City University of New York(New York), 1997. 4.

Klein, Keith, "Approaches to Conducting Elections : Why an Electoral Commissions?" Paper prepared at IFES for presentation to the Constitutional Assembly of the Republic of South Africa(Cape Town), 1995.

Linz, Juan J., and Alfred, Stepan, "Toward Consolidated Democracies", *Journal of Democracy Vol. 7 No. 2*, Johns Hopkins University Press (Baltimore), 1996.

Morling, T. R., "Independent Electoral Administration in Australia", *Paper presented at Asian Democracy in Trastition*, Symposium on Asian

Elections in the 21st Century(Manila), 1997.

Mozaffar, Shaheen, "Patterns of Electoral Governance in Africa's Emerging Democracies", *International Political Science Review Vol. 23 No. 1*, SAGE Publications(New York), 2002.

Neufeld, Harry, "Computerizing Electoral Administration", Paper presented at the colloquium for African Election Administrators(Zimbabwe Victoria Falls), 1994.

Pastor, Robert Alan, "The Role of Electoral Administration in Democratic Transitions : Implications for Policy and Research", *Democratization Vol. 6 No. 4*, Frank Cass(London), 1999.

Przeworski, Adam, "Why Do Political Parties Obey Results of Election", *José Mariá Maravall eds Democracy and the Role of Law*, Cambridge University Press(Cambridge), 2003.

Swain, M. A. Kharabela, "Indian Political System-Emerging Trends", *Fifty years of Indian Parliament*, Lok Sabha Secretariat(New Delhi), 2002.

Weber, Max(edited by Roth, Guenther, and Wittich Claus; translators), *Economy and society : an outline of interpretive sociology*, University of California Press(Berkeley), 1978.

Weldon, Jeffrey, "Political Sources of Presidencialismo in Mexico", *Presidentialism and Democracy in Latin America*, Cambridge University Press (Cambridge), 1997.

※ 각국 선거관리기구 홈페이지

스웨덴 선거청(www.val.se)
영국 선거위원회(www.electoralcommission.org.uk)
미국 연방선거위원회(www.fec.gov)
미국 선거지원위원회(www.eac.gov)
일본 총무성(www.soumu.go.jp)
스페인 중앙선거위원회(www.congreso.es)
스페인 내무부(www.mir.es)
오스트레일리아 선거위원회(www.aec.gov.au)
캐나다 선거청(www.elections.ca)

프랑스 정치자금 및 선거회계 국가위원회(www.cnccfp.fr)
프랑스 시청각최고위원회(www.csa.fr)
프랑스 내무부(www.interieur.gouv.fr)
인도 선거위원회(www.eci.gov.in)
멕시코 연방선거기구(www.ife.org.mx)
필리핀 선거위원회(www.comelec.gov.ph)
터키 최고선거위원회(www.ysk.gov.tr)
보스니아·헤르체고비나 선거위원회(www.izbori.ba)
러시아 중앙선거위원회(www.cikrf.ru)
짐바브웨 선거위원회(www.zec.org.zw)

판례색인

찾아보기

성승환

서울대학교 법과대학
서울대학교 대학원 법학석사
동 대학원 법학박사
대한법률구조공단 법무관
서울고등검찰청 송무부 법무관
법무부 법무실 송무과 법무관
현재 정부법무공단 변호사

헌법과 선거관리기구

초판 인쇄 | 2015년 7월 20일
초판 발행 | 2015년 7월 25일

저   자 | 성승환
발 행 인 | 한정희
발 행 처 | 경인문화사
등록번호 | 제10-18호(1973년 11월 8일)
주   소 | 서울특별시 마포구 마포동 324-3
전   화 | 718-4831~2
팩   스 | 703-9711
홈페이지 | www.kyunginp.co.kr
이 메 일 | kyunginp@chol.com

ISBN 978-89-499-1140-3 93360
값 34,000원